高等院校财政金融专业应用型教材

行为金融学
(第2版)

陆剑清　主编

清华大学出版社
北京

内 容 简 介

行为金融学作为金融学科中的一个新兴领域，着重分析了传统金融理论难以解释的市场异象，促使现代金融理论研究跨越到崭新的阶段。

本书在系统阐述行为金融学的起源、内涵以及理论架构的基础上，系统介绍行为金融学的原理以及相关实验，深入探析了行为金融学的前沿应用领域，通过介绍神经科学在行为金融领域的研究方法及成果，进而清晰完整地构建起行为金融学的理论框架。

本书既可作为高等院校的金融学专业教材，又可供金融理论与实务工作者阅读、品鉴，亦可作为新兴学科知识的普及读本，以满足广大读者的学习需求。

本书封面贴有清华大学出版社防伪标签，无标签者不得销售。
版权所有，侵权必究。侵权举报电话：010-62782989　13701121933

图书在版编目(CIP)数据

行为金融学/陆剑清主编. —2版. —北京：清华大学出版社，2017(2019.7重印)
(高等院校财政金融专业应用型教材)
ISBN 978-7-302-44977-5

Ⅰ. ①行… Ⅱ. ①陆… Ⅲ. ①金融行为—高等学校—教材 Ⅳ. ①F830.2

中国版本图书馆 CIP 数据核字(2016)第 213937 号

责任编辑：孟　攀
装帧设计：杨玉兰
责任校对：周剑云
责任印制：丛怀宇

出版发行：清华大学出版社
网　　址：http://www.tup.com.cn, http://www.wqbook.com
地　　址：北京清华大学学研大厦 A 座　　邮　编：100084
社 总 机：010-62770175　　邮　购：010-62786544
投稿与读者服务：010-62776969, c-service@tup.tsinghua.edu.cn
质量反馈：010-62772015, zhiliang@tup.tsinghua.edu.cn
课件下载：http://www.tup.com.cn, 010-62791865

印 装 者：三河市金元印装有限公司
经　　销：全国新华书店
开　　本：185mm×260mm　　印　张：17.25　　字　数：410 千字
版　　次：2013 年 5 月第 1 版　2017 年 1 月第 2 版　　印　次：2019 年 7 月第 5 次印刷
定　　价：48.00 元

产品编号：069381-02

第2版前言

伴随着行为金融研究和学习的深入,许多读者希望能够进一步了解影响个体行为金融决策背后的心理机制,而神经科学的迅速发展使之成为可能。事实上,近十年来,神经科学家和经济学家已开始互相涉足对方所熟知的领域,研究行为决策背后的神经机制,并提出了新的经济学以及金融学决策模型,这一跨领域的学科被命名为"神经经济学"。本书在此基础上进行了再版,并荣获了2015年度上海市优秀教材奖。

与时俱进、生生不息是学科发展的生命力。因此,编者以《行为金融学》再版为契机,一方面对第1版中原有各章节的内容进行修订、补充和完善,另一方面添加了新的一章"神经科学与行为金融",进而对神经科学在行为金融领域的研究方法和成果进行介绍。

本书第2版共分九章:第一章为行为金融学导论、第二章为认知心理与行为实验、第三章为预期效用理论与跨期选择、第四章为前景理论——行为金融学的理论基石、第五章为金融市场中的从众行为、第六章为金融市场中的异质信念、第七章为行为金融与公司治理、第八章为神经科学与行为金融、第九章为行为金融学的新视角。

本书第2版的主编为陆剑清博士,参与本书的编写人员还有(以姓氏笔画为序):王翀、李婧、李瑞、陈曲、何芳、肖捷、裴鹤。在本书的编写过程中难免存在着缺点与不足,敬请广大读者批评、指正!

编　者

前言

近年来,行为金融学作为金融学科中的一个新兴领域正迅速崛起,成为现代金融学的研究热点之一。行为金融学依据有限理性的人性假设,着重研究金融市场中的投资心理与行为决策,通过将心理学理论与方法应用于金融学研究,从而有效解答了传统金融理论难以解释的市场异象,对传统金融理论提出了挑战,促使现代金融理论研究跨越到了崭新的阶段。

本书通过抓住行为金融学与传统金融学的理论争论核心,即理性人假设以及市场有效性问题,在系统阐述行为金融学的起源、内涵以及理论架构的基础上,以系统介绍行为金融学的认知心理学原理以及相关行为实验为主线,深入探析了行为金融学的前沿应用领域,清晰完整地构建起行为金融学的理论框架,充分凸现了心理学与金融学相融合的特色。

本书共分八章:第一章为行为金融学导论、第二章为认知心理与行为实验、第三章为预期效用理论与跨期选择、第四章为前景理论——行为金融学的理论基石、第五章为金融市场中的从众行为、第六章为金融市场中的异质信念、第七章为行为金融与公司治理、第八章为行为金融学的新视角。同时,为了便于读者深入理解与掌握,本书还在各章内容前设置了"本章精粹""章前导读"与"核心概念",在各章结尾附以"复习思考题",以供读者回顾与掌握,因而具有极强的学习指导性。

本书既可作为高等院校的金融学专业教材,又可供金融理论与实务工作者阅读、品鉴,亦可作为新兴学科知识的普及读本,以满足社会各层次读者的学习需求。

本书的主编为陆剑清博士,其他编委为(以姓氏笔画为序):王翀、李婧、李瑞、陈曲、何芳、肖捷、裴鹤。此外,在本书的编写过程中难免存在着缺点与不足,敬请广大读者批评、指正!

编 者

编委会

主　编：陆剑清

编　委：(以姓氏笔画为序)

　　　　王翀　李婧　李瑞　陈曲

　　　　何芳　肖捷　裴鹤

目 录

第一章 行为金融学导论 ... 1
第一节 传统金融学的困惑 ... 2
一、"理性人"假设的由来及其相关质疑 ... 2
二、有效市场假说的内涵及其相关质疑 ... 4
第二节 行为金融学的源起 ... 8
一、行为经济学的兴起 ... 8
二、行为金融学与心理学的渊源 ... 10
三、行为金融学的诞生与发展 ... 12
第三节 行为金融学的内涵 ... 14
一、行为金融学的定义 ... 14
二、行为金融学对传统金融理论假设的修正 ... 15
三、行为金融学的研究方法 ... 19
第四节 行为金融学的架构 ... 22
一、行为金融学的理论基础 ... 22
二、行为金融学的核心理论 ... 26
三、行为金融学的投资策略 ... 30
复习思考题 ... 30

第二章 认知心理与行为实验 ... 31
第一节 认知理论及认知的有限理性 ... 32
一、人的认知过程：信息加工系统 ... 32
二、理性认知的分类与基本模型 ... 33
第二节 认知实验及认知偏差 ... 38
一、启发式偏差及其实验研究 ... 38
二、框定偏差及其实验研究 ... 45
三、心理账户及其实验研究 ... 49
四、过度自信及其实验研究 ... 53
五、证实偏差及其实验研究 ... 57
第三节 风险认知及行为决策 ... 59
一、思维的捷径：启发法 ... 59
二、个体对风险的认知法则 ... 62
三、情感心理与风险认知法则 ... 68
第四节 认知偏差对金融市场的影响 ... 81
一、心理账户与行为投资组合 ... 82
二、投资者情绪与证券市场 ... 85
三、过度自信和过度交易 ... 86
四、可得性偏差和本土偏好 ... 88
第五节 认知偏差对于投保决策的影响 ... 89
一、投保决策及心理学启示 ... 89
二、保费框定与投保决策偏差 ... 90
三、保险权益的心理评价 ... 95
四、保险标的物认知中的情感效应 ... 99
复习思考题 ... 102

第三章 预期效用理论与跨期选择 ... 105
第一节 预期效用理论及其假设 ... 106
一、预期效用理论的概念及发展 ... 106
二、诺依曼-摩根斯坦的预期效用函数 ... 108
三、预期效用函数的公理化体系 ... 111
第二节 预期效用理论的行为实验证伪 ... 115
一、确定性效应及其实验研究 ... 115
二、反射效应及其实验研究 ... 117
三、概率性保险及其实验研究 ... 118
四、孤立效应及其实验研究 ... 120
五、隔离效应及其实验研究 ... 122
第三节 贴现效用模型及其异象 ... 122
一、贴现效用模型的源起 ... 122
二、贴现效用模型的内涵 ... 124
三、贴现效用模型的异象 ... 124
四、贴现效用模型的延伸 ... 125
复习思考题 ... 127

第四章 前景理论——行为金融学的理论基石 129

第一节 前景理论的形成过程 130
一、原有价值期望理论上的修正 131
二、基于心理学视角的前景理论 132

第二节 前景理论的主要内容 133
一、个人风险决策过程 134
二、价值函数及参考点 136
三、决策权重函数 139

第三节 前景理论的应用 142
一、禀赋效应 142
二、后悔厌恶与处置效应 143
三、沉没成本效应 145

第四节 前景理论的新发展 145
一、累积前景理论 145
二、心理账户理论 147
三、面对多个期望时的决策 148
四、面对跨期期望时的选择 149

复习思考题 149

第五章 金融市场中的从众行为 151

第一节 从众行为概述 152
一、从众行为的概念 152
二、从众行为的心理分析 153
三、从众行为的分类 154
四、从众行为的层次划分和作用机理 155

第二节 从众行为的成因分析 156
一、基于有限理性的从众行为 157
二、基于信息的从众行为 157
三、基于声誉的从众行为 159
四、基于报酬的从众行为 160

第三节 从众行为的市场效应 160
一、对市场的稳定性影响 160
二、从众行为的效率问题 161
三、从众行为的测量方法 162

复习思考题 164

第六章 金融市场中的异质信念 167

第一节 经验现象 168
一、规模溢价 168
二、长期反转 168
三、价格比率的预测能力 169
四、动量效应 169
五、收入公告研究 169
六、成交量与价格的互动 169

第二节 异质信念模型 170
一、心理学基础 170
二、异质信念的形成机制 171
三、异象与异质信念模型解释 173

第三节 模型检验 182
一、异质信念与动量效应 182
二、异质信念与资产收益率 183
三、异质信念与股市崩溃 184
四、异质信念与资产泡沫 184

复习思考题 185

第七章 行为金融与公司治理 187

第一节 行为公司金融理论的发展 188
一、现代公司金融理论的缺陷 188
二、行为公司金融理论的心理学基础 189

第二节 基于行为金融视角的公司投融资 191
一、传统公司融资 191
二、基于行为金融视角的公司融资 192
三、传统公司投资 194
四、基于行为金融视角的公司投资 195
五、关于IPO的行为金融学分析 197

第三节 基于行为金融视角的公司股利政策 201
一、股利无关论与红利之谜 201
二、传统金融学对红利之谜的解释 203
三、行为金融学对红利之谜的解释 204

第四节 基于行为金融视角的公司并购 207

一、并购的概念 208
　二、并购的分类 208
　三、并购浪潮 209
　四、传统金融学对并购浪潮的
　　　解释 211
　五、行为金融学对并购浪潮的
　　　解释 213
　六、公司并购与赢家诅咒 214
　七、案例分析：阿里巴巴收购雅虎
　　　中国 215
复习思考题 217

第八章　神经科学与行为金融 219

第一节　神经科学在经济学与金融学
　　　　领域的应用 220
　一、神经科学与经济学及金融学的
　　　渊源 220
　二、神经科学在经济学和金融学
　　　领域的研究主题 221
　三、神经金融的内涵及其与行为
　　　金融的关系 222
第二节　人脑结构与脑部兴奋追踪
　　　　技术 223
　一、人脑结构简介 223
　二、人脑兴奋的衡量技术 225
第三节　神经科学在行为金融领域的主要
　　　　发现 228
　一、模糊性和风险决策的神经科学
　　　研究 228
　二、短视损失厌恶的神经科学
　　　研究 231

　三、羊群效应的神经科学研究 232
　四、投资者对于市场波动的生理反应
　　　研究 233
复习思考题 236

第九章　行为金融学的新视角 237

第一节　基于行为金融视角的开放式
　　　　基金 238
　一、开放式基金的概念 238
　二、开放式基金管理 239
　三、开放式基金赎回异象 243
第二节　基于行为金融视角的期权
　　　　与商品期货 245
　一、期权：使用、定价与反映
　　　情绪 245
　二、商品期货：过度反应和无效
　　　市场 251
第三节　基于行为金融视角的外汇
　　　　交易 253
　一、外汇交易的基本内涵 253
　二、外汇交易者的心理弱点 253
　三、外汇交易中的过度投机 254
第四节　基于行为金融视角的人民币产品
　　　　中心建设 257
　一、人民币产品研发中的行为金融
　　　要素 258
　二、行为金融理论在人民币金融产品
　　　设计中的实例分析 258
复习思考题 259

参考文献 261

第一章 行为金融学导论

【本章精粹】

- ◆ "理性人"假设的由来与内涵。
- ◆ 有效市场假说及其对有效市场的分类。
- ◆ 行为金融学与传统金融学在前提假设上的差异。
- ◆ 行为金融学与心理学之间的关系。
- ◆ 行为金融学的投资理论与传统金融学投资理论的差异。
- ◆ 有限理性的内涵。
- ◆ 行为金融学的核心理论。

【章前导读】

长期以来，经济学似乎与理性严谨有着与生俱来的紧密关系，建立在理性基础之上的一系列严格的理论假设已成为主流经济学的基石，并统领着经济学科的各个分支。例如，建立在理性人假设和有效市场假说基础之上的传统金融学形成了由资产组合理论、资本资产定价模型、套利定价模型、期权定价理论等经典理论组成的传统金融理论框架。然而，自 20 世纪 80 年代以来，诸如规模效应、均值回复、期权微笑、反应不足、过度反应等金融市场异常现象的大量出现，使得人们对于建立在"理性人"假设和有效市场假说基础之上的传统金融学产生了质疑。

【核心概念】

"理性人"假设 有效市场假说 行为金融学 有限理性

第一节 传统金融学的困惑

一、"理性人"假设的由来及其相关质疑

"理性人"假设是传统金融学据以建立的最重要的理论基石。理性人假设源于"经济人"假设，而"经济人"假设则是现代经济学思想体系中的前提性和基础性假设，并作为其全部理论构架的逻辑起点以及方法论原则。

(一)"理性人"假设的由来

1. "经济人"假设

二百多年前，亚当·斯密(Adam Smith)提出了"经济人"的概念，他撰写了以下一段著名的言论："每个人都在力图应用他的资本来使其生产的产品得到最大的价值。一般来说，他并不企图增进公共福利，因此也不知道自己所增进的公共福利是多少。他所追求的仅仅是其个人的安乐及利益。"显然，古典经济学家认为个人利益是唯一不变的、普遍的人性动机。所以，"经济人"的理性体现在个体是否出于利己的动机，是否力图以最小的经济代价获取最大的经济利益。"经济人"假设的主要观点如下。

(1) 人是有理性的。每个人都是自己利益的最好判断者，并在各项利益的比较过程中选择自我的最大利益。

(2) 利己是人的本性。人们在从事经济活动中所追求的是个人利益，通常没有促进社会利益的动机。

(3) 个人利益的最大化，通常只有在与他人利益的协调中才能得以实现。交换是在"经济人"的本性驱使下自然而然地发生的，人类的交换倾向是利己本性的外在形式和作用方式。

这种意义上的"经济人"假设一经问世便受到了不少人的指责，其理由是人并非在任何时候、任何条件下都是自私自利的。针对这种指责，"经济人"假设逐渐演化成为"理

性人"假设，其强调经济主体总是追求其目标值或效用函数的最大化，对于这种目标是利己的还是利他的则不作具体的界定。追求自身欲望的满足或追求快乐，作为人类从事各种活动的基本动机，并不意味着人一定是损人利己的。这种基本动机既可以表现为利己动机，通过利己但不损人的方式或者损人利己的方式来实现；也可以表现为利他动机，通过利他不损己的方式或舍己为人的方式来实现(即人们在某些特定场合中的舍己为人的行为同样是源于行为者追求欲望的满足)。基于基本动机的行为逻辑，通常可以把"经济人"分为两种表现类型：利己主导型和利他主导型，但在具体分析经济问题时则一般假设经济主体的目标或效用函数的主要内容是自私自利，即利己主导型。因此，经济学中的"经济人"假设事实上有两层含义，其根本的含义是"理性人"，其通常的含义则是自利人。

2. "理性人"假设

"理性人"假设包含了两层含义：一是投资者在进行投资决策时都是以效用最大化作为目标；二是投资者能够对已知信息作出正确的加工处理，从而对市场趋势作出无偏估计。效用最大化是经济学家对于人类天性的抽象和概括，使得理性人假设具体化为一整套以效用最大化为原则的现代经济理论体系，完全理性的经济人几乎成为标准理论的分析基础。效用最大化原则构成了现代经济学理论中最基础、最重要的前提假设，是微观经济学中各种经济主体的目标函数。经济学中的"理性人"假设进入传统金融学的各个领域，有其特定的内涵。

(1) 套利理论中的套利者根据资产的期望收益来估计每种资产，而期望收益是未来可能收益率的概率加权平均。在套利过程中，套利者是以客观和无偏的方式设定其主观概率的，即按"贝叶斯定理"不断修正自己的预测概率以使之接近于实际。除此之外，套利者还是最大效用追逐者，他们会充分利用每一个套利机会以获取收益。

(2) 现代投资组合理论中的投资者是回避风险型的理性人，他们在理性预期的基础上，以期望收益率和方差度量资产的未来收益和风险，并根据收益一定、风险最小或风险一定、收益最大的原则寻求均值和方差的有效性。

(3) 资本资产定价模型中除了指出投资者具有现代投资组合理论中理性人的所有行为特点外，还强调了其具有同质期望性(homogeneous expectation)，即所有的投资者对于资产以及未来的经济发展趋势具有相同的客观评价。

(4) 理性人假说假定投资者除了能对各种可获取的信息作出无偏估计外，还能迅速作出行为反应。

综上可见，传统金融学中投资者的心理与行为具有效用最大化、风险回避、同质期望性和理性预期这样四个特点，即投资者是"理性人"。

(二) 关于"理性人"假设的质疑

"经济人"或"理性人"作为一种高度抽象的理性模型，其固然使得经济学理论研究公理化、体系化、逻辑化成为可能，然而，基于心理学视角的经济学研究结果则不认同这一经济人理性。

首先，它不承认"经济人"这一前提。传统的主流经济理论把自利置于理论考察的中心，但事实表明，利他主义、社会公正等客观上也是广泛存在的，否则就无法解释人类社会生活中大量存在的非物质性动机(或非经济性动机)。行为经济学研究认为，人类行为不只是自私的，它还会受到社会价值观的制约，从而作出不会导致个体利益最大化的行为决策。

其次，传统主流经济学理论认为由于人们会理性地自利，因而社会经济运行也具有其自身的理性。然而，行为经济学研究则认为由于人本身就不是理性的，因而社会经济活动也不是理性的。例如，证券市场中的股票价格通常并不是对公司的经营业绩作出反应，而是对投资者的市场情绪作出反应，因此，投资者的表象思维、心理定式、环境影响等心理与行为因素往往会导致非理性的决策错误的出现。当然，这里所谓的非理性是指非经济人理性，而不是彻底否定理性。

英国经济学家霍奇逊(Hodgson)从哲学、心理学角度论证了人的行为决策不可能达到全知全能的理性程度。他认为，经济学家在理性与非理性问题理解上的偏见是缘于其对于人脑信息加工处理原理缺乏认识和了解。"经济学家们常常在口头上关注'信息问题'……但是，它是对信息本身的一次容易引起误解的、错误的处理，因而最终导致错误和混乱。"[①]事实上，市场信息的获取和加工，一是要"感觉"材料，因为这些材料都是由大量杂乱的听觉、视觉材料所组成的；二是要理性分析框架，对信息进行有价值的筛选和提炼；三是要用约定俗成的知识加以补充并整合。在投资者的行为决策机制中，由于其认识和思维过程是一种复杂的多层系统，而行为决策本身又往往是在不同思维层次发生的，有的是经过深思熟虑后的理性行为决策，有的则是由无意识或潜意识状态所激发的非理性行为决策，因此，投资者的行为决策并非如古典经济学家所主张的那样理性。

二、有效市场假说的内涵及其相关质疑

有效市场假说是资本资产定价模型、套利定价理论等传统金融理论的重要基础。其成立与否直接决定了投资者对证券市场进行基本分析、技术分析、投资组合管理等金融工具的有效性。因此，有效市场假说一经提出，便立即引起了人们的广泛关注和深入研究。20世纪六七十年代的研究者对于有效市场假说多持肯定的态度，然而也有一些实证结果与有效市场假说不相符。20世纪80年代以来，与有效市场假说相矛盾的实证研究结果不断涌现，进而发现了金融市场中一些与之相悖的异常现象，即市场异象。市场异象说明金融市场在大多数情况下不再是有效的。

(一) 有效市场假说的内涵

有效市场假说认为，市场信息的获取对于每一个投资者来说都是平等的，且证券市场的竞争将驱使证券价格充分及时地反映所有相关信息。因此，投资者只能赚取风险调整后的市场平均收益率，而不可能持续获得超额利润。有效市场指的就是这种市场能够充分及时地反映所有相关信息，证券市场价格代表着其真实价值的情形。按照这一假说，如果投资者所接受的市场信息具有随机性，股票价格就会呈现出随机性。这正是导致股票的市场价格背离其基本价值的主要原因。

1. 有效市场假说的形成

最早提出有效市场假说这一理论的学者是吉布森(Gibson)，他曾描述过该假说的大致思

[①] G.M. 霍奇逊. 现代制度主义经济学宣言[M]. 向以斌，等，译. 北京：北京大学出版社，1993.

想。波切利(Bachelier)于 1900 年最早描述且验证了随机游走模型,并认为证券价格行为的基本原则应是公平游戏,投机者的期望利润应为零。肯德尔(Kendall)于 1953 年给出了有力的实证证据,他通过进行与序列相关的分析发现,股票价格序列就像是在随机游走一样,下一周的股票价格是由前一周的股票价格加上一个随机数所构成的。然而,这些学者并没有对这些现象进行合理的经济学解释。十几年后,萨缪尔森(Samuelson)和曼德伯特(Mandelbort)通过研究随机游走理论,解释了预期收益模型中的公平游戏原则。法玛(Fama)是有效市场假说的集大成者,为该假说的最终形成和完善作出了卓越贡献,他不仅对有效市场假说的相关研究作了系统的总结,还提出了一个完整的理论框架。此后,有效市场假说得到进一步发展,最终成为传统金融学的基础理论之一。

2. 有效市场的基本形态

法玛将证券市场上的信息分为三类:①历史信息,通常指证券过去的价格、成交量、公司特性等;②公开信息,如红利派发公告等;③内部信息,指非公开信息。依据证券价格所反映的信息的不同,有效市场可以分为以下三种。

1) 弱式有效市场

弱式有效市场的证券价格包含了历史信息,例如以往的证券价格和收益率等。投资者无法利用过去的证券价格所包含的信息去评估错误定价的证券而获得超额利润,此时技术分析无效。

2) 半强式有效市场

半强式有效市场反映了所有公开可用的相关信息。这些相关信息不仅包括以往证券价格和收益率,还包括所有的公开信息,例如财务报告信息、经营状况的通告资料以及其他公开可用的有关公司价值的信息、公开的宏观经济形势和政策信息等。根据半强式有效市场假说,信息一经公布,所有投资者就会立即作出反应,从而使得价格反映所有公开信息。因此,投资者不仅无法从历史信息中获取超额利润,而且基于公开资料所进行的基本面分析也只能获得市场平均收益率。

3) 强式有效市场

在强式有效市场中,所有公开和未公开的信息都反映到了证券价格中。这些信息包括所有相关的历史信息和所有公开信息,以及仅为少数人(如董事、经理等)所知的内部信息。因此,在强式有效市场中,尚未公开的内部信息事实上早已泄露出来并反映在证券价格中。在这种情况下,投资者即使拥有内部信息,也无法获得超额利润。此时的投资者会采取消极保守策略,只求获得市场平均收益率。当然,事实上这是一种无法达到的理想状态。

3. 有效市场假说的理论基础

施莱弗(Shleifer)在总结前人理论的基础上认为有效市场假说基于以下三个基本理论假设。

(1) 假设投资者是理性的,因此可以理性地评估资产价值。此时,有效市场假说是由理性投资者相互竞争的均衡结果。如果投资者是理性的,就能够将资产价格确定为其基本价值。一旦投资者获得了关于基本价值的任何信息,就将据此进行积极交易。这样,在市场无摩擦、交易无成本的理想条件下,信息迅速地融入价格之中,价格必然反映所有信息,因此投资者根据信息所进行的交易将无法获得超额利润。萨缪尔森和曼德伯特指出,由于在一个由理性的、风险中性的投资者所组成的竞争性市场中,证券的基本价值和价格遵循随机游走规律,因而投资收益不可预知。此后,经济学者又具体分析了风险规避型投资者对证券价格的影响:①风险水平随着时间的变化而变化;②风险水平随着投资者承受风险能力的变化而变化。而在更为复杂的模型中,证券价格则不再被认为遵循随机游走规律。可见,在完全由理性投资者所组成的市场中,有效市场假说意味着一个竞争性市场出现均衡时所得到的结果。事实上,有效市场假说成立与否并不依赖于投资者的理性。

(2) 即使部分投资者不是理性的,但由于其交易具有随机性,可通过相互冲抵而不至于影响资产价格。这样,就不会因为投资者的理性人假设不成立而致使有效市场假说不成立。在许多情况下,虽然部分投资者并非完全理性,但市场仍然是有效市场。这是因为非理性投资者的交易是随机的,如果市场中存在着大量的非理性投资者,且其交易行为并不相关,那么其交易行为对于市场的影响与干扰则会相互冲抵。即在这样的有效市场中,由于非理性投资者相互交易,即使交易量很大,也不会影响资产价格。

(3) 即使投资者的非理性交易行为并非随机且具有相关性,然而其在市场交易过程中将遇到理性套利者,后者将自然消除前者对于价格的影响。可见,即使投资者之间的交易策略相关,有效市场假说也成立(事实上,第二个假设的前提条件是非理性投资者的交易策略之间不具备相关性,这与实际情况并不吻合,因而具有一定的局限性)。可见,第三个假设是根据投资者之间的交易相关性提出的,其成立的前提是理性套利行为对于非理性投资者的交易影响具有冲抵作用。

总之,有效市场假说的理论逻辑性很强。如果投资者是理性的,市场根据逻辑推理自然是有效市场。即使部分投资者不理性,但由于大量交易是随机的,因而也不会形成系统性价格偏差。套利者的竞争行为保证了市场价格即使产生系统性偏差,也会回归其基本价值。如果非理性交易者在非基本价值的价位进行交易,最后受损失的只能是自己。可见,不仅理性投资者,而且金融市场的系统自身也会为其带来有效性。

(二) 关于有效市场假说的质疑

在投资者是理性人这一基本假设下,传统金融理论获得了巨大的发展,并建立起了明晰而严谨的科学化的理论体系。如果这些理论成果能够通过实证检验并获得市场认可,当然是一个相当完美的结果。然而,实际情况与传统金融理论的分析结果在某些方面相差甚远,甚至截然相反。这些领域的研究结果包括股票市场价格异常、股票市场上投资者行为异常等,致使有效市场假说的三个基本理论假设受到以下严峻的挑战。

1. "理性人假设"的非合理性

"理性人假设"是有效市场假说的基本前提。然而,由于并非所有的投资者都能严格地满足"理性人"的假设条件,因而建立在"理性人"假设之上的有效市场假说的正确性受到了前所未有的质疑。

2. "非理性投资者投资决策相互冲抵"假设的非合理性

有效市场假说认为,即使存在着非理性的投资者,由于其交易行为亦将随机进行,因而交易行为对于市场的影响则会相互冲抵。然而,心理学家卡尼曼(Kahneman)和特维茨基(Tversky)等人的研究结果表明,个体的行为并不是偶然地偏离理性,而是经常地以同样的方式偏离。入市不深的投资者在多数情况下是按照自己的理念来买卖股票的，其交易行为之间具有很大的相关性。例如，由于受市场传言的影响，投资者会模仿周围他人的交易行为，因而会犯下相同的决策错误。即在大致相同的时间内，大家都试图买入或卖出相同的股票，从而表现为投资者的从众行为，致使非理性投资者投资决策呈现出一边倒的倾向。

除了个人投资者在投资决策上不符合理性要求之外，机构投资者表现得更为明显。因为在金融市场中，绝大部分资金是由为个人以及企业投资理财的基金经理人所掌控，受托理财的职业角色使其在进行投资决策时更容易表现出从众行为。例如，这些基金经理人所选择的投资组合会非常接近于评估基金业绩的指数所使用的资产组合，从而最大限度地避免因业绩水平低于该标准组合所造成的职业风险。即他们会随大流，买进其他经理人所买入的投资组合，以免业绩水平低于他人。基金经理人会在投资组合中增加近期表现不错的股票，抛弃那些表现欠佳者，以便在公布投资报告时给投资者留下良好的印象。因此，无论是个人投资者还是机构投资者，其投资决策都表现为明显的趋同性，而非相互冲抵性。

3. "套利者纠正市场偏差"假设的非合理性

有效市场假说认为，由于理性的套利者不存在心理偏差，因而其将消除非理性投资者的交易行为对于市场价格的影响，从而将证券价格稳定在其基本价值上。然而，事实上的套利行为不仅充满风险，而且纠偏作用有限。

一方面，套利行为的纠偏作用是否有效，关键在于能否找到被非理性投资者(俗称"噪声交易者")错误定价证券的合适替代品。由于在大多数情况下，证券产品并没有特别合适的替代品，因而一旦出现了"定价偏差"，套利者将无法进行无风险的对冲交易，而只能是简单地卖出或减持风险已高的股票，以期获取较高的收益。当一个套利者依据相对价格的变化买进或者卖出某只股票后，他就要承担与这只股票相关的风险。例如，某行业存在三家主要的上市公司，套利者认为A公司相对于B、C公司来说其股价已经被高估，于是他卖空A公司股票而增持另外两家公司的股票。尽管其化解了该行业的一般风险，但却无法避免A公司会有出人意料的利好消息，以及B、C公司会有出人意料的利空消息所引发的风险及其损失。正是由于没有特别合适的替代品，套利活动也就充满了风险而并非有效市场假说所认为的无风险套利。

另一方面，即使能够找到特别合适的替代品，套利者也会面临其他风险。这种风险来自于未来卖出股票时其价格的不可预知性，且价格偏差有可能长期持续，即存在价格偏差的持续性风险。换言之，即使是两种基本价值完全相同的证券产品，价高者有可能持续走高，而价低者有可能持续走低。尽管两种证券产品的市场价格最终会趋同，但套利者在交易过程中将不得不遭受暂时的损失。如果套利者无法承受这一损失，其套利活动就将面临很大的约束。可见，看似完美的套利行为，其实质上风险重重，因而其纠偏作用也相当有限，所以"套利者纠正市场偏差"假设并不具有现实的合理性。

总之，上述分析对于有效市场假说中最为关键的三个基本理论假设提出了挑战与质疑，伴随着时间的推移，行为金融理论和实践的进展已经在深刻地动摇着有效市场假说在现代金融领域中的主导地位。

第二节　行为金融学的源起

一、行为经济学的兴起

多年以来，经济学界的不少学者对于经济学中人性假设的不现实性持续提出了严谨的批评，并提出了更贴近于社会经济生活现实的人性假设。这一更正视人类本性的经济研究理念在 20 世纪 90 年代得到了很大的发展，从而导致了行为经济学思潮的兴起，并最终促成了行为经济学的诞生。

(一) 行为经济学的发端

行为经济学的发端是由一些看似偶然的因素所促成的，其中一个主要因素是贴现效用模型(discounted utility model)和期望效用理论(expected utility theory)受到广泛质疑。在 20 世纪中叶，一方面，期望效用理论和贴现效用模型分别作为在"不确定条件"以及"跨时期选择"条件下计算效用值的工具，已经被众多的主流经济学家所接受；另一方面，一般意义上的效用概念非常宽泛，而期望效用理论和贴现效用模型是建立在众多精确假设之上的，这就很容易使之成为行为经济学家所攻击的对象。在这一争论中，有的论文是针对期望效用理论的反常规推论而写的，比如《风险、不确定性与原始的公理》[1]和《财富的效用》[2]等；还有的论文是对"贴现效用模型"指数形式的贴现函数提出异议，如《动态效用最大化中的短视行为和不连续性》[3]这些论文都对行为经济学的发展产生了深刻的影响。到 20 世纪半叶，卡尼曼和特维茨基的《预期理论：一种风险决策分析方法》[4]和泰勒(Richard Thaler)的《动态非一致性的实验证据》等论文，不仅对"期望效用理论"和"贴现效用模型"提出了与前人相似的异议，还设计了有说服力的实验，从而使新的理论在一定条件下易于被证实。这标志着行为经济学的创立。

另一个促进行为经济学发展的因素是现代认知心理学的发展。过去心理学家曾认为"大脑"是一个"刺激-反馈"的机器，但从 20 世纪 60 年代开始，旧的比喻被逐渐舍弃，而将大脑比作一个"信息处理器"的理论开始主导认知心理学的研究。信息处理器的比喻又引出了诸如"问题解决""决策过程"等新的研究课题，而这些新的心理学方面的研究课题与经济学中"效用最大化"的概念相关性颇大。随后有一大批的心理学家投身到经济学模型与心理学模型的对照研究之中。其中，影响最大的是卡尼曼和特维茨基的《预期理论：一种风险决策分析方法》和《不确定条件下的判断：启发式偏向》[5]两篇文章。

继这两篇文章之后，行为经济学发展的另一个里程碑是 1986 年在美国芝加哥大学举办的一次学术论坛，很多优秀的行为经济学论文在这次论坛上发表。十年后，一本以收录行

---

[1] Ellsberg D.Risk. 1961. Ambiguity and the savage axioms.*Quarterly Journal of Economics*,75:pp.643-669.

[2] Markowitz H. 1952. The utility of wealth.*Journal of Political Economy*,60:pp.151-158.

[3] Stroz R.H. 1955. Myopia and inconsistency in dynamic utility maximization.*Review of Economic Studies*,23:pp.165-180.

[4] Kahneman D,Tversky A. 1979. Prospect Theory:An analysis of decision under risk.*Econometrica*,47:pp.263-291.

[5] Tversky , A. & Kahneman , D. 1974. Judgement under uncertainty: Heuristics and biases.*Science*,185(4157):pp.1124-1131.

为经济学论文为主的杂志《经济学季刊》(Quarterly Journal of Economics)诞生。值得一提的是，尽管卡尼曼和特维茨基被人们认为是行为经济学研究领域的开创者，但他们两位都只承认自己完全是心理学家，而非经济学家。真正将卡尼曼和特维茨基的行为学研究和金融学、经济学很好地结合起来的是芝加哥大学商学院的金融学教授泰勒。他早期发表的两篇论文《推进一个消费者选择的新理论》和《股市是否反应过度》备受学术界推崇。

纵观行为经济学的发展史，可以得出这样一个结论：行为经济学是经济学和心理学联姻的产物，这两门学科都有其各自的发展历史，200多年来分分合合，在20世纪下半叶终于相互撞击出了火花。所以说行为经济学不是经济学的一个独立分支，它是一种因引入心理学而引导经济学研究更贴近现实世界真相的思想。

(二) 行为经济学的研究进展

近年来行为经济学的研究已经进入了被称为"第二波行为经济学研究思潮"的新阶段。此次行为经济学的研究进展与开创初期相比，在研究内容与研究环境上都有了质的差异。

从研究内容上看，行为经济学在其第一阶段主要是关注于传统经济学假设的不足，而目前行为经济学发展的第二次浪潮，其不仅仅局限于对传统人性假设的挑战，而且还进一步借用传统经济学的分析工具，将修正后的理论假设融入经济学模型之中，致使行为经济学由一颗"假设"的种子，渐渐冒出了"变量""模型"的枝丫。新的一批行为经济学家已经将行为经济学慢慢渗入当前经济学研究的各个领域之中。如果说在发端阶段，因较多的心理学家介入行为经济学研究领域而受到传统经济学家的指责，那么在第二阶段的发展过程中，经济学家则肩负起了不可推卸的责任。例如，拉布森(David Laibson)教授运用经济学分析工具讨论宏观经济问题时，加入了一些心理变量；恩斯特·费尔(Ernst Fehr)在分析劳动力市场经济学核心问题时，将"人们不是百分之百的自私"的假设融入了经济学模型。可见，在这些研究之前，卡尼曼和特维茨基等学者更关注于对传统经济学中人性假设本身的批判，而这些出现在行为经济学第二波思潮中的研究内容，则更注重心理学与传统经济学两者在建模、应用等领域的融合。换言之，第二波行为经济学研究思潮沿用了传统经济学的分析工具，以努力增强经济学对现实社会经济生活的解释力和预测力。在构筑行为经济学模型的过程中，行为经济学家进一步证明，传统经济学模型中很多典型的假设(诸如百分之百自私、百分之百理性、百分之百自我约束以及其他很多假设)并不为社会经济现实所支持。

从研究环境上看，在美国一些顶尖的经济学系中，教授们为研究生专门开设了行为经济学的课程，博士生在行为经济学领域中寻找毕业论文的选题。伴随着越来越多的学者投入到这一研究领域中，一个良好的学术环境被营造出来了，行为经济学家的听众已经不再局限于心理学家和经济学家。尤其值得指出的是，行为经济学研究不仅建立在承认主流经济学研究方法的前提之上，同样也建立在接受主流经济学的大多数理论假设的前提之上。可见，行为经济学并未抛弃传统经济学中的正确观点。

总之，第二波行为经济学研究思潮继续沿用了主流经济学的研究方法，然而它表明沿用传统经济学方法以研究传统经济学问题不应基于特定的理论前提，诸如完全自利、绝对理性、完全的自我控制以及其他许多主要用于经济模型但尚未得到行为证据支持的辅助性假设。当前，行为经济学思想已经逐渐地融入了传统经济学的研究领域之中，例如宏观经济学领域的拉布森和劳动经济学领域的恩斯特·费尔都已经确立了他们在主流经济学中的地位。

二、行为金融学与心理学的渊源

传统经济学研究依赖于理性人这一基本假设(即人是受其自我利益的驱动，并且有能力在不确定性条件下作出理性判断和决策)，许多经济学家认为研究人的心理、情绪是不科学的，并认为经济学是一种非实验科学。然而，越来越多的学者开始尝试运用实验的方法来研究经济学，修改和验证各种基本的经济学假设，这使得经济学的研究越来越多地依赖于实验和各种数据的收集，从而变得更加真实可信。

经济学家阿尔弗雷德·马歇尔(Alfred Marshall)认为，"经济学是一门研究财富的学科，同时也是一门研究人的学科"。[①]换言之，心理学和经济学之间存在着内在必然的逻辑渊源。1902年，法国经济学家塔尔德(Trade)出版了《经济心理学》一书，从中强调了经济现象的主观因素，并提出了主观价值论和心理预期的观点，由此标志着经济心理学的诞生。经济心理学是关于研究经济心理和行为的学科，它强调经济个体的非理性因素及其重要影响。[②]1942年瑞纳德(Reynaud)在其著作《政治经济学和实验经济学》中提出：人的行为并不是严格合乎逻辑的，其往往存在着非理性因素。然而直至20世纪80年代，经济心理学的研究并未引起人们的广泛关注，仅有少量研究成果面世，而且这段时期的研究主要集中在消费者心理与行为的研究上，理性人假设仍然在整个经济学界占据着主导地位。

通过考察行为金融学、行为经济学与经济心理学会发现，它们的历史根源和发展变迁过程各不相同，并且两者在研究方法和研究视角上存在很大差异，而这种差异来源于西方心理学流派对于经济学的影响。其中，经济心理学起源于欧洲，更多的是受到了传统欧洲式的结构主义心理学流派的影响；行为经济学起源于美国，更多的是受到了根植于美国的行为主义心理学流派的影响；行为金融学更多的是受到现代认知心理学(cognitive psychology)的影

---

① 阿尔弗雷德·马歇尔. 经济学原理(中译本)[M]. 北京：商务印书馆，1964：23.
② 经济心理学是应用社会心理学的一个重要分支，它的研究对象为个体及群体在经济活动中的心理现象和心理规律，所涉及的范围较广。从现有学科分类的角度来看，经济心理学具有广义和狭义两个层次的含义。广义的经济心理学包括管理心理学、劳动心理学、认识心理学、就业心理学、广告心理学、工业心理学等。狭义的经济心理学则以拥有货币之后产生的心理与行为为主要研究对象，主要包括消费心理学、投资心理学、税收心理学、保险心理学、储蓄心理学、赌博心理学和慈善心理学等具体领域。

响[1],它是将心理学方法作为分析金融问题的一种研究工具,其对投资者心理和证券市场效率的研究起源于对一般经济主体心理和商品市场价格的研究。

在西方社会中,心理学对经济学的影响具有悠久的传统,并体现在心理与行为分析方法在经济学研究中的广泛运用。纵观经济学说史可以发现,无论是主流的古典政治经济学或新古典经济学,还是非主流的其他各种经济学派,都可以从中发现心理与行为分析方法的思想内涵。尤其是凯恩斯理论之后的现代经济学各流派开始普遍尝试运用心理与行为分析方法,具体包括以下几点。[2]

(1) 金融市场中的经济心理与行为分析。如众多行为金融学者对投资心理与行为的分析,有关税收心理和逃税行为的分析,有关地下经济行为的研究,有关通货膨胀的经济心理和行为分析等。

(2) 产品市场中的经济心理与行为分析。如有关企业家的经济心理与行为,有关消费者的经济心理与行为等。被誉为美国经济心理学之父的卡托纳(Katona)在20世纪50—60年代通过对消费者心理的研究指出,消费者动机、倾向和期望是影响经济周期性波动的重要因素,并提出消费感情指标(consumption sentiment index,CSI)这一心理预期指标。此外,狄启乐(Dichter)、户川行男分别对人类行为的非理性和商品购买行为的动机进行了研究。

(3) 劳动力市场中的经济心理与行为分析。如劳动者对闲暇的偏好研究,个人理想与其收入冲突研究等。

(4) 家庭中的经济心理与行为分析。如家庭消费中普遍存在的攀比心理,从众行为研究等。

上述心理学研究发现,现实中人的决策行为与传统经济学中的理性人假设存在着系统性偏差。而对于这些非理性心理与行为的研究几乎与市场效率的研究起始于同一时间。

与行为金融学关系最为紧密的现代认知心理学是以信息加工为核心的心理学,又可称作信息加工心理学(information processing psychology)或狭义的认知心理学。它是用信息加工的理论来研究、解释人类认知过程和复杂行为的科学。其核心思想是,人是一个信息加工系统,该系统的特征是用符号形式来表示外部环境中的事物,或者表示内部的操作过程。该系统能够对外部环境以及自身的操作过程进行加工。换言之,人通常被看作是以有意识的、理性的方式来组织和解释所获信息的系统。但是,其他一些下意识的因素也可以系统地影响人类行为。从这一基本的理论框架出发,认知心理学企图研究人类智能的本质、人类思维过程的基本心理规律及其特点。

比如,认知心理学家认为决策是一个交互式的过程,受到许多因素的影响。这些因素包括按自身法则发挥作用的感知,用以解释其发生条件的信念或心理模式;一些内在动因,如感情(指决策者的心理状态)、态度(即在某种环境下,个体对某一现象的相应心理趋势)或者对以前决策及其结果的记忆等,也会对当前的决策产生重要影响,并构成其特定的认知

---

[1] Statman Meir(1999)认为:行为金融学与现代金融学本质上并没有很大的差别,它们的主要目的都是试图在一个统一的框架下,利用尽可能少的工具构建统一的理论,以解决金融市场中的所有问题。唯一的差别就是行为金融学运用了与投资者信念、偏好以及决策相关的情感心理学、认知心理学和社会心理学的研究成果。

[2] 俞文钊,鲁直,唐为民. 经济心理学[M]. 大连:东北财经大学出版社,2001:6-12.

模式。该理论将人类的行为看作是对给定环境的适应过程，即人类的行为是典型适应性的，是以对因果关系的判断和短暂的知觉条件为基础的。

现代认知心理学的研究领域除了认知过程之外，还发展到了人格、情绪、发展心理、生理心理等研究领域，从而为行为金融学的深入发展提供了心理学基础。

三、行为金融学的诞生与发展

如果把心理学和金融学研究相结合的起点作为行为金融学研究开端的话，那么 19 世纪古斯塔夫·勒庞(Gustave Lebon)的《群体》(The Crowd)和麦基(Mackey)的《非凡的公众错觉和群体疯狂》(Extraordinary Popular Delusion and Madness of Crowds)则是两本最早研究投资市场群体行为的经典之作。而凯恩斯是最早强调心理预期在投资决策中的作用的经济学家，他基于心理预期在 1936 年提出了股市"选美竞赛"理论和"空中楼阁"理论，强调了心理预期在人们投资决策过程中的重要性。他认为决定投资者行为的主要因素是心理因素，投资者是非理性的，其投资行为是建立在"空中楼阁"之上的，证券价格的高低取决于市场中投资者的心理预期所形成的合力，投资者的交易行为充满了"动物精神"(animal spirit)。

1951 年，美国奥兰多商业大学的布鲁尔(O. K. Burell)教授在其所发表的《一种可用于投资研究的实验方法》一文中，率先提出了用实验方法来验证理论的必要性，并提出构造实验来检验理论的思路，由此开拓了一个将量化的投资模型与人的行为特征相结合的金融新领域。在 1967 年，该大学的教授巴曼(Bauman)在《人类判断行为的心理学研究》一书中呼吁关注投资者非理性的心理，更加明确地批判了在金融学科理论研究中片面依靠模型的治学态度，并指出金融学与行为学的融合应是今后金融学发展的方向。追随他们理论的金融学家也陆续有一些研究成果问世，但都是较分散的，没有系统化，因而没有引起人们足够的重视。

心理学家卡尼曼和特维茨基于 1979 年发表的论文《前景理论：风险状态下的决策分析》，为行为金融学的兴起奠定了坚实的理论基础，成为行为金融学研究史上的一个里程碑。1982 年，卡尼曼、特维茨基和斯洛维克(Slovic)在其著作《不确定性下的判断：启发式与偏差》中研究了人类行为与投资决策经典经济模型的基本假设相冲突的三个方面，即风险态度、心理账户和过度自信，并将观察到的现象称为"认知偏差"。

20 世纪 80 年代中后期以后，芝加哥大学商学院教授泰勒、耶鲁大学经济系教授希勒(Shiller)成为研究行为金融的第二代核心人物。德朋特(Debondt)和泰勒于 1985 年发表的《股票市场过度反应了吗？》一文揭开了行为金融学迅速发展的序幕。[1]泰勒主要研究了股票回报率的时间模式、投资者的心理账户，希勒主要研究了股票价格的异常波动、股票市场的羊群行为、投机价格与人群流行心态的关系等。卡尼曼和特维茨基于 1992 年的研究指出：投资者对风险的态度并不是按照传统效用理论所假设的以最终财富水平进行考量，而是以一个参照点为基准看待收益和损失，且每次的决策都会因情况不同而改变，决策并不是按

---

[1] Thaler, Richard, Werner F.M. De Bondt. 1985. Does the Stock Market Overreact. *Journal of Finance*.

照贝叶斯法则进行的，决策时会受到框定效应的影响。欧登(Odean)于1998年对于处置效应(disposition effect)的研究，里特(Ritter)于1991年对于IPO的异常现象的研究，卡尼曼等于1998年对过度反应和反应不足之间转换机制的研究等，都对行为金融学的进一步发展起到了十分重要的推动作用。

进入20世纪90年代中后期，行为金融学更加注重投资者心理对最优组合投资决策和资产定价的影响。谢夫林(Shefrin)和斯塔德曼(Statman)于1994年提出了行为资本资产定价理论(behavioral assets pricing model)，2000年二人又提出了行为组合理论(behavioral portfolio theory)。

目前，行为公司金融(behavioral corporate finance)理论作为行为金融学的一个重要分支日益受到学者的重视。在理性人假设和有效假说的条件下，1958年莫迪利安尼(Modigliani)和米勒(Miller)提出了企业价值与资本结构无关的命题。其后，金融经济学产生了一系列新的理论和模型，如杰森(Jensen)和麦克林(Meckling)的代理模型，罗斯(Ross)、利兰(Leland)和派尔(Pyle)的信号模型，迈尔斯(Myers)和梅吉拉夫(Majluf)的信息不对称及优序融资理论等。这些理论和模型都是从资本市场有效性假说角度来讨论公司财务行为的，其研究思路和方法体现在"基于价值的管理"，即建立在理性行为、资本资产定价模型和有效市场三个理论基础之上。然而，大量的实践观察和实证分析表明，心理因素会干扰这三个传统的理论基础。由于行为金融学对公司理财的实践有着重要的意义，行为公司金融理论应运而生。行为公司金融理论认为公司管理层的非理性与股票市场的非理性，会对公司投融资行为产生重要影响。

我国对于投资者心理的行为金融学研究始于20世纪90年代末。沈艺峰、吴世农在1999年对我国股票市场是否存在过度反应进行了实证检验。王永宏、赵学军在2001年对中国股市的"动量策略"和"反转策略"进行了实证分析。赵学军、李学在2001年对中国股市的"处置效应"进行了实证分析。宋军等在2001年针对目前中国证券市场中普遍存在着的个人投资者针对机构投资者的羊群行为这一特殊现象，建立了一个头羊-从羊模型；并用个股收益率的分散度指标对我国证券市场的羊群行为进行了实证研究。孙培源在2002年通过构造股票收益率的截面绝对偏离和市场收益率的非线性检验，验证了中国股票市场羊群效应的存在。冯玉明于2001年在《市场的非理性与组合投资策略》一文中验证了中国股市中不存在"动量效应"，而存在一种"轮涨效应"或"补涨效应"。

在行为公司金融理论研究方面，我国学者对上市公司的融资行为偏好进行了较多的分析，例如，文宏、黄少安、张岗等通过实证研究探讨了我国上市公司的股权融资偏好，并以股权融资实际成本低于债权融资成本解释造成这种偏好的原因；朱武祥在2003年对融资、投资、并购、股利分配等公司金融行为的研究进行了理论综述。

总之，目前国内学者所进行的研究大多集中在传统金融学与行为金融学的比较分析、行为金融学的实证研究、市场的有效性和非有效性等方面，尚缺乏在国际领域内的自主理论的建立、对行为公司金融等分支系统理论的分析以及强有力的数理分析工具应用等方面的突破性研究成果。可见，系统研究行为金融学理论、实证与应用，对于构建金融学科发展的新体系，构建健康均衡、稳定发展的中国证券市场和建立优良的公司治理环境具有重要的理论意义和现实紧迫性。

第三节　行为金融学的内涵

一、行为金融学的定义

作为一个新兴的研究领域，行为金融学至今还没有一个为学术界所公认的严格定义，因而在此只能给出几种由行为金融学领域颇有影响的学者所提出的定义。其虽然具有局限性，但各有独到的见解，可以作为行为金融学研究的基础性概念。

泰勒认为行为金融学是研究人类理解信息并据以行动、作出投资决策的学科。通过大量的实验模型，他发现投资者的行为并不总是理性、可预测和公正的，实际上投资者经常会犯错。

希勒认为行为金融学是从对人们决策时的实际心理特征研究入手讨论投资者决策行为的，其投资决策模型是建立在对人们投资决策时的心理因素的假设的基础上的(当然这些关于投资者心理因素的假设是建立在心理学实证研究结果基础上的)。

行为金融学的研究思想相对于传统经济学来说是一种逆向的逻辑。传统经济学理论是首先创造理想，然后逐步走向现实，其关注的重点是在理想状况下应该发生什么；而行为金融学则是以经验的态度关注实际上发生了什么及其深层的原因是什么。这种逻辑是一种现实的逻辑、发现的逻辑。从根本上来说，行为金融学所研究的是市场参与者表现出的真实情况，以及从市场参与者所表现出的特性来解释一些金融现象。行为金融学家认为：①投资者是有限理性的，投资者是会犯错误的；②在绝大多数情况下，市场中理性和有限理性的投资者都是起作用的(而非传统金融理论中的非理性投资者最终将被赶出市场，理性投资者最终决定价格)。

美国威斯康星大学的著名行为金融学教授德朋特认为，行为金融学的主要理论贡献在于打破了传统经济学中关于人类行为规律不变的前提假设，将心理学和认知科学的成果引入到金融市场演变的微观过程中来。行为金融学家和经济心理学家们通过个案研究、实验室研究以及现场研究等多种实证研究方法的运用，使得人们对于经济行为人的各种经济行为的特征及其原因有了进一步的认识。

与一些所谓的纯学术理论不同，行为金融理论具有显著的实践指导意义。索罗斯(Soros)堪称行为金融理论的实践家，这位获得巨大成功的投资家所倡导的"反射性"理论的核心内容完全符合行为金融学理论。他认为投资者的认知是金融市场不可忽略的重要有机组成部分，投资者通过"认知函数"和"参数函数"与市场价格相互影响，市场的客观表现与投资者的主观预期互为对方的函数变量，从而形成了一个循环过程。此外，索罗斯还认为人的决策始终不会是完备条件下的决策，也就是说人的决策始终是会有偏差的，金融市场上资产的价格是其价值的有偏差反映。与索罗斯相对应的，美国证券市场中的LSV投资公司、富勒(Fuller)&泰勒(Thaler)投资公司以及大卫·迪瑞姆(David Dream)和肯费(Ken Fisher)等基金管理人均是以行为金融学理论为指导，管理着相当规模的"行为金融基金"。

迄今为止，行为金融学的研究主要集中在金融市场中大量存在的"异常现象"，如规模效应、均值回归、期权微笑、反应不足、过度反应、心理账户等。其中，证券市场中的从众行为(羊群效应)也日益受到研究者的高度关注，并成为西方金融理论与证券市场研究中一个新的热点。投资者认为，从众行为作为证券市场中一种主要的投资现象，它的产生与发展对于证券市场起着不可低估的作用，然而它同样也背离了传统金融学理论。

二、行为金融学对传统金融理论假设的修正

"经济人"和"理性人"假设作为一种高度抽象的理性模型，固然使得经济学研究的公理化、体系化、逻辑化成为可能，然而，结合了心理学的经济学研究结论则不承认"经济理性"。

传统经济学的一个重要研究假设是经济行为人的"经济理性"，然而，现实经济生活的参与者并不严格遵循"经济理性"假设，这就使得经济学研究越来越偏离现实。在这样的背景下，经济学研究的理性假设已逐步从"经济理性"向"有限理性"演变。

(一) 行为金融学对理性人假设的修正

1. 经济理性的含义

新古典经济学研究的重点是经济行为人如何把稀缺的资源配置到效率最高的地方去，其强调个体行为在资源配置中的作用。经济行为人的决策行为是通过高度复杂的思维活动作出的，为了更好地解释资源配置问题，新古典经济学借用了哲学的"理性"概念对复杂的人类行为进行了抽象假定。换言之，经济理性是一种行为方式假定，即经济行为人对其所处环境的各种状态都具有完全信息，并且在既定条件下每个行为人都具有使自己获得最大效用的意愿和能力。

具体而言，经济理性包括以下三方面的基本含义。

第一，自利性假设。从斯密的研究开始，自利性就与社会性并列为人的双重本性。根据贝克(Backer)和阿尔钦(Alchian)的观点，人的社会性归根结底是在自利性基础上的所谓"启蒙了的利己主义"，而人的自利性是生存竞争和社会进化的结果。换言之，经济学家所观察到的幸存者似乎都是按照"自利原则"行事的人，而不按"自利原则"行事的人则在竞争和进化中消亡了。

第二，一致性假设。一致性假设是指每一个人的自利行为与群体内其他人的自利行为之间是保持一致的。这一假设为存在于群体中的每一个人的自利行为提供了合理的存在空间，从而避免了"自利"与"损人"之间的可能冲突。

第三，极大化原则。极大化原则起源于马歇尔(Marshall)的《经济学原理》一书，也是奥地利学派发起的"边际革命"的结果。个体对最大幸福的追求(或者等价于追求最小化的痛苦)，致使形成了逻辑上的"极大化原则"。这一原则要求经济理性应将幸福扩大到"边际"平衡的程度，即个体为使幸福增进一个边际量所必须付出的努力等于这一努力所带来的痛苦。

可见，经济理性含义中的"自利性假设"和"一致性假设"实际上是"极大化原则"的铺垫，前者为极大化的动机提供了完美的解释，且为极大化的客体划定了明确的范围；后者则为极大化的存在假定了合理的空间。在这个意义上，许多研究者将经济理性等同于极大化原则也不无道理。经济学研究所默认的经济理性认为经济行为人可以完全认识自然与社会，并基于这一完全认知能够实现自身效用的极大化，而极大化的实现则包含两个递

进的隐含假设：其一，特定决策的所有可能性都明确可知；其二，特定决策主体具备了在所有可能性中进行比较择优的完全认知能力。然而，伴随着经济学研究的深入发展，上述经济理性的三个基本含义都受到了不同程度的质疑。

(1) 对自利性假设的证伪。自利性假设认为与利益密切相关的社会竞争的幸存者都遵循"自利原则"。然而，在现实生活中存在的无法用亲缘理论和互惠理论所解释的纯粹利他行为却直接反证了自利性假设的缺陷，其中最重要的是被桑塔菲学派经济学家称为"强互惠"的行为。"强互惠"行为被发现存在于经典公共品博弈实验中，其特征是：在团体中与别人合作，并不惜花费个人成本去惩罚那些破坏合作规范的人(哪怕这些破坏不是针对自己的)，甚至在预期成本得不到补偿的情况下也这样做。"强互惠"能抑制团体中的背叛、逃避责任以及搭便车行为，从而有效提高团体成员的福利水平。由于实施"强互惠"行为需要个人承担成本，并且不能从团体收益中得到额外补偿，因而"强互惠"是一种存在于经济现实中的明显具有正外部性的纯粹利他行为，其与经济学研究的自利性假设南辕北辙。

(2) 对一致性假设的否定。尽管一致性假设为存在于特定群体中的个人的自利行为提供了合理的存在空间，回避了"自利"与"损人"之间的可能冲突，但是囚徒困境博弈模型表明，个人理性决策的交互作用则会导致群体无理性的后果。囚徒困境博弈模型中的行为人在全面考虑了各种行为的可能性后，通过精确的计算比较，作出了完全符合个人理性的行为选择。然而事实上，博弈行为人符合个人理性的决策造成了行为人群体福利的最大损失，这样，博弈行为人既没有完全保障个人利益，其个体理性行为的存在还直接影响了群体内其他成员的利益获取。可见，囚徒困境博弈模型所表现的个体理性与群体理性之间的冲突实际上是对一致性假设的否定，表明了经济现实中个体自利行为在群体社会环境中所受的客观限制。

(3) 对极大化原则的怀疑。极大化原则以自利性假设和一致性假设的成立为前提。如果自利性假设不成立，那么极大化的动机就无法得到完美的解释，极大化的客体也就失去了明确的范围；如果一致性假设不成立，那么极大化的存在也就没有了合理的空间。因此，自利性假设和一致性假设所受到的质疑动摇了极大化原则存在的逻辑基础。此外，极大化原则与决策条件、决策主体绝对化的理想假设和可直观感知的经济现实相距甚远，而这一差距必然会影响极大化原则的有效性。

2. 有限理性理论的提出

在传统经济学研究赖以成立的经济理性假设受到质疑的背景下，以西蒙(Simon)的研究为代表的有限理性理论逐渐得到学术界的重视。

1) 有限理性的心理机制

西蒙的有限理性理论首先探讨了有限理性的心理机制，他认为人类的理性在一定的限度之内起作用，即理性的适用范围是有限的。实际上，这是对经济理性极大化原则所隐含的假设"特定决策主体具备在所有可能性中进行比较择优的完全认知能力"提出了质疑，正如西蒙所言："一切管理决策都有一个内在约束，即可用资源的稀缺性。"在真实的决策环境里，有限的计算能力和对环境的认知能力必然意味着人类理性是有限的，而有限理性的心理机制正是人类有限的信息加工和处理能力。

2) 实质理性和过程理性

西蒙通过解释"实质理性"和"过程理性"这两个概念以及二者之间的区别，从而对有限理性作出进一步说明。实质理性是指"行为在给定条件和约束所施加的限制内适于达成给定目标";过程理性是指"行为是适当的深思熟虑的结果"。现实中的"过程理性"却在理论表达时被大多数经济学家默认为更偏向于结果的"实质理性"。有限理性是对理想的"实质理性"的否定,对现实的"过程理性"的回归。实际上,理性的载体应当是"思维的程序",而非"思维的结果"。换言之,个体并不拥有超出其认知能力之外的复杂计算能力,而只拥有实施合理行动步骤的资源,只能追求决策过程在逻辑上的无矛盾,而无法完全实现价值的最终"极大化"。

3) 满意化原则

西蒙通过有限理性的理论分析,完成了对经济理性含义中极大化原则的修正。具备经济理性的经济行为人必须具备一系列"理性"特征。具体而言,他们具备所处环境的完备知识(至少相当丰富和透彻);他们具备有序稳定的偏好体系;他们具备能计算出备选方案中哪个可以达到最优的计算能力。然而,现实中经济行为人由于心理资源的稀缺,无法满足完全信息、稳定偏好和全面精确比较择优的理性要求,只能选择满意原则以替代极大化原则。西蒙通过以稻草堆中寻针为例,具体说明了经济理性的极大化原则与有限理性的满意原则的差别:经济理性的行为人企图找到最锋利的针,即寻求最优;而有限理性的行为人则只找到可以用于缝衣服的针就满足了,即寻求满意。可见,西蒙的有限理性研究和满意化原则的提出,迅速拉近了理性选择的预设条件与现实生活的距离。

(二) 行为金融学对有效市场假说的修正

"市场是否有效"是行为金融学与传统金融学争论的核心命题。即有效市场理论认为:当人们理性时,市场是有效的;当有些投资者非理性时,交易的随机产生使其对市场不会造成系统的价格偏差;而非理性交易者以非基本价值的价格进行交易时,他们的财富将逐渐减少,最终在市场中失去其生存的空间。

作为有效市场假说的创始人之一,著名经济学家法玛(Fama)认为,尽管大量文献证明了股价长期回报异常的存在,但市场仍是有效的,因为股价对市场信息的过度反应和反应不足同时存在,异常只是一种"偶然结果",并且大部分异常与研究的方法和模型有关,适当选择方法就可以消除异常。

希勒反对法玛的观点,他认为不能简单地把过度反应与反应不足当成是偶然结果,而忽略其背后的心理学依据。他认为行为金融学并不是要取代传统金融学,而有效市场假说在金融学研究中仍有其重要地位,在一定的条件下市场仍是令人惊奇地有效;对许多研究而言,预期效用理论仍能起到很好的解释作用;传统金融学中逻辑严密的数学模型仍然能够指导金融实践。

奥尔森(Olsen)认为行为金融学提供了令人信服的对股价波动性的理论解释。泰勒也具体指出传统金融学在五个方面与实际情况不符。这显示了传统金融学的尴尬:传统金融理论只提供了一系列没有实证支持的资产定价模型以及一系列没有理论支持的实证观察结果。泰勒还指出,行为金融学的观点及方法将逐渐深入金融学研究的各个层面,以致最后"行为金融学"这一名词将消失。伴随着时间的流逝,纯理性的模型将被纳入一个更为广泛的心理学模型中去,其中完全理性将作为一个重要的特例。

斯塔德曼(Statman)认为,"市场有效性"具有两层含义:一是投资者无法系统地掌握市场价格走向；二是证券价格是理性的。行为金融学应该接受"市场有效性"的第一层含义而拒绝第二层含义。换言之，证券价格并不是理性的，但也不能指望行为金融学就可以帮助人们击败市场。

富勒(Fuller)认为证券市场中典型的行为偏差可以分为两大类，一类是"非财富最大化行为"：理性人行为观点假设投资者的行为目标是追求其投资组合的预期价值最大化，然而现实中的投资者可能把最大化其他某些因素看得比财富更重要。另一类是"系统性的心理错误"：启发式偏差以及其他认知偏差导致投资者犯系统性的心理错误，从而对其所获信息做出错误的处理，即在作出某个投资决策之前，投资者认为他们已经正确地理解和加工了信息，并以其预期财富最大化的目标进行投资，之后他们才可能发现认知上的错误，甚至根本意识不到这种错误。

交易的随机性以及理性套利者的存在是否会消除投资者非理性行为对资产价格的影响呢？卡尼曼和特维茨基在前景理论中指出：非理性投资者的决策并不完全是随机的，人们通常会朝着同一个方向运作，或具有相同的投资行为，所以不会彼此冲抵。希勒认同上述观点并指出，当这些非理性投资者的行为逐渐社会化，或大家都听信相同的谣言时，这个现象会更加明显，所以投资人的情绪因素并非随机产生的错误，而是一种很常见的系统性的判断错误。①

卡尼曼和瑞普(Riepe)指出，人们的行为偏差其实是系统性的。许多投资者倾向于在相同的时间买卖相同的证券，当噪声交易者通过"流言"或者跟从他人的决策而决策时，这种状况将更加严重。投资者的情绪实际上反映了许多投资者的共同判断误差。个人投资者不是唯一的非理性投资者。在西方发达的金融市场中，大量的资金是由代表个人投资者和公司的共同基金、养老基金的专业管理人员所控制。他们既会产生个人投资者可能产生的误差，还会因为他们是管理他人资金的代理人员，所以存在着代理矛盾致使决策中出现更大的偏差。

虽然投资者存在非理性的一面，但是投资者在经历几次相同的错误经历后，是否会经由"学习"而学会正确地评价呢？穆拉伊纳丹(Mullainathan)和泰勒于2000年对此作出了否定的结论，他们认为由于学习的机会成本高于投资者所愿意负担的程度，或者学习正确的评价所需的时间会非常长，而且有些决策并没有很多的学习机会，所以"学习"的效果并没有得到很充分的证据支持。②

施莱弗(Shleifer)和维斯尼(Vishny)认为套利行为对市场价格修正的力量受到一些条件的限制，套利的作用实际上是有限的③。穆拉伊纳丹和泰勒的研究表明，套利本身具有风险性，其风险性的大小不仅取决于是否具有完美的替代品存在，还取决于套利期限的长短。如果这两个条件不具备，套利行为就会失败，相关典型的案例例如以传统金融理论为投资理念的 Long-Term Capital Management 投资基金的亏损事件。④

---

① Shiller, R.J. 1984. Stock Pricesand Social Dynamics. *Brookings Paperson Economic Activity*,2:pp 457-498.

② Mullainathan, Sendhil & Richard H. Thaler. Behavioral Economics, *NBER Working Paper* ,No.7948.

③ Shleifer A., Vishny R. 1997. The limits to arbitrage, *Journal of Finance*,52:pp.35-55.

④ Shleifer A., Rei. 2000. In efficient Markets: An Introduction to Behavioral Finance. Oxford: Oxford University Press,Ch. 2:pp 107-111.

总之，行为金融学认为，金融市场中的经济行为是社会人在相互作用过程中以客观形式外显出来的对经济刺激的主观反映。经济刺激(如价格指数、通货膨胀、税收以及经济信息媒介等)是经济行为产生的必要条件，而非充分条件。经济行为不仅是经济刺激的直接映射，而且还包括一系列的中介变量，如个人目标、价值观念、期望、认知方式、收集以及整合信息的能力、对政治经济问题的兴趣等。因此，行为金融学不仅要讨论人们应该如何决策(最优决策)，而且还要建立一整套能够正确反映投资者实际决策行为和市场运行状况的描述性模型，以讨论投资者实际上是如何决策的以及金融市场价格实际上是如何确定的，这正是行为金融学所要解决的问题。

尽管行为金融学修正了有效市场假说，但它并非对传统金融学理论的全盘否定。正如前文所述，它是以传统金融学理论为基础，批判地继承了其中科学合理的部分。

三、行为金融学的研究方法

行为金融学在继承传统金融学研究方法的同时，其在研究方法上的突出贡献就是将实验室研究导入了金融学研究，并提出了与传统金融学的实证研究方法和规范研究方法所不同的划分实证研究和规范研究的新标准。

(一) 实验室研究

在研究方法上，自从经济学成为一门独立的学科以来，几乎所有的主流经济学家都认为，实验室研究是自然科学研究者的"专利"，而经济学则一直拒绝实验室研究方法的引入。这是因为经济学主要研究人的经济行为，经济学家无法像物理学家控制温度那样控制消费、产出、价格等经济变量，更无法在实验室里进行经济学实验。诺贝尔经济学奖获得者弗里德曼等人都持有这种观点，萨缪尔森也曾认为经济学家只能像天文学家或气象学家一样进行观察。因为在检验经济法则的时候，经济学家是无法进行类似于化学家或生物学家所做的受控实验的。

新古典经济学的理性人假说、边际决策的分析方法、供求形成市场均衡价格、有效市场假说等都是基于经验观察和假设而得出的结论，均未经过实验室检验。但是用实验方法研究经济问题的传统几乎比经济学作为一门独立学科的历史还要悠久，可以追溯到1738年伯努利对圣彼得堡悖论的解答。[①]20世纪30年代后已经有一些经济学家陆续地进行了一些对个人选择理论进行实验检验的经济学实验。1948年张伯伦在哈佛大学的课堂上进行了首次市场检验。他第一个提出经济学实验的目标就是要严格剔除无干扰变量，从而观察实验参与人在特定环境下的真实经济行为。张伯伦当时的一个学生弗农·史密斯(Vernon L. Smith)从1956年开始进行了一系列的经济学实验，于1962年发表了被称为实验经济学的奠基之作的论文《竞争市场行为的实验研究》，这标志着实验经济学作为一门学科正式成立。一般均衡理论、博弈论、

---

① 考虑一个博弈，掷硬币直到头像一面出现为止。当头像出现时，如果投掷次数为 x，则奖励金额为 2^{x-1} 元；当头像第一次出现时，则赌博结束。当被问及愿意支付的参赌费时，很多参与者都只愿意支付 2~3 元，没有人愿意支付高于 20 元的参赌费，而事实上这个赌博的期望收益无穷大。由于提出这一悖论的论文刊登在圣彼得堡大学的刊物上，后来被称为圣彼得堡悖论。

有效市场理论的不断成熟为经济金融现象的解释提供了许多模型，这使得对不同理论的检验变得更为重要，从而推动了经济学实验的产生和发展。伴随着经济学实验的不断运用，其实验方法逐渐完善，实验经济学成为经济学科中一个非常活跃的分支。2002年，弗农·史密斯作为实验经济学的先驱，与行为经济学家卡尼曼一起分享了该年度的诺贝尔经济学奖，从而标志着主流经济学已经接受了实验经济学。

所谓实验经济学研究，即在可控制的实验条件下，针对某一现象，通过控制某些条件，观察决策者行为和分析实验结果，检验、比较和完善经济理论，并提供经济决策和投资决策的依据。经济学实验研究借鉴了心理学的实验研究，但两者也有不同之处。在心理学实验中，参加实验的被试者一般会得到少量的被试费，每个被试者得到的被试费是相同的；而在经济学实验中，被试者得到的报酬则取决于他们在实验中的决策和行为表现。心理学实验中的被试者通常不知道设计此实验的真实目的，而在经济学实验中则不然。因此，很多经济学家认为实验经济学结果更符合人的市场经济决策行为。

弗农·史密斯于1982年统一了以前许多经济学实验所采取的个别方法，确定了经济学实验应该遵循的步骤，建立起了一整套标准的研究设计和分析系统。他认为，每一个实验都应该由环境、规则和行为三大元素组成。环境给定了每位参加者的偏好、初始的货品禀赋以及现有的技术水平，而规则则界定了实验术语和规则。环境和规则为可控制变量，它们会影响最终所观察到的行为。但要在实验中控制环境和规则变量，必须满足一些条件。史密斯总结为以下5个条件：①非饱和性，指人们对商品和金钱的欲望永无止境，"多多益善"，即常言所说的"多比少好，少比无好"；②突出性，指个人的回报只取决于其行为和策略，不受其他因素的影响；③支配性，指实验结果应该尽量客观，不被参与者的主观成本或效益所左右；④隐私性，指每位参与者只被告知他本人的回报程序计算方法，而对其他人一无所知，以避免互相影响、操纵结果；⑤平行性，指实验所得出的结论在非实验室的现实环境中也成立。

实验经济学的研究领域主要集中在市场检验、个体选择行为实验和博弈实验。市场实验包括拍卖实验、讨价还价实验，其中与行为金融学联系较为密切的是资本市场的实验研究。弗农·史密斯的第一批实验是在20世纪50年代中期完成的，那时他在普度大学和哈佛大学任教。他以自己的学生为被试者，检验最基本的经济学理论——供求关系定律。被试者被随机赋予买方和卖方角色。他发现，即使有很少的信息和为数不多的参与者，被试者也能很快地建立起均衡价格，而且这个价格和理论价格很接近。弗农·史密斯的实验证明，具备完备信息和大量的经济主体并不是市场有效性的前提。

个体选择行为实验主要是在不确定情况下的个体选择实验，如阿莱悖论(Allais paradox)、风险偏好反转等，主要是针对预期效用理论的检验。根据实验结果所形成的前景理论构成了行为金融学的主要基础。经典的博弈实验是囚徒困境实验、最后通牒实验，其中最后通牒实验的结果表明人们并不仅仅追求最大利益，还会追求公平等目标。

现代经济学发展的一个显著趋势就是越来越注重理论的微观基础以及对个体行为的研究，正如博弈论、信息经济学和企业理论的发展所揭示的那样，行为金融学打开了现代金融理论中所忽视的决策黑箱，从人类真实的心理和行为模式入手分析问题。作为一种研究经济行为和现象的分析方法或框架，行为金融学为人们提供了新的视角、参照系，并引入了新的分析工具。行为金融学在继承传统金融分析的规范与实证研究方法的基础上，从思想实验和自然观察开始走向实验室实验，借助于一系列精心设计的实验探讨关于人类的认知以及投资行为方面的特点。

实验室研究的主要优点在于能够很好地控制无关变量，而实验优劣的区别就在于变量的有效选择和操纵。在实验室研究中，自变量就是被实验者所操纵的变量；因变量是指被实验者观察和积累的随着自变量的变化而变化的被试者行为；控制变量则是由实验者控制在实验之中保持恒定的潜在变量。在实验室研究中，自变量被操纵，因变量被观察，控制变量保持不变。比如在前景理论所揭示的风险态度反转的实验之中，自变量是"得"和"失"，控制变量是使"得"和"失"的数值保持不变的变量，而被试者的选择就是因变量。

（二）划分实证研究和规范研究的新视角

经济学家根据研究方法的不同把经济学划分为实证经济学和规范经济学。实证经济学是描述性的，研究"是什么"的问题，实证研究所形成的理论模型既可以解释经济现象，也可以在一定条件下预测会出现什么样的经济现象；规范经济学则研究"应该是什么"的问题，如房地产价格是高还是低的问题就是规范性问题。

行为金融学认为以理性人假设为基础的传统经济学，不论是实证经济学还是规范经济学，其都是规范性的理论研究。因为传统经济学假设所有的人都应该是理性的，而真正的实证经济学应该是以真实的人、正常的人为研究前提。因此，行为金融学才是真正在从事实证研究，而传统的金融学和经济学实际上只是在进行规范性研究。

这种划分方法源于心理学。心理学家将理论区分为两种类型：规范性理论和描述性理论。对他们来说，规范性理论刻画理性选择的特征，如期望效用理论原理和贝叶斯法则等。而描述性理论则刻画真实选择的特征，如前景理论。按前景理论作出选择的代理人违反了理性选择的基本原理，例如在确定环境下他们会选择 A 而不是 B，即使 B 比 A 更优，只要优势不是很明显即可。

经济学家使用一种理论来为规范性和描述性两种目的服务。例如，期望效用理论是理性模型，即规范性理论，经济学家也把它作为描述性模型使用。只有在少数情况下，经济学家才明确提出描述性理论模型，如经理人在保证一定利润的约束下使销售收入最大化。然而，这些描述性模型并没有被广泛接受。而描述性理论的另一个特点是，描述性理论是以数据和事实为基础的。销售收入最大化假说就是在与经理人谈话时得到启发而提出的，卡尼曼的前景理论则来自于对数百对博弈的选择的检验。

行为金融学开始成为金融研究中一个十分引人注目的领域，它对于原有理性框架中的传统金融理论进行了深刻的反思，从人的角度来解释市场行为，充分考虑到市场参与者的心理因素的作用，为人们理解金融市场提供了一个全新的视角。行为金融学是第一个较为系统地对有效市场假说提出挑战并能够有效解释市场异常行为的现代金融理论。行为金融学以心理学的研究成果为依据，以人们的实际决策心理为出发点探讨投资者的投资决策对于市场价格的影响。它注重投资者决策心理的多样性，突破了传统金融理论只注重最优决策模型，简单认为理性投资决策模型就是决定证券市场价格变化的实际投资决策模型的理论假设，使得人们对金融市场投资者行为的研究由"应该怎么作决策"转变到"实际是怎样作决策的"，以使研究更接近实际。因此，尽管传统金融学是对市场价格的理想描述，但是行为金融学的研究更具有现实意义。

行为金融学作为新兴的金融学分支与占据金融学统治地位已经有30年之久的有效市场假说、投资人理性进行了长达20年之久的争论,大大加深了人们对于金融市场内在规律以及运行机制的理解,促进了金融学向更广更深的方向发展。

第四节 行为金融学的架构

一、行为金融学的理论基础

传统经济学研究依赖于理性人假设,即人是受自我利益的驱动,并有能力在不确定条件下作出理性判断和决策。传统经济学家认为研究人的心理与行为是不科学的,并认为经济学是一种非实验科学。然而,越来越多的经济学者开始尝试运用实验的方法来研究经济学,修改和验证各种基本的经济学假设,这使得经济学的研究越来越多地依赖于实验以及各种数据的收集处理,从而使研究结果变得更加真实可信。这些研究理论与方法大多扎根于两个相辅相成的领域,即认知心理学家有关人类判断和决策的实验研究,以及实验经济学家对于经济学理论的实验检验。因此,与行为金融学的产生和发展有着密切联系的相关学科主要包括行为学、实验经济学和行为经济学等。

(一) 行为金融学与行为学

行为学在20世纪20年代曾有过"飞跃"式的发展,之后停滞了近半个世纪。1974年,当代行为学大师乔治·霍曼斯(George Homans)发表了一篇演说,提出了五条行为学原理。[①]2001年,诺贝尔经济学奖获得者乔治·阿克洛夫(George Akerlof)在其获奖演讲中以"宏观行为经济学与宏观经济学"为题,提出把行为学假设引入经济学分析框架,并在自己的研究论文里大量运用了行为学和社会学的核心概念。自此之后,行为学又开始成为主流经济学家关注的热点。一般而言,行为学具有以下三条基本原则。

(1) 回报原则。那些给行为主体带来回报的行为要比那些不带来回报的行为更有可能被行为主体所重复。

(2) 激励原则。那些曾诱发回报行为的外界激励要比那些不曾诱发回报行为的外界激励更容易诱发行为主体的同类行为。

(3) 强化原则。如果行为主体没有获得对其行为的预期回报,甚至为此而遭到惩罚,那么行为主体将会被激怒,进而强烈地要求实施能够补偿其损失的行为。相反,如果某类行为给行为主体带来了超出预期的回报,或者没有带来预期的惩罚,那么行为主体将会更主动地实施同类行为。

上述行为学基本原则是与传统经济学不相容的,因为它与"理性人"假设相悖:低于预期水平的回报或高于预期水平的惩罚可以惹火或激怒行为主体,从而导致"过火"行为的发生,而"过火"行为的价值会随着行为主体不悦程度的增加而不断上升。当然,这是把人降低到动物的层面进行分析,经济学家认为这种行为是不理性的,因为它是"不经济"的;而高于预期的回报或低于预期的惩罚则可以让行为主体"高兴",从而上调行为后果

---

① Homans, George. 1974. Elementary Forms of Social Behavior. 2nd Ed..New York:Harcourt Brace Jovanovich.

的价值，表现为情绪波动。凡是感性的，都不是理性的，因而都不包括在理性选择的范围之内。

行为学的基本原理为人类行为实验的设计以及行为结果的解释提供了方法上的借鉴，同时也为行为金融学研究投资者的心理与行为提供了重要的研究思路。

(二) 行为金融学与实验经济学

尽管经济学在传统上被视作仅依赖于现实经济数据的非实验科学，但是许多学者认为经济学进一步发展受到制约的原因也在于此。如果无法进行可重复性的实验研究，那么经济学理论与模型的检验必定会受到限制(因为仅凭现实经济数据将难以客观判断经济学理论与模型的有效性)。通常，自然科学所遵循的研究原则是理论创新与实验检验之间的交互推演：新的实验发现推动了理论创新，理论创新则要求有新的实验设计用于检验其客观真实性。于是，当理性人假设无法揭示现实人的经济生活和经济行为时，越来越多的研究者便开始尝试运用心理学的实验方法来研究人的经济行为，并试图以此来验证和修改已有的经济学假设。这就使得经济学研究开始依赖于行为实验设计以及各种实验数据的收集处理，以及对现实人的经济心理与行为的分析和了解。因此，认知心理学家对人的行为决策与判断的分析以及实验经济学家对经济学理论的实验检验，正是这一新兴研究领域经典成就的体现，而这些研究成果也为行为金融学的发展提供了研究思路和方法启示。

实验经济学通常是在可控的环境条件下，针对某一经济现象，通过操控某些条件变量，观察决策者的行为并分析实验结果，以检验、比较和完善经济理论。其目的是通过设计和模拟实验环境，探求经济行为的因果机制，验证经济理论或帮助政府制定经济政策。①因此，经济学的实验方法就是给予经济学家一种直接的责任，即把可控的实验过程作为生成科学数据的重要来源，而这些过程也可以在其他实验室中重现。

实验经济学的发展经历了两个阶段。第一个阶段是，在20世纪30—50年代，其具有三大标志性的经济实验类别。第一类是个人选择实验，试图通过实验手段了解影响个人效用偏好的因素和规律。例如，瑟斯顿(Thurstone)于1931年提出实验，用来研究偏好的无差异曲线，②随后其他学者通过设计实验检验了以消费者行为为研究基础的效用理论的正确性。沃利斯(Wallis)和弗里德曼(Friedman)于1942年对此实验提出了重要批评，在此基础上，罗西斯(Rousseas)和哈特(Hart)以及莫斯特勒(Mosteller)和诺杰(Nogee)分别于1951年做了后续实验；阿莱(Allais)在其1953年的著作中提出了"阿莱悖论"和一般效用理论。第二类是关于博弈论的实验。有关博弈的实验已经格式化为著名的囚徒博弈。③从著名的囚徒博弈为起点，其他还有信誉效应、公共品抉择、议价过程等方面的博弈研究。第三类是关于产业组织的实验，主要特征是构建虚拟市场和组织形式，在不同的信息和市场条件

---

① Sauermann Heinz.Contributions to Experimental Economics (Beitrage zur Experimentellen Wirtschaftsforschung),1, Tubingen,J.C.B.Mohr.1967. 其中包括 Sauermann 和 Selten(1967a,b),Selten(1967a,b,c), Tie(1967) 以及 Becker(1967)的文章。
② Thurstone(1931)首创用实验方法来研究关于偏好的无差异曲线，随后涉及实验检验效用理论的实验有 Mostell 和 Nogee(1951)对不确定性状态下个人的偏好决定实验，张伯伦对市场行为研究的实验等。
③ 随后的实验参见 Kalisch, Milnor, Nash,Nering(1954)，以及 Schelling(1957)的著作。

下，研究人的行为、组织结构的变化以及对市场价格的影响。罗兹(Alvin E. Roth)曾进行过有关行业结构的早期调查，其后张伯伦(Chamberlin)以及西格尔(Siegel)、弗拉克尔(Fouraker)的著作问世。

第二个阶段是在 20 世纪 60 年代至今，实验经济学得到了飞速的发展，随着实验设计和构思的不断创新，研究方法和手段不断完善，然而研究结果和证据则与传统经济学研究结论相去甚远，从而对传统经济学理论提出了挑战。1962 年实验经济学回顾问世[①]。20 世纪 60 年代末，学者们开始思考实验方法中存在的问题。例如，霍冈特、艾舍利奇和惠勒描述了一个计算机化的实验室。80 年代后，弗农·史密斯、普罗特、格里瑟等开创了一系列新的研究方向并取得了富有革命性的成果。[②] 弗农·史密斯的经济实验包括拍卖、公共品提供、航班时刻表设计、能源市场设计、政府采购、国有资产拍卖、规制设计等，从而大大丰富了人们对社会经济关系的认识，他也因此获得了 2002 年诺贝尔经济学奖。

实验经济学对社会经济问题与现象的研究过程如下：构造模型—设计实验—进行实验—归纳统计—获得结果。实验经济学的基本原理是把社会中的人作为被试者，所要验证的是人的行为命题，因而需要借助心理和行为分析的研究方法。具体而言，一是运用行为理论来完善和改进实验。例如，针对行为人对重复行为有厌烦的心理，在实验设计中运用价值诱导方法，并把实验时间控制在三个小时内。二是运用行为理论来解释实验结果。许多实验结果与理论预测出现差异，其原因是传统经济学理论假设行为人是理性的，然而被试的行为却是理性与非理性的结合，所以只有运用行为理论来分析被试的非理性行为，才能很好地解释实验结果。可见，实验经济学的重要性在于(正如弗农·史密斯所强调指出的)：一项未经实验验证过的理论仅仅是一种假设，大部分经济学理论被接受或被拒绝的基础是权威、习惯或对假设的看法，而不是基于一个可以重演的严格证实或证伪的实验过程。然而，实验经济学则可以把验证过的知识引入经济学领域，从而使得人们了解真实的市场运行模式。同时，实验中的可控过程作为生成科学数据的重要来源，其数据采集的严格标准也日益受到经济学界的重视。

由于实验经济学的研究过程是可控的，因此为这类研究模式提出了数据采集过程的严格标准，同时，它作为研究模式也为行为金融学提供了研究方法与路径，主要包括：①根据实验现象推测假设模型；②对假设模型进行实证检验；③采用合适的理论模型对异常现象作出有效解释。目前，人们越来越多地对金融投资决策，特别是涉及金融市场的有效性和稳定性的决策内容，诸如金融市场的定价机制等进行实验设计和模拟分析。

(三) 行为金融学与行为经济学

行为金融学是由行为经济学衍生出来的众多分支学科中成果最为丰硕的研究领域之一，它的基本观点以及所采用的研究方法大都源于该学科。行为经济学是一门研究在复杂的、不完全理性的市场中的投资、储蓄、价格变化等诸多社会经济现象的新兴学科，它是

---

① Rapoport 和 Orwant(1962)在撰写实验经济学回顾时，最早评述说："这样一种实验性的研究方法有广泛的文献基础，但是尽管如此，其主要思想还是可以在一篇文章中得到体现。"

② Vemon L.Smith. Microeconomic System as on Experimental Science. American Economic Review, 1982,72.

经济学和心理学的有机组合。[1]

20 世纪 50 年代，行为经济学在美国等西方发达国家迅速发展起来。行为经济学具有以下三个重要特征：①其理论出发点是研究一个国家中某个时期的消费者和企业经理人的行为，以实际调查为根据，通过对在不同环境中所观察到的行为进行比较，然后加以概括并得出结论；②其研究的是集中在人们的消费、储蓄、投资等行为的决策过程，而不是这些行为所完成的实绩；③它更重视和研究人的行为因素，注重分析经济活动中人的心理过程，例如人们在作出经济决策时的动机、态度和期望等。[2]

20 世纪 70 年代，以卡尼曼和特维茨基、泰勒、希勒、施莱弗等为代表的行为经济学家，受现代认知心理学的启示，分别对传统经济学中"经济人"的无限理性、无限控制力以及无限自私自利等三个假定进行了修正，并进一步提出了既非完全理性，又不是凡事皆自私的"现实人"假定。这样，以此为立论基础而专门研究人类非理性行为的行为经济学便应运而生。如拉布森运用经济学分析工具讨论宏观经济问题时，加入了一些心理变量；恩斯特·费尔(Ernst Fehr)在分析劳动力市场经济学问题时，将非完全理性融入经济模型；[3]拉宾(Rabin)于 1993 年把人的非理性引入博弈理论与经济学中，提出了混合公平的概念，即共同最大化或者共同最小化的"公平均衡"(fair-ness equilibria)，而不仅仅是折中双赢的"纳什均衡"(nash equilibria)。[4]拉宾于 1998 年通过系统地分析心理和经济的关系，以务实的态度讨论了偏好、信任偏差、认知的选择等，从而向传统经济学的理性概率分析方法提出了挑战。[5]拉宾的研究领域还包括为何有的人会入不敷出、吸毒成瘾、三心二意等，而传统经济学则根本无法解释人类为何会作出这些不理性的行为。这些研究成果为行为经济学的发展提供了坚实的理论基础。拉宾等人于 2001 年指出，当存在自我约束的局限时，人们会出现"拖延"(procrastination)和"偏好反转"(preference reversal)等行为。拉宾将这些心理因素纳入了传统经济学分析模型，得出了一系列有趣的研究结果，而这些研究结果对储蓄、就业等经济领域具有有益的启示。

行为经济学认为，每一个现实的决策行为人都不是完整意义上的理性人，他们的决策行为不仅受到其自身固有的认知偏差的影响，同时还会受到其所处的外部环境的干扰。由于理性的有限性，在决策判断过程中，决策者的启发式思维(heuristics)、心理框定(mental frames)和锚定效应(anchoring effect)往往发挥着决定性作用。而在决策选择过程中，对问题的编辑性选择、参考点、风险厌恶和小概率效应也会产生关键性影响。

行为经济学的研究集中在决策领域，并主要分为判断和选择两类研究对象。判断是研究人们估计某一事件发生概率时其整个决策过程是如何进行的；选择则是人们面对多个可

---

[1] Sendihil Mullainathan, Richard H. Thaler.2000.Behavioral Economics.Working paper working paper series (National Bureuu of Economic Research)第 7948 期 http://www.nber.org/papers/w7948.

[2] Matthew Rabin. 1999.Risk Aversion and Expected Utility Theory: A Calibration Theorem.

[3] Uchitelle L. 2001.Some Economists Call Behavior A Key.New York Times, Business, Feb 11th.

[4] Rabin M.1993 .Incorporating Fairness into Game Theory and Economics Literature, American Economic Review, American Economic Association, Vol. 83(5),1281-1302.

[5] Rabin M.1998. Psychology and Economics. Journal of Economic Literature, American Economic Association, Vol. 36(1),11-46, March.

选事物的情况下是如何进行筛选的。罗文斯坦(Loewenstein)将行为经济学的研究过程概括为以下四个步骤。①

(1) 识别传统经济学理论所运用的假设、模型。

(2) 识别反常现象。例如,找出由于人的心理因素所导致的、与传统经济模型假设相违背的情况,并努力排除他因。

(3) 改造原有模型,使之普适性更强。例如,通过增加一个变量使得模型在原有基础上也能解释特定的反常现象。

(4) 检验新的行为经济模型。寻找该模型的新推论,并论证其对谬与否。这是行为经济学所特有的研究过程。

行为经济学通过将心理学引入经济学,从而增加了经济学对现实生活中各种社会经济现象的解释能力。尤其是伴随着互联网的兴起,体验经济在各行各业中正呈现出主流化发展趋势,致使美国股市脱离基本面而表现出非理性繁荣与非理性恐慌,这是传统经济学理论所无法解释的。

2002年度的诺贝尔经济学奖授予了卡尼曼和史密斯。这一殊荣促进了经济学的后现代转向,现代经济学体系开始从以理性为核心的现代性逐渐向理性之外的后现代性转变,海市蜃楼般的"经济人"角色也渐渐地被普通的"社会人"所替代。然而,行为经济学中所谓的非理性并非广泛意义上的非理性,而是指理性不及,即仍然承认经济人理性在传统解释范围内的有效性,所不同的是仅把它视为一种特例,认为理性要与理性之外的非理性部分充分结合起来,才能构成人类行为的完整统一体。因此,卡尼曼指出自己的工作并非否认人的理性,而是更科学、更客观地对人的认知过程加以研究,以期达到对人的行为的科学认识,是更高层次理性的体现。

二、行为金融学的核心理论

行为金融学为公司财务研究带来了巨大的冲击,也为资本结构理论研究提供了新方法。行为金融学的主要成就有前景理论、行为资产定价模型、行为资产组合理论、套利限制、心理账户等。然而,不同的行为金融学家所发表的理论比较分散,目前还没有形成一个完整的理论体系,但基本上是以卡尼曼和特维茨基所提出的前景理论为核心。

(一) 前景理论

前景理论是一种研究人们在不确定性条件下如何作出决策的理论,主要是有针对性地解释传统理论中的理性选择与现实情况相背离的现象。它是由卡尼曼和特维茨基于1979年共同提出的,并在之后该理论得到了不断的补充和修正。其一方面继承了传统理论中关于人类具有对成本收益采取效用最大化的倾向;另一方面又提出,由于有限理性、有限自制力的存在,人们又不完全如传统理论所假设的那样,在任何情况下都会清楚地计算风险得失的概率,人们的选择往往受到个人偏好、社会规范、观念习俗的影响,因而其未来的

---

① C.Loewenstein.1999. Experimental Economics from the Vantage-point of Behavioral Economics. Economic Joumal 109,P25-P34.

决策便存在着不确定性。具体而言，前景理论包含以下颇具说服力的论断。

(1) 决策参考点。投资者决策时判断效用的依据并非如传统理论所描述的是最终的财富水平，而是以自己身处的位置和衡量标准来判断行为的收益与损失，也就是选取一个决策参考点，并以此来决定投资者对于风险的态度，从而作出投资决策。卡尼曼和特维茨基研究指出，在决策参考点上，由于人们更注重预期与结果的差距而非结果本身，因此选择什么样的决策参考点至关重要。也正是由于投资参考点的存在，致使预期具有了不确定性和不稳定性，而由预期所带来的投资行为也不可能与理性选择理论完全相符，因此，非理性的投资行为会偏离传统金融模型。

(2) 损失规避。卡尼曼和特维茨基通过实验研究发现，在决策参考点进行心理计算时，投资者在大多数情况下对于预期损失的估计会比预期收益高出两倍。这是因为在不确定性条件下，人们的行为偏好是由财富的增量而非总量所决定的，所以人们对于损失的敏感性要高于收益，这种现象称作"损失规避"，它不同于新古典理论关于偏好的假设，从而有效地解释了人们现实的决策行为与数量模型之间的偏差。同时，他们还运用效用价值函数来描述个人的选择行为，由于损失规避本身的特征，效用函数表现为正的增量是凹的，负的增量则是凸的，因而人们在面临亏损的情况下，会成为一个风险追求者而不是一个风险厌恶者。实验研究表明，在上一轮赌局中遭受损失的人更有参加下一轮赌局的内在冲动。

(3) 非贝叶斯法则的预期。概率论中的贝叶斯法则是指当分析样本数接近总体数时，样本中事件发生的概率将接近于总体中事件发生的概率。卡尼曼和特维茨基认为，当行为人在面对不确定性情景作出预期的时候，其决策通常会体现出非贝叶斯法则的特征，即把小样本中的概率分布当作总体的概率分布，从而夸大了小样本的代表性，或者对小概率事件加权太重，出现了"小数法则偏差"。如果在 10 个被试者当中，文化程度高的人更容易掌握高尔夫球的初学要领，那么人们可能会形成这样一种观念：在高尔夫球学习者中，文化水平高的人更容易学会。显然，这就是一种非贝叶斯法则的预期。

(4) 框架效应。卡尼曼和特维茨基研究人类在不确定条件下的决策时，注意到了行为选择与行为环境之间的关系。当人们面临决策时，其不仅考虑行为的预期效用，而且会受到问题表述的框架方式的影响。换言之，问题是以何种方式呈现在行为人的面前，这在一定程度上会影响人们对于风险认知的态度。当面对同样预期效用的确定性收益与风险性收益时，如果行为方案的结果是收益性的，那么行为人会选择确定性收益，即表现为风险规避倾向；然而，当面对同样预期效用的确定性损失和风险性损失时，如果行为方案的结果是损失性的，那么行为人会选择风险性损失，即表现为风险偏好倾向。

前景理论现已成为行为金融学的理论基石，运用前景理论能有效解释诸多金融市场中的异常现象，例如阿莱悖论、股价溢价之谜以及期权微笑等。然而，由于卡尼曼和特维茨基在前景理论中并没有给出如何确定价值函数的关键——参考点以及价值函数的具体形式，致使其在理论上还存在着很大缺陷，因而极大地阻碍了前景理论的进一步发展。

(二) 行为资产定价模型

作为传统金融理论中资本资产定价模型的对应理论，谢夫林和斯塔德曼于 1994 年构建了行为资产定价模型(Behavioral Asset Pricing Model, BAPM)。该模型将投资者分为信息交易者和噪声交易者两种类型。信息交易者即在资本资产定价模型下的投资者，他们从不犯认知错误,并且不同个体之间表现出良好的统计均方差性,不会出现系统性偏差;噪声交易者则是处于资本资产定价模型框架之外的投资者,他们时常犯认知错误,不同个体之间具有显著的异方差性,这两类交易者互相影响共同决定了资产价格。将信息交易者和噪声交易者以及两者在市场上的交互作用同时纳入资产定价框架是行为资产定价模型的一大创新。

(三) 行为资产组合理论

金融机构在其实践中所使用的资产组合与传统金融理论中的马科维茨均方差组合是有很大差别的。例如,费雪和斯塔德曼在1997年研究发现,共同基金为一些投资者采取了较高比例股票的投资组合,而对另一些投资者则采取了较高比例债券的投资组合。这显然有悖于传统金融理论中两基金分离定理,因为两基金定理证明所有有效组合都能够表示为一个股票与债券具有固定比例的风险组合和不同数量的无风险证券的组合。谢夫林和斯塔德曼在1999年提出了行为金融组合理论,以取代马科维茨的均方差组合理论。均方差组合理论认为,投资者将资产组合视为一个整体,其在构建资产组合时只考虑不同证券之间的协方差,而且他们都是对风险态度不变的风险厌恶者。行为资产组合理论则认为,投资者将资产组合视为具有金字塔式的层状结构,且金字塔的每一层都对应着不同的风险-收益特征,而关于各层之间的相关性则被投资者忽略了。一些资金会被投资于最低层以防止变得一文不名,另一些资金则会被投资于更高层次用来争取变得更加富有。行为资产组合理论较之均方差组合理论能够更好地达到理论与实践的一致性。当然,该理论仍有许多问题有待于进一步的突破。例如,如何将各种理性趋利特性和价值感受特性进行定性与定量的区分和描述,如何具体构建层状结构中每一层的资产组合等。

(四) 套利限制

套利限制是行为金融学对于传统金融理论提出质疑和修正的重要工具。传统金融理论体系中的重要基石是有效市场假说,而有效市场假说认为,金融市场中的理性交易者能够正确评估证券的价格。因此,一方面非理性交易者的非理性投资行为会相互冲抵,其对市场的有效性没有影响;另一方面,即使非理性交易者的非理性投资行为是相同的,但由于套利的存在,短期内的价格偏离会很快获得纠正,从而使得市场能够迅速恢复其效率。然而,行为金融学认为套利的力量不可能没有条件限制,由于在各种客观条件约束下,套利无法真正消除非理性行为对于理性行为长期的实质性影响,因此有效市场假说是不成立的,施莱弗和维斯尼(Vishny)将此称为"套利限制"。

(五) 心理账户

行为金融学认为,当行为人进行决策时,其不是权衡了各种情况进行全局考量,而是无意识地把一项决策分为几个部分来看待,即分成了若干心理账户,其对每一个心理账户都会有不同的认知决策。谢夫林和斯塔德曼认为投资者通常会将自己的投资组合分成两个部分,一部分是低收益的安全投资,另一部分是高收益的风险投资。可见,由于人们都有既想规避损失又想追求财富的心理预期,因而通常会把两个心理账户分开,一个用以规避贫穷,另一个用以发财致富。并且在考虑问题的时候,行为者往往每次只考虑某一个心理账户，从而把目前所要决策的问题与其他决策相分离。换言之，投资者会将投资组合放在若干心理账户中，而不太注意它们之间的相关性。

(六) 可得性偏误

卡尼曼和特维茨基把以下现象称作可得性偏误：如果某件事情让人比较容易联想到，那么行为者便会误以为这个事件经常发生；相反，如果某类事件不太容易让人联想到，或者在人的记忆中相关信息不丰富、不明确，那么行为者就会在不自觉的情况下低估该类事件发生的概率。这样，社会中被人们所熟知的事物自然就是易获得性的。因此，行为人在进行决策时其受社会环境的影响程度是不可忽视的。例如，将内地房地产价格与我国香港的房地产价格相联系等。

(七) 过度自信

"过度自信"概念是建立于行为金融学中"人类的有限理性"这一基本假设之上的。因为不论是理性行为者还是非理性行为者，其都不会怀疑自己理性的存在。尤其是投资者自认为掌握了一定信息和专业知识，因而面对投资决策的时候，会过于相信自己的判断力。一些学者对此做了一系列的实验，结果表明受访者倾向于高估他们答对的概率，而另一些调查结果表明散户在第一年往往频繁交易，但是他们卖出的股票却往往比他们买进的股票表现得要好。

(八) 从众心理

作为心理学上的古老命题，从众心理也被引入了行为金融学。在投资市场这种群体活动的状态下，行为人必然会受到其他行为人和整个行为环境的影响，从而产生一种模仿、攀比、追随和互相传染的行为倾向。在处理一些突发事件的过程中，这种从众的非理性情绪会达到一个相当高的程度。人们的从众心理预期会造成大量的定价偏差，因此，众多同一方向的从众心理预期与均衡价格的偏离导致了前文所述的"套利限制"。人们的这种非理性情绪无法互相冲抵，反而彼此强化，有效市场假说变得更加难以实现。

(九) 模糊规避

"模糊规避"描述的是人们在进行决策时会有一种对不确定性的厌恶心理。在面对选择进行冒险的时候，人们会倾向于拿已知的概率作为依据，从而规避不确定性的概率。显然，当新的金融产品出现的时候，往往会被投资人增加过多的风险溢价。而经过一段时间以后，当人们对该种金融产品有了一定的把握时，便会相应地降低风险溢价。

综上所述，金融学所研究的市场运行状况、行为者的市场活动、证券价格的确定等，其实都是建立在市场主体的行为决策的基础之上的，因而无论行为金融学还是传统金融学都是围绕着人类的决策在构建其理论模型。但是，传统金融理论是把行为人假设为一个完全意义上的理性人，这样的理性人不仅具备理性，而且无论在何种情况下，都可以运用理性，根据成本和收益的比较，从而作出对自己效用最大化的决策。然而，行为金融学恰恰是在这个最基础的假设上，与传统金融学表现出显著的差异性，从而对传统金融理论进行了质疑与反思。

三、行为金融学的投资策略

行为金融学与传统金融学一样，也是研究证券市场投资策略的理论，只不过前者强调投资者的心理情绪的变化。因此，当理解了行为金融的理论基础后，还应当了解它的投资策略。行为金融学主要提出了从众行为的投资策略、关注小盘的投资策略、反向投资策略、成本平均策略和动量交易策略等。一些金融实践者已开始运用这些投资策略来指导他们的投资活动，具体如下。

(1) 从众行为的投资策略(又称"羊群效应")。从众行为的投资策略虽然是在群体压力下产生的非理性行为，但由于它是纳入多数人投资组合的，因而这也是符合最大效用原则的。

(2) 关注小盘的投资策略(又称"小公司效应")。该策略认为，一般而言，小盘股的收益要比大盘股的收益高。但随着公司规模的扩大，股票的市值会随着公司规模的扩大而减少。在这种趋势下，只要掌握了已知信息，就可以预测收益率的变化。

(3) 反向投资策略。这一策略就是买进过去表现差的股票，而卖出过去表现好的股票，如选择低市盈率的股票、选择股票市值比其账面价值低的股票、选择历史收益率低的股票等。行为金融学认为，反向投资策略是对股市过度反应的纠正，是一种逆向思维的方法。

(4) 成本平均策略。该策略是在股市价格下跌时，分批买进股票以摊薄成本的策略。采用这一策略不是为了追求效用最大化，而是为了降低投资的遗憾度。

(5) 动量交易策略。这一策略的核心内容是寻求在一定期间内股价变动的连续性。即如果股价变动连续趋涨，则采取连续卖出的策略；如果股价变动连续趋跌，则采取连续买入的策略。

复习思考题

1. 试述"理性人"假设的由来。
2. 试述"理性人"假设的内涵。
3. 关于"理性人"假设的质疑表现在哪些方面？
4. 试述有效市场假说的内容及其对有效市场的分类。
5. 关于有效市场假说的质疑表现在哪些方面？
6. 试述行为金融学与传统金融学在前提假设上的差异。
7. 试述行为金融学与心理学之间的关系。
8. 行为金融学对传统金融学的修正表现在哪几个方面？
9. 试辨析行为金融学的投资理论与传统金融学投资理论的差异。
10. 试述有限理性的内涵。
11. 试述行为金融学与实验经济学的关系。
12. 试述行为金融学与行为学的关系。
13. 试述行为金融学与行为经济学的关系。
14. 试述行为金融学的核心理论。

第二章 认知心理与行为实验

【本章精粹】

◆ 实质理性和过程理性的区别。

◆ 启发式偏差的内容。

◆ 框定偏差产生的原因及其表现。

◆ "默认选项"如何与"维持现状偏差"联系在一起。

【章前导读】

在行为经济学理论体系产生的过程中，诺贝尔经济学奖获得者西蒙(Herbort A. Simon)的"有限理性"发挥了启蒙作用。在此之前，"理性经济人"是新古典经济学的重要假定，冯·诺依曼(John Von Noumann)和摩根斯坦(Morgenstern)以及萨维奇(Savage)等建立的"预期效用理论"(expected utility theory)建立在"理性经济人"假设上，并以严格的数学方程将人类的认知及偏好形式化。而西蒙等人所倡导的研究方法，强调人类决策过程中的真实心理活动对人类决策行为及结果的影响。以此为基础的行为经济学否定新古典经济学关于"理性经济人"的基本假定，认为经济行为的决策者不是纯粹理性的，而是有限理性的。因此，在人的认知过程中，会由于其处理信息时的非完全理性而产生种种偏差。本章将就人在认知过程中产生的心理偏差及其表现展开论述。

【核心概念】

实质理性　过程理性　认知偏差　出租车案例　框定偏差　负面情感　维持现状

第一节　认知理论及认知的有限理性

一、人的认知过程：信息加工系统

20世纪50年代，信息科学作为一门研究信息的产生、获得、变换、储存、处理、显示、识别和利用的新兴学科诞生了。随后，人们把这门科学中有关信息的规律和理论推广到不同的研究领域。1978年，纽威尔与西蒙(Newell & Simon)将信息加工的观点引进了心理学研究领域，认为信息加工观点就是将人脑与计算机进行类比，将人脑看作类似于计算机的信息加工系统。事实上，纽威尔与西蒙所提倡的类比只涉及软件，即机能性质上的类比(即在行为反应水平上的类比)，例如记忆、思维和推理等。然而，纽威尔和西蒙认为人脑与计算机这两者不能在硬件上进行对比，因为人的物质结构是生物细胞，而计算机是电子元件；同时，他们又指出，人与计算机在功能上是有相似之处的，因为两者都有信息输入和输出、信息储存和提取的过程，两者都需要依照一定的程序对信息进行加工。据此，纽威尔和西蒙倡导将计算机作为人的心理的模型，并试图对人的心理及计算机的行为作出某一种统一的解释。

信息加工系统是指能够接收、存储、处理和传递信息的系统。这个系统由多个部分组成，纽韦尔(Newell)和西蒙为此提供了一个简洁的模型来表示信息的输入、编码、加工、存储的过程。信息加工系统的一般结构如图2-1所示。

从图2-1中可以看出，信息加工系统由记忆装置、加工器、效应器和接收器组成，其各自的功能与关系如下。

记忆装置是信息加工系统中的重要组成部分之一。在记忆装置中，存储着大量的符号结构，它们由各种各样的符号按照一定的内在关系联结在一起而组成认知结构，而信息加工就是对符号和符号结构的操作与处理的过程。

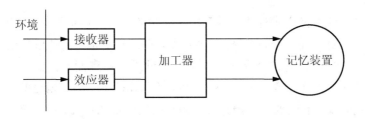

图 2-1　信息加工系统

加工器在信息加工系统中执行操作工作，按照特定的指令程序对信息进行控制或处理。一般包括 3 个方面：①一系列基本的信息加工过程；②短时记忆，即对输入和输出的信息进行加工处理；③一套解释程序，即确定信息在信息加工系统中的先后顺序，以及需要执行加工处理的基本信息。

接收器和效应器具有输入和输出的功能。输入是指把信息输入信息加工系统的过程，也就是在记忆系统中建立代表外部事物的内部符号结构。输出则是与输入相反的操作过程，是指接收指令程序并作出反应活动的过程，其涉及与客观事物相互作用的功能，并通过信息加工系统中的输入和效应器这两个部分来实现。

认知心理学将人们的认知过程视为人脑的信息处理过程。该过程包括 4 个主要环节，即信息获取、信息加工、信息输出和信息反馈。这些环节均受到决策环境和行动后果的影响。行为决策者哈格斯(Hogarth) 提出的"判断的理论模式"很好地反映了人们的认知过程，如图 2-2 所示。①

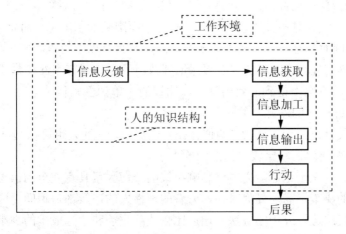

图 2-2　判断的理论模式

二、理性认知的分类与基本模型

(一) 实质理性和贝叶斯规则

关于人类认知的普遍认识是：人是完全理性的，每个人尽力做到不犯错误，坚持正确

---

① Robin M. Hogarth ed., Insights in Decision Making: Theory and application. Chicago: The University of Chicago press.

的观点和信念。现代经济学中的"理性"主义思想的起源可以追溯到17世纪英国哲学家、经济学家约翰·洛克(John Locke)，他在《人类理解论》中指出："唯一的、确实的知识属于那种数理的、逻辑和演绎的性质……如果间接地通过论证而看出的——例如，一个三角形的三内角之和等于两个直角——这是'理性的'知识"。[①]洛克提出的关于理性的概念不仅是一种理智的含义，他还加入一种有关终极目的的感情的意义，我们可以称之为"幸福"，他认为"理性"和"上帝""自然法则"以及"人类幸福"是同一的。

而今，大部分经济学家都在相同的意义上使用的"经济人"假说和"理性人"假说，即实际上新古典经济学基础的"理性人"假说，最初是由亚当·斯密的经济人假说发展而来的。

亚当·斯密在《国民财富的性质和原因的研究》一书中指出，一个只是盘算自己利益的人虽然既不打算促进公共利益，也不知道自己是在什么程度上促进公共利益，但是却会在看不见的手的指导下去尽力达到一个并非他本意想要达到的目的。他追求自己的利益，往往比在真正处于本意的情况下更有效地促进了社会的利益。[②]他举例说明：我们每天所需的食物和饮料，不是出自屠夫、酿酒师或面包师傅的恩赐，而是出于他们自利的打算。受利己之心所驱动的个人，在看不见的手的指引下的利己行动却可以增进一般社会福利。这样的人就是经济人，斯密将其描述为自私的、更大个人利益的追求者。

新古典经济学家则把"理性经济人"假设归纳为在数学上的约束条件下寻求极值的问题，借助数学中的导数、偏导数和拉格朗日乘数等工具，对经济问题进行分析，使经济学走向形式化与严密化。而经济分析的精密化又反过来赋予"理性经济人"更明确的含义。具有完全理性的理性人对各种决策的结果具有完全而准确的了解，从而始终追求最优目标，作出最优决策，因而具有与决策相关的所有信息，其具有以下特点。

(1) 理性人具有完全意志能力，能够保证其效用函数具有有序性和单调性。有序性保证理性人在不同行动方案下得到的效用是可以比较的。单调性则保证理性人能够在不同的效用之间判断出偏好程度的差异，并对其进行排列。

(2) 理性人具有充分计算能力，即使存在不确定性，理性人也可以通过概率判断各种可能行动方案的预期效用，并比较它们之间的大小。

(3) 理性人具有完全记忆能力，对影响决策的一切因素具有完全的信息。

(4) 理性人的决策不需要任何时间，所有的理性人的决策都是瞬间完成。

(5) 理性人使用边际分析的方法，通过比较边际收益和边际成本的大小进行决策。

(6) 理性人是自私地单方面追求自己利益的最大化。

(7) 理性人是没有喜怒哀乐、没有感情的人。

(8) 理性人的决策不受道德影响，他是与道德观念绝缘的人。

(9) 理性人作为决策主体不仅是指单个的消费者或者劳动者这样的主体，也包括家庭、企业以及其他组织等主体。

在"理性人"假说的基础上，人们对不确定条件下各种未知变量的认知是基于主观概

---

① Locke, John.1997.The works of John Locke.London:Theommes Press.
② Adam Smith, LL.D.1776.An Inquiry into the Nature and Causes of the Wealth on Nations.Kennikat Press.

率的估计，这一估计方法的基础是贝叶斯规则。贝叶斯规则又称贝叶斯过程，它原是统计学概念，即人们根据新的信息从先验概率(prior probability)得到后验概率(posterior probability)的方法。它是一个理性的个人根据已经发生的事实修正其主观概率的模型，因此，也是大多数理性学习模型的基础。

设 $p(h)$ 为个体关于某一特定假设为真的主观概率，E 是一个事件，被称为 H 为真的证据，那么一个理性的代理人如何根据证据 E 调整其相信 H 为真的概率呢？也就是说，在观测证据 E 条件下的 H 为真的概率是什么呢？

根据条件概率的性质，将观测中 E 与 H 为真的联合概率写成

$$p(H,E)=p(H|E)p(E)=p(E|H)p(H)$$

整理方程，则可以得到贝叶斯规则：

$$p(H|E)=\frac{p(E|H)p(H)}{p(E)}$$

其中，$p(H)$ 为先验概率，即在观测证据前假设为真的概率；$p(H|E)$ 为后验概率，即在观测到证据 E 后假设为真的概率。贝叶斯规则把先验概率和后验概率联系在了一起。

下面举一个典型的出租车案例说明贝叶斯规则在理性推理过程中的应用。在一个小镇上有两个出租车公司，一个是蓝色出租车公司，另一个是绿色出租车公司。前者车身上涂蓝色，后者车身上涂绿色。绿色出租车在该镇出租车市场上的份额为85%；蓝色出租车在该镇出租车市场上的份额为15%。在一个冬天的夜晚，大雾蒙蒙，一辆出租车擦边撞击了另一出租车，而肇事车驾驶员驾车逃逸。一位目击者说它是一辆蓝色出租车。执法人员在类似事发当晚环境下对目击者进行测验，结果 5 次测验中他有 4 次能正确地说出车的颜色。也就是说，不管他在大雾的晚上看到的是蓝车还是绿车，他有 80%的时候能正确地辨别颜色。

运用贝叶斯规则进行推理的过程如下。

令 G=随机挑选的一辆绿色出租车，即先验概率，于是有：$p(G)=0.85$。

令 B=随机挑选的一辆蓝色出租车，这也为先验概率，于是有：$p(B)=0.15$。

令 WB=目击者说出租车是蓝色的，于是有：$p(WB|B)=0.8$。

又有 $p(WB|G)=0.2$，因为目击者有 20%的可能作出错误的回答，所以，当出租车为绿色而他说是"蓝色"的概率为 20%。

我们计算一下 $p(B|WB)$ 和 $p(G|WB)$ 为多少，即在证人提供证词的情况下，肇事车为蓝车或肇事车为绿车的概率。

$$p(B|WB)=\frac{p(WB|B)p(B)}{p(WB)}=\frac{p(WB|B)p(B)}{p(WB|B)p(B)+p(WB|G)p(G)}=\frac{0.8\times 0.15}{0.8\times 0.15+0.2\times 0.85}=0.414$$

$$p(G|WB)=\frac{p(WB|G)p(G)}{p(WB)}=\frac{p(WB|G)p(G)}{p(WB|B)p(B)+p(WB|G)p(G)}=\frac{0.2\times 0.85}{0.8\times 0.15+0.2\times 0.85}=0.586$$

结论：肇事车是绿色的可能性更大。

也就是说，尽管有证据证明此车是绿车，但先验概率同样起到了巨大的作用。贝叶斯规则在利用新的证据对主观概率的估测中具有以下意义。

第一，贝叶斯规则突出了背景信息在推理中的重要作用。

第二，贝叶斯规则正确地描述了新信息或新证据在知识更新中的重要作用。

(二) 过程理性

卡尼曼和特维茨基就以上案例做了心理测试，对于该肇事车到底是蓝车还是绿车设定以下几种选择。

(a) 肇事车是蓝车的概率为0.8。
(b) 肇事车很可能是蓝车，但概率小于0.8。
(c) 肇事车是蓝车和绿车的概率相同。
(d) 肇事车很可能是绿车。

心理测试的结果显示，大多数人均选择(a)或(b)，极少数人选择了(d)。也就是说在人们的认知过程中，并非像经济学家们所假设的能够以完全理性进行认知，以贝叶斯规则进行概率判断。事实上，人们的认知过程常常受到环境、情绪、价值观等因素的影响。

西蒙较早地注意到心理学关于人类认知行为的研究成果，并提出"有限理性(bounded rationality)"学说。① 有限理性学说强调人类的决策过程更多的是过程理性，而不一定是实质理性。

拉特斯(Latsis)在《经济学中的情景决定论》论文中讨论企业理论时提出了两种研究思路，一种为"情景决定主义"，另一种为"经济行为主义"。② 这两种研究思路的根本不同之处在于，经济行为主义需要一种理性选择的心理学理论作为一个必要组成部分，而情景决定主义则不需要。从这两种研究思路的起源来看，情景决定主义确实来自于经济学，而经济行为主义在很大程度上是来自于心理学。因此，经济行为主义思路中所采用的理性的概念是一个不同的概念，有其自身独立的心理学渊源。事实上，心理学界一直在对决策形成的过程进行研究。因此，西蒙将经济学中的"理性"称为实质理性，而将起源于心理学的"理性"称为过程理性。③

当行为在给定条件和约束所施加的限制内适于达成既定目标时，行为在实质上是理性的。根据这一定义，行为的理性只在一方面取决于行为者(或者说他的目标)；而一旦给定了这些目标，理性行为就完全是由行为发生时行为者所处的环境特征所决定，而与行为者的心理过程无关。这一实质理性的假设使经济学得以解放，而不依赖于心理学，经济学家就没有必要了解关于人类认知过程或人类选择的心理学理论。

而心理学家所使用"理性"一词通常是指过程理性。威廉·詹姆斯(William James)在《心理学原则》一书中，④ 将"理性"用作"称为推理的特殊思考过程"的同义词。人们无论做什么都有自己的理由和动机，他们使用推理来对这些动机作出反应，以达成他们的目标。在心理学中，行为如果代表着没有进行适当思考时对于影响机制的条件反射，就倾向于被描述为"非理性"。由于心理学首要关注过程而非结果，因此心理学家在讨论行为中的理性时，倾向于使用类似"认知过程"和"智力过程"等术语。

西蒙通过对心理学中所采用的适应性行为模型(例如学习理论)和经济学中所采用的理性行为模型进行比较研究发现，后者几乎在所有方面和前者相比，假设了选择机制上更多

---

① Simon H.A.1982, Models of bounded rationality. Cambridge, M.A:MIT Press.
② Spiro J. Latsis.1972, Situational Determinism in Economics.
③ Simon，H.A. 1956， Rational choice and the structure of environments. Psychological Review.
④ William James.1980, Principle of Psychology.

的复杂性，以及生物体获得信息和实现计算的更多的能力。并且在对这两种理论进行了有限情景范围的比较研究后发现，学习理论等心理模型相比经济学的理性选择理论更能与实际观测行为相吻合。其证据主要集中于人类解决复杂性问题的计算效率，以及实验心理学中关于人类在风险环境下决策的实证研究成果。西蒙在其提出的有限理性学说中，指出了这些主要证据。

关于计算效率，我们所关心的是由一种系统来求解一个问题所需要计算的时间和复杂程度。其中的运算基本上是按顺序进行的，因此求解一个问题需要执行大量的顺序步骤，而对于每一次的基本运算，也需要以不加压缩的特定时间来完成，因此，可以认为人的思考过程类似于一种现代数字设备。然而人的基本处理速度，尤其是算术处理速度要比计算机慢得多。即使是计算机处理复杂问题也需要花费较长的时间，因此在经济学实质理性中假设人类具有超强的计算能力显然是不合乎现实的。

关于国际象棋游戏的心理学研究方面的文献中，曾提出了关于许多职业国际象棋选手的思考过程。[1]

(1) 他们通过非常有选择性地搜索庞大的步数可能性树的方式以补偿其有限的计算能力，很少在决定下一步时考虑多过 100 个分支。

(2) 他们在长期记忆中存储了大量棋子的共同模式的集合，以及启用这些模式的方法。

(3) 一个选手会形成并修改他对局势的期望，这样他可以决定怎样的特定的步数是"足够好的"(满意的)，从而结束他的搜索。

西蒙于 1956 年的研究成果表明，职业国际象棋选手对选择性搜索和他对重要模式的百科全书式的知识的直觉是他在选择一个国际象棋步数时的过程理性的核心。这个例子表明人们严重依赖过去的经验来发现自己所面临的形势的重要特征，这些特征和对可能的相关行动的记忆有关。一旦他们发现了满意的选项，就会终止搜索。

检验人类理性选择理论的另一种方法是在研究相对简单并构造良好的实验室情景下的选择行为。爱德华兹(W. Edwards)、拉帕普特(A. Rapaport)以及特维茨基等许多研究者都曾采用这种方法，检验当面对不确定性和风险时人类决策是否可以用统计决策理论的规范概念加以解释。这些研究表明，尽管构造了足够简单和透明的博弈，使得绝大多数行为主体会以和主观预期效用理论一致的行为方式对它们作出反应，但即使在这种简单和透明的情景下，行为主体也产生了与理论预测的行为的偏差，或绝大多数主体的行为均不能由主观预期效应理论或贝叶斯模型来解释。尤其值得一提的是卡尼曼与特维茨基在 1973 年[2]所作的一项研究。我们知道将新信息和旧信息整合起来的理性过程是贝叶斯定理，即先赋予某一不确定事件一组的概率，而当新的证据出现时，则贝叶斯定理提供了一种算法来修正先验概率。显然，运用贝叶斯定理的一种结果是，新证据越是丰富、可靠，其对新概率的影响就越大。另一种结果是新概率不应仅取决于新证据，而且还有赖于先验概率。但卡尼曼与特维茨基的研究表明，行为主体的估计和新证据的可靠性无关，而且看上去完全不像受到先验概率的影响。而爱德华兹在 1968 年描述了相当保守行为的大量实验证据，在这些实验中，行为主体对先验概率估计的修改并不接近于贝叶斯定理所要求的那样多。这表明，

---

[1] Simon, H.A.1982. Models of bounded rationality. Cambridge, M.A:MIT Press.

[2] Kahneman, D.and Tversky, A..1973.On the psychology of prediction, Psychology Review 80.

人类对新证据或是过度反应，或是忽视它，而这取决于确切的外部环境。

由上述三点可见，人们在认知过程中，遵循的理性并不是传统经济学上所设想的实质理性，而是心理学意义上的过程理性。

第二节 认知实验及认知偏差

一、启发式偏差及其实验研究

人们的风险决策过程是一种重要的思维活动过程。思维作为认知心理学研究的一个课题，是通过判断、抽象、推理、想象、问题解决这些心理属性相互作用而进行信息转换，从而形成一种新的心理表征的过程。思维在思想过程三要素(包括思维、概念形成、问题解决)中范围最广，并具有综合而非孤立的特性。问题解决只能借助于思维来实现，且问题解决的策略多种多样。一个问题可以用不同的策略来解决，对于应用哪种策略而言既依赖于问题的性质和内容，也依赖于人的知识和经验。总体而言，人们所应用的问题解决策略可分为算法和启发法两类。算法是解决问题的一套规则，它用于精确地指明解题的步骤。如果一个问题有算法，那么只要按照其规则进行操作，就能获得问题的解，这是算法的根本特点。启发法是拼接经验的解题方法，是一种思考上的捷径，是解决问题的简单、笼统的规律或策略，也称之为经验法则或拇指法则。算法与启发法是两种性质不同的问题解决策略。虽然算法能保证问题一定得到解决，但它不能取代启发法，这是因为首先不能肯定所有的问题都有自己的算法；其次，许多问题的算法过于繁杂，往往需时过多，实际上无法加以应用。因此，一般认为，人类解决问题特别是解决复杂但不需要特别精确的问题时，通常会应用启发法。

那么在什么情况下，最有可能导致人们使用启发法，而不是理性思考呢？奥尔波特(Allport)[①]的研究结果表明至少存在四种情况。由于人类是认知吝啬鬼，因此：①当人们没有时间认真思考某个问题时；②当人们负载信息过多，以至于无法充分地对其进行加工时；③当手中的问题并不十分重要，以至于我们不必太过思虑时；④当人们缺乏作出决策所需的可靠信息或知识时，人们更容易使用启发法作出判断。

启发法主要有四种：代表性启发法、可得性启发法、锚定与调整启发法以及情感式启发法。运用这四种方法可能会得出正确的推理结果，也可能会导致错误的推理结论。错误的推理结果通常以心理偏差的形式表现出来，这就是所谓的启发式偏差(heuristic bias)，它是指智力正常、教养良好的人却一贯作出错误的判断和决策。

(一) 代表性启发偏差及其效应

卡尼曼和特维茨基经过研究认为，人们在不确定的情况下，会关注一个事物与另一个事物的相似性，以推断第一个事物与第二个事物的类似之处。[②]即人们假定未来的模式会与

---

① Allport,G.W..1968. The historical background of modern social psychology. Lindzey,G & Aronson,N. (eds.). The Handbook of Social Psychology.
② Tversky,A,Kahneman D..1982. Judgment of and by representativeness.In:Kahneman D,Slovie P,Tversky A.ed.Judgment Under Uncertainty:Heuristics and Biases.Cambridge University Press,Cambridge.

过去相似并寻求熟悉的模式来作判断,并且不考虑这种模式产生的原因或重复的概率。认知心理学将这种推理过程称为代表性启发法(representative heuristic),它是指人们倾向于根据样本是否代表(或类似于)总体来判断其出现的概率。例如,若一个客体或个人所具有的显著特征可以代表或相似于某一范畴的特征,则它容易被判断为属于该范畴。

下面用一个例子说明代表性直觉。我们对一个人作如下描述:"斯蒂芬比较害羞、孤僻,对他人及现实世界没有兴趣,性情温和,注意细节,讲究整洁与有序。"现在要求从一连串可选的职业中(例如农民、推销员、图书管理员或物理学家等)来选择斯蒂芬所适合从事的职业。人们将如何对斯蒂芬可能从事的职业进行排序呢?实验心理学研究表明,人们在判断斯蒂芬从事某一职业(例如图书管理员)的可能性时,是通过评估斯蒂芬在多大程度上类似于人们观念中该职业的固定形象。

代表性启发法与贝叶斯规则的预测在某些特定场合可能是一致的,从而造成人们的概率推理遵循贝叶斯规则的印象。该思想在处理现实问题时存在这样的认知倾向:喜欢把事物分成典型的几个类别,然后在对事件进行概率估计时,过分强调这种典型类别的重要性,而不顾有关其他潜在可能性的证据。这种偏差导向的一个结果是,当证据明明是随机产生之时,人们仍然倾向于发现其中的规律,并对此感到自信。

一般情况下,代表性是一个有用的启发法,但它可能产生严重的偏差,由此所导致错误的原因可分为以下四种。

1. 对先验概率的不敏感

按照理性人假设下的贝叶斯规则,事件发生的概率由事件的先验概率和新证据的发生共同决定。新证据越是丰富、可靠,其对新概率的影响就越大。但卡尼曼和特维茨基于1974年所做的实验研究表明,贝叶斯规则并不能刻画人们事实上对新信息作出的反应。[①]人们在修正其观念时,存在着忽视先验概率的偏差。下面以一个实例对此加以说明。

在一个实验中,受试者被告知某人是随机从100人中选出的,这100人中有70名工程师,30名律师。那么对这个人进行如下描述:此人30岁,已婚,没有小孩;他的能力和激情都很高,因而他在该领域有望非常成功;他深受同事们的喜欢。

可以看出这个描述是"纯噪声",因为它没有揭示任何与该人是工程师还是律师有关的信息。但在实验中受试者判断此人是工程师的概率是0.5,忽视了先前论述的在总人数中工程师的比率是0.7。换句话说,实验结果得出了与贝叶斯法则相违背的结论,这个结果显然是由于受试者在进行判断时,并没有考虑实验对象所在小组中工程师和律师的先验比率,而是直接依据所提供的介绍符合工程师的代表性特征的程度,来估计他是工程师而不是律师。此类偏差会造成人们在作出判断时不区分信息的重要程度,在有新信息出现的情况下,就忘掉了已有的重要信息。

2. 对可预测性的不敏感

人们经常会对一些事情进行预测,例如一只股票未来的价格、某商品的需求或一场足球赛的结局等。卡尼曼和特维茨基通过研究发现,此预测也是依靠代表性作出的。例如,

---

① Amos Tversky, Daniel Kahneman. 1974. Judgment under uncertainty: Heuristics and biases. Science, 185:1124-1131.

假定将一个公司的情况描述给一个人,然后要求他就这家公司未来的赢利作出预测。那么如果将这家公司描述得非常好,则多数人会作出较高的赢利预测,显然这样的赢利预测也相应地最具代表性;如果将该公司描述得很平常,则人们作出的赢利预测也相应一般。很显然,这种判断模式是违背统计理论的,对公司所描述的好坏程度与对赢利预测的准确性程度是无关的。所以如果人们完全根据对公司描述有利的程度来对其未来的赢利作出预测,那么这种预测事实上忽视了作出预测所依据的相关事实的可靠性或者类似预测预期的准确性。根据标准统计理论知识我们知道,如果对公司所作的描述并未提供任何关于公司未来赢利的信息,那么对所有这些被描述的公司,就其未来赢利值所作的预测应该是一样的。

3. 对均值回归的误解

事实上,一些预测信息方法的预测能力是有局限性的,而人们往往忽视这一点,结果使他们往往作出"非回归预测"(nonregressive predictions)。换言之,人们只是利用线性的方式对问题进行预测与判断,而没有考虑到现实中由于种种因素的影响,事情的发展趋势往往会存在回归的倾向。下面是卡尼曼和特维茨基在1973年所做的一个实验。①

这里有一份关于大学生的资料。据统计,对这些学生进行加总平均的高中平均成绩是3.44(标准差为0.36),加总的大学平均成绩是3.08(标准差为0.40)。现在假设需要预测三个高中生未来的大学平均成绩,以便决定是否给他们签发大学录取通知书,而唯一能够得到的资料只有其高中平均成绩,如果他们的高中平均成绩分别为2.20、3.00和3.80,那么预测结果如何呢?

通过对大量受试者的调查,得到了一份一致的结果,如表2-1所示。

表2-1 对受试者的调查结果

高中平均成绩	预测的大学平均成绩	实际的大学平均成绩
2.20	2.03	2.70
3.00	2.77	2.93
3.80	3.46	3.30

我们从表2-1中可以看出,在预测的大学平均成绩单中,不论是最低的2.03,还是最高的3.46,都与较早计算的加总平均的大学成绩3.08相去甚远。而实际的大学平均成绩则更接近于加总平均的大学平均成绩3.08。人们的这一反应证明了人们在思维中不善于运用回归分析的方法。

均值回归是一个常见的统计方法。在这里,当学生考试得了很高或者很低的分数后,下一次总是倾向于获得一个较为平常的分数,就像高个子父母的孩子的身高一般要矮于父母平均身高,而矮个子父母的孩子的身高一般要高于父母平均身高一样。

由短期结果导致推断过度的倾向,反过来会导致对"均值回归"的错误理解:由于人们看到很多情形都偏离正常状态,因此不会期望进一步的观察看起来更接近正常状态。卡尼曼和特维茨基同时引用了这样一个例子:在关于飞行训练的讨论中,有经验的教官注意到,对飞行员完成一次特别成功的降落给予表扬后,一般来说下一次训练结果将表现得较

---

① D.Kchnoman and A.Tvevsky.1973.On the psychology of prediction.Psychological Review, 80

差，相反，如果在一次表现很差的降落后对其给予严厉的批评，该飞行员的下一次训练表现将会有所提高。因此教官得出结论认为，表扬对飞行技能的学习是致命的打击，而批评则是教导的良方。很显然，这一结论是不可靠的，根据均值回归的统计规律，即使教官不给予任何表扬，一次出色的着陆后，接下来的降落表现通常较差，反之亦然。

4．小数定理的存在

概率理论中存在着"大数定律"，就是说当样本很大时，事件发生的频率与概率有较大偏差的可能性很小。在实际应用中，当实验次数很大时，便可以用事件发生的频率来代替事件的概率。然而，人们的认知似乎更倾向于"小数定理"(law of small numbers)，即将同样的概率分布归结为小样本和大样本中的经验平均值，从而就违反了概率理论中的大数法则。"小数定理"具有以下几种具体表现方式。

1) 对样本规模不敏感

由于小数定理的存在，人们会对样本大小与概率大小的关系不敏感，即会夸大一个小样本与总体密切相关的可能性，或者夸大产生这一样本的基本概率分布，认为一个小样本可以和一个大样本一样具有代表性。

针对这个问题，卡尼曼和特维茨基于1982年向受试者提出以下问题：某镇有两个医院，在较大的医院每天有45个婴儿出生，在较小的医院每天有15个婴儿出生。如我们所知，生男孩的概率为50%。但是，每天的确切比例都在变化，有时高于50%，有时低于50%。在一年的时间内，每个医院都记录了超过60%的新生儿是男孩的日子，你认为哪个医院有更多这样的日子？

22%的受试者认为较大的医院有更多这样的日子，而56%的受试者认为两个医院有相等的可能性，仅仅22%的受试者正确地认为较小的医院会有更多这样的日子。猜对和完全猜错的比率居然一样。显然，受试者没有认识到每天婴儿出生的数量之间的重要关系。概率理论认为在小医院中超过60%的新生儿是男孩的天数的期望值比大医院的大得多，因为一个大样本更不可能偏离50%。这一基本的统计概念显然与人们的直觉是不符合的。

在个体夸大小样本与全体人群的相似性的同时，也会低估大样本与全体人群的相似性。卡尼曼和特维茨基发现，受试者普遍认为一天中出生的1000个婴儿中超过750个是男孩的可能性超过10%。而实际上这种可能性小于1%。夸张一点说，个体似乎对各种样本使用一个通用的概率分布，这意味着个体对样本容量不敏感。

2) 对偶然性的误解

由于人们相信即使小样本也应该代表总体的概率，因此会产生对偶然性的误解。例如，在抛硬币时(下面以H表示头像，T表示反面)，人们错误地认为H-T-H-T-H-T这个结果比H-H-H-T-T-T这个结果更有可能出现，也比H-H-H-T-H-H这个不能代表硬币公平性的结果更有可能出现。这就是由小数定理引起的"局部代表性"。

局部代表性观念的一个结果是"赌徒谬误"(gambler's fallacy)。所谓赌徒谬误，是指对于那些具有确定概率的机会，人们会错误地受到当前经历的影响而给予错误的判断。如果抛一个相同的硬币八次都是头像，那么第九次抛得反面的可能性是多大呢？抛掷一次得到头像的概率是1/2，连续八次抛掷都是头像的概率是1/256，如表2-2所示。

表 2-2 连续抛掷得到头像(H)的概率

硬币出现的顺序	概　　率
H	1/2
HH	1/4
HHH	1/8
HHHH	1/16
HHHHH	1/32
HHHHHH	1/64
HHHHHHH	1/128
HHHHHHHH	1/256

那么，连续八次出现头像后，下一次你估计会出现什么？很多人都会回答"反面"，因为太久没有出现反面了；也有人可能会回答"头像"，因为前面总是出现头像使人感觉出现头像的机会更大一些。事实上，这两种解释都不对，对第九次的判断与前面八次的结果没有任何逻辑关系，也没有记忆，因此不应当受其影响。第九次投掷出现头像的概率仍然是 50%。人们都有这样的印象，就是当一个相同的硬币被抛掷若干次后，最后的结果应该是头像的次数与反面的次数一样多。换言之，有代表性的模式是经过足够多次的实验后，出现头像与反面的次数会一样多。所以，当抛了八次头像后，人们根据经验法则通常趋向于预测第九次会是反面。因为他们相信小样本可以代表投掷硬币出现正反的相等概率，因而人们会将出现反面的可能性赋予更高的权重。

(二) 可得性启发偏差及其效应

可得性启发法(availability heuristic)是指，人们倾向于根据一个客体或事件在感知或记忆中的可得性程度来评估其相对频率，容易感知到的或回想起的被判定为更常出现。可得性在评估频率和概率时是有用的线索，因为大集合(更容易得到的事件)的例子通常比小集合(不容易得到的事件)能更好更快地获得。因此，当事件的可得性与其客观频率高度相关时，可得性启发是非常有用的，然而依靠可得性进行预测也有可能会导致偏差。可得性启发偏差有以下四种。

1. 以记忆力为基础的可得性

以记忆力为基础的可得性是指依靠可获得的记忆能够被回想起来的容易程度。它与一些常见的记忆因素相联系，例如注意力的集中程度；印象的突出性；印象的鲜活性；对物品或时间的熟悉程度；空间和时间上的邻近程度。这些因素的取值越高，记忆的痕迹就越清晰，可得性就越强。

例如，在一个实验中，受试者听到一个由男女人名组成的名单，随后要求对名单中是否男性名字比女性多进行判断。在一些名单中男性相对比女性更出名一些，而在其他名单中，女性则更出名。实验结果是，在每一张名单中，受试者都错误地认为更有名的人的性别占多数。

2. 以想象力为基础的可得性

如果某一个场景比其他场景更容易被人们想象出来，那么前一场景就会控制人们的思维。这样就产生了以想象力为基础的可得性。卡尼曼和特维茨基在1982年进行了一系列实验。在实验中，要求被测试者估计出从1~10中选择 r 个数字的组合是多少。其问题大致表示如下：第一个问题是，假定你要从10只股票中选择两只作为你的投资组合，且这两种股票不能重复选择，那么有多少种包含两种股票的投资组合可供你选择？第二个问题是，假定你要从10只股票中选择8只作为你的投资组合，这8只股票不能重复选择那么又有多少种组合呢？结果，第一个问题的答案的平均值为70，而第二个问题的答案的平均值只有20，尽管事实上这两个问题的答案应该是一样的，等于45，因为选定两只股票的投资组合就限定了剩余8只股票所组成的投资组合。卡尼曼和特维茨基认为，出现这种差别是因为人们更容易想象到两只股票的组合。

3. 与搜索效率相关的可得性

还有一种和人的思维相关的可得性偏差，它与人的记忆搜索效率相关。不妨做这样一个实验：假设一个样本单词从一篇文章中随机抽出，那么该单词是以 r 为开头的可能性大，还是第三个字母为 r 的可能性大？

通常，对这个问题的解答人们会通过回忆以 r 开头的单词和以第三个字母是 r 的单词来解决这个问题，并通过两种类型的单词出现在脑海中的容易程度来评估概率。因为通过第一个字母比通过第三个字母找单词更容易，所以人们认为以 r 开头的单词数比 r 处于第三个字母的单词更多。这显然是由于人们容易回忆出以 r 字母开头的单词，而不容易回忆出以 r 为第三个字母的单词。由此可以看出人的推理受记忆结构的制约。

4. 规律性的可得性

由于规律性事件的可记忆性更强，因而人们会倾向于将事件的发生归结于某种规律。当人们面对一系列随机挑选的数字时，总是想从中找出一定的规律来。而当要求人们自己写出一些随机数列时，其所写出的连续数字的个数肯定会少于普通随机数列中存在的连续数字。但实际上，随机性是指没有特殊的规律，随机性事件是没有原因的，也不需要解释。人们在理论上通常可以接受这个观点，但是实践中却总是要找出规律来。人们可能将随机序列中出现的连续序列当作即将出现变化的指示器，例如在一场俄罗斯轮盘的赌博中，赌徒们看到轮盘中已经出现了一长串的红色，他们就会猜测下一次肯定出现黑色。这种偏差导致人们会在没有规律的地方寻找出错误的规律。

(三) 锚定与调整启发偏差及其效应

许多人倾向于根据最初的资料来预测评估事件，即对某一特定对象作出评估或预测时通常会选定一个参考点或起始点，然后再考虑进一步的信息，并通过反馈信息不断调整自己的初始值决策，以获得事件的最终解决办法，这就是锚定与调整启发式。在判断过程中，人们最初得到的信息会形成定位，产生锚定效应(anchoring effect)，从而制约对事件的评估。调整策略是指以最初的信息为参照点来调整对事件的估计，而调整经常是不充分的，不同的参考点所得出的结论不一样，这就会导致偏差。这种锚定与调整启发具有以下三种表现方式。

1. 不充分调整

人们对新信息的调整往往是不完全的,且观念常受到初始值的影响。举例来说,在一个幸运轮实验中,受试者被要求对各种数量进行估计,例如联合国中有多少个非洲国家。具体测试方法是,一个很大的轮盘在受试者面前转动,轮盘上面有 0 到 100 的数字,转动起来后会随机地停在一个数字处,不同的受试者群体得到不同的数字系列,然后受试者被要求首先回答轮盘上的数字是高于还是低于他们估计的答案,然后才说出他们的估计值。这一实验表明,答案会受到幸运轮产生的随机数的深刻影响,如当幸运轮停在 10 处时,测试者回答的非洲国家的平均数是 25,但幸运轮停在 65 处时,平均值就成了 45。而有趣的是,所有测试者都清楚轮盘产生的数字是随机的,并且也不会对测试者产生任何情绪的影响。也就是说,当受试者把他们的估计建立在不完全估计的基础上时,便会产生锚定。

2. 保守主义

代表性启发偏差导致低估先验概率,而人们在有些时候也可能因先验概率被过度重视,导致对新信息反应不足,这将导致认知过程中的"保守主义"(conservatism)。爱德华兹曾在 1968 年进行过这样一个实验:有两个坛子,第一个坛子中装有 3 个蓝球与 7 个红球,第二个坛子中装有 7 个蓝球与 3 个红球。然后从其中一个坛子中随机抽取 12 次(每次取出一个后再将其放回),得到 8 个红球与 4 个蓝球。在回答这一结果是从第一个坛子中抽取的概率是多大时,大多数人估计的结果都在 70%附近,而正确答案是 97%。这一实验表明,人们对先验概率 50%进行了高估。此后,许多经济学家的研究均重复证明了这一研究结论。

尽管保守主义似乎与代表性相矛盾,但事实上这两者是相辅相成的。这就表明,如果某一类数据是某一模式的代表,人们则倾向于高估其发生的可能性,如果这些数据不是某一模式的代表,则人们对这些新的数据倾向反应迟钝,而过分依赖于他们先前的经验。

3. 对联合事件、简单事件、可分离事件的评估偏差

在一个实验中,受试者获得一个机会对两个事件中的一个下赌注。用到了以下三种类型的事件。

简单事件:从一个 50%是红球、50%是黑球的缸中拿出一个红球($p=0.50$)。

联合事件:从一个 90%是红球、10%是黑球的缸中可放回地取出 7 个红球($p=0.48$)。

分离事件:从一个 90%是黑球、10%是红球的缸中可放回地在 7 次抽取中至少获得一个红球($p=0.52$)。

在对简单事件和联合事件下赌注时,绝大部分的受试者会对联合事件下赌注,而不是对简单事件下赌注。在对简单事件和分离事件下赌注时,受试者喜欢对简单事件下赌注,而不喜欢对分离事件下赌注。这种选择模式说明了人们倾向于高估联合事件的概率并低估分离事件的概率。

对联合事件评估的偏差普遍存在于按计划进行的工作中。一项工作的成功完成，如一个新产品的推出，由许多环节和部件所组成，每个环节和部件都有成功和失败的可能性，即使每个环节成功的概率都很高，但如果事件数量很大的话，成功的总概率就会很小。高估联合事件概率的一般趋势，会导致人们在估计某一计划将成功或某一项目将按时完成时会过于乐观。对一个复杂系统而言，任何关键部分出问题都可能会引发故障。即使每部分出现问题的可能性很小，如果考虑到许多部分，则出问题的总概率会很高。由于锚定效应，人们倾向于低估复杂系统出问题的概率。

(四) 情感启发偏差及其效应

情感启发法是指个体基于直觉和本能对不确定性事件进行判断与决策的倾向。情感启发法的意义在于个体运用经验、直觉和本能进行决策能有效节省决策的信息费用，即当个体用严谨推理来处理信息的费用过于高昂时，基于情感作出反应就是一种经济的决策方式。个体对刺激物的情绪反应通常比认知评估来得既快又及时，这种即时的情绪反应为决策者的行为选择提供了线索和依据，使得决策者的快速行动成为可能。然而，由于个体固有的心理缺陷会导致情感启发偏差的出现。

二、框定偏差及其实验研究

人总是有限理性的，当我们面临决策时，我们容易受问题形式的干扰而看不清其本质。同样的问题也许换一种呈现方式，我们的决策会迥然不同。

(一) 背景对判断的影响

背景或者说呈现和描述事物的方式是会影响我们的判断的，这就是背景依赖(context dependence)，即决策者并不是孤立地感知和记忆，他们会根据过去的经验以及素材发生的背景解释信息。在一种情形下，一个刺激物以一种方式被感知，而在另一种情形下，同样的刺激物可能会产生非常不同的感知。具体来讲，背景包括：①不同方案的比较；②事情发生前人们的想法；③问题的表述方式；④信息的呈现顺序和方式。

穆勒-莱尔幻觉是一个说明背景对人们认知的影响的典型例子。[①]在图 2-3(a)中，由于受视觉幻觉的影响，人们一般会认为上面一条横线比下面的一条横线长，这是由于大脑使用三维问题解决的方法来判断的原因，反向的箭头会使上面的线段看起来比较远一些，而由于近大远小的规律，人们就会感觉上面的横线要长一些。

而事实上，两条线等长。在图 2-3(b)中，我们用一个方框将两条横线框定，可以清晰地显示这一点。由此可见，对事物本质的判断与认知会受到背景和决策人经历的限制。

背景依赖会产生许多相关的知觉幻想。在判断和决策领域中，背景依赖的五个典型效应分别为对比效应、首因效应、近因效应、晕轮效应和稀释效应。

---

① Haart EGO, Carey D P, Milne A B. 1999. More thoughts on perceiving and grasping the Muller-Lyer illusion. New psychologia, 37(13):1437-1444.

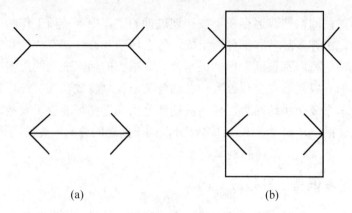

图 2-3 穆勒-莱尔幻觉

1. 对比效应

对比效应(contrast effect，也称"感觉对比")是指同一刺激因背景不同而产生的感觉差异的现象。例如把同一种颜色放在较暗的背景上看起来明亮些，放在较亮的背景上看起来暗些。普劳斯(Plous)在 1993 年做了一个简单的实验，[1]即用三个大碗分别盛放热水、温水和冰水。然后，把一只手浸入热水中，另一只手浸入冰水中。30 秒后再把热水中的手浸入温水中，5 秒后再把冰水中的手也浸入温水中。

一般人都会有种奇怪的感觉：先前浸在热水中的手会感到这碗温水是凉的，而先前浸在冰水中的手会感到这碗温水是热的。两只手都呈现出了"对比效应"。

许多早期的心理学研究都涉及了诸如温度识别、颜色识别和重量识别的知觉判断。对比效应的研究告诉我们，对比的选择会产生截然不同的效果。根据前后不同的情景，可能会让事物或方案看起来更好或更坏。我们通常不太留意前后关系的影响，更少质疑呈现方案的方式。但是它会极大地影响我们的认知判断，"哄骗"我们作出若不在这个场合下则不会作出的决策。

2. 首因效应

首因效应由美国心理学家洛钦斯首先提出，也称首次效应、优先效应或第一印象效应，指交往双方形成的第一次印象对今后交往关系的影响，也即是"先入为主"带来的效果。虽然第一印象并非总是正确的，但却是最鲜明、最牢固的，并且决定着以后双方交往的进程。如果一个人在初次见面时给人留下良好的印象，那么人们就愿意和他接近，彼此也能较快地取得相互了解，并影响人们对他以后一系列行为和表现的解释。反之，对于一个初次见面就引起对方反感的人，即使由于各种原因难以避免与之接触，人们也会对之很冷淡，在极端的情况下，甚至会在心理上和实际行为中与之产生对抗状态。阿希(Asch)在 1946 年发表了一篇有关背景依赖的经典论文，从中设计了这样一个实验，要求受试者给出对某个人的评价。[2]其中一半的受试者被要求对具有下列品质的人作出评价：嫉妒，顽固，挑剔，

---

[1] Scott Plous.1993.The Psychology of Judgment and Decision Making. MacGraw-Hill.

[2] Asch, Solomon E.1946.Forming Impressions of Personality.Journal of Abnormal & Social Psychology,Vol 41(3),Jul 1946,258-290.

冲动，勤勉，聪明；另一半则被要求对具有同样品质的人作出评价，只是这些品质的顺序相反：聪明，勤勉，冲动，挑剔，顽固，嫉妒。结果阿希发现，每一系列品质的前面部分，要比后面出现的品质更严重地影响评价。这种现象就被称为"首因效应"(primacy effect)。首因效应会给判断带来重要的影响。

3. 近因效应

近因效应(recency effect)是指当人们识记一系列事物时对末尾部分项目的记忆效果优于中间部分项目的现象。这种现象是由于近因效应的作用。信息前后间隔时间越长，近因效应越明显。原因在于前面的信息在记忆中逐渐模糊，从而使近期信息在短时记忆中更清晰。例如，人们除了容易受到对一个论题的第一种论述的影响外，最后一个论述也会给人留下深刻的印象，这种现象被称为"近因效应"。近因效应经常发生，即比起中间的论述，人们能够更清晰地记住最后一个论述。

双重记忆理论把记忆区分为短时记忆和长时记忆。短时记忆包含尚未从记忆中消失的那部分信息；长时记忆中储存着当前虽然未被意识到，但一有必要就能被意识到的信息。于是，一些心理学家认为首因效应表征长时记忆储存的内容，而近因效应则表征短时记忆储存的内容。因为最后一个论述进入短时记忆的概率最高，因而印象会比较深刻。

4. 晕轮效应

背景依赖的另一个例子是"晕轮效应"(halo effect)。晕轮效应又称"光环效应"，是指当认知者对一个人的某种特征形成好或坏的印象后，他还倾向于据此推论该人其他方面的特征。本质上是一种以偏概全的认知上的偏误。晕轮效应越来越多地被应用在企业管理上，其对组织管理的负面影响主要是体现在各种组织决策上。晕轮效应的许多初创实验也是由阿希(1946)所做的。比如，阿希向其中一半受试者介绍某个人的特点为聪明、灵巧、勤奋、热情、果断、务实、谨慎，他同时又向另一半受试者介绍某个人的特点为聪明、灵巧、勤奋、冷淡、果断、务实、谨慎。这样，这两组受试者听到描述后，除了说第一个人热情、第二个人冷淡外，别的都一样。然后，让受试者看成对的品质，并让他们判断哪个品质和他们对这个人的印象一致。这些成对的品质是：慷慨/吝啬，贪婪/满足，急躁/温厚，幽默/严肃。结果阿希发现，像热情、冷淡这样的品质内涵会影响受试者对这个人的整体印象。也就是说，受试者创造了"晕轮"。例如，76%～95%的受试者对具有热情品质的这个人的印象会使他们认为这个人也具有慷慨、满足、温厚、幽默的品质，而只有6%～35%的受试者认为有冷淡品质的这个人具有上述品质。这个结果表明，晕轮效应在社交活动中起到了作用，并且可能会影响后继行为。

5. 稀释效应

稀释效应(dilution effect)是指有关某个问题的额外的无关信息会弱化人们对该问题的判断或印象的趋势，因为过多偏离主题的信念会分散人们的注意力，影响人们对主要信息的接受和理解。例如，当我们反复思考如何作出一个艰难的决策时，一般都会辩解说："如果我能掌握更多的信息……"阿伦森认为，虽然有时拥有更多的信息确实会有所帮助，但同时这些信息也会通过"稀释效应"改变我们对事物的认知，即中性和非相关信息容易减弱判断或印象。例如在以下实验中，估计哪个学生的平均分数更高。

(1) 平均每个星期，Tim 要花 31 个小时的时间课外学习。

(2) 平均每个星期，Tom 要花 31 个小时的时间课外学习。他有一个弟弟、两个妹妹。他每隔三个月去看望一次爷爷、奶奶，每隔两个月打一次台球。

你可能会认为 Tim 比 Tom 的成绩好，但事实并非如此。给出 Tom 的关于学习以外的信息完全是一种干扰，这种额外的信息会影响人们对问题实质的把握，从而作出错误的决策。实验发现，掌握与问题非相关及诊断性的信息能够产生稀释相关信息的作用，导致相关信息的有效性减弱。稀释效应对于那些对控制印象的问题感兴趣的人来说，具有明显的实用价值。

(二) 框定依赖偏差

由于人们对事物的认知和判断存在对背景的依赖，因此事物的表面形式会影响人们对事物本质的看法。事物的形式当被用来描述决策问题时常称为"框定"。如果框定是透明的，那么人们可以通过不同的方法看到事物是如何被描述的，然而许多框定不是透明的，而是深隐难懂的。当一个人通过不是透明的框定来看问题时，他的判断与决策会在很大程度上取决于问题所表现出的特殊的框定，这就是所谓的"框定依赖"(framing dependence)。由框定依赖所导致的认知和判断的偏差即为"框定偏差"(framing bias)，它是指人们的判断与决策依赖于所面临的决策问题的形式，即尽管问题的本质相同但因形式的不同也会导致人们作出不同的决策。

卡尼曼和特维茨基对此做了一个实验。

一位将军在敌人优势兵力的威胁下，处于进退两难的境地。他的情报官员说，除非他带领士兵们沿两条可行的路线之一撤出；否则，他们会遭到伏击，600 名士兵将全部被歼灭。如果走第一条路线，200 名士兵可以得救；如果走第二条路线，有 1/3 的可能全部获救，但有 2/3 的可能全部遇难。假设受试者就是这位将军，他应该选择哪条路线呢？

绝大多数人会选择走第一条路线，其理由是：保全能保全的生命，比冒造成更大损失的风险要好。但是，对于下面这种情形，又该如何选择呢？

这位将军依然是面临两条路线：如果选择第一条路线，将有 400 名士兵遇难；如果选择第二条路线，有 1/3 的可能无一遇难，有 2/3 的可能全部遇难。这样受试者会选择哪条路线呢？

在这种情况下绝大多数人选择第二条路线。因为走第一条路线，终归肯定要有 400 人死亡；而走第二条路线，至少有 1/3 可能全部保全。

对于这两个问题，绝大多数人得出了截然相反的结论。只要粗略地考察以下就可以看出，这两个问题的实质是一样的。仅有的差别是：第一个问题是从保全士兵的生命的角度提出来的，第二个问题是从丧失生命的角度提出来的。卡尼曼和特维茨基发现，这种对于理性人的背离是经常出现并可以预见的，是头脑在衡量各种复杂可能性时走捷径的结果。此外，人们对于一个问题的答案可以如此容易地发生改变，甚至在生死攸关的问题上也是这样。这表明，我们的判断未必就能作出正确的决策，因为这些判断自身可能是有缺陷的。

再来看看一个关于框定偏差的行为表现。

由于框定偏差的存在，人们经常缺乏一个稳定的偏好顺序，框定会影响人们对于事件的认同度，并影响其作出决策。因此，通过对框定的选择可影响人们的决策，这种现象即为"诱导效应"(elicitation effects)。卡尼曼等人就此做了实验。

问题1：某种很受欢迎的汽车缺货，消费者必须等两个月才能得到自己订购的该种汽车。某汽车零售商一直是按该车型标明的价格销售该汽车，现在它的销售价格比标明的价格高200美元。

问题2：某种很受欢迎的汽车缺货，消费者必须等两个月才能得到自己订购的该种汽车。某汽车零售商一直是按比该车型标明的价格低200美元的价格销售该汽车，现在按该车型标明的价格销售。

在就问题1接受调查的130名消费者中，29%的人认为该汽车销售商的行为"可以接受"，而71%的人认为"不公平"。在就问题2接受调查的123名消费者中，58%的人认为其行为"可以接受"，42%的人认为"不公平"。

在消费者看来，收取附加费比取消折扣更不公平。消费者的这种心理可以解释为什么商店对以现金支付的顾客收取低一点的价格，而对以信用卡支付的顾客收取高一些的价格时，常常把以现金支付的价格称为折扣，而不是将信用卡的支付价格称为附加费用。因为同样的价格差异，前一种情况下被视为收益，后一种情况下被视为损失。

事实上，框定偏差还有许多其他表现，例如孤立效应、隔离效应等，这些内容将在第三章详述。

三、心理账户及其实验研究

(一) 心理账户的定义及分类

人们根据资金的来源、资金的所在和资金的用途等因素对资金在心理上进行归类，形成"心理账户"。心理账户影响人的决策行为，对于不同的心理账户，人们的重视程度有所不同，从而在决策时会产生不同的结果。

如果今天晚上你打算去听一场音乐会，票价是200元，在你马上要出发的时候，你发现你把最近买的价值200元的电话卡弄丢了。你是否还会去听这场音乐会？实验表明，大部分的回答者仍旧去听。可是如果情况变一下，假设你昨天花了200元钱买了一张今天晚上的音乐会门票。在你马上要出发的时候，突然发现你把门票弄丢了。如果你想要听音乐会，就必须再花200元钱买张门票，你是否还会去听？结果却是，大部分人回答说不去了。

可仔细想一想，上面这两个回答其实是自相矛盾的。不管丢的是电话卡还是音乐会门票，总之是丢失了价值200元的东西，从损失的金钱上看，并没有区别。之所以出现上面两种不同的结果，其原因就是大多数人的心理账户的问题。

事实上，人们在脑海中，把电话卡和音乐会门票归到了不同的账户中，所以丢失了电话卡不会影响音乐会所在的账户的预算和支出，大部分人仍旧选择去听音乐会。但是丢了的音乐会门票和后来需要再买的门票都被归入了同一个账户，所以看上去就好像要花400元听一场音乐会了。人们当然觉得这样不划算了。

人们常常错误地将一些资金的价值估计得比另一些低。比如赌场赢得的钱、股票市场获得的收益、意想不到的遗产、所得税的返还等都会被估计得比常规的收入低。人们倾向于更轻率地或随意地使用这些被低估的资产。泰勒于1985年[①]将人们根据资金的来源、资

---

① Thaler R. 1985. Mental accounting and consumer choice. Marketing Science, 4(3),199-214.

金的所在和资金的用途等因素对资金进行归类这种现象称为"心理账户"(mental account)。传统的经济理论中假设资金是"可替代的",也就是说所有的资金都是等价的,那么 1000 元赌场赢得的资金和 1000 元工资收入是等价的。我们使用赌场赢得的资金和工资收入没有差别,然而,在人们的眼里资金通常并不是那样可替代的。人们倾向于把他们的投资武断地分配到单独的心理账户中,并根据投资所在的账户分别作出决策。

以一个看电影的例子来简单阐述一下心理账户的问题。

问题 1:你已经决定去看一场电影了,每张票的价格是 30 元。当你进入电影院验票时,你发现你的票丢了。现在你还愿意花 30 元钱重买一张票吗?

问题 2:你已经决定去看一场电影了,每张票的价格是 30 元。当你进入电影院买票时,你发现不知什么时候你丢了 30 元。现在你还愿意花 30 元钱去买票吗?

解释:第一问中,我们很容易感到是花了 60 元看一场电影,会觉得太贵所以不去看了。而第二问中,对丢掉的 30 元我们常常不会看成是因看电影花的,会另外在心理上单独做账,只会感觉到是倒霉罢了,它不会增加看电影的成本,因此我们会继续选择去看。这就是心理账户的作用。

卡尼曼和特维茨基曾在 1981 年就如下两个问题做过实验。[①]

问题 1:假设你准备购买一件价格为 125 美元的夹克和一个价格为 15 美元的计算器。销售人员告诉你,这种夹克在该店的一个分店向顾客提供每件 5 美元的折扣,即该分店的售价是 120 美元。而前往该分店开车需要 20 分钟。你是否愿意开车 20 分钟到该分店购买以获得 5 美元的折扣?

问题 2:假设你准备购买一件价格为 125 美元的夹克和一个价格为 15 美元的计算器。销售人员告诉你,你要买的那种计算器,该店的一个分店向顾客提供每个 5 美元的折扣,即该种计算器在该分店的售价是 10 美元。而前往该分店开车需要 20 分钟。你是否愿意开车 20 分钟到该分店购买以获得 5 美元的折扣?

实验的结果显示,对于问题 1,大部分人的答案是否定的,即他们不会为了在一件售价为 125 美元的商品上节省 5 美元而开车 20 分钟,而对于问题 2,大部分人的答案却是肯定的。这个实验很好地证明了心理账户的存在。

在决策过程中,人们通过以下三种心理账户对自己所面对的选择的得失进行评价。

(1) 最小账户(minimal account):仅仅与可选方案间的差异有关,而与各个方案的共同特性无关。在这两个问题中,前往另一家商店被框定为"为了节省 5 美元",这就是最小账户的估值。

(2) 局部账户(topical account):所描述的是可选方案的结果与参考水平之间的关系,这个参考水平由决策的背景所决定。在问题 2 中,相关的局部是"购买计算器",前往另一家商店的好处被框定为"价格从 15 美元降到 10 美元"。因为这里潜在的节省只与计算器有关,所以夹克的价格没被考虑。在问题 1 中,相关的局部是"购买夹克",前往另一家店的好处被框定为"价格从 125 美元降到 120 美元"。

(3) 综合账户(comprehensive account):从更广的类别对可选方案的得失进行评价。在这

---

① Tversky, A., & Kahneman, D. The framing of decisions and the psychology of choice. Science, New Series, Vol 211, No.4481(Jan.30,1981),453-458.

两个问题中,综合账户可以描述为,前往另一家店被框定为"价格从140美元降到135美元"。

卡尼曼和特维茨基认为,在上述情况下,人们自发地运用了局部账户,或者说"心理账户的局部组织"在起作用。因为问题1和问题2在最小账户和综合账户来看是等同的,也就是说,如果以最小账户或综合账户来进行估值的话,那么人们对问题1和问题2应该有相同的反应。实验中人们对问题1和问题2作出不同的选择,说明心理账户的局部组织使得人们从相对值而非绝对值来评价损失,从而在两个商品的价格折扣交换后产生了不同的实验效果。

(二) 心理账户的计算与处理

对于心理账户的处理,类似于其他账户的处理,人们有一整套的方法,包括编辑、开设和关闭,以及财富账户的分类等。

1. 心理账户的编辑

人们通过对事件结果的重新编辑以最大限度地增加自己的效益,即人们总是尽量利用既成事实使自己最快乐。泰勒(Richard Thaler)认为,人们在编辑过程中会遵循以下规则。

原则一:将给自己带来收益的不同事件的结果分开考虑。

原则二:将给自己带来损失的不同事件的结果综合起来考虑。

原则三:将小的损失与大的收益综合起来考虑,从而让自己感到自己得到的是净收益,以减轻因为厌恶损失而带来的痛苦。

原则四:当在某一事件中遭受重大损失,但在该事件的某一方面得到某种微小的收益时,将小的收益从大的损失中分离出来进行考虑,以让自己从小的收益中得到一些安慰。

大部分人依照这些原则行事。例如,如果你向人们提出如下问题:"甲购买的两张彩票都中奖了,一张中了50美元,另一张中了25美元;乙只中了一张彩票,得到75美元。你认为谁会更开心?"大部分人都会认为甲更开心,因为他的两张彩票都中了奖。

2. 心理账户的开设和关闭

会计系统中的一个重要方面是何时开设账户以及何时关闭账户。例如,某人以10美元/股的价格购买了100股股票,这一投资的初始价值为1000美元。股票的价格可能上涨,也可能下跌。如果股票的价格发生变动,在卖出股票之前,投资者会获得"账面"收益或者遭受"账面"损失。当投资者抛出股票时,这种"账面"的收益或者损失会转化为实际收益或者损失。一个明显的事实是,实际收益与损失远比账面收益与损失更令人痛苦。因此心理账户的存在就产生了处置效应,当股票的价格下跌导致投资遭受损失时,人们表现出不愿出售这些已经亏损的股票的强烈倾向。这一部分内容将在第四章中详述。

3. 财富账户的分类

泰勒和谢夫林提出,人们通常按照各种资产对自己的诱惑力将其分成不同的类型,并相应地将这些资产归入不同的心理账户。[①]首先,对人们最具吸引力的资产被归入"流动资

---

① Richard H.Thaler & Hersh M.Shefrin.1981.An Economic Theory of Self-Control. The Journal of Political Economy,Vol.89,No.2,Apr.

产"账户。归入这一账户的资产包括现金、活期存款等,它被用以支付日常的各种开支。其次是"流动财富"账户,归入这一账户的资产包括很多流通性比较好的资产,例如定期存款、股票、债券、共同基金投资等。人们将这一类资产视为自己的储蓄。最后,对人们诱惑力最弱的是未来的收入,它被归入"未来收入"账户,归入这一类账户的资产包括自己未来的工资收入、退休储蓄等。

(三) 心理账户效应

心理账户对人们决策的影响是多方面的,常见的效应有以下几种。

1. 成本与损失的不等价

人们对于成本和损失的态度不同。这种不一致可能导致违反不变公理。例如下面的问题就反映了人们对待成本与损失的不同态度(括号里代表选择该选项的人数比率)。

问题 1:在下面两个选择中,你选择哪一个?

选项 A,100%的肯定损失 50 美元。(20%)

选项 B,25%的可能损失 200 美元。(80%)

问题 2:假如你有 25%的可能遭受 200 美元的损失。在下面两个选项中,你会选择哪一个?

选项 C,为避免这一损失,购买 50 美元的保险。(65%)

选项 D,拒绝购买 50 美元的保险。(35%)

在问题 1 中,绝大部分人选择具有寻求风险特征的选项 B。而在问题 2 中,只有 35%的人拒绝购买 50 美元的保险,即 65%的大多数人愿意付出 50 美元购买保险。问题 1 与问题 2 本质上是一样的,但人们的选择不同。这一现象在其他实验中也得到了证实。

卡尼曼和特维茨基认为出现这种不对称的原因是在问题 1 中,50 美元被视为损失,而在问题 2 中,50 美元的保险费被视为成本,由于损失给人们带来的痛苦更大,更让人反感,因此人们尽量避免损失。这种损失厌恶在前景理论中有进一步的论述。

2. 赌场资金效应

赌场资金效应就是在进行某项活动时,人们此前的获益与亏损状况会影响其对风险的态度,从而影响人们的决策行为。先前结果会导致事后的寻求风险行为,这种现象违反了预期效用理论中的厌恶假设。

卡尼曼和特维茨基注意到,在赛马中,在每天最后一次比赛时,将赌注下在不被看好的马上的人数在下列情况下出现大幅度的增加:第一,当最后一次比赛开始时,亏损的赌博者较多;第二,这些仍然是亏损的赌博者急于在最后一局挽回损失。这种有关沉没成本的现象完全是赌博者以"天"为单位设立和关闭赌博账户的结果。如果每次比赛都被列为独立账户,那么前面的比赛对后面的比赛就不会产生任何影响。同样,如果当天的比赛与赌博者个人的其他财富合并起来成为一个账户,那么前面的比赛也不会对后面的比赛产生影响。

心理账户也在赌博活动中反映出来。如果一系列赌博都合并在一起,那么前面赌博的结果就不会影响后面的赌博。泰勒针对下面三个问题进行了实验。

问题1：你刚刚赢了30美元，请在下面两个选项中作出选择。

选项A，50%的概率获得9美元与50%的概率损失9美元。(70%)

选项B，不再获奖也不再遭受损失。(30%)

问题2：你刚刚损失了30美元，请在下面的选项中作出选择。

选项C，50%的概率获得9美元与50%的概率损失9美元。(40%)

选项D，不再获奖也不再遭受损失。(60%)

问题3：你刚刚损失了30美元，请在下面的选项中作出选择。

选项E，33%的概率获得30美元与67%的概率什么也得不到。(60%)

选项F，肯定获得10美元。(40%)

三个问题的实验结果表明了事前的结果如何影响后面的决策。实验结果中有两个方面值得注意：第一，在问题1中，前面的获益刺激人们在同一账户中寻求风险，这一现象被称为"赌场资金效应"，因为参与赌博的人常常将他们从赌场赢得的钱称为"赌场的钱"。事实上在赌场常常可以看到赌徒们将从赌场赢来的钱放在与"自己的钱"不同的另外一个口袋中，也就是说，赌徒们设立了两个账户。第二，问题2与问题3的结果表明，前面的损失只有在后面的活动给人们提供挽回损失的机会的情况下才有可能刺激人们寻求风险。

为什么会产生赌场资金效应呢？解释之一是，如果在进行某一具有风险的活动之前，人们已经获得了某种收益，那么这种事前获益提高了人们对风险的容忍程度，因此，他们更愿意进行冒险。

3. 沉没成本效应

经济学中的一个基本原则就是在决策中，增量成本及其收益才是影响决策的因素，而沉没成本(sunk cost)与决策无关；同时，对所有可供选择的选项的选择应该建立在每个选项各自的成本/收益分析之上。但是，在现实生活中，沉没成本效应现象大量存在。沉没成本效应是指一旦人们已经在某一项目上投入了金钱、精力或者时间，人们就常常倾向于将该项目完成，虽然继续该项目可能已经没有经济或者其他方面的意义。事实上这种行为是非理性的。

阿克斯(Hal Arkes)和布鲁梅尔(Catherine Blumer)对沉没成本效应的研究表明，已经在某一项目上投入了沉没成本的人对该项目成功可能性的估计高于没有在同一项目上投入沉没成本的人对该项目的估计；沉没成本效应之所以存在，即人们之所以难以将沉没成本勾销，是因为人们在心理上认为，将它一笔勾销将导致这些成本变成完全的浪费。[①]

四、过度自信及其实验研究

当人们说自己肯定知道某个问题的正确答案时，其所提供的答案是否会出现错误呢？大量的研究表明，这种情况经常出现。也就是说，人们常常夸大自己对于事物的真实了解程度。例如，当人们说自己在70%的情况下是正确时，其实他们的正确率大概只有60%。这种过高估计自己对事件判断的准确性的现象称为过度自信。

---

① Arkes, Hal R.,Catherine BlumeR .1985.The psychology of sunk cost. Organizational Behavior and Human Decision Processes, Volume 35, Issue 1.

欧拉·斯文逊(Ola Svenson) 就人们对自己的汽车驾驶技术的评估进行的研究很具有代表性。[①]他向司机们提出这样一个问题：相对于道路上的其他司机，你的驾驶技术是在平均水平之上，处于平均水平，还是在平均水平之下？对于该问题所作出的回答中，有80%的人认为自己的驾驶技术高于平均水平。而事实上，只有一半人能真正高出平均水平。也就是说，过度自信现象普遍存在。

(一) 过度自信产生的原因

产生过度自信的原因一般有以下两方面。

1. 信息控制量

信息的增加会强化人们的过度自信倾向。斯图尔特·奥斯坎普(Stuart Oskamp)就信息量与过度自信之间的关系进行的研究表明，随着获得的信息量的增加，人们对于自己的判断准确性的自信度会急剧增加；然而，他们判断的实际准确性却没有因为信息拥有量的增多而提高，他们判断的实际准确性之低与他们的自信度之高形成了鲜明反差。[②]

2. 决策难度

莎拉·李金斯坦(Sarah Lichtenstein)和费雪夫(Baruch Fischhoff) 进行的实验发现，对于越困难的问题，人们越自信，而对于较容易的问题，人们却表现出缺乏自信的倾向。[③]

在他们的实验中，要求受试者从1个罐中取出红色的球。问题的难度分为三个等级：在"容易"等级中，抽中红球的概率为50%；在"困难"等级中，抽中红球的概率为45%；而在"不可能"等级中，抽中红球的概率为40%。

实验结果为，在"容易"等级中，受试者的准确率平均为85%，在大多数置信区间，他们缺乏自信，也就是说，他们对自己解决问题的准确度的估计低于他们在解决问题中表现出的实际准确度；在"困难"等级中，他们的平均准确率为61%，在所有的置信区间，他们都表现出过度自信；而在"不可能"等级中，在所有的置信区间中，他们表现出极端的过度自信。实验结果如图2-4所示。

从图2-4中可见，对于容易的任务，人们的实际判断准确度在大部分情况下都在虚线之上，这说明人们低估了自己正确解决问题的能力；在部分情况下，图线在虚线之下，说明他们高估了自己的能力。对于困难的任务，他们的准确性在所有情况下都在虚线之下，这说明人们高估了自己的能力。对于不可能的任务，他们的准确度远远低于虚线，这说明人们表现出极端的过度自信。

[①] Ola Svenson,John Maule A.1993. Time Pressure and Stress in Human Judgment and Decision Making [M]. Plenum Press, New York and London.

[②] Stuart Oskamp.2000. A Sustainable future for humanity: how can psychology help? [J] . American Psychologist, (55):496-508.

[③] Slovic, Paul, Baruch Fischhoff, Sarah Lichtenstein.1982.Facts versus Fears: Understanding Perceived Risk.In Judgement under Uncertainty: Heuristics and Biases. Edited by Daniel Kahneman, et al. New York: Cambridge University Press.

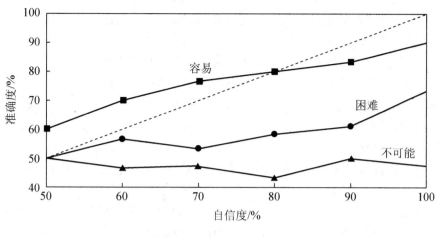

图 2-4　实验结果

注：图中的虚线表示，如果人们对自己解决问题的准确性的估计与他们实际表现出来的准确性完全一致，即既不自信也不缺乏自信，他们的准确度与自信度应该重合在这一对角线上。

此外，研究证明，当事件的可预测性比较高时，专家们判断的准确性常常超过一般人，对赛马、桥牌比赛的研究证实了这一结论。但当事件的可预测性较低的时候，专家常常比一般人更容易表现出过度自信。例如，如果面对精神病人未来的心理状况、俄罗斯经济发展、股市的走向等很难根据现有的数据进行预测的情况，那些利用模型进行预测的专家们常常比不知道如何使用这些模型进行预测的外行表现出更为强烈的过度自信。

(二) 过度自信效应

人的过度自信会引发一系列的效应，最常见的有以下两种。

1. 控制力幻觉

人们的成就或多或少会有偶然性因素在起作用，然而人们却出于自信很少承认运气的存在，而将自己的成就归因于自己的技巧、能力。人们总是相信，即使是在完全由偶然性控制结果的活动中，他们也是可以控制事件发展的，因此能够取得成功。这种由于过度相信自己对事件发展过程的影响力而导致的对自己成功概率的过度高估，以及对偶然性作用的估计不足的倾向被称为"控制力幻觉"(control illusion)。

在赌徒身上，控制力幻觉很明显地表现了出来。在一项对掷骰子的研究中，汉斯林(Henslin，1967) 发现，人们在掷骰子时的行为表明他们相信自己可以控制结果。[1]在掷者看来，控制结果的方法之一是如果他们想要一个小数字，就掷得轻一些，如果想要一个大数字，就掷得重一些。另外一个控制结果的方法就是在掷骰子的时候集中注意力。在赌场中，我们常常可以看到赌博者试图通过以下方法控制结果：对骰子说话；在轮盘赌下注前，将此前的轮盘赌博结果记录下来；仔细操作老虎机的把手，等等。

艾伦·兰格(Ellen Langer)于 1975 年[2]对控制力幻觉进行了两项具有代表性的研究。他

---

[1] Henslin, J. M..1967.胡扯和魔术. 社会学美国学报，73.

[2] Langer,Ellen J.1975.The illusion of control. Journal of Personality and Social Psychology,32(2),311-328.

通过实验证明了即使在完全由偶然性决定结果的活动中，人们仍然表现出强烈的"控制力幻觉"，经研究发现以下因素会强化人们的控制力幻觉。

第一，竞争性。在一组实验中，将36名耶鲁大学心理学系本科生分为两组，其中一组表现出非常自信、聪明的神态，而另一组则显得非常紧张、笨拙。实验对象与他们各自的对手分别从一叠纸牌中抽取一张牌，谁抽出的牌上的数字大，谁就获胜。虽然这是一个纯粹的偶然性事件，但实验结果表明，当竞争对手被视为不如自己时，人们也常常错误地认为自己能够以技巧控制局面。

第二，选择自由。此次实验对象为53名公司工作人员。他们共同参加一项橄榄球比赛博彩活动，其中27人(24名男性，3名女性)各自自由选择一张彩票，另外26人(23名男性，3名女性)则由彩票销售人员为每人分配一张彩票。在要求这些人将自己手中的彩票转让给别人时，自己选择彩票的27人的要价大幅度高于被动接受彩票的26人的要价。这一结果表明，即使是在抽彩票这种完全由偶然性所决定的事件中，当人们对事件的某一方面可以作出自由选择时，他们常常错误地认为自己可以控制事件的发展。

第三，熟悉程度与参与程度。当人们自认为熟悉某一事件时，他们会认为自己可以控制该事件的发展，虽然这种事件的发展完全是由偶然性所决定的。在上述实验中，由于男性比女性更熟悉橄榄球，因此男性对转让彩票的要价大幅度高于女性的要价。

第四，以往的成功。最初的成功——无论这种成功是人们实实在在已经取得的还是只不过是他们自己感觉中的成功而已，都会强化人们的控制力幻觉。

最后，大部分人认为，即使是纯粹偶然性的事件，也可以通过练习加以控制。

上述研究结果表明，人们常常混淆偶然性事件与可由技巧决定结果的事件之间的区别，常常以为自己可以控制事件的发展，而实际上竞争性、选择自由、熟悉程度与参与程度和以往的成功等都会强化人们的种种"控制力幻觉"。

2. 事后聪明偏差

过度自信是导致"事后聪明偏差"(hindsight bias)的心理因素。事后聪明偏差，是指把已经发生的事情视为相对必然和明显的——而没有意识到对结果的回顾会影响人们的判断，它使人们认为世间事物实际上很容易预测，但人们无法说出是什么样的信息导致了结果的产生。例如，如果人们知道了心理测试的结果，则会倾向于认为这些结果是完全会被预测到的，至少比起知道这些结果之前要更具可预测性。1987年10月19日美国出现"黑色星期一"之后，希勒(Shiller)做了一个问卷调查。第一个问题是"你当天就知道会在什么时候反弹吗？"在没有参与交易的人中，有29.2%的个人和28%的机构的答案是知道，在参与交易的个人和机构中也有近一半人认为知道何时反弹。令人吃惊的是，这个回答与当天出现的极度恐慌的事实是截然不同的。而且股指能在下跌后迅速反弹，至少对大多数人而言简直是奇迹。值得注意的是，对于希勒接下来的一个问题："如果回答知道的话，你怎么知道什么时候会发生反弹呢？"多数人的答案是"直觉""内心想法""历史证据和常识"或者是"股市心理学"，即使是机构投资者也不例外，很少提到具体的事实或明确的理论，比如美联储可能干预。这种典型的事后聪明会使投资者不重视对自己行为的反省，忽视对市场趋势的预测，从而增加投资行为的不确定性。

五、证实偏差及其实验研究

当人们确立了某一个信念或观念时,其在收集信息和分析信息的过程中,会产生一种寻找支持这个信念的证据的倾向。人们会很容易接受支持这个信念的信息,而忽略否定这个信念的信息,甚至还会花费更多的时间和认知资源贬低与其看法相左的观点。因此,人们一旦形成一个信念较强的假设或设想,人们有时会把一些附加证据错误地解释得对该设想有利,而不再关注那些支持或否定该设想的新信息。人们通常有一种寻找支持某个假设的证据的倾向,这种证实而不是证伪的倾向即为证实偏差(confirmation bias)。

(一) 证实偏差的表现

华森(Wason)在1960年做了一个著名的关于证实偏差的实验,他在受试者面前放了A、B、2、3四张卡片,然后告诉受试者这些卡片的一面是字母,而另一面是数字。[1]实验要求受试者证明这样一个假设:所有正面是元音字母的卡片,其反面一定是偶数。问需要翻看哪些卡片来证明这一假设?

实验结果表明,只有10%的受试者作出了正确的选择,即认为需要翻看A和3,将近50%的受试者说要翻看卡片A和2,约35%的受试者认为只需翻看卡片A,其余为各种不同的选择。很明显受试者在这种选择作业中,极力去搜索可以证实假设的证据,而较少尝试寻找可以证伪假设的证据。

实际上,证明假设正确的有效方法是翻开可能证明假设不实的卡片,依次考虑每张卡片的可能反证。假如我们翻开了A卡片,会发现背面有一个偶数或奇数。如果我们看到的是偶数,于是就有了支持原假设的证据;但是如果看到一个奇数,我们知道原假设是错误的。接着,假设我们翻开带有B的卡片,这张卡片不能提供判断原假设正确性的任何证据,因为原假设没有提到卡片上有辅音字母的情形。现在来考虑卡片上带有2的情况。如果翻开这种卡片,我们可能看到一个元音字母,这与假设是一致的;也有可能会看到一个辅音字母,这与假设无关,因此这张卡片对反证毫无意义。最后假设我们翻开了带有3的卡片。如果看到一个元音字母,则我们知道原假设是错误的,而辅音字母对证明原假设正确与否没有什么帮助。因而仅有的两张可用来反证的卡片是A和3。但是,大多数人选择A和2或只选A。为什么人们会翻开A和2呢?因为人们习惯于寻找证实原假设的证据,即犯了"证实偏差"的错误。

还有一个常见的例子能够直观地说明证实偏差的存在。如果给出一个假设:"所有的天鹅都是白色的",你将如何去求证这个假设?通常的逻辑是,我们会不由自主地倾向于特别关注白天鹅,找寻白天鹅,找一只,两只,……一百只,甚至更多。然而,我们可能没有意识到,无论找到多少只白天鹅,都证明不了"所有的天鹅都是白色的"。正确的思路是尝试去寻找一只黑天鹅,当然也可以是别的颜色去否定这个假设。这就是"证伪",而证伪心理过程常常被人们忽略。

---

[1] Wason, P.C..1960. On the failure to eliminate hypotheses in a conceptual task. Quarterly Journal of Experimental Psychology,12(3),129-140.

(二) 证实偏差的成因

信念坚持是导致证实偏差的心理基础,人们会坚持相信自己的假设,即使这个假设与新数据相矛盾。总之,这种偏差对新数据都没有足够的重视。例如,如果人们相信有效市场的假设,即使出现显著的反面证据,人们还是会继续相信它、求证它、解释它。再如,一旦你相信一个投资战略较另一种有利,你可能会不再注意那些负面的信息,这将导致人们基于一种微弱的证据而维持一种设想,即使后续证据要求他们拒绝早期的信念。另外,当市场上形成一种"股市将持续上涨"的信念时,投资者往往对有力的信息或证据特别敏感或容易接受,而对不利的信息或证据视而不见,从而继续买进并进一步推高股市;相反,当市场形成下跌恐慌时,人们就只注意不利于市场的信息,以至于进一步推动股市下跌。

锚定往往也是导致证实偏差的心理因素之一。锚定并不是指人们误解附加证据,而是导致人们忽视附加证据。心理学证据揭示了这样的现象:人们倾向于把证据理解为支持初始假设的附加证据。洛德(Lord)、罗斯(Ross)和莱佩尔(Lepper)在1979年提出了这种倾向的认知机制,认为有足够证据说明人们倾向于解释后续迹象时继续保留原先的信念。[1]这种效用包括这样的倾向:回忆中具有这样一种倾向,即将肯定的证据视为相关而且可靠的,而将否定的证据视为不相关且不可信,因此在价值判断中容易接受肯定的证据,而对否定证据则吹毛求疵。有了肯定的证据,决策者很快就减少了信息的复杂度,并且仅能有选择地记住具有支持性的印象,对于否定的证据,他们会继续思考那些不至于破坏"选择性解释"的信息。他们甚至会把与其假设对立的模糊性和概念错误看作是对那些假设的基础进行修正的提示,或将一些完全不一致的或是随机的数据放置于一个合适的偏差模式进行加工时,仍能保持甚至加强某人的预期。

以下三方面的因素也导致了证实偏差。第一,证据的模糊性被广泛认为是证实偏差和过度自信的重要媒介因素。克伦(Keren)认为视觉上不存在证实偏差,并且证实趋势依赖于对问题的概括和界定程度(即解释的需要),而不是简单的视觉任务。[2]定式思维使得我们根据先前的定性模式来解释模糊的信息。一个教师常常能把学生的问题或答案解释成有创造性的或者是愚蠢的,而这种解释往往是基于他先前对于这个学生的态度。第二,人们通过估计不同现象间的相互关系来解释、求证问题,且经常假想出事件的相互关系,而这些通常可能并不存在。幻想的相互关系在证实偏差中扮演了重要角色。第三,对资料的选择性收集或审查。证实偏差的一种形式是"基于审查"和"基于假说"的过滤。根据当前假设能合理解释模糊数据时,人们倾向于"过滤处理"后的资料,不恰当地用它们作进一步证明的证据。若一个学生针对一个明确的问题给出了不明确的答案,老师会因先前对这个学生的知识掌握程度的假设而影响到其对答案的评价,这是非常合乎情理的。然而,根据对有可比性的答案的不同解释打分之后,再用这些不同的分数作为进一步推断该学生能力的证据,这样做则是错误的。当资料的复杂性和模糊性要求运用先前的理论来解释数据时,

---

[1] Lord C, Ross L, Lepper M. 1979. Biased assimilation and attitude polarization: The effects of prior theories on subsequently considered evidence. Journal of Personality and Social Psychology, Vol 37, No 10, 2098~2109.

[2] Lewis C, Keren G. 1999. On the difficulties underlying Bayesianreasoning: A comment on Gigerenzer and Hofrage. PsychologicalReview, 106(2):411-416.

这种错误就特别容易发生。

证实偏差也是一种人们在经济生活中普遍存在，并且对人的行为决策有重要影响的一种心理偏差，作为投资者或是企业经理人，证实偏差会导致错误的判断与决策，进而导致市场的非有效性和企业的损失。

第三节　风险认知及行为决策

不确定性几乎充斥在生活的一切选择中，而不确定性下的决策问题的覆盖面之宽泛包括跨期选择、习惯的养成、主观概率认知等。而在行为金融学领域，对于不确定性下的决策的研究则集中在风险决策，尤其是个体的投资决策和风险管理决策。

识别风险是风险决策和风险管理的第一步，而在心理学意义上，"风险认知"又是识别风险的重要组成部分。斯洛维克(Slovic)在1984年曾经指出："对人来说，思考不确定性、概率和风险是极度困难的事。"[①]许多现实和实证证据，如卡尼曼和特维茨基于1984年进行的研究表明，大多数人对于风险和概率的概念缺乏最基本的正确认识。研究发现，人们在思考风险和不确定性的时候通常遵循一些法则，如下所述。[②]

一、思维的捷径：启发法

(一) 面对风险事件的双重思维模式

在第二节中，我们已经介绍了算法和启发法的概念，它们是两种不同的问题解决策略，在现实生活中，人们运用算法解决实际问题时往往难以奏效，因此当人们解决问题特别是解决复杂但并不需要精确答案的问题时，通常会运用启发法。

需要说明的是，究竟是否应用启发法解决问题，并不是人们主观上能决定的。心理学证据表明，人们处理信息及面临决策时往往拥有两套思维系统，按照情景及限制而调用。

1. 思维系统的两种信息处理模式

心理学界普遍存在这样一种观点，认为人脑处理信息、作出决策的过程有两种不同的思维模式。不同领域(比如社会心理学、临床心理学)的心理学者提出过关于大脑的两种信息处理模式，比如其中比较有代表性的是所罗门(Sloman)于1996年提出了人脑"法则处理"(rule-based processing)和"联想处理"(associative processing)两种不同的信息处理模式。[③]所谓"法则处理"模式是一种相对来说比较收敛的处理过程，它依据逻辑法则或者综合考量信息中包含的不同证据来作出判断，利用"法则处理"来作出决断的决策者会先考虑到一些和当前问题相关的法则。他们首先认为这些法则是正确的，然后再依照它们来作出选择。而"联想处理"顾名思义是依据联想来判断事物以及作出决策的一种信息处理模式，它更

---

① Slovic, P. .1984. Facts vs Fears: Understanding Perceived Risk. Washington D.C.: Science and Public Policy Seminar, Federation of Behavioral, Psychological and Cognitive Sci.
② Kahneman, D. , A. Tversky.1984. Choices, values, and frames.
③ Sloman, S. A. 1996. The empirical case for two systems of reasoning. *Psychological Bullitin*, 119, p. 3-22.

加快捷自然，只是根据当前事物和其他存在于记忆中事物的相似度来作出经验的判断(当然，由于记忆偏差，这种经验的判断也可能是无效或者有偏差的)。所谓的相似度并不是一个绝对的概念，它总是和环境因素相关，比如说呈示的方式。我们可能突然在一些场合觉得两样事物极其相似，但是换一个场景，这种感觉就没有那么强烈了。所以说，"联想处理"的信息处理模式直接受周遭环境等相对外在的因素影响，和"法则处理"不同，它在运作的过程中没有订立任何严格的依据，所以不容易被思维反复考量，产生偏差的可能性较大。同时，又由于它更加直觉，更加快捷，因此对行为选择的影响力更大。

所罗门于1996年通过一些实验来为这种双模式信息处理理论提供证据。例如，实验者给出一些在"法则处理"和"联想处理"下会产生矛盾理解的概念，并让受试者对这些概念分类和评价。比如，当说到"鲸"和"鱼类"时，几乎所有的受试者都明白"鲸"并不属于鱼类，他们给出的评价一般类似于"严格地说，鲸是哺乳动物的一种"。这项实验为什么能够说明两种不同的思维模式起到的作用呢？我们可以换一个题干重新看待这种问题，比如这次我们给出的是"豹子"和"鱼类"，当然，受试者一定也清楚地知道"豹子"不是鱼类，但是他们之后对这个归类问题会作出什么评价理由呢？他们会不会作出"严格地说，豹子是猫科动物的一种"这样的评论呢？这样的评论听起来就比较奇怪，或许你觉得如果受试者说"豹子当然不是鱼类啊"才显得更加自然一些。所罗门认为，人们对"鲸"和"鱼类"作出的评价，其实反映了根据"联想处理"，人们本身比较愿意认为"鲸是一种鱼"，因为在没有接受这种教育之前，大家都会从形态等相似因素认为鲸就是一类比较庞大的鱼。

2. 面对风险决策的两套思维系统

事实上，认知心理学的研究中有将人类大脑分为"双系统"的提法，其中，"系统Ⅰ"就是运用启发法的源头，它快速、迅捷，其思考方式和路径几乎不能被追踪，它依靠直觉对问题作出极其快速的反应，只要"感觉上对"，"感觉上像"，"感觉上以前在哪也同样遇见过"，有时甚至是本能的反应，那么"系统Ⅰ"则会立即给出问题的答案。正因为"系统Ⅰ"具有求快不求精的特点，许多时候利用它以及启发法作出的反应是带有偏差的，这听上去很像我们平时常说的"做事没有经过大脑思考"。但是严格来说，这种说法其实并不准确，"系统Ⅰ"的直觉性思考，其实也是大脑思维的重要部分，我们利用启发法作出的反应其实也经过了大脑的思考，只是从心理学的角度上看，它们仅仅是经过了"系统Ⅰ"的快速加工。

那么我们所说的"经过了大脑的思考"又是怎样的情况呢？这里所谓的经过思考，其实是指在解决问题前要对问题的各个方面进行比较严密的分析，思考可供选择的问题解决方法，以及对最后可能产生的后果进行再三的考量思索，最后选择出一条正确的路径，也就是问题的正解。不难看出，这种做法闪耀着"理性"的光辉，在大多数情况下常被人们所推崇。认知心理学中相应地把这个理性、相对缓慢、能够分析比较的思维系统称为"系统Ⅱ"。和"系统Ⅰ"不同，"系统Ⅱ"的思维过程是可以被追踪的，它的有效性被认为和个体的智力水平相关联，也是人类思维本领的体现。

"系统Ⅰ"和"系统Ⅱ"之间究竟是什么样的关系呢？是并列排放，人们随机从两个系统之间取其一进行思考吗？为了说明这个问题，我们来做下面这个简单的案例实验。

请看一眼以下算式，并以最快的速度对之后的问题作出回答(对每个问题的回答判断不得超过 0.5 秒)。

$$1\times2\times3\times4\times5\times6\times7\times8\times9$$

①上式的值比 500 大吗？ ⑦上式的值比 500 000 小吗？
②上式的值比 800 大吗？ ⑧上式的值比 300 000 小吗？
③上式的值比 1000 大吗？ ⑨上式的值比 150 000 小吗？
④上式的值比 1500 大吗？ ⑩上式的值比 90 000 小吗？
⑤上式的值比 3000 大吗？ ⑪上式的值比 50 000 小吗？
⑥上式的值比 5000 大吗？ ⑫上式的值比 10 000 小吗？

在这个实验中，受试者被要求以很快的速度(即不多于 0.5 秒的时间)对问题作出反应，而面对一个连乘算式，一般人通常需要至少十几秒的时间来精确地算出答案，所以在限制条件下，人们往往使用启发法思考以便快速应答。你可以再回想一下刚才的思考过程，就不难体验"系统Ⅰ"和"系统Ⅱ"在面临实际问题时的大致工作步骤了。当你看一眼这个算式后，由于需要快速反应，你并没有时间精准地算出结果；不过，对于结果你并非完全没有概念，"系统Ⅰ"会瞬间给结果一个大致而模糊的数量概念，只是这个过程过于直觉和迅速，你没有办法也无意去追踪它，而在回答之后的问题时，你的任务就是在问自己，这个答案"感觉上是不是满足"。

以上两列问题是为不同的参加者设计的，能够体现受试者在从未接触和曾经接触过这类问题两种不同情况的启发法。对从未接触过这个实验(或者对数字乘法计算并不敏锐)的受试者，回答问题①至⑥就是一个感觉"这数字有没有那么大"的过程，不过往往受试者都不能在"系统Ⅰ"下准确回答这些问题，一个直觉上的考虑是拿算式中便于口算的前几项简单相乘而推断整个的结果，如受试者可以快速得到"$1\times2\times3\times4\times5=120$"，则会对"上式值大于 5000"的说法往往难以接受。

对于曾经接触过这类实验(或者对数字乘法计算特别敏锐)的受试者，回答问题⑦至⑫则是一个感觉"这个数字是否比题设给出的小"的过程。由于存在对过去同样遇到这类题目的记忆，这些实验对象知道，上式的结果其实是一个非常大的数值，在比对的过程中被试验者表现出犹豫不决，这是因为正如那些从来没有接触过这类题目的受试者一样，"系统Ⅰ"依然会用抽取前几项进行迅速口算的方法推断整个式子的最终结果，然而这却和受试者记忆不断产生矛盾。同样，"系统Ⅰ"的这种思维运转飞快，若不仔细回想，人们无法追踪它的路径。

从上述的简单案例中我们看到，在时间限制性极其苛刻的情况下，人们自然而然地使用"系统Ⅰ"进行启发式的思维。这里值得注意的是，在看完实验要求后，实验对象并不会出现一个思考"是使用启发式快速思维，还是使用算式精确求解"的过程，而是几乎出于本能地选择使用更捷径、更快速(但未必是最有效的)"系统Ⅰ"。或者说，人们会快速通过理解限制条件，利用启发式来选择究竟是用启发法还是算法来解决问题。

(二) 对于"启发法及认知偏差"分析框架的批判

卡尼曼和特维茨基的启发法及认知偏差分析框架十分直观，直觉上也令人信服，但是学界也存在反对的声音，其中主要的批判来自德国的心理学者盖格瑞泽(Gigerenzer)的批评文献。[①]

根据卡尼曼和特维茨基的说法，使用启发法和认知偏差的分析目的是为了更好地理解那些导致正确和错误判断的认知过程。但是盖格瑞泽指出，虽然卡尼曼和特维茨基分析框架的目的符合心理学研究的初衷，但是"启发法和认知偏差"的分析方法却存在问题。启发法和认知偏差是20世纪70年代提出的，如其他心理学分析框架一样，刚提出的时候对于所提内容的界定比较模糊和宽泛，大都只有一个笼统的直觉上的提法，需要后人不断检验和发展。但或许正是由于"启发法和认知偏差"理论的内容过于使人信服，在接下来的几十年的时间里，该理论中的绝大部分内容一直停留在起步时的样子，学者们大都致力于用该理论中的说法解释行为异象，几乎没有人对理论本身进行细节上的发展。于是，就像我们现在所看到的，所有的有关"启发法"和"认知偏差"的理论都处在一个没有严格定义的状态下，我们只知道人们的认知往往被和认知对象类似的事物影响(代表性启发法)，被容易想到的事物影响(可得性启发法)，以及被先前经历的无关事物影响(锚定)，却不知道人们的判断为什么会被这些事物影响，以及什么时候会被这些因素影响(即理论的预测效力)。

二、个体对风险的认知法则

虽然启发法是一种运用起来极其迅速而自然的判断方式，但是却并非没有规律可循。自从卡尼曼和特维茨基提出启发法的分析框架以后，大量的学者开始对该框架中的假说进行实证研究，从中总结出不少个体的风险认知与风险抉择法则。不过读者需要注意的是，所谓行为"法则"无非是对实验观察值所作的推论或者归纳，这并不代表人们的行为"有必要"遵循这些法则。如果进行更加深入的学习，读者就会发现，人们的风险认知受到许多因素的影响，有的时候情景稍有变化，人们对于风险的态度和认知也会发生巨大的变化，甚至出现截然相反的结果。建立行为"法则"的目的仅仅是学术界的一种惯例做法，谨慎的学者不应当在这些前人所建立的法则上止步不前。以下罗列一些较为显赫的结果。

(一) 侧重于损失的概率

克鲁瑟(Kunreuther)于1979年在一项对个体投保行为的研究中指出，决定个体风险下决策的因素往往不是可能发生的实际损失有多大，而是这种损失对个体来说有多大可能性会发生。[②]举一个直观的例子：犯罪学者发现，在许多情况下，阻滞个体进行犯罪行为的考虑因素并不是被抓获后受到的惩罚有多重，而是犯罪后被抓到的概率有多大。这种注重消极事件发生概率而不是发生后果的例子也被发现存在于风险管理行为中：如果某人将要进行一次长途旅行，根据过去的经验，他认为自己的手表十有八九会遭到磨损，而自己驾驶的汽车发生损失的可能性较小，那么他往往更倾向于去为自己的手表添置一份保险，即便汽车一旦发生损失，造成的经济损失要比手表的损失大很多。

[①] Gigerenzer, G. ,1996. On Narrow Norms and Vague Heuristics: A Reply to Kahneman and Tversky (1996). *Psychological Review*, 103(3), 592-596.

[②] Kunreuther, H. 1979. Why aren't they insured? *The Journal of Insurance*, XL, No. 5.

注重损失概率也会使得决策者的金钱决策行为发生偏差。例如，赫舍(Hershey)和舒梅克(Schoemaker)于 1980 年在实验研究中发现，受试者在确定的收益和赌博间选择了确定的收益，但是当相同的问题以"损失"的形式所描述出来的时候，许多受试者的风险偏好似乎发生了反转，改为选择赌博而不是接受确定的损失。① 总之，许多研究文献指出，损失的概率很容易引起人们的注意从而影响人们的行为决策。

(二) 风险偏好的不连贯

在很长一段时间内，学界热衷于讨论"风险喜好"(risk seeking)和"风险厌恶"(risk averse)这两个关于风险偏好的概念，不过这其中一直存在一个潜在的假设，就是不论面对可能的收益或者可能的损失，一个个体的风险偏好是连贯的。这种假设也就是认为，如果一个人是风险喜好的，那么他所面对所有的风险都应该表现出风险喜好的态度；而假如其是风险厌恶的，那么他对于所有的风险选择都应表现出风险厌恶的特点。从在现在这个时点来回顾这种说法，这显然显得有一些机械，就好像给人贴上了"风险喜好"和"风险厌恶"两种标签，人们所有的行为都必须按照他们的标签来行事。事实上，许多实证证据表明，人们在面对收益时呈现出风险厌恶的偏好特征，而面对损失时则往往表现出风险喜好的偏好特征，这将在第四章中作详尽描述。

斯洛维克、费雪夫(Fischhoff)和李金斯坦(Lichtenstein)在 1977 年提出，人们对于风险的认知似乎有一个阈值，当损失风险过小，低于人们承受风险的阈值时，人们就倾向于忽略这种损失的威胁。于是当损失概率极小的时候，人们会认为付出多少保险费都像是一种浪费。② 哈格斯(Hogarth)于 1987 年指出，这种心理状态导致了人们更倾向于购买承保一般风险(如健康、财产等)的保险，而不愿意购买巨灾类的保险产品。③

人们有一种行为偏好，即希望使自己承受的风险处在一个均衡的水平上。斯洛维克于 1984 年指出，人们有时候规避风险，有时候却又想承受风险，从而将自己承受的风险保持在自己认为合适的水平上，不至于使自己产生不适感。所以有时候当人们认为自己所处的风险程度减弱时，他们的行为会有意或无意识地发生调整，从而显得更加冒险④。比如，现在的汽车安全系数越来越高，几乎所有的汽车上都装有安全气囊、紧急制动等应急系统，给驾驶员的生命带来保障。按理说，汽车安全性能的增强应该致使车祸死亡人数下降，但是事实上，驾驶员知道汽车更加安全后，其驾驶行为会变得更加冒险，从而使得行人等的生命损失上升，所以总体来说，汽车安全性能的加强并没有显著使车祸伤亡人数减少。斯洛维克指出，在许多情况下，降低风险的举措收效不会太好，因为这些效果会被人们更加带有风险的行为所抵消。

---

① Hershey, J. C. and P. J. H. Schoemaker. 1980. Risk taking and problem context in the domain of losses: An expected-utility analysis. *Journal of Risk and Insurance*, 47, pp. 111-132

② Slovic, B. Fischhoff, S. Lichtenstein.1977. "Risk assessment: Basic issues," In R. G. Kates (Ed.), *Managing technological hazard: Research needs and opportunities*, University of Colorado: Program on technology, environment, and man Monograph #25

③ Hogarth, R. M. 1987. *Judgment and Choice: The Psychology of Decision.* 2nd edition, NY::Wiley.

④ Slovic, P.1984. Facts vs Fears: Understanding Perceived Risk. Washington D.C.: Science and Public Policy Seminar, Federation of Behavioral, Psychological and Cognitive Sci.

(三) 对概率变化的不敏感

在期望效用理论中，一个前景的价值体现为其期望效用，也就是各个风险结果效用的概率加权平均值。按照这种分析框架，概率和风险结果对于人们决策的影响作用的重要性应该是相当的，不过这一点在行为风险决策框架下就难以成立。

我们之前在对启发法的讨论中提到，人们对于风险事件的反应的形成与风险事件结果的生动程度有关，如果事件结果更加具有画面感，更加容易被想象，那么它们会激起更加强烈的反应，特别是情绪反应。于是越生动，越容易被想起的事情就越能影响人们的风险决策。但是相对来说，"概率"这个概念的画面感就没有那么强了。我们可以进行一个简单的思维实验，想象一下"50%可能性"的画面。注意，"50%可能性"和"50%"的区别，我们可以顺利想象出后者的图像表达，比如一个饼图切为两半中的一半，但是概率50%的想象就要抽象很多。再比如说，如果我们不说奖金有多少，那么人们对于百万之一的获奖机会和万分之一的获奖机会之间的区别的感知就显得没有那么明显(但是想象赢得1 000 000 美元和赢得10 000 美元的区别就很大)。由于概率变化具有不够生动的特点，人们对风险决策本身作出的情绪反应相对概率的变化来说就显得不那么敏感。

1. 对焦虑和概率变化不敏感

物理心理学(psychophysics，主要研究身体上的刺激和感知的关系)的相关研究表明，对概率的感知在"焦虑"这种占先情绪的形成中起到的作用很小。比如在一项实验中，受试者被告知，他们将要经历一系列的倒计时，在计时结束后，他们有一定的概率将会遭受一次强烈的电击。实验者在倒计时过程中记录受试者的心率和皮肤导电水平(skin conductance level，和皮肤因分泌汗液等导致的潮湿度有关)来估测焦虑水平。迪恩(Deane)在 1969 年进行了这项实验，根据其实验结果记载，人们焦虑的生理反应程度和人们对电击强度的预期呈正相关关系：受试者预期更强烈的电击强度导致更加强烈的生理反应(心跳加快，导电水平上升)；而相对的，预期受到电击的概率水平变化对受试者的生理反应不产生影响，唯一的例外情况是受试者被告知他们被电击的可能性降低为 0。[1] 分析认为，只要受试者想到自己"可能要遭遇一次电击"这件事，就足以引起他们强烈的焦虑反应，而相对来说自己"有多少可能遭遇电击"就显得不那么令人紧张。

2. 对担忧和概率变化不敏感

在度量风险偏好的实验中往往采用一种"主观现金等价"(subjective cash equivalent)或者叫"主观确定性等价"(subjective certainty equivalent)的方法。具体的做法是，实验者给出受试者一种前景，如(300，0.5；200，0.3；0，0.2)，意思是受试者有一次类似于赌博的机会，其中有 50%的可能性获得 300 元奖金，30%的可能性获得 200 元奖金，以及 20%的可能性分文不获。接下来实验者要求受试者写出他们所认为的这个机会的现金等价。所谓的主观现金等价分为两种：一种是"最大买入价"，是指受试者想要获得这个赌博机会，最多愿意花多少钱去买；另一种是"最小卖出价"，是指受试者最少愿意以多少的价格把自己拥有的这个赌博机会出售给他人。现金等价也就是把不确定的风险机会变为确定的收

---

[1] Deane, G. 1969. Cardiac activity during experimentally induced anxiety, *Psychophysiology*, 39, pp. 1-9.

益或损失。

韦伯(Weber)和奚恺元(Hsee)在1998年使用"主观现金等价"的方法做过一组实验，[①]实验者给出受试者一系列的风险投资选项(都以概率和收益的形式简单呈现)，并让受试者写出自己主观的"最大买入价"，而且在写出现金等价的同时，受试者被要求还要对自己在这个风险决策中的担忧程度进行数值评级，类似于"假设0为完全不担忧，10为极其担忧，那么当你拥有这个风险投资项目时，你认为你会有多担忧呢？"对实验结果的统计分析表明，受试者给出的"最大买入价"和获利概率显著相关；但是，受试者给出的对自己担忧程度的评级却和获利概率的关系不显著。韦伯和奚恺元在实验中要求受试者用数值评价担忧程度的做法，虽然粗略而显得不精确，但却是不动用仪器监测的手段中比较普遍使用的一种。结果表示，人们对风险机会的担忧和概率变化的相关性并不显著。

(四) "得"与"失"带来不同的效用

现有一个实验，有以下两个选项：A.你一定能赚2000元；B.你有80%可能赚3000元，20%可能什么也得不到。你会选择哪一个呢？

诺贝尔经济学奖获得者卡尼曼教授得出的实验结果是，大部分人都选择A。而这时，法国数学家帕斯卡(Pascal)如果有知，一定会跳出来批判：选择A是错的，因为B选项的期望值高于A，选择B才是理性决策。

1654年夏天，法国数学家帕斯卡和福尔马特以书信方式讨论一个赌博问题，并由此产生了决策领域经典的期望价值理论。他们认为决策者关注的是待选选项所能产生的价值期望，期望越高，这个选项就会越具有吸引力，这也是传统经济学中"理性人"假设的基础。就前面的题目来说，因为$3000 \times 80\% = 2400$，期望值要大于2000，因此决策者应该选择B选项才是理性的。可事实上，正如大家所看到的，无论是上述两位股民朋友，还是卡尼曼教授的被试，都似乎违背了"理性"原则来做决策。这说明对于大多数普通人来说，当处于收益状态也就是"得"时，通常信奉"二鸟在林不如一鸟在手"的原则，喜欢见好就收、落袋为安，害怕失去已有的利润。正如在股市中，投资者卖出获利的股票的意向要远远大于卖出亏损股票的意向，即使这与"对则持，错即改"的理性投资核心理念是背道而驰的。

在"得"的情境下人们的选择较为保守，不仅体现在涉及金钱的经济利益上，而且影响我们的就业、生活等诸多选择。我的一位朋友，在一家事业单位做行政工作已经近十年了，她很不喜欢自己的工作，多次想要跳槽。可家人劝她，这份工作虽然挣钱不多，但不太辛苦、非常稳定，老了还有丰厚的退休金，千万不能辞掉。朋友就在这样的劝说下屡次放弃辞职的念头，留了下来。而与她同单位的一位同事，迫于经济压力，几年前就辞职创业，现在已经小有所成。我的堂弟，自大学毕业起就创业办公司，到现在公司已经有十几名员工了。可是他交女朋友却很不顺利，来自双职工家庭的女孩子们都觉得他虽然现在挣得比有公职的人多，可是未来却充满了太多不确定。

不论是为了辞职受到百般阻挠的朋友，还是情路坎坷的堂弟，他们经历的共同点都在于自己的职业或者是自己想找的女朋友处于"得"的情境中。朋友的工资不高，却有稳定

[①] Weber, E. U. and C. K. Hsee. 1998. Cross-cultural differences in risk perception but cross-cultural similarities in attitudes towards risk. *Management Science*, 44, pp. 1205-1217.

的收入，辞职创业或者另谋生路虽然可能赚得更多、更能体现自我价值，却会面临可能失业、创业失败、职业发展还不如现在等有风险、不稳定的结果，哪怕出现这种风险的概率只有1%，人们也会为此纠结。堂弟喜欢的女孩，多在事业单位、政府部门等收入、职业生涯非常稳定的单位，虽然堂弟挣得钱远远多于她们，可女孩的父母会认为堂弟职业的变动性大，有可能面临未来公司破产、失业等风险，因此不愿意让女儿和他在一起。可见，当生活状况比上不足、比下有余时，人们宁愿要稳定的生活，也不愿冒哪怕一点损失的风险，即使冒险后人们可能过上更幸福的生活。

假如面对这样一个选择，你会选哪一个呢？A.你一定会赔2000元；B.你有80%可能赔3000元，20%可能不赔钱。

卡尼曼教授的实验结果是，只有少数人愿意选择 A 来承受确定的损失，大部分人愿意和命运赌一赌，选择 B。这时，法国数学家 Pascal 又会跳出来说，选 B 是错的，因为(-3000)×80%=-2400，期望值要大于-2000元。因此，选择 A 才是正确的选择，B 看上去有 20% 不损失的可能，是较"轻"的损失，可实际的期望值高于 A。但现实就是这样，无论是卡尼曼教授的被试，还是我们中的大多数人，处于损失情境时会宁可冒险博取小概率不损失的可能，也不愿接受确定的损失。正如投资者持有亏损股票的时间远长于持有获利股票，大量股民在高位套住后不愿意割肉出逃，而喜欢将赔钱的股票继续持有下去，以致越套越深。那么为什么人们在获益时觉得"二鸟在林不如一鸟在手"，而在损失时却认为"两害相权取其'轻'"呢？

在"得"时喜欢确定的选项，而在"失"时喜欢冒险的选项，说明人们对待"得"和"失"时的心理感受是不同的。请读者朋友想一想，假如你今天丢了 100 元钱，又白捡了 100 元钱，这两者带来的快乐和痛苦能够相互抵消吗？卡尼曼教授发现，白捡的 100 元所带来的快乐要小于丢失 100 元所带来的痛苦。正是得失给人带来的不同心理感受导致了人们在得失时决策的差异，也正是因为损失的时候人们感受到了比等量获得所带来的欢乐更大的痛苦，所以人们才会千方百计甚至宁愿冒风险失去更多来博取不损失的可能，这在心理学里叫作"损失规避"。

"损失规避"也会影响我们的人际交往，使我们记住一个人好很难，而记住一个人坏却很容易。正如卡耐基所说，在人类交往中，一百个好之后有一个不好也会招致抱怨。如果有一次不愉快发生，多年的好友也可能反目成仇；但即使做许多有益的努力，已经结怨的人之间也很难化干戈为玉帛。这就是由于损失带来的痛苦大于获益带来的欢乐。

我们已经知道，大多数人很难做到完全的理性，同等大小的得失会引起我们不同的心理感受，进而促使我们做出不同的决策。那么"得""失"就是绝对的吗？

卡尼曼教授的研究发现，人们所感知到的"得"和"失"是依据计算某一结果与参照点之间的差额而来的，如果差额为正则为获得，如果差额为负则为损失。为了说明这个问题，卡尼曼教授请被试在如下问题中进行选择：A.其他同事一年挣 6 万元的情况下，你的年收入 7 万元；B.其他同事年收入为 9 万元的情况下，你一年有 8 万元进账。

你会选哪一个呢？卡尼曼教授在调查中发现，虽然 8 万元比 7 万元更多，但大多数被试仍然选择了 A 选项。这正印证了美国作家门肯的话："只要比你小姨子的丈夫(连襟)一年多赚 1000 块，你就算是有钱人了。"在这里，我们面对两个选项的参照点是其他同事的收入。虽然 A 选项的绝对收入小于 B 选项，但选择 A 选项的被试者会比同事多挣 1 万元，而选择 B 选项的被试者则比同事少挣 1 万元。因此，A 选项意味着获得，而 B 选项意味着损失。

参照点的设置能解释我们生活中的许多现象。例如，商场在打折时总喜欢在商品标签上标注原价，就是给消费者一个参照点。一件 2000 元的衣服如果是原价，工薪阶层的你一定觉得价格不菲，但如果标出原价 4000 元，打了五折后 2000 元，你是不是感到更加物有所值了呢？又比如，医学研究者们发现，抑郁者的参照点比正常人要更高，也就是他们会将正常人认为是平常的事情看作是损失，也就更容易产生负面情绪了。记得小时候有一部动画片，名字叫作《不高兴和没头脑》，其中叫"不高兴"的小朋友对什么事情都要求这、要求那，整天看什么都不满意，不露一丝笑容。显然，他就是参照点偏高人群的典型代表。

了解了参照点的意义，我们就可以借助调整自己的参照点来调整自己的生活状态。在物质生活上，如果我们想要过得更快乐一些，就要调整我们的参照点，与那些生活条件不如自己的人相比，会让我们觉得自己过得很好、很满足。可是，如果我们想在工作中、学习中取得更丰硕的成果，获得更大的成功，就要向比自己强的人看齐，来激励自己更加奋发图强。

风险决策中除了概率以外的另一个主导因素就是收益(或损失)，标准的经济学理论认为收益和损失将给人们带来"效用"，并假设同样数量的收益和损失所带来的效用的绝对值相等。尽管理论翔实，证明严谨，人们的日常行为表现却常常违背这种理性的假设。比如，效用论的一大核心分析对象是效用与财富的关系，当人们获得财富 I 时，这些财富所带来的效用被认为是 I 的函数形式，记为 $U(I)$。然而这样理想化的一对一形式的数学定义显然与实际情况大相径庭。一个最直观的例子是，同样数量的财富量 I_0 通过不同的途径可以给人带来截然不同的效用。比如，花费同样数量的金钱为自己心爱的女友购置衣着往往比为自己购买一身衣服带来的效用更大。同时，即便通过相同的途径，给不同的人所带来的效用也会不同。例如对一个活泼贪玩的孩子来说，用 500 元购置一台电动游戏机所带来的效用远大于同等价值的书籍给他带来的效用，但对一个书虫类的孩子来说结果却可能恰恰相反。这些例子都体现了"效用"这个概念在定义上的不完备性。行为经济理论认为，失去一定数量的财富所带来的痛苦程度比得到相同数量的财富所获得的快乐程度更大。从效用的角度，这个观点可以表示为

$$|U(I)| < |U(-I)|$$

这就是心理学者卡尼曼和特维茨基于 1979 年发表的前景理论(prospect theory)的直观感受基础。我们将在本章详细介绍卡尼曼和特维茨基的前景理论(或翻译为"展望理论"或"期望理论")，它的得失分析框架将在之后的行为分析中起到主要作用。

事实上这样的得失效用不均衡的观点并非是卡尼曼和特维茨基首先发现并提出的。保罗·萨缪尔森(Paul A. Samuelson)早在 1963 年便给出这样的示例：

"前些年我在午餐时间向一名同事(一位杰出的学者)提出这样一个赌局。让他猜测硬币的正面或反面并投掷一次硬币，假如结果如他所猜，其获得 200 美元；但若结果与他猜测的相反，那么他需要支付我 100 美元。同事的回答是他不愿意进行这样的赌博，因为他会觉得损失 100 美元(的痛苦)大于获得 200 美元(的快乐)，不过假如我愿意和他连续赌上 100 次的话他会答应。"

三、情感心理与风险认知法则

经济理论和数学理论建立了较为完备的对于"风险"和"不确定性"的刻画。但是人们的行为异象却依然被频繁地观察到,违背看似完备的理论。脱离了复杂的数学和经济学逻辑后,对人们来说,风险到底是什么?过去大量的行为经济学分析都建立在对于风险概率-风险后果的评价框架上,认为个体的选择错误来源于对这两者的认知偏差。近年来,更多的心理学力量介入了经济行为研究,跳出了风险概率-风险后果这一框架,进而将情绪和情感引入了人们的经济行为分析中。罗文斯坦(George Loewenstein)与其合作者的一系列关于"风险感"的研究,将风险从数字概念转向了情感概念。

(一) 认知心理学的旧归结主义分析框架与新学派

1. 归结主义分析框架:经济学和心理学为何一拍即合

我们之前提到,期望效用理论是经济学中较早建立起的一套标准微观经济分析理论,它的存在使得经济学能够快速发展起来,许多经济模型也是在期望效用理论成立的假设前提下被建立起来的。不过,期望效用理论长期处在经济学的轴心位置也势必意味着有更多的学者,特别是经济学者和心理学者试图改进和测试它。比如,学者会检测期望效用理论中的前提假设是不是牢靠,或者提出许多和该理论描述相矛盾的现实例证,或者直接建立其他经济学理论,比如前景理论。事实上,期望效用理论也在心理学领域里有深远影响,比如艾森(Ajzen)和费雪贝恩(Fishbein)于 1980 年提出的 TRA(Theory of Reasoned Action)理论(即理性行为理论)就是受到期望效用理论的哲学影响而建立起来的。[①]

经济学与心理学的交互影响并不是无端的,罗文斯坦等人认为,在过去几十年里,这种默契来源于经济学和心理学所共有的一种潜在的"归结主义"(consequentialism)理论引导。[②]也就是说,经济学和心理学都认为人们作出任何选择的依据都是衡量了作出不同选择后的后果,即估计了结果的严重性和发生该结果的概率值。比如,期望效用理论作出经济人假设,于是人们是严格按照各个选择的结果严重性和发生不同结果的概率分布来作出选择的;而前景理论中对行为的分析介入了心理因素分析,认为人们对结果和概率的把握都带有主观色彩,于是它是有偏差的。但是不论是期望效用理论还是前景理论,它们都没有离开归结主义的框架。

归结主义的框架之外还有什么?除了结果和概率以外,还有什么应该对人们的决策过程产生影响呢?为了引出我们将要讨论的话题,先来看下面这个例子。

小 A 从小被长辈教育告知路边摊上的食物最好不要去碰,虽然味道鲜美诱人,但是这些食物的制作工艺一般都很难达到卫生标准,所以食用以后很有可能导致腹泻或者更加严重的不适。由于从小受到这种教育,小 A 自然不会经常光顾这些路边摊。不过放学的时候

[①] Ajzen, I., M. Fishbein. 1980. *Understanding Attitudes and Predicting Behavior. Englewood Cliffs*. NJ: Prentice Hall.

[②] Loewenstein, G. F., E. U. Weber, C. K. Hsee, N. Welch. 2001. *Risk as Feelings*. Psychological Bulletin, No. 2, pp. 267-286.

经过，难免偶尔被喷香的烤鱿鱼吸引，也发生过几次食用完后腹泻的经历。可是是什么决定着小 A 作出"吃"或者"不吃"的决策呢？如果按照"归结主义"的说法，决定小 A 是否购买路边摊食物的因素有两类，一类是结果，即"吃"和"不吃"之后各自发生的结果。比如选择"吃"的话，可能发生的结果有：①食欲被满足且身体舒适；②食欲被满足但随后身体不适。而选择"不吃"的话，那么发生的结果就是食欲得不到满足。第二类是概率，就是小 A 认为"吃坏肚子"这件事情发生的概率有多少。那么在传统经济理论的分析框架下，小 A 是理性的决策者，他会精确估计结果和概率，仔细分析这几者的利弊，最后作出理性的"吃"或"不吃"的选择。而在认知理论的分析框架下，小 A 是非理性的，他对结果的估计和对概率的估计都会被放大或者缩小，比如当小 A 会过分自信地认为自己的抵抗力很强，所以吃坏肚子的可能性很小。

可是再来看以下两个场景。在第一个场景中，小 A 刚刚放学，心情平平，路过那家路边摊；第二个场景中，小 A 刚刚和好朋友发生争吵，心中还在气愤，恰好路过那家路边摊。那么小 A 的这两种不同的心情是不是也会影响他作出"吃"和"不吃"的决策呢？我们可以认为，心情愤怒的小 A 或许更需要一个发泄的窗口，他或许比平时更倾向于买上一大把肉串吃个痛快，至于会不会吃完后腹泻，可能在当时根本没有出现在小 A 的脑海中。

可以看到，"心情"对于行为决策是非常重要的，在不同的情绪状态下，人们可以在其他条件都没有变化的情况下作出截然不同的决策。当然，跳出"归结主义"框架的分析不仅仅局限于研究心情对决策的影响，我们将在之后的讨论中进一步探索。

2．情感学派

在"归结主义"框架下的选择理论认为，风险决策其实是一种认知行为，是对结果和概率的认知。同样，风险管理通常也立足于传统西方经济学理论，实现质、量分析，对于风险(尤其是损失风险)的把握建立在风险发生后的结果与风险发生可能性(即概率)的规范研究基础之上。20 世纪 70 年代起，从风险与不确定下的选择学说中派生出了对于风险概念的新定义，从此风险管理也不仅仅再局限于对"结果"和"概率"的量化分析。

在过去的 40 年中，两支主要流派形成于风险选择学说的行为主义研究中。其中一支着眼于风险决策者的认知过程，并阐述、解释这些决策者的实际决策和他们对风险评价的不一致性。

认知流派的具有代表性的研究结果有李金斯坦(Lichtenstein)和斯洛维克于 1971 年提出的偏好反转(preference reversal)理论以及卡尼曼和特维茨基于 1979 年提出的前景理论。另一支更新潮的流派则着眼于风险决策者决策过程中的情感因素，其中情感系指人对某事物的积极的或消极的态度和感受。情感流派涵盖了更宽广的学术议题，历史文献中已经出现的研究有：Finucani 等人于 1998 年提出的评价暗示，罗文斯坦于 1996 年提出的生理反应对决策的内在影响，罗文斯坦、查得(Schade)和克鲁瑟于 1999 年提出的风险决策中的恐惧和忧虑，麦尔勒斯(Mellers)等人于 1997 年提出的期望喜悦和期望失落，鲁瑟(Luce)等人于 1999 年提出的在作出困难决策时消极情绪的作用，卡尼曼、里特夫(Ritov)以及斯卡德(Schkade)于 1999 年提出的偶发性评价的态度表达。

情感学派则提出，人们面对和处理风险有两种不同的路径，即风险分析和风险感受。演算和规范法则是前者对待风险的哲学，而直觉则是后者处理风险的基准。这种"双重思维模式"事实上与认知学派中对直觉、理性"双系统思维"(系统Ⅰ和系统Ⅱ)的定义多有类似之处。理性思维模式，或者说风险分析在风险决策环境下起到了重要作用，其重要性体现在由数学、统计法则所能够严格证明的理性选择的优越性内涵，也就是说，按照理性的方式行动，在一定理论假设成立的前提下，我们能在科学层面上获得最优的结果。然而现实经验使我们难以否认，面对风险和不确定性，特别是突如其来的危险和复杂情况，依靠情感和情绪是一种更快捷、更简单，甚至某些时候更有效的应对法则。从文献上看，许多理论已经建立在情感因素上解释人类行为，其中比较突出的理论学者有萨森(Zajonc)、克拉克(Clark)和费斯基、巴莱特(Barrett)和萨罗维(Salovey)。其中萨森(Zaojnc)于1980年提出，情感对于刺激的反应往往是最先的、自动的，于是它们总是引导着对信息的处理和评判过程。

(二) 占先情绪：由于面临风险而引发的情绪反应

1. 占先情绪和预期情绪及区别

在一篇具有倡导性的研究报告中，罗文斯坦等人于2001年将面对风险时的情绪划分为预期情绪(anticipated emotion)和占先情绪(anticipatory emotion)。预期情绪是指决策者预计经过风险决策后将会遭遇的情绪，而占先情绪是指决策者在当下决策时所正在遭遇的情绪。举个简单的例子，赶夜路回家时你经过一个巷口，巷子里漆黑一片，你隐约感觉到危险，但是你知道这条巷子是一条通往家里的捷径路线。在这样的风险决策情境中，预期情绪是你预计走过这条巷子后会获得的感受，比如，你担心走过这条巷子时会遭到歹徒的抢劫或袭击，以及遭遇后的失落情绪，或者你又期待顺利走过巷子后，能更快到达家中的喜悦。而占先情绪在这个例子中，就是你站在巷子口面临选择时的恐惧、疑虑或者跃跃欲试的情绪。

事实上，认知学派的选择理论中关于情感的描述大多数只限于预期情绪，对在当下选择过程中的占先情绪却是忽略的，也就是这里存在着"人们在作出决策的过程中是不带有情绪"的前提假设。另外一些理论，比如卢姆斯(Loomes)和萨登(Sugden) 则提及了人们在决策时可能产生的害怕决策后失望或者后悔的情绪，这些理论考虑的是，决策者会在决策时预期自己在决策后可能经历的感受，即假如自己作出另外一种决策，最后可能拥有的情感。[1][2]不过这些后悔和失望还不是严格意义上的占先情绪，因为它们都是在结果发生后才会被决策者所经历的。

早期的关于情感效应对风险决策的影响研究也带有"归结主义"色彩。比如，伊森(Isen)和吉娃(Geva)在1987年就曾经研究过积极情感对决策者风险决策的影响。在实验中，他们首先激起受试者的积极情感，然后让他们对一些事情作出选择，比如，实验者会首先赠送

---

[1] G.Loomes, R. Sugden. 1982. Regret Theory: An Alternative Theory of Rational Choice Under Uncertainty. *Economic Journal*, 92. pp. 805-824.
[2] G.Loomes, R. Sugden. 1986. Disappointment and Dynamic Consistency in Choice under Uncertainty. *Review of Economic Studies*, 53. pp. 271-282.

给受试者一袋糖果，从而激发受试者比较愉悦的情感。[①]伊森和帕德里克(Patrick)于1983年研究发现，拥有积极情感的受试者对他们赢得赌博的可能表现出乐观，不过相对于对照组来说，他们其实更加不愿意去参加赌博。[②]伊森、尼格仑(Nygren)和艾诗贝(Ashby)在1988年以"保持心情假说"(mood maintenance hypothesis)解释了这种现象：[③]处在好心情中的受试者虽然认为自己更加容易获胜，但是他们害怕万一输掉赌博，还会"输掉"他们现在的好心情，因而为了保持现在的状态，他们更倾向于不参加赌博活动。在这种推理中，理论者依然认为人们不参与赌博的动机是因为预期不好的结果真实出现后会对自己的情绪造成影响，所以依然是"归结主义"的分析逻辑。

2. 占先情绪对风险决策影响的研究

之前提到，选择理论中通常注重预期情绪对于风险决策的影响力，而忽略在决策当时决策者正在经历的占先情绪。而事实上，一些其他领域的研究，比如神经科学和社会心理学却着重于研究占先情绪对决策的作用。德马西欧(Damasio)于1994年提出的SMH(Somatic Makers Hypothesis)理论躯体标识器假说就是代表之一，该假说提出，人们的情绪可以引导行为决策，或者让行为决策发生偏差。[④]实验者发现，一些身体反应(somatic reaction)被神经性异常所阻塞但是没有导致认知困难的受试者，他们的风险决策本领遭到了严重的破坏。威尔森(Wilson)和斯库勒(Schooler)等人则在实验中发现，通过让受试者反复考虑风险决策的利与弊，压制受试者的情感，最后会导致决策者作出的决策优度显著下降。[⑤⑥]

此外，萨森和里都(Ledoux)经过研究发现，人们对刺激的情感反应要比认知评价来得更快、更基本。研究者认为，正是这种快速的情感反应让人们大致了解自己正在面临什么样的抉择，这才允许人们对问题作出迅速的回应。[⑦⑧]事实上，西蒙(Simon)早在1976年就曾经提及，快速的情感反应有初步解读信息，并且将注意力分配到优先级比较高的事项上去

[①] A. M. Isen, N. Geva. 1987. The influence of positive affect on acceptable level of risk: The person with a large canoe has a large worry. *Organizational Behavior and Human Decision Processes* 39, pp. 145-154.

[②] Isen, A. M., R. Patrick. 1983. The effect of positive feelings on risk-taking: When the chips are down. *Organizational Behavior and Human Performance*, 31. pp. 194-202.

[③] Isen, A. M., T. E. Nygren, and F. G. Ashby. 1988. Influence of positive affect on the subjective utility of gains and losses: It is just not worth the risk. *Journal of Personality and Social Psychology* 55, pp. 710-717.

[④] Damasio, A. R. 1994. *Descartes' Error: Emotion, Reason, and the Human Brain.* New York: Free Press.

[⑤] Wilson, T. D., D.J. Lisle, J. W. Schooler, S. D. Hodges, K. J. Klaaren, S. J. LaFleur. 1993. Introspecting about reasons can reduce post-choice satisfaction. *Personality and Social Psychology Bulletin* 19, pp. 331-339.

[⑥] Wilson, T. D., J. W. Schooler. 1991. Thinking too much: Introspection can reduce the quality of preferences and decisions. *Journal of Personality and Social Psychology*, 60. pp. 181-192.

[⑦] Zajonc, R. B. 1980. Feeling and thinking: Preferences need no inference. *American Psychologist*, 35. pp. 151-175.

[⑧] LeDoux, J. 1996. *The emotional brain.* New York: Simon & Schuster.

的功能。①

除了我们在本章第二节提到的理论研究成果,学界还有许多表明情绪对决策具有显著影响的证据。比如,卡尼曼和里特夫(Ritov)于 1994 年通过研究发现,陪审团在陪审过程中作出的决策总是没有规律的,至少很难用标准的经济学偏好观点解释,不过假如从情绪的角度上看,就会发现如果考虑到决策者当时正在经历的瞬息情绪,就不难理解为什么他们会作出这样的决策。②此外,罗文斯坦在 1996 年通过研究展示了情绪以及其他生理因素(如饥饿、疼痛等)对于决策者决策的影响。③

3. 占先情绪对于风险决策影响的实验例证

洛普斯(Lopes)于 1987 年提出,风险偏好是贪婪和恐惧的制衡结果,人们总是希望有多多益善的收益,但是也害怕因此而承受的巨大风险。④许多情况下人们对于风险决策的态度是风险厌恶的,比起获得额外利益的喜悦,大多数依旧保持着理智的人更加害怕"血本无归"的失落感,这是因为消极的情感(比如恐惧和焦虑)总是容易比积极情绪来得更加强烈和迅猛。

一些实验通过侧面证明,人们在面对风险决策时的风险偏好和问题本身有关,也就是说,风险偏好受到占先情绪的影响。奚恺元(Hsee)和韦伯(Weber)在 1997 年试图测试受试者对他人风险偏好的评估,并进行了如下实验。⑤

实验者首先给出受试者一些风险决策,即从直接的货币收益选项和有风险的但是更大的货币收益选项之间首先作出自己的选择。接下来,受试者被要求预测实验者制定的对象对于这两个选项的选择。

实验者所描述的第一类人是十分抽象的,比如,他们只是平白地告诉受试者:"请你估计一个普通大学生在这个风险决策下的选择";而第二类人是具体的,比如实验者会指着马路对面的一个不为受试者所事先认识的人说:"请你估计对面那个人在这个风险决策下的选择。"实验结果发现,大部分的受试者的风险决策表明他们是风险厌恶的,而受试者对于第二类人的风险偏好的估计和自己的偏好相近;不过,受受试者对于第一类人的风险偏好的估计却接近于风险中性。

奚恺元和韦伯认为,这样的实验结果至少说明,人们的风险偏好和他们所面临的风险决策本身是有关联的。当受试者被要求对一个在眼前的具体的人的风险偏好作出估计时,他们可以依据自己在作同样的风险决策时所经历的感觉作出判断,这种感觉就是一种占先情绪,来自于风险决策本身对人们的刺激。而当被估计对象是一个抽象的"普通大学生"

---

① Simon, H. A. 1976. Motivation and emotional controls of cognition. *Psychological Reviews*, 57. pp. 386-420.
② Kahneman, D. , I. Ritov. 1994. Determinants of stated willingness to pay for public goods: A study in the headline method. *Journal of Risk and Uncertainty*, 9, pp. 5-38.
③ Loewenstein, G. F. 1996. Out of control: Visceral influences on behavior. *Organizational Behavior and Human Decision Processes*, 65, pp. 272-292.
④ Lopes, L. L. 1987. Between hope and fear: The psychology of risk. In L. Berkowitz (Ed.), *Advances in experimental social psychology*. (Vol. 20, pp. 255-295) San Diego, CA: Academic Press.
⑤ Hsee, C. K. ,E.U. Weber. 1997. A fundamental prediction error: Self-other discrepancies in risk preference. *Journal of Experimental Psychology*: *General*, 126, pp. 45-53.

概念时，这种情感就难以被调用起来，于是作出的风险偏好估计也就呈风险中性。

这种利用令受试者估计他人的风险态度的做法在以后被反复应用。如罗文斯坦等人于2001年提出，个体在估计自己与他人的风险偏好中产生的差异是由于感知到的自己和他人在面临风险选择时的情绪不同。于是他们进行了实验，其中实验者让受试者想象如下场景。

你坐在一辆正在行驶的出租车上，这时你突然发现其实司机喝醉酒了。汽车所行驶的这个路段比较空旷，周围没有别的出租车经过，也没有别的交通工具可以坐。现在你有两个选择。

(a) 继续乘坐这辆计程车(显然这是一个危险性更高的选项)。

(b) 立即下车，然后步行5千米到达终点(这是相对来说危险性较低的选项)。

接下来，实验者要求受试者估计，如果留在车中，自己会有多不安(评判方式为数值0～5，其中0表示没有丝毫不安，而5表示极度不安)；以及如果某个普通的大学生面临同样的风险选择时，选择留在车中，会有怎样的情绪。受试者再被问及，他们是否会选择改变现状，即选择(b)选项离开那辆出租车(评判方式为数值0～5，其中0表示极其不可能，而5表示极度可能)，并让受试者预测一个普通的大学生是否会选择选项(b)。

实验结果发现，在评判自己和他人的担忧程度上，一个显著的结果是，受试者认为自己要比别人对自己的处境担心得多：受试者平均给自己的评判值为3.71，而给别人的评判值平均为3.16。而类似的结果也出现在之后的选择评判上，受试者显著认为自己要比别人更可能选择离开出租车：受试者给自己的平均评判值为2.93，而给别人的平均评判值为2.39。而且，评判决策的差异和评判情绪(即担忧程度)的差异在这项实验中呈较强相关。也就是说，人们面对风险决策的情感差异与人们对风险选择作出的行为相关。

(三) 情感启发法

1. 决定风险认知的情感因素

实证研究结果将情感冠以启发法的名称，即情感启发法(affect heuristic)。在早期的心理测量学研究中，费雪夫(Fischhoff)和斯洛维克(Slovic)提出，在面对许多损失风险时，惧怕感是对风险感知和处理行为的主要决定因素。

之前提到，人们对于事物的情感反应是迅速的。比较直观的例子是，人们只要看一眼一样事物，往往就可以立即给出对这件事物的好恶情感："喜欢""中立"或者"排斥"。所以有学者认为，情感反应就这一特征来说更像是依靠经验法则对事物进行的直觉性判断，具有启发法的经典特征。经过费奴凯恩(Finucane)、斯洛维克等人的讨论研究，学界逐渐形成了关于"情感启发法"的概念，也就是说情感在风险感知和行为决策中起到的重要作用。[1][2]

过去的几十年间，斯洛维克、费雪夫和李金斯坦使用了许多创新的方式来研究情感在风险评价中的作用和作用机制。比如，费雪夫、黎赫顿斯坦、斯洛维克、德比(Derby)和基

---

[1] Finucane, M., A. Alhakami, P. Slovic, S. M. Johnson. 2000. The affect heuristic in judgments of risks and benefits. *Journal of Behavioral Decision Making*, 13. pp. 1-17.

[2] Slovic, P., M. Layman, N. Kraus, J. Flynn, J. Chalmers, G. Gesell. 1991. Perceived risk, stigma, and potential economic impacts of a high-level nuclear waste repository in Nevada. *Risk Analysis*, 11. pp. 683-696.

尼(Keeney)于1981年研究指出，人们对于具有危害性的技术(比如核技术)的风险感知其实被许多和"归结主义"风险分析因素(即可能结果和概率分布)处在不相关方面的风险因素所影响。① 在这之后的后续研究中，彼特斯(Peters)和斯洛维克(Slovic)于1996年研究发现，从心理因素的层面上来说，这些风险主要分为以下两类。②

(1) 恐惧：指人们在决策中体会到的惧怕，一般是由于决策者感知到自己对事物缺乏控制力。

(2) 未知事物风险：当人们认为风险事件的随机性和不可预知性越强时，他们在决策时感受到的风险感就越强烈。

这两类风险感知都处在占先情绪的层面上，而不是对风险结果和概率分布的认知评价。

2．情绪与认知是否会背道而驰？

情感启发法认为占先情绪能够影响人们在当时的风险决策。不过，虽然人们在面对风险决策的时候善于"感情用事"，但是在直觉过后，依旧会介入风险分析的思维过程，也就是诸如对可能的决策后果和相应概率的评判。于是一个自然而然产生的问题是：情感反应会和认知评价背道而驰吗？比如，当情感反应告诉我们应该去做某项决策，但是认知评价却认为我们不应该去作这项决策的时候，会发生什么样的情况呢？

事实上，心理学的其他分支中可以找到类似这方面的研究，特别是一些反映临床实验表现的文献表明，其实情绪在很多时候都是和认知评价南辕北辙的，从而导致决策失误甚至行为畸变。例如，奈斯(Ness)和克拉斯(Klaas)于1994年在对焦虑症的研究中提出，对风险选择的情感反应和对风险严重性的认知评价常常大相径庭。③ 而当这种情绪和认知的矛盾出现以后，大多数情况下，当场决策时所经历的情绪会占上风，也就是说，决策者倾向于依照自己的情感判断来作出抉择，而不理会对风险的认知评价。在日常生活中经常经历的情绪和认知冲突就表明了这一点：有些时候我们会因为一些明明知道无所谓(或者长期来看无所谓)的事情而沮丧万分，而且这种情绪十分黏着，只有依靠时间推移，否则很难立即"走出来"。也就是说，在强烈的占先情绪下，认知评价能够改变我们行为的部分是很微小的。关于这个现实问题，罗斯(Rolls)在1999年研究指出，在这中间最大的谜题不是这些情绪能达到多么强烈，而是即便人们拥有理性的判断能力，依旧会发现自己处在情绪中不能摆脱，于是不能够按照自己有效的判断来作出较优的行为来面对自己的处境。④

这种现象不仅表现在实验室中，还常见于现实记载。比如，巴尔罗(Barlow)于1988年研究发现，患有恐惧症或焦虑症的个体就经常面临这种情绪和认知的矛盾，因为这些人其实都明白，事实上他们所感到恐惧和焦虑的事情都不值得自己这样做，只是他们没有办

---

① Fischhoff, B., S. Lichtenstein, P. Slovic, S. L. Derby ,R. L. Keeney. 1981. *Acceptable Risk*. Cambridge England: Cambridge University Press.

② Peters, E. ,P. Slovic. 1996. The role of affect and worldviews as orienting dispositions in the perception and acceptance of nuclear power. *Journal of Applied Social Psychology*, 26, pp. 1427-1453.

③ Ness, R. M. ,R. Klaas. 1994. Risk perception by patients with anxiety disorders. *Journal of Nervous and Mental Disease*, 182, pp. 466-470.

④ Rolls, E. T. 1999. *The brain and emotion*. New York: Oxford University Press.

法克制当时正在经历的恐惧和焦虑对自己行为的影响。[①]即便是没有在病理上罹患恐惧症的人,也通常会产生类似的情况,只是情况轻微一些。比如,几乎所有人都经历过对于极小概率的灾难事件的恐惧。例如,虽然我们知道发生空难的概率极其微小,但是坐上机舱的时候难免心头会萦绕对死亡的恐惧;另外,我们也会对一些明知客观上并不可怕的场景表现出焦虑,比如公开讲话前,大多数人表现出心跳加速、颤抖等紧张的生理特征。相反,人们会对一些事实上发生的可能性更高和可能导致危害程度更大的事件,比如车祸怀有过较低的恐惧。谢林(Schelling)于 1984 年指出,情绪反应和认知评价之间的不同是人们内心矛盾的一种普遍的根源,根据他的数据,人们总是要试图使用一些手段撤销自己的情绪反应,才能根据自己的理性认知来应对处境,这和我们平时所说的"战胜"自己的某种情绪类似。[②]

(四) 风险感假说的建立及具体内容

1. 风险是一种感觉吗

综上所述,在本章之前的部分主要介绍了以下两点情感学派的理论基础。

(1) 情绪会影响决策者的决策。

(2) 占先情绪对于风险处境的反应会和认知评价矛盾。

根据以上两条基本的理论依据,罗文斯坦(Loewenstein)等人于 2001 年建立了一种风险感假说(risk-as-feeling hypothesis)的理论框架,用以解释人们何时以及为何产生占先情绪与认知评价矛盾的情况,以及这些情绪如何切实影响人们的行为。[③]

风险感假说提出,人们对于风险处境(risky situation)的反应,包括决策,都会直接受到诸如担忧、恐惧、畏惧、焦虑等情感因素的影响。虽然人们会从认知层面(比如不同的风险结果和风险事件发生的概率分布)评价自己所面临的处境,但这种评价是要和情绪因素交互作用的。人们同样也会在感觉层面上评判诸如概率等的风险因素,但是这种评判所利用的法则和认知法则截然不同,这也就导致了占先情绪和认知评价之间的矛盾。我们所介绍的比如情感信息假说(affect-as-information hypothesis)和情感启发法(affect heuristic)理论与风险感假说一样,都着眼于情绪对于决策者决策的影响。

风险感假说所需要证明的一大理论前提是,影响情绪对风险作出评判的因素和影响认知对风险作出评价的因素是不同的。研究表明,人们对风险的情绪反应依赖于许多作用力很小甚至根本不作用于认知评价的因素。比如,对于风险结果的想象的生动性,以及人们以往对于风险结果的经历。而认知评价对于风险的反应更多地依赖于一些更加客观的因素,比如事件发生的概率和对事件后果严重性的评价。不过,即便风险感也受这些较为客观的

---

① Barlow, D. H. 1988. *Anxiety and its disorders: The nature and treatment of anxiety and panic*. New York: Guilford Press.

② Schelling, T. 1984. Self-command in practice, in policy, and in a theory of rational choice. *American Economic Review*, 74, pp. 1-11.

③ Loewenstein, G. F., E. U. Weber, C. K. Hsee, N. Welch. 2001. Risk as Feelings. *Psychological Bulletin*, No. 2, pp. 267-286.

因素所影响，这种依赖的形式和依赖的程度也是不同的。比如，有研究证明，比较轻微的概率变化不会改变人们对于风险的情绪感受，而认知评价一定会把事件发生概率这个因素考虑在内，这样就会时常导致人们的情绪感受和认知评价发生变化。

2. 认知调解及情绪

认知调解(cognitive mediation)就是指在受刺激后而出现的认知过程，比如记忆、感知、想象、推断等。在风险决策中，认知评价也就是由一些认知调解组成的。如果说当下面临的风险决策本身是一种刺激，那么对于概率、风险结果和其他风险因素的感知、联想等就是认知调解的过程。

风险感假说认为，感觉的产生一部分和认知调解无关，也就是说，它并不来自于人们对概率、后果等的考量；而另外一部分则是由认知评价导致的，比如当我们通过调解估计出风险事件的概率后，对它们发生概率的"大"与"小"就会有所感知，这就会引起我们的感觉，如我们会对发生概率大、后果严重的风险事件产生"恐惧"或者"焦虑"的情绪。

1) 不经认知调解的风险决策

对风险的感觉或者说情绪不一定要通过认知调解的过程后才产生，产生的情绪也可以通过直接的方式影响人们的行为。学界有大量的证据表明，风险刺激可以直接激起情绪反应，而不需要中间经过对概率、结果严重性等风险分析因素的认知。

例如，社会心理学中的克罗尔(Clore)、施瓦茨(Schwarz)和康为(Conway)于1994提出的情感信息假说就着眼于分析瞬息产生的情绪对行为和判断的直接影响。[①]克罗尔(Clore)在1992年对之前20年间相关领域的研究结果进行了总结，并记载了萨森早在1980年就提出了情感对于行为决策的直接作用。[②]萨森在1980年研究指出，情感反应相对于认知反应更加快捷，它几乎是一个"自动"运作的过程。[③]人们可以在分辨出一种刺激究竟是什么之前就产生对这种刺激的情绪，比如当我们听到一声巨响的时候，大多数人会表现出惊慌的情绪反应，但是在那个时刻我们并不是在认知这种声音的来源后才感觉到惧怕的；许多人惧怕雷声，即便是在安全的房屋内，在已经确定"那是雷声"以及"雷电不会对自己造成伤害"的情况下，每次巨响降临的时候还是抵御不住恐惧情绪的自动生成。此外，萨森(Zajonc)的文献还提出，人们对一样事物的情感方面(如喜欢或不喜欢)的记忆可以脱离对事物本身细节的记忆而存在。也就是说，即便我们对一样事物已经不再记得，或者说我们对它的认知消失了，我们依旧可以保持对它的情感。巴尔夫(Bargh)于1984年为此结论提供了现实证据，他提出许多时候人们已经忘却了一样事物，比如一部电影、一本书，或者一个人的具体细

---

① Clore, G. L., N. Schwarz, M. Conway. 1994. Affective causes and consequences of social information precessing. In R. S. Wyer & T. K. Srull (Eds.), *Handbook of social cognition*. (Vol. 1. pp. 323-417). Hillsdale. NJ: Erlbaum.

② Clore, G. L. 1992. Cognitive phenomenology: Feelings and the construction of judgment. In L. L. Martin & A. Tesser (Eds.), *The construction of social judgments* (pp. 133-163). Hillsdale. NJ: Erlbaum.

③ Zajonc, R. B. 1980. Feeling and thinking: Preferences need no inference. *American Psychologist*, 35, pp. 151-175.

节，但是即便是这样，我们自己对其的"喜欢"或者"不喜欢"的情感依旧会存在。①比如，读者可以回想一下自己很久以前喝过的一种特别喜欢或者讨厌的饮料，你对它的口味的记忆已经有些模糊，至少已经不能精确回想起来，但是即便这样，你对它的好恶的感情却往往没有减弱。

里都于1996年从解剖学和神经学的角度上给"情绪直接影响行为"的说法给予了证据支撑。②里都和其他学者发现，大脑中的丘脑(thalamus，负责对刺激信号的粗略处理)和杏仁核(amygdala，被认为是控制人类情感反应的重要核心)之间存在直接的神经投射，这个过程不通过皮层的干预。塞尔文·施瑞伯尔(Servan Schreiber)和普罗尔斯坦(Perlstein)于1998年通过对人体的实验发现，静脉注射局部麻醉剂普鲁卡因(procaine)会导致杏仁核兴奋，接受注射的人会表现出比较强烈的诸如慌张的情绪反应，这些反应没有任何认知层面的来源(比如找不到慌张的原因)③。而潘克瑟(Panksepp)在1998年则通过实验发现，④当通过电流刺激人们的杏仁核以及其他一些临床上可以导致恐惧情绪的脑结构兴奋时，人们至少在口头上表示他们产生了"不祥的预感"。这些预感往往都是以旁人看起来无中生有、比喻的形式所表达出来的，比如说受试者会认为"我觉得有什么东西在追赶我""我好像进入了一个狭长而昏暗的隧道"或者"大浪从四面八方向我袭来"。这些现实或者实验证据都表明，强烈的情绪反应可以直接作用于行为，不用受到任何的认知调解。

2) 认知调解和风险决策失误

许多不同领域的心理学证据还表明，情感还可以调解认知评价和最后决策行为之间的关系。萨森(Zajonc)于1998年提出，情绪和认知对于行为的作用意义是不同的，情绪往往给的指导是，我们对于一种事物或者处境究竟是要"进行"还是"归避"；而认知给我们的指导是"对"或"错"。⑤对事物的对错的判断总是需要比较细致的分析，往往也是缓慢的分析，而相对来说，对于要进行一种选择还是归避它却是比较迅速的决断。例如，在风险决策中，我们总是在考虑"我要不要冒这个风险"。

很多学者经过研究后提出，情绪因素对于经济学理论中所描述的"理性""风险厌恶"等的决策的作出发挥了很大的作用。比如，焦虑被认为是"智能的阴影面"，巴尔罗(Barlow)在1988年研究指出，⑥经历焦虑的感觉和执行计划就好像是"硬币的两面"，对于计划实施后的不确定性所带来的焦虑使得我们会谨慎行事，这种谨慎有的时候使我们作出更优的决策，防止过激的行为导致过于严重的后果发生，而有的时候它却让我们瞻前顾后。

---

① Bargh, J. A. 1984. Automatic and conscious processing of social information. In R. S. Wyer & T. K. Srull (Eds.), *Handbook of social cognition* (Vol. 3, pp. 1-43). Hillsdale. NJ: Erlbaum.

② LeDoux, J. 1996. *The emotional brain*. New York: Simon & Schuster.

③ Servan-Schreiber, D. and W. M. Perlstein. 1998. Selective limbic activation and its relevance to emotional disorders. *Cognition & Emotion*, 12, pp.331-352.

④ Panksepp, J. 1998. *Affective neuroscience*. New York: Oxford University Press.

⑤ Zajonc, R. 1998. Emotions. In D. Gilbert., S. Fiske, & G. Lindzey (Eds.), *Handbook of Social Psychology* (Vol. 1, pp. 591-632) New York: Oxford University Press.

⑥ Barlow, D. H. 1988. *Anxiety and its disorders: The nature and treatment of anxiety and panic*. New York: Guilford Press.

情绪对行为的影响还有相关的临床表现。德马西欧(Damasio)于 1994 年提出的 SMH 理论躯体标识器假说,它通过受试者的临床表现反映了情绪对行为的直接影响。[①]在实验中,实验者要求一些前额叶脑皮层(prefrontal cortex,PFC,被认为是人脑中负责决策的部分)受到损伤的病人和一些大脑没有受到损伤的受试者参与游戏,游戏的目的是依靠风险决策得到最多的钱。实验设计如下。

所有的受试者面对四堆牌堆,并从中任意抽取,牌面上写有获得或者失去的金额。在四堆牌堆中,其中两堆中的牌面给出的奖励较高(比如 100 美元),但是其中夹杂有少量导致大额损失的纸牌(其损失额度之大足以让抽牌游戏的期望收益为负),而其他两堆牌面给出的奖励比较少(比如 50 美元),但是不带有抽到损失牌的可能。

实验者发现,不论是正常人还是 PFC 受到损伤的受试者一开始都会从四堆牌堆中抽样式地抽取,而且一旦在高收益牌堆中遭遇损失牌之后,所有的受试者都会立即转向其他牌堆继续抽牌。所不同的是,在遭遇大额损失并且转换牌堆后,那些 PFC 受损的受试者相对于正常的受试者显著地更快回到高收益牌堆中继续抽牌,最后也导致了大多数情况下他们的收益为负。对于这种现象的解释是,虽然 PFC 受损的受试者理解实验目的,但是他们不能正常经历恐惧,这也就导致他们会更快地继续选择冒险。实验结果认为,缺乏情感反应会导致决策失误。

不过需要指出的是,缺乏情感未必一定造成决策优度降低。在之前的实验中,PFC 受损的决策者最后往往失利,这是因为实验设计中,从高收益牌堆抽牌的期望收益为负值,但是,假如实验设计改为期望收益为正,那么在遭遇一次损失后更加敢于回到高收益牌堆的 PFC 受损者最后很有可能可以获得更好的实验成绩。当然,PFC 受损是一种极端的情况,生活中大部分决策者都是大脑没有受到损伤,可以正常经历恐惧感的正常人。不过即便如此,每个人经历恐惧的本领却是不同的,有的人显得更加"胆子小",而有的人则更加无惧。在之前的章节中,曾介绍了"短视损失厌恶"(myopic loss aversion)的概念,比如泰勒(Thaler)、特维茨基(Tversky)、卡尼曼(Kahneman)和施瓦茨(Schwartz)于 1997 年指出,即便从长期来看,权益资产(比如股票)的收益要高出许多,但是许多人仍然将自己的退休金分配在债券和货币市场基金中。[②]而我们现在有理由认为,这种损失厌恶也是因为恐惧感而导致的行为表现,而如果人们可以经历更少的恐惧,这种损失厌恶的倾向就会减弱。

此外,德马西欧在 1994 年还对另外一类同样在经历恐惧上具有不同特点的特殊人群作了相应的行为选择研究。[③]患有精神病的罪犯和 PFC 受到损伤的病人有类似的特质,即对自己行为可能在未来产生的后果十分麻木(虽然这种疾病的神经学激励还不明确,但是普遍认为它和某种情绪方面的失能有密切联系)。实验的结果最后和之前得到的数据类似:罪犯表现出更强的冒险偏好。早在 1941 年,克莱克里(Cleckley)研究提出,这种精神病罪犯不能考虑

---

① Damasio, A. R. 1994. *Descartes' Error: Emotion, Reason, and the Human Brain*. New York: Free Press.
② Thaler, R., A. Tversky, D. Kahneman, A. Schwartz. 1997. The effect of myopia and loss aversion on risk taking: An experimental test. *Quarterly Journal of Economics*, 112, pp. 647-661.
③ Damasio, A. R. 1994. *Descartes' Error: Emotion, Reason, and the Human Brain*. New York: Free Press.

自己行为在日后可能导致的后果,其根源是他们不能正常经历恐惧情绪。[1]之后,黑尔(Hare)在 1965 年和 1966 年[2]研究发现,精神病态的个体对于即将要发生的疼痛(比如一次电击)所产生的生理反应强度要比对照组中的正常受试者微弱很多。[3]而帕德里克(Patrick)于 1994 年则通过实验展示出,精神病态的个体暴露在令人嫌恶的刺激下时所表现出的消极情绪反应要比正常的受试者所表现出的少得多。

3．焦虑感与风险决策

文献研究表明,焦虑情绪也可以直接对人们的风险决策产生影响。比如,伊森伯格(Eisenberg)、巴朗(Baron)和瑟里格曼(Seligman)于 1995 年让两组性格特质分别为"焦虑"和"沮丧"的人来作出一系列的风险选择。[4][5]这些风险选择有默认项和行动项,受试者原本被设定为处于默认项中,如果他们选择改变选择,就要启动行动项。

在一些风险选择中,更加危险的选项被作为默认项,而如果受试者要选择承担更小的风险就要采取行动而选择行动项,从而改变现状。而在另外一些风险选择中,更加危险的选择则被作为行动项。实验者最后发现,焦虑特质和"风险厌恶"之间有着强烈的正相关关系,也就是说,具有焦虑特质的人更加愿意选择承担风险更小的选项。而沮丧特质所表现出的是维持现状,也就是说他们的沮丧特质越强,其选择"不采取任何行动"的倾向越强烈。

不过在随之而来的另一组实验设计中,受试者被要求在同样的情况下为别人作出选择,不过这次的实验结果显示,一旦风险决策结果的承受者不是决策者自身,那么焦虑特质和风险厌恶之间的正相关关系就消失了。焦虑者不会在其为他人作出的决策中表现出更强烈的风险厌恶偏好。

4．影响决策情绪生成的因素

情绪反应会被一些情景因素影响,而这些因子被认为对认知起到的作用十分微弱。比如时间因素,诸如决策与决策结果最后出现之间要间隔的时间,一个直观的感受是,如果你在当场作出的风险决策要到一年后才看得见最终结果,那么你所可能经历的紧张、焦虑或者恐惧感就会减弱很多。为了理解情绪如何对风险选择作出不同反应,我们需要知道哪些因素可以影响情绪的形成。

1) 决策情景的生动性

德马西欧在 1994 年研究指出,能够决定对未来的风险结果的情绪反应的一大因素就是

---

[1] Cleckley, H. 1941. *The mask of sanity*. St. Louis, MO: C. V. Mosby.

[2] Hare, R. D. 1966. Temporal gradient of fear arousal in psychopaths. *Journal of Abnormal and Social Psychology*, 70, pp. 442-445.

[3] Hare, R. D. 1965. Psychopathy, fear arousal and anticipated pain. *Psychological Reports*, 16, pp. 499-502.

[4] Eisenberg, A. E., J. Baron, M. E. Seligman. 1995. Individual differences in risk aversion and anxiety (Working paper). University of Pennsylvania, Department of Psychology.

[5] 一种情绪,比如焦虑作为一种状态和作为一种特质是不一样的。焦虑的状态可能是由一定的刺激形成的一种暂时的情绪处境,而焦虑的特质是一个相对比较顽固的性格特征,它表现为个体对于具有危险性的处境会倾向于表现出焦虑。

风险描绘结果的生动性。[1]这是因为，占先情绪的产生很大程度上依赖于人们对风险结果的思维意象(mental imagery)，比如当风险选择中出现"交通事故"等字眼，我们脑海中关于过往所看到的"车祸"的画面就开始浮现；如果对于风险的描述更加生动形象，那么就更容易勾起我们对风险事件细节的回忆或者想象，也就能激起更加强烈的情绪，这也是和可得性类似的提法。

2) 想象能力与生动性

我们平常所说的一个人的"想象能力好"，其实是指他相对别人来说可以将一个眼前不存在的画面生动地想象出来，且想象得更加细致。如果生动性是情绪反应的决定因素，那么想象能力更好的个体就应该产生更强的情绪反应和相应的代表该情绪的生理反应(如紧张时流汗，悲痛时落泪等)。

许多实验表明，个体的画面想象能力(至少是个体自称具有的画面想象能力)的强弱和个体遭遇风险时由占先情绪引起的生理反应的强弱有着正向相关的关系。比如，怀特(White)在1978年研究发现，当想象自己最喜爱的食物时，拥有更加生动的想象力的人要比没有生动想象力的人显著分泌出更多的唾液。[2]史密斯(Smith)和欧伏尔(Over)在1987年研究发现，当进入性幻想实验中时，拥有更加生动的想象力的男性受试者的性欲激起相比没有生动想象力的男性受试者显著强烈。[3]而卡罗尔(Carroll)、贝克(Baker)和普瑞斯登(Preston)在1979年则通过实验发现，拥有强想象力的受试者可以更快地通过想象一些视觉画面来主动诱发心率增加。[4]这些证据表明：想象能力的强弱可以影响生理反应的强弱。之后，米勒(Miller)等人于1987年在研究报告中记载，通过训练提高个体的想象能力会提高个体对于一些设计刺激(如设计以激起愤怒或者恐惧的刺激)的生理反应。[5]

3) 情景因素和生动性

生动性决定占先情绪的强弱，当一种风险结果想起来更加生动形象的时候，人们产生的占先情绪也就越强。通过本节之前所介绍电击试验，我们知道：人的想象能力会决定生动性，当然这是内在的决定因素。而事实上，生动性还可以由情景因素(situational factor)来决定，比如对风险结果的描述或者呈示方式。尼斯贝特(Nisbett)和罗斯(Ross)于1980年在实验中发现，对于同样一件事采取不同的描述方式会导致人们对其产生的情绪反应不同，比如在一组实验中，相比受试者听到"杰克在一场车祸中遭遇了致命的伤害"的描述，"杰克遭遇了车祸，一辆拖车碾过了他的汽车，他的头颅被压碎"显著地使受试者产生了更加

---

[1] Damasio, A. R. 1994. *Descartes' Error: Emotion, Reason, and the Human Brain*. New York: Free Press.

[2] White, K. D. 1978. Salivation: The significance of imagery in its voluntary control. *Psychophysiology*, 15, pp. 196-203.

[3] Smith, D., R. Over. 1987. Male sexual arousal as a function of the content and the vividness of erotic fantasy. *Psychophysiology*, 24, pp. 334-339.

[4] Carroll, D. J. Baker, M. Preston. 1979. Individual differences in visual imagery and the voluntary control of heart rate. *British Journal of Psychology*, 70, pp. 39-49.

[5] Miller, G. A., D. Levin, M. Kozak, E. Cook, A. McLean, P. Lang. 1987. Individual differences in imagery and the psychophysiology of emotion. *Cognition and Emotion*, 1, pp. 367-390.

强烈的情绪反应。[1]

4) 从决策到决策生效之间的时长

决策者在面临风险决策的时候会产生诸如恐惧、担忧的占先情绪。但是文献研究指出，假如决策者知道自己的决策要在非常遥远的将来才会见效，那么占先情绪反应就会明显减弱。对于未来要承受的风险特别是痛苦(比如告诉你一年后的今天你要损失20美元，或者六个月后你将承受一次疼痛的电流打击)，我们总是觉得没有那么紧迫。不过，罗兹(Roth)、布雷伏伊克(Breivik)、乔治森(Jorgensen)和哈弗曼(Hofmann)在1996年[2]经过研究发现，随着生效日期的临近，人们所经历的恐惧和焦虑的感觉就会逐渐加强，即便在这个过程中，事情发生概率和风险结果都没有发生任何变化。

布雷兹尼兹(Breznitz)于1971年在一组实验中将受试者随机分为三组，并分别告诉他们将在3分钟、6分钟和12分钟后遭到一次强烈的电击。[3]实验结果发现，被告知12分钟后要遭到电击的受试者在等待的时间内的平均心率显著地比其余两组低，而3分钟组和6分钟组中的受试者的平均心率却没有显著区别。在这之后，莫纳特(Monat)在1976年做了类似的实验，并记录多个反应受试者焦虑、恐惧等情绪的生理反应，最后实验结果发现，心率、皮肤导电水平和自我评价的焦虑水平都和等待的时长呈反向关系。[4]

值得注意的是，人们在风险决策到决策生效之间的等待时间中所经历的恐惧和担忧似乎并不是线性增加的。许多研究发现，很多时候人们在风险决策生效前的很短时间内突然产生了恐惧和担忧，这也就像我们平时所说的"临阵脱逃"。比如，威尔士(Welch)于1999年进行了一组实验，其中实验者询问一群受试者学生是否愿意接受以下机会：获得1美元，并在下周的时候在全班面前讲一则笑话。[5]接下来，受试者按照他们作出的决定，即接受或者不接受这个机会而被分为两组。一周过去后，就在接受机会的受试者要履行诺言的时候，实验者又给所有的受试者一次改变主意的机会，让他们重新考虑，要不要接受之前的机会。实验结果显示，67%的原本选择接受机会，承诺在全班面前讲笑话的受试者学生退缩了；而原本就选择不接受机会的受试者，没有一个人在这个时刻来临时接受这个机会。

第四节　认知偏差对金融市场的影响

在本章前三节中，介绍了人们在认知过程中并非是完全理性的，其思考方式并不完全是根据算法，对概率的判断也并不总是根据贝叶斯规则。人们在思考中遵循的方式是过程

---

[1] Nisbett, R. , L. Ross. 1980. *Human inference: Strategies and shortcomings of social judgment.* Englewood Cliffs. NJ: Prentice Hall.

[2] Roth, W. T., G. Breivik, P. E. Jorgensen, and S. Hofmann. 1996. Activation in novice and expert parachutists while jumping. *Psychophysiology,* 33, pp. 63-72.

[3] Breznitz, S. 1971. A study of worrying. *British Journal of Social and Clinical Psychology,* 10, pp. 271-279.

[4] Monat, A. 1976. Temporal uncertainty, anticipation time ,and cognitive coping under threat. *Journal of Human Stress,* 2, pp. 32-43.

[5] Welch, E. 1999. *The heat of the moment.* Doctorial dissertation, Department of Social and Decision Sciences, Carnegie Mellon University.

理性,在认知形成的四个过程中,即信息获取、信息加工、信息输出、信息反馈这四个阶段中均出现了认知偏差,而这些认知偏差在行为实验中已经得到了证实。这些认知偏差贯穿于人们认知的整个过程,在人们生活的方方面面都体现了出来。本节将介绍认知偏差对于金融市场的影响,并且主要集中分析个体投资者行为。涉及的公司金融、证券市场整体表现等内容将在第六、七章中作出一步介绍。

一、心理账户与行为投资组合

(一) 资产组合理论

现代资产组合理论是由马科维茨创立的。它主要描述了资产分散化和降低投资风险之间的关系。在马科维茨的理论中,将风险分为系统性风险和非系统性风险两类。前者是指对全体企业及资产或是对大部分企业及资产产生影响的事件,比如宏观经济状况的变化、宏观经济政策的变动、税收制度的改变等。后者指的是只对单个企业及单项资产或对少数企业及少数资产发生影响的事件,比如某个企业决策失误导致利润下降、某种原材料上涨等。由于系统性风险可对所有企业发生影响,因而难以通过投资决策降低风险。而对于非系统性风险,由于它只对单个或少数企业发生作用,因此可以通过分散投资从而分散风险。特别是当两个公司的资产的相关系数为负时,也即这两个公司的资产负相关时,某项导致一家公司资产下降的事件可能会导致另一家公司资产的上升,比如竞争方企业的经营决策失误会导致对手企业的赢利,那么投资于这两个公司则可规避这种经营决策风险。而当投资组合足够大时,就能完全规避非系统性风险。

投资组合理论是现代资产定价模型的基石,资本资产定价模型 CAPM 模型和资产套利模型均是基于投资组合理论而建立的。这些理论都假设理性投资者们会依据投资组合理论对其投资进行风险分散化,从而达到预期效用最大化,即收益最大化和风险最小化。然而,正如我们在第一节中所描述的,人们并不能达到完全的理性。由于认知偏差的存在,投资组合理论可能会被人们忽视或误用。

投资组合理论认为:投资者的决策行为是理性的,理性投资者的行为具有三个方面的重要特征。①追求收益的最大化。这一特征表现在当风险水平相当时,理性投资者都偏好预期收益较高的交易。②厌恶风险。这一特征表现在当预期收益相当时,理性投资者总是偏好风险较小的交易。③追求效用最大化。投资活动的效用是投资者权衡风险与收益后获得的满足,就投资组合而言,就是要选择能带来最大满足的风险与收益相当的资产组合。理性的投资者都会选择有效的投资组合,不同的投资者由于风险偏好不同而会选择不同的投资组合。依据现代投资组合理论,构建有效投资组合,选择投资品种必须考虑三个重要的方面:一是预期收益。风险资产的未来收益是一个不确定的因素,在不同的经济状况下,我们应对资产的未来收益做出不同的估计,而这种估计一般都利用数学期望来进行计算(作为决策依据的预期收益并不代表可能获得的预期收益,而只是反映了我们对一切可能性的有关信息进行合理分析后,对资产获利能力的一种估计)。二是风险水平。由于我们把投资的风险定义为实际收益偏离预期收益的潜在的可能性,所以我们可以计算预期收益的方差作为衡量风险的标准。方差反映的是随机变量对数学期望的离散程度,一般计算标准离差,标准差越大,随机变量对数学期望的偏离越大,风险就越大。三是相关性。不同投资品种之间的相关性,是指投资品种之间如何相互影响的特性,在同等收益水平上,相关度最低的资产组合风险最小。在这里不同投资品种的相关性分析,是构建有效投资组合,减少和降低风险的最重要的工具。例如,有两家上市股份公司,A 公司为旅游公司,以经营旅游和旅游产品为主;B 公司为制伞公司。气候影响着这两公司的盈利,在阳光明媚的季节,旅游公司生意好、盈利丰厚,而制伞公司则不景气;到了雨季,两家公司经营情况正好相反,旅游公司大亏其本,制伞公司盈利大增。现假定在股票市场上,A、B 两公司股票随时间的变化有大约相同的收益和波动,两种股票的价格变化都比较大,但变化方向相反,也就是 A 涨 B 跌,B 涨 A 跌。如果投资者将自己的资金全部投资于其中一只股票,在一定的收益水平上则会承担较大的风险;而如果投资者同时将一半的资金分别购买 A、B 两种股票,就可能在保持收益率不变的情况下,将风险大大降低,从而形成一个较低风险的投资组合。在这里,必须注意到,要构建一个降低风险的有效投资组合,必须考虑不同投资品种之间的相关性,也就是本例中的 A、B 股价走势的经常的反方向变化。

但是,由于心理账户的存在和影响,用来构建有效投资组合,降低风险的最重要的工具,不同投资品种之间的相关性难以得到充分利用。普通投资者通常将每个投资品种分别放入不同的心理账户或者视每一个投资品种为一个单独的心理账户,往往忽略这些心理账户以及投资品种之间的相关关系,在构建投资组合时,分别就每个投资品种单独进行决策,这种投资组合我们称之为行为化的投资组合。其行为特点表现在:

(1) 单分散。许多投资者将资金简单分为三个部分:三分之一投资股票;三分之一投资债券;三分之一为现金和银行存款。

(2) 投资范围狭窄。许多投资者选择投资品种通常在一个狭窄的范围内进行,例如,尽管购买了十几种股票,但这些股票集中在一两个行业,貌似分散、实质集中。

(3) 选择自己所熟悉的公司进行投资。如选择本地的公司,自己工作所在的上市公司的股票,从而难以达到分散投资、降低风险的目的。

(4) 常采用 $1/n$ 规则配置资金和选择投资品种。如有 n 个品种可供选择,往往分别采用 $1/n$ 的资金分别投资 n 个不同的品种,而不管这些投资品种是什么类型,相关性如何。

(5) 依投资目标选择投资品种。不同的投资者会有不同的投资目标,每一个投资目标都有一个单独的心理账户,而每一个心理账户都会用一定的资金配置来满足特定的目标,每一个投资品种的选择都要满足心理账户中的期望收益和风险,而不管这些投资品种的相关性如何。

行为化投资组合还会有其他表现形式,但不管如何表现,在根本点上都是共同的:因为受到心理账户的影响,投资者忽略投资品种、风险资产之间相关性分析,这样投资者的资产分散很难达到和实现真正有效的风险分散,也不是现代投资组合理论所要求的资产分散,其结果是投资者在获得一定的预期收益的同时却承担了过大的风险,或者说投资者在承担一定风险水平的同时,没能获得相对应的收益。所以这种行为化的投资组合只能是低效的或者是非有效的投资组合。

(二) 心理账户和投资组合

人们倾向于用局部账户进行决策而非综合账户,即将不同的财富分开考虑。对于投资组合,人们同样会遵循这一过程。投资者将每一投资分别放入各个不同的心理账户,只考虑单个心理账户的结果,不考虑不同心理账户之间的相互作用,忽视各个心理账户之间的相互作用会影响到资产组合的总体收益及风险。

多数投资者是在已持有一个资产组合的状况下,考虑将其他资产加入到该组合中来。因此,投资评估考虑的重点是,当有新的资产要增加持有时,资产组合的预期收益和风险会发生怎样的变化,即新的资产与既有资产组合的关联问题。然而,由于心理账户的存在,投资者们在评估这种关联性时存在着障碍。

赖利(Reilly)和布朗(Brown)在 2000 年进行了一项调查,假设投资者已持有一个分散化资产组合,该组合包括国内外的股票和固定收入证券。[①]对该投资组合可进行下列投资选择:商品、公司债、新兴市场股票、欧洲及东亚股票、高收益债券、不动产、Russell 2000 成长指数、小型资本市场股票和短期国债。这些备选投资的增加将如何改变既有资产组合的风险呢?受试者对这些资产对既有投资组合的贡献的排序基本与这些资产本身的标准差排序一致。换言之,人们常将资产本身的风险等同于该项资产对投资组合的贡献。

单个资产的风险一般用收益的标准差来衡量,而根据资产组合理论,单项资产与资产组合风险间的关系可以用 β 值衡量。如果 β 大于 1 说明新增资产提高了资产组合的风险,如果 β 小于 1 说明新增投资降低了资产组合的风险。对于投资者来说,衡量一个新增投资对于原有资产组合的影响应采用 X 轴即 β 值,而由于心理账户的存在,投资者却使用标准差来衡量。因此,对于投资者来说,相对于新兴市场和欧洲及东亚股票,小盘股和 Russell 2000 成长指数风险更低。而事实上,只有新兴市场和欧洲及东亚股票才能降低整个投资组合的风险。

(三) 行为金融视角下的资产组合构建

尽管应用现代投资组合理论能帮助投资者建立有效的投资组合,使他们在可接受的风险水平上最大化他们的财富,但应用该理论需坚持一定的投资分析流程,学会和坚持应用一系列较复杂的金融投资分析工具和资产定价模型,需进行投资品种的预期收益、风险水平和相关性的分析和计算,这需要时间和成本。而在实践中投资者受到认知能力的限制,为了使自己的判断更快捷、更有效和更经济,往往将复杂的分析简化,走"捷径"、凭借经验、想当然选择投资品种,构建投资组合,从而使现代投资组合理论难以得到实际的应用。

而那些克服了心理账户的影响,应用现代投资组合理论构建投资组合的投资者,也会经常怀疑自己:将那些具有较低相关性的资产类别组合到一起,可能会使一些资产组合长期表现不佳,并发现他们似乎总是在努力寻找一些收益不高的资产类别,因而难以坚持下去。

现在的问题是,我们能否找到一种既能够避免和降低心理账户的影响,又能够适应投资者的需要,走"捷径",不用或少用现代投资组合理论所要求的复杂的分析和计算,用快捷有效和经济的方法选择投资品种、构建有效的投资组合呢?应该说这种方法还是有的,我们可以运用一些简单的原则和方法进行分散投资,同样会取得较好的效果。

(1) 买入多种行业、多种类型的股票进行投资组合。如果投资者有足够的资金,可以买入 10 种以上,15 种左右的不同行业、不同规模公司的股票,一般来讲就可以达到理想的分

[①] Reilly, F.K., Brown, K.C. 2000. Investment analysis and portfolio management. sixth edition. Orlando, USA: Harcourt Inc.

散投资的效果。如果投资者资金规模少,难以直接进行分散投资,也可以买入一两种充分分散化投资的投资基金,利用基金专家理财,集合投资、分散风险的特点,同样也可以达到有效投资组合,降低风险的目的。

(2) 明确投资品种的数量化标准。选择不同行业不同公司的股票,也不是任意选择,而是应依据各类公司的特点制定一些数量化标准,例如,选择股票的市盈率、市净率、股票所代表公司的销售收入增长率、利润增长率、资金流量的变化状况等。在买入一种股票前,将其与你的投资标准进行比较,符合标准的就纳入你的"股票池",不符合的,就不要买入这种股票,以控制和提高入选股票品种的质量,提高投资组合的有效性。

(3) 只买少量或者不买你所在公司的股票。因为你已经将你的人力资本投资在你工作的公司中,你的工资收入已与你所在的公司发生了紧密的联系。如果继续购买你所在公司的股票,就难以分散风险,一旦你所在公司经营不善、破产倒闭,你的投资可能会遭受重大损失,并冲击和影响你的工作和生活。

(4) 投资部分债券,包括国债、金融债券和公司债券等。尽管债券的收益率不高,但以还本付息为基本特征,所以安全性高、风险较低。一个分散的有效投资组合就应包括部分债券或债券型基金。

(5) 以赚取市场的平均利润为投资目标。一些投资者总以为自己比别人高明,总想赚取比别人高的收益,过分自信、频繁交易、追涨杀跌,难以进行分散投资,其结果往往适得其反。而以赚取市场的平均利润为目标,就容易保持一个良好的心态,以理性和冷静的态度积极进行分散投资,构建有效的投资组合,从而在承担较低风险水平的基础上获取较高的投资收益。

二、投资者情绪与证券市场

按照传统经济学的观点,投资人是完全理性的,每时每刻都能按效用最大化的目标进行决策。然而,现实中人的喜怒哀乐的情绪时刻都影响着投资者,使其偏离了理性的决策。除了特殊事件对情绪的影响外,投资者的情绪变化还普遍受到以下三种因素的作用:①人类生物节律的周期特性。科学研究发现,个体的生理周期为23天,情绪周期为28天,智力周期为33天,而股票市场的短周期与此十分相似。②贪婪与恐惧的情绪交替出现。贪婪导致股市上涨时持有者不卖,未介入者不断追涨,形成超涨;反之,恐惧则促使不断杀跌,使股价由下跌转为超跌。股市中这两种情绪不断交替,促成了股票市场的周期性状态。③投资者情绪的相互感染和共鸣。股市是由人参与的,由于大多数投资者缺乏自制力、自主性,因而面对股票市场的变化,投资者情绪相互影响,形成了羊群效应。

统计研究表明,引发股价周期波动的诸因素中心理情绪因素占20%以上。个体情绪的波动对股市的波动起到了很大的影响。证券市场上存在着"情绪周期"(emotional cycle),《洛杉矶时报》用图2-5来演示金融市场的情绪周期和主宰每一时期情绪的"7C"路径。这"7C"是指"轻视"(contempt)、"谨慎"(caution)、"自信"(confidence)、"深信"(conviction)、"安心"(complacency)、"关注"(concern)、"投降"(capitulation)。在市场周期的极端,投资者心理具有很高的显著性。在牛市的顶峰,过度自信达到最高点;而在熊市的底谷,过度自信则达到最低点。

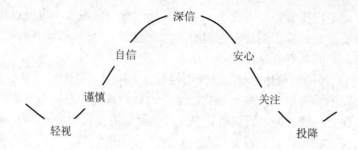

图 2-5 市场情绪周期

在面对复杂问题时,人们更倾向于使用启发式的解决方法,而过度自信的心理状态也是在面对越是困难的任务、预测性较差的事件时,更容易发生。而面对简单任务、预测性较好的事件时,人们反而会显得信心不足,这在股票市场中同样如此。投资者情绪对股票市场中不同股票的影响力大小是不同的,价值评估主观性强的股票更容易受到情绪的影响,诸如新股、小规模股、稳定性弱的公司股、具有增长潜力股和预计无分红股等受投资者情绪影响尤为明显。由于这些股票的股价较难确定,对其投资就易受到市场投资者情绪的影响,产生相应的投机性投资行为。相反,一只长期盈利且具有稳定分红的股票则不易受投资者情绪的影响,因为人们对其投资会建立在对它过去利润信息分析的基础上。

同时,股票价格和投资者情绪之间有相互推动的作用。当投资者情绪高涨时,股票对乐观投资者和投机者的吸引极大,此时的投资者受到证实偏差的影响,关注于对股价有利的信息,而对基本面、公司经营状况等则视而不见,他们的行为可能推动股票价格的上涨并进一步推动投资者情绪的上涨;而当投资者情绪低落时,股价就会下跌或反转,并有可能进一步推动投资者情绪的下降。

斯瓦米纳坦(Swaminathan)于 1998 年研究认为投资者情绪不仅影响当前的股票价格,也可以预测未来的股票报酬。[1]当投资者情绪乐观时,股票价格会持续走高,股票的投资报酬增加。但是,近期的价格高估将导致远期的价格回落,使远期股票投资报酬下降。

三、过度自信和过度交易

根据传统金融理论,由于人们都具有完全理性,市场是有效的,价格完全反映了信息,因此不存在套利机会。换言之,人们对于一项金融资产的估值应该是一致的。那么交易主要是满足投资者流动性和平衡资产组合的需要,而不存在通过买卖金融资产而获得超额利润的机会。因此,投资者的交易量应该是很小的。然而,现实中的情况并非如此,投资者的交易行为之多远远超出了理性模型的解释范畴。

(一) 过度交易与投资损失

投资者交易是为了套取利润,然而过度交易却并未给他们带来更多的收益。过高的换手率和交易频率会损害投资者的财富。巴伯(Barber)和欧登(Odean)在 2000 年[2]通过对 78 000

---

[1] Lee, C., Swaminathan .1998, "Price momentum and trading volume", WP Cornell.
[2] Brad M. Barber, Terrance Odean .2000, Trading Is Hazardous to Your Wealth: The Common Stock Investment Performance of Individual Investors, The Journal of Finance 55.

个经济账户(1991—1996)的样本抽样,考察了换手率与投资收益间的对应关系。他们将样本投资者按交易频率分为五组:投资者中交易频率最低的 20%为第一组,这一组的换手率最低,平均每年为 2.4%;投资者中交易频率次低的20%作为第二组,这一组的换手率次低,以此类推,直至换手率最高的第五组,该组的年换手率为 250%。每组换手率与年均收益率间的关系如图 2-6 所示。五个组的年均收益率为 16.7%,高换手率投资者并没有因其努力更大而得到更高的收益,买卖股票的佣金支付对频繁交易投资者的影响更大。扣除佣金后,高换手率组的净收益大幅下降,最低换手率组的年均净收益率是 18.5%,最高的换手率仅为 11.4%,两者之差达 7.1%,显然过度交易实际上不利于财富的积累。

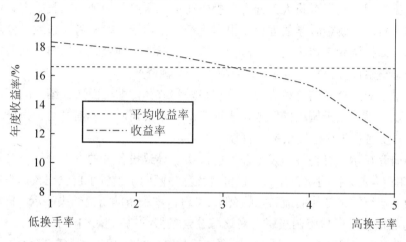

图 2-6 投资组合换手率与年度收益率

(资料来源:Barber 和 Odean(2000))

(二) 过度自信与过度交易的关系

既然过高的交易率无法使投资者获得更高的收益,那么投资者为何会如此费时费力地去进行一项无法使自己效用最大化,甚至是降低自己收益的事呢?行为金融学中过度自信的认知偏差对此有较好的解释。

假设市场是有效的,信息是通过公开的方式向全体投资者发布的,但投资者对这些信息的处理很可能不一样。根据我们上面对过度自信的介绍,投资者们的过度自信可能会导致他们认为自己对信息的处理会比别人正确,认为自己能比别人从这些公开的信息中发现更多、更有用的潜在信息。因此他们很可能会认为自己比别人能够更准确地预测市场的走向或者更准确地评估资产的价值,从而进行投机性交易,这就造成了过度交易。

同时,过度自信引致的控制力错觉也是导致过度交易的另一个重要因素。人们经常相信自己对不可控制事件的结果会产生影响,并且这种错觉随着可获得信息的增加而变强,随着网上交易的普及,投资者有更多的投资数据可以利用,这使投资者认为自己获得了更多的信息。网上交易的便利性也使投资者有了这种控制力错觉,使他们感觉到对自己的投资更具有控制性,从而提高了交易频率。

四、可得性偏差和本土偏好

投资者在投资活动中表现出的一个明显的倾向就是"本土偏好",其表现在两个方面。

(1) 本土偏好表现在投资者如何将投资资金在全球金融市场中进行分配。大量数据表明,投资者将绝大部分资金投资在自己所居住国家的金融市场中,而很少将资金投资在其他国家的金融市场。

(2) 本土偏好表现在投资者如何将投资资金在自己居住的国家的金融市场进行分配。大量的研究数据表明,投资者将大部分资金投资在自己所熟悉的公司的股票中。这两种本土偏好显然都违背了传统金融学的理论。根据资产组合理论,投资者应该通过分散投资组合来分散风险,即投资者应该将资金分散到正相关性低的不同金融市场与不同的资产中,而不应该将资金集中投资于某一金融市场或者某一金融资产。

行为金融学对投资者的这种本土偏好有很好的解释,即上面所介绍过的可得性启发偏差导致了本土偏差。由于国内的股票、本地股票、本公司股票的信息对于投资者来说更为熟悉,因此投资者认为这些股票更具有吸引力。

大量的研究显示,可得性启发偏差可能确实会导致投资者的本土偏好。首先,德雷斯科尔(Driscoll)等人进行的调查显示,投资者强烈地倾向于投资于自己比较熟悉的公司,而他们就职的公司往往又是他们最熟悉的公司。[1]对日本股市的研究结果显示,日本公司在国际金融市场的知名程度与外国投资者对这些公司的股票持有量之间存在正相关。[2]具体而言,外国投资者更可能持有出口量大、股票转手量高、在美国以存托凭证(ADR)方式上市交易的日本公司的股票。这说明,信息的可得性可能是投资者选择投资本国股市、本地公司股票的原因之一。

为什么对公司的熟悉程度会导致投资者在投资活动中表现出本土偏好呢?一个重要的原因是,可得性强化了投资者的能力幻觉和控制力幻觉。由于人们倾向于在他们认为自己具有足够的知识或者能够胜任的环境中下赌注,因此投资者们宁愿放弃分散风险的好处,而将自己的投资集中在少数他们认为自己熟悉的公司中。其次,对公司的熟悉性可能导致投资者对公司过度乐观、过度自信,即对公司越熟悉,就越认为该公司的股票风险低,从而导致了对本土投资的偏好。

总之,投资者的认知偏差在金融市场的表现还有很多,例如对股指的估计,由于锚定效应的存在,就会受到当前股指的影响,而进行非充分性的调整。再如著名的货币幻觉效应,即人们在短期内只注意名义货币收入,而无视于通货膨胀率的变化,这种不充分调整也是受到了锚定效应的影响。关于投资者心理所导致的金融市场的非有效性将在第六章详细地介绍。

---

[1] Michael O'Driscoll, Paul Taylor, Thomas Kalliath.2003.pp.1-8. Sydney, Australia: Oxford University Press.

[2] Jun-koo Kang, Rene M. Stulz .1997. "Why is there a home bias? An analysis of foreign portfolio equity ownership in Japan", *Journal of Financial Economics* 46, pp. 3-28.

第五节 认知偏差对于投保决策的影响

保险是风险管理的有力手段。传统的经济学理论认为，人们购买保险，是对一系列数量因素权衡考虑的后果：人们根据损失的概率分布和保险金的多少来决定保单是否值得自己支付相应的保单定价，也就是保险费。但是心理学认为，对损失、补偿等的认知都是比较复杂的过程，许多心理学者和经济学者也就损失、补偿的认知等问题作了相关研究，进而发现了人们面临损失、补偿时的各种选择偏差，这些偏差自然也会影响人们的投保决策。

不过，行为偏差的存在并不意味着我们应该急于完全否决传统经济学的观点，我们可以就人们对风险、保险金、保费的认知出发，讨论人们在制定投保决策的过程中，认知偏差在其中所起到的作用。

一、投保决策及心理学启示

(一) 投保决策的概念

购买保险的本质就是风险转移，它是风险管理的手段之一。根据迪昂(Dionne)和哈灵顿(Harrington)于1992年在保险经济学中的定义，保险活动是指风险厌恶的个体在面对相当大的、独自难以承担风险的时候，通过支付货币的方式将该风险转嫁给风险汇聚的保险人来承担的过程。[1]而保险公司敢于进行风险汇聚，是因为保险公司会承担来自不同领域、不同类别的大量分散的风险，而这些风险事件之间又往往相对独立，所以大数法则在这其中可以起到作用。而风险汇聚也正是因为要满足独立、分散等条件，所以也会遭遇失败。其中，艾洛欧(Arrow)在1963年提出的观点为学界普遍接受，即导致风险汇聚失败的因素有三种：道德风险(moral hazard)、逆向选择(adverse selection)以及交易成本(transaction cost)。[2]

从消费的角度来说，购买保险就是面对损失风险的个体向保险人支付保险费，以使损失实际发生的时候自己可以得到保险人提供的一定的经济补偿。这里所说的风险是指个体在不同的概率水平上都有可能发生不同程度的损失。理论上，一个理性的、风险中性的个体会接受的精算公平定价(也就是保险费)必须和期望损失相等；风险厌恶的个体可以接受的价格会因其风险厌恶的程度而提高。简单地说，个体的风险厌恶程度越大，他就越愿意为保单支付高于期望损失的保费，以求标的出险的时候获得经济补偿，从而不至于自己承担风险，蒙受损失。

(二) 投保决策的行为意义

在实际操作当中，保险行为并不是像理论中所描述的那么简单。比如，要在投保前准确计算期望损失对投保人来说往往就是不可能的，因为计算期望损失首先需要知道损失的

---

[1] Dionne, G., S. Harrington.1992. "An Introduction to Insurance Economics." In G. Dionne and S. Harrington (eds.), *Foundations of Insurance Economics*. Boston, Kluwer Academic Publishers.
[2] Arrow, K. J. 1963. Uncertainty and the Welfare Economics of Medical Care. *American Economic Review*, 53, pp. 941-969.

概率分布，而这种分布往往是需要有经验才能计算得出的，对此一般的投保人没有这样的数据资源，也不会利用相关的统计技术模拟出损失分布。此外，处于不同概率水平上的可能损失值是不同的，而人们往往能够预想到的损失程度往往只是未损或者全损，而对部分损失的发生的理解就会比较模糊。如果投保人不能够计算出确切的期望损失，接受公平定价与期望损失相等的说法就无从谈起。其实在实务中，投保人不仅要通过支付保费的方式承担期望损失成本，还要承担附加保费的部分。

学术领域有比较充分的证据证实，决策者往往是不会理性地进行选择的。比如，伊森纳(Eisner)和斯特劳斯(Strotz)于1961年提出，至少从精算层面上看，人们往往高估了航空意外保险的价值，即人们为航空意外险支付的保费是过高的[①]。此外，克鲁瑟(Kunreuther)等人于1978年研究证实，即便购买洪水保险可以得到许多政府补贴，而且洪水保险的定价远远低于其精算意义上的公平价值，人们还是不愿意购买这种保险。[②]若从理性的角度，加入一项保险的定价明显高于其公平价值，那么决策者就不应该购买；而如果保险产品的定价远远低于公平价值，那么如果它们对个体是有用的(比如个体的确处于洪水易发地段)，那么个体不应该拒绝购买该种产品。人们的实际行为打破这种理性选择框架的现象表明，决策者的认知和决策是非理性的，并且是可以用一些方式起到对其诱导甚至操纵的作用。

笼统地说，我们可以从以下几个不同的角度看待这个问题。

(1) 这意味着保险公司可以利用人们的这种选择特点获取非正当利益。比如，保险公司们或许可以通过进一步提高(至少是联手提高)航空意外保险保费的手段试探决策者的接受极限。由于保费远远超过精算价值，保险公司于是在其中获得巨大的利益。

(2) 这也同样为保险监管提供了借鉴。比如，如果我们知道投保人本身倾向于为航空意外保险支付过多的保费，从保护决策者利益的角度出发，监管者便于对该险种的保费收取设定上限。

(3) 这也是对保险产品设计的启发。投资者选择的非理性使我们知道什么样的保险产品会更加受青睐，何种产品推出后或许会不受投资者欢迎。比如，我们知道洪水保险即便在高度补贴、定价低廉的情况下也不受欢迎，那么或许它本身就不适合作为单独营销的保险产品，而可以采用诸如整合在其他金融产品中打包销售，或者直接改变形式做成债券的形式。

投资者非理性选择保险产品的实际意义不止以上三条，保险产品的设计、开发、包装、营销、服务等各个环节总是离不开投资者的需求，这些需求往往是"人性"的，它们体现出的是决策者各种来自生理和心理上的诉求，而不满足于经济理论的条条框框。

二、保费框定与投保决策偏差

决策者对于保险成本，即保费的认识显著影响着他们的投保决策。但是行为金融学研

---

① Eisner, R., H. Strotz. 1961. Flight Insurance and the Theory of Choice. *Journal of Political Economy,* 69, pp. 355-368.
② Kunreuther, H., R. Ginsberg, L. Miller, P. Sagi, P. Slovic, B. Borkin, N. Katz. 1978. *Disaster Insurance Protection: Public Policy Lessons.* New York: Wiley.

究结果表示，决策者对于成本费用的认知普遍存在偏差，主要是因为受到信息呈现方式的影响。即同样的成本信息用不同的方式表述出来，可能让决策者产生不同的认识。

(一) 框定的含义

"每天只要支付几分钱！"我们常常在一些保险的推介广告中看到诸如此类的广告语。保险人通常认为，要让他们的保险产品更加具有吸引力，对于产品保费的描述方式是十分重要的一个环节。比如，对于决策者来说一个比较直观的感受是，诸如"每天支付几分钱"的广告语显然要比"每年支付几十美金"显得更具有冲击力和吸引力，即便两者在价值上是等效的。

许多的心理学文献研究结果表明，决策者的行为和偏好并不是一成不变的，对于事物的描述方法的不同会导致决策者对事物本身的认知产生微妙的变化。认知心理学发现，环境因素能够影响人们对于刺激的反应。同一事物放在不同的环境下，人们对它的认知会产生偏差，这种偏差的产生就被称为情景效应。我们可以通过以下一个简单的图片识别案例来阐释情景效应，如图 2-7 所示。

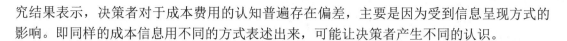

图 2-7　图片识别

如果你将图 2-7 中的单词辨识为"THE CAT"，那么你的认知就受到了情景效应的影响，因为在前后两个单词中出现了同样的形如"H"的字母，但是由于情景的影响，我们在前一个单词中倾向于将其认知为字母"H"，而在后者中则将其认知为字母"A"。

情景效应在风险决策中的应用被卡尼曼和特维茨基于 1984 年命名为框定效应。[①]他们在研究中发现，当同样的损失被描述为"为了保全(大局)而需要付出的代价"，而不是"无法挽回的损失"时，人们的行为反应就会显得更加积极。

情景或者说呈现和描述事物的方式是会影响我们的判断的。简单地说，这就是背景依赖。例如一幅画作放在不同的画框中，会让我们感觉它属于不同的地方。背景依赖理论认为，决策者并不是孤立地感知和记忆，他们往往会从事物的各个方面综合考量，依赖过去的经验以及素材发生的背景来解释信息。在一种情况下，一个刺激物以一种方式被感知，而在另一种背景下，同样的刺激物可能产生的感知就会发生变化。具体来讲，背景包括不同方案的比较、事情发生前人们的想法、对问题的描述方式、信息的呈现顺序以及方式等。

特维茨基和卡尼曼于1991年作出总结，框定的产生主要由两个因素导致。[②]

(1) 对于参照点的依赖。即人们对于事物的评价总是相对于一定的参照点来进行的，参照点高低设置的不同会导致人们对同一事物的价值评判发生偏离。所以如果在对事物描述

[①] Kahneman, D. ,A. Tversky. 1984. Choices, values, and frames. *American Psychologist*, 39, pp. 341-350.

[②] Tversky, A. , D. Kahneman. 1991. Loss Aversion and Riskless Choices: A Reference Dependence Model. *Quarterly Journal of Economics* 106, pp. 1039-1061.

的过程中操纵参照点的高低,就可以改变人们对事物的评价。

(2) 损失厌恶。即遭遇损失给决策者带来的痛苦要比同样程度的利益获得带来的快乐更大,这也是卡尼曼和特维茨基在期望理论中的核心论点之一。也就是说,如果对同样一个事件的描述是从"损失多少"的角度而不是从"获得多少"的角度出发,则更容易激起人们的不舒适感。

学界有许多文献资料提供了框定效应存在的证据,其中也有相应的研究。如凯姆勒尔(Camerer)和克鲁瑟(Kunreuther)于1989年研究表明,在保险领域中这种框定风险决策的现象也普遍存在。[1]比如,赫舍(Hershey)和舒梅克(Schoemaker)在1980年以及赫舍、克鲁瑟和舒梅克在1982年的研究结果指出,当一种赌博以保险合同的形式展现给受试者的时候,受试者的风险偏好会明显发生变化,其表现为:受试者在博彩形式下所给出的和赌博机会等价的现金(比如会受试者愿意以5美元的价格卖掉一次有1%机会赢得100美元的赌博),与受试者在保险形式下所给出的和承保风险相当的保费数额产生了显著偏差。[2][3]

(二) 控制道德风险:免赔额还是保费回扣

大多数的保险都不会将所有的风险都从投保人或者被保险人处转移至保险人处,这是因为,完完全全的风险转移很容易引发道德风险。即在风险被完全转移给保险人后,投保人或被保险人对于保险标的就显得不具有任何妥善保护的动机,因为标的的损失对他们来说已经不会造成任何额外的成本。正如我们之前章节所介绍的那样,他们需要支付的只是保费,而保费更像是一种沉没成本。

经济学中的一个基本原则就是,在决策中增量成本及其收益才是影响决策的因素,而沉没成本应该与决策无关;同时,对于所有可供选择的选项应该建立在每个选项各自的成本或收益分析之上。但是,在现实生活中,沉没成本效应现象却大量存在。沉没成本效应是指一旦人们已经在某一项目上投入了金钱、精力或者时间,人们就常常倾向于将该项目完成,虽然继续该项目可能已经没有经济或者其他方面的意义。这种行为事实上是非理性的。

阿克斯(Hal Arkes)和布鲁梅尔(Catherine Blumer)于1985年对沉没成本效应的研究结果表明,已经在某一项目上投入了沉没成本的人对该项目成功可能性的估计高于没有在同一项目上投入沉没成本的人对该项目的估计;沉没成本效应之所以存在,即人们之所以难以将沉没成本勾销,是因为人们在心理上认为,把它一笔勾销将导致这些成本变成完全的浪费或损失。

在实际操作中,控制道德风险有许多方法,其中比较普遍的做法就是设定绝对或者相对免赔额。比如,如果保险合同设立了绝对免赔额,那么在免赔额以内的损失就都要由被

---

[1] Camerer, C., H. Kunreuther. 1989. Experimental Markets for Insurance. *Journal of Risk and Uncertainty* 2, pp. 265-300.

[2] Hershey, J., P. Schoemaker. 1980. Risk Taking and Problem Context in the Domain of Losses. *Journal of Risk and Insurance* 47, pp. 111-132.

[3] Hershey, J., H. Kunreuther, P. Schoemaker. 1982. Sources of Bias in Assessment Procedures for Utility Functions. *Management Science* 28, pp. 936-954.

保险人自己负责，而保险人只负责超过免赔额之上至赔款限额之内的损失部分。

不过根据学界的调查显示，虽然说免赔额的设定对于决策者来说也有利好，即它能在很大程度上降低保险成本，但是决策者依然不喜欢免赔额这种设定的形式(至少从直觉上讲，免赔额听起来更像保险公司想逃避一些责任，"毕竟我支付了保费，为什么就不能把风险全部都转嫁给你呢")。比如，根据库明斯(Cummins)和维斯巴尔特(Weisbart)在 1978 年的研究报告，宾夕法尼亚州保险委员会曾经试图将该州的汽车保险最低免赔额从 50 美元提升到 100 美元，但是随之而来的决策者的严正抗议使得这项议案不得不被撤销。[1] 人们的这种对设定有更高的免赔额的保险的厌恶，可能来自于损失厌恶。我们可以利用在之前章节中所介绍的泰勒(Thaler)于 1985 年提出的心理账户理论，对这个问题作一个简单解释：决策者在面对免赔额时，将它认知为一种损失。[2] 他们可以用以下两种方式来进行心理账户处理：①将免赔额加入保费中合账处理；②将免赔额看作额外的损失并和保费分账处理。根据期望理论的分析框架，价值函数(value function)在价值为负的一侧为凸函数，所以假如决策者将免赔额作为额外损失而分账处理，那么他们所经历的痛苦就会是最大的。

其实，要减轻决策者对于免赔额设定的不适有很多其他方法。比如，保险公司在设计保单时可以考虑不设定免赔额，而是相应地提高保险费率，并在保险中设立奖励机制，即对没有发生保险事故的保单给予现金回馈。泰勒和约翰逊(Johnson)在 1990 年经过研究认为，这种形式的对道德风险的控制框定会对决策者形成合并损失的心理记账，这相比之前提到的分账损失来说带来的痛苦更小。[3]

接下来，我们利用卡尼曼和特维茨基于 1979 年提出的价值函数分析框架来大致评估设定免赔额和使用回馈两种方式给人们带来的不同价值。[4]

如图 2-8 中描绘的"S"形函数即期望理论价值函数，其中坐标原点代表了参照点。首先再简单回顾一下我们在之前章节所介绍的前景理论价值函数的几大分析性特征。

(1) 参照依赖。人们对于价值的评判是相对于参照点(通常是原点)来说的，人们更多考虑和在乎的是金钱变化的相对量而不是绝对存量。

(2) 损失厌恶。决策者遭遇损失所经历的痛苦要比同样程度的获利所经历的快乐更大，于是价值函数体现为一种"S"形的形态，即在获益一侧呈凹形函数，而在损失一侧呈凸形函数，并且损失一侧的函数斜率相比获益一侧相应斜率要更为陡峭。

(3) 敏感性递减(diminishing sensitivity)。即同样货币带来的边际价值逐渐减少，这在函数图像上表现为不论利得还是损失支的函数斜率都逐渐减小。

---

[1] Cummins, D., S. Weisbart. 1978. *The Impact of Consumer Services on Independent Insurance Agency Performance.* Glenmont, NY: IMA Education and Research Foundation.

[2] Thaler, R. 1985. Mental Accounting and Consumer Choice. *Marketing Science* 4, pp. 199-214.

[3] Thaler, R., E. J. Johnson. 1990. Gambling with the House Money and Trying to Break Even: The Effects of Prior Outcomes on Risky Choice. *Management Science* 36, pp. 643-660.

[4] Kahneman, D., A. Tversky. 1979. Prospect Theory: An Analysis of Decision Under Risk. *Econometrica* 47, pp. 263-291.

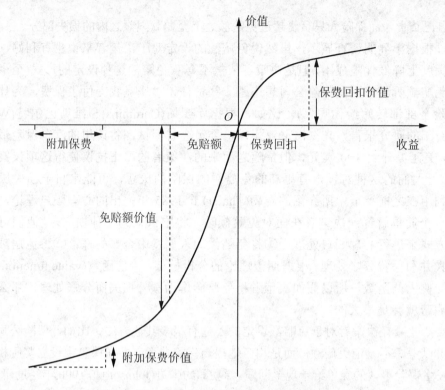

图 2-8　费率增加、免赔额和回馈的框定

要考察免赔额和回馈两种形式给人们带来的不同框定效果，我们需要设定增加的保费、免赔额以及回馈三者为同样的额度，也就表现为它们三者在横轴上的长度相当。这里我们认为，保费增加理所当然会被决策者框定为与原本的保费合账处理，而免赔额和回馈则考察它们处于分账处理时候的情形。如图 2-8 所示，当我们采用设定免赔额的方式，又被决策者框定为与保费分账处理的损失时，免赔额给决策者带来了巨大的负价值，决策者认为，他们现在"除了要支付保费以外，还要为这个无用的免赔规定额外承担一笔费用"。而相对来说，回馈的方式就显得更加复杂。首先，同样额度的保费上升作为和原先保费合账处理的结果，由于离参照点远，所带来的负价值就要小很多，决策者只是认为现在"这种保险的保费上升了，所以我要为这张保单支付更多保费"。之后，分账处理的保费回馈带来的则是正的价值，虽然还要经过先前保费增加的负价值的抵消，但是由于参照点依赖的特征，回馈对决策者来说看上去是一种"利得"，他们认为，"由于没有发生保险事故，保险公司回馈了我一些现金"，决策者忘记了其实这部分现金来源于之前多收取的保费，而认为这是一种利益获取，为他们产生了正价值。

事实上，即便风险事故没有发生，投保人获得保费回馈，这种方式依然没有设定免赔额来得合算，因为之前多缴纳的保费就好比无偿借给保险公司的资金，甚至得不到基本的无风险收益。

(三) 附带回扣的残疾保险

我们来考虑是否能将之前得出的分析结论运用到实际的保险设计中呢？比如，保费回扣是否会让保险更加具有吸引力呢？从图 2-8 中我们发现，利用期望理论得失分析框架下的保费回扣分析，如果保费回扣最后被决策者分账处理，那么虽然起初加收了保费，但是由于加收的保费一定是合账处理，所以带来的负价值往往不足以抵免回扣所带来的正价值。此外我们注意到，当原来需要支付的保费越多，由于敏感性递减，增收部分的保费带来的负价值就越小，保费回扣的做法似乎就越具有吸引力。实验者估计，如果使用某种方式框定回扣，使得受试者将其分账处理，并让回扣相对于未增收的保费来说显得比较低，那么附带回扣的保险就应该更具有吸引力。

约翰逊(Johnson)等人在1993年进行了一项实验，从中建立了两张残疾保险保单，其中一张为普通的残疾保险保单，而另一张的保单承保责任等性质和第一张完全相同，但是收取更高的保费，并且附带回扣功能。受试者首先阅读到以下关于两张保单的信息。

假设你刚刚开始一份新的工作，你考虑要为自己购置一份残疾保险。现在有以下两张保单，它们的保险责任范围、期限等均相同，如果你在工作期间，由于受伤或者其他疾病导致你30天以上不能正常工作获得收入，那么这种残疾保险会为你提供相应的收入，不论残疾多久，这张保单最多每年支付你的年薪的三分之二。

保单 A：如果你在5年内都没有申请理赔，那么保险公司会给予你1200美元的回扣。这张保单每月需要缴纳保费90美元。

保单 B：这种保单没有回扣，每月需要缴纳保费70美元。

之后受试者被要求在这两张保单中选择一张作为自己的残疾保险。我们在之前的分析中已经提到，如果作为一个理性的决策者，那么他一定会选择没有保费回扣的 B 保单，因为回扣的实现不仅仅带有不确定性，而且多支付的保费就相当于以零利息借给保险公司资金，丧失了货币的时间价值。而实验结果表明，受试者中约有57%的人选择了保单 A，而当受试者要求对两张保单重新进行保费估计的时候，受试者愿意为 A 保单支付的保费比愿意为 B 保单支付的保费平均高出21.65美元(标准误差为11.1)，均值差在统计意义上为显著。

通过以上分析以及实验给出的结果我们发现，对于保费的框定可以显著影响保险的吸引力，这也是框定偏差在实际操作中的有效例证。事实上，这些示例和现实中的保险产品有十分接近之处，我们甚至可以真实地在保险市场中找到这些类似的产品。比如，奥马哈共同保险(Mutual of Omaha)有一款十分热销的残疾保险，其保单规定，如果被保险人在65岁之前都没有申领过保险金，那么该保险公司就会退还所有的保费，这听起来十分诱人，人们甚至将这种保险解读为"免费的"。但事实上，就算是65岁都没有去申领保险金的被保险人往往还是在向保险公司提供期限长达几十年的免费贷款。马加比人寿保险公司(Maccabees Life Insurance Company)承保的一种残疾保险也有类似的性质，如果被保险人每10年内没有发生残疾情况，那么保险公司就会退还最多80%的保费。对于保险人来说，这种保费回扣产品不仅起到防止道德风险的问题，而且还能够为公司带来额外的收益。

三、保险权益的心理评价

除了风险与成本认识因素外，人们的投保决策受到他们对保险价值的判断，其中很大一部分来自对保单附带权力的认知，人们在保险行为中的选择结果并不是要使得保单价值最大化。因此，保单的价值与人们是否会购买它之间并没有太大关系，人们对于保险的购买欲望不会直接因为保单价值提升而膨胀。比如，伊森纳(Eisner)和斯特劳斯(Strotz)在

1961年[①]研究发现,虽然从经济意义上来说,航空意外保险远不如寿险来得合算,但是人们对于前者的热衷普遍大于后者。西蒙(Simon)在1987年[②]研究指出,这体现出的是在投保决策者的决策行为中,期望损失和保费之间的关系几乎不在决策影响因素范围之内,决策者不会仔细衡量一项保险是否在经济利益上对自己最合算。

我们在之前的部分中论述了人们对于风险和保费的认知偏差对投保决策的影响,这似乎是两大最主要影响投保决策的因素。不过真实的投保过程要更加复杂,决策者在投保时会面临各种选择,这些选择还会根据购买保险的类型(如财产保险,人身保险等)的不同而变化。那么在面对这些选择的时候,决策者是否能够作出最利于自己的选择呢?

(一) 维持现状效应和保险诉讼权

我们在之前介绍期望理论的部分中提及了损失厌恶的概念,这是一个相对于标准经济学理论中关于风险厌恶假设的说法。期望理论的提出,相对于更加抽象和模糊的"风险"的概念,人们更加注重直观的"得"与"失"。一样东西从没有而得到它所带来的快乐,往往比不上本身拥有它而失去它所带来的痛苦。所以相对来说,人们通常更喜欢保持现在的状态不要改变太多,因为改变往往意味着要发生成本。

1. 维持现状效应的含义

萨缪尔森(Samuelson)和塞克豪瑟尔(Zeckhauser)在1988年[③]提出了行为决策中"维持现状偏差"(status quo bias)的概念,在他们的实验中,受试者表现出非常显著的维持他们已拥有的事物的行为特征,哪怕这些事物只是随机分配给他们,而没有多少感情上的依赖。值得一提的是,这种行为的表现特点还具有较强的鲁棒性,也就是说,即便受试者被告知实验中他们有这种维持现状的倾向,受试者在之后的实验中还是会继续表现出类似行为。

2. 保险诉讼权中的维持现状效应

根据记载显示,在过去的几十年中,美国的许多州都对它们的机动车责任保险法案作出了一些修改,这些修改意在给不同的车主提供更多的诉讼选择方案。比如一种在许多州实行的改革方案是,机动车责任保险保单被划分为两种,一种是"全额"的保单,保单持有人可以因为任何在驾车途中遭遇的伤害而提起诉讼;而另一种保单则要相对便宜一些,但是保单持有人的诉讼权是受到一定限制的,也就是说,车主只有在驾驶途中遭遇十分严重的伤害甚至伤残,才可以提出诉讼,而不能因为相对轻微一些的伤害提出诉讼要求。新的法案的运行,意味着州中所有的车主都要在这两种保单中选择一项,但是由于这两种保单的制度是最新才开始实施的,所以对于所有车主来说,他们面临的选择其实都是相同的:完整的诉讼权抑或限制的诉讼权。

[①] Eisner, R. , R. Strotz. 1961. Flight insurance and the theory of choice. *Journal of Political Economy*, 69, pp. 355-368.

[②] Simon, H. A. 1987. Rationality in psychology and economics. In R. M. Hogarth and R. W. Reder (Eds.), *Rational Choice*, Chicago: University of Chicago Press.

[③] Samuelson, W., R. Zeckhauser. 1988. Status Quo Bias in Decision Making. *Journal of Risk and Uncertainty* 1, pp. 7-59.

不过事实却没有那么简单，因为在这些要面临选择的车主中，由于各种原因，有些原先拥有的是完整诉讼权，而有些则原先拥有限制诉讼权。那么对于这两种车主来说，他们认知中的保险选择是否还是相同的呢？我们需要通过实验来发现究竟。

传统经济学理论认为经济人是风险厌恶的，但是卡尼曼和特维茨基以及之后的一些实证研究证据指向另一条线索，即人们对风险的认识其实相对来说比较模糊，在面临风险决策的时候，他们更加关注的是"得"与"失"，而人们害怕损失的程度大于希望得到同等受益的程度，简单地说，这就是损失厌恶的表现。事实上，在之后的拓展研究中学者们发现，损失厌恶其实并不局限于金钱，还可以是人们身上的其他利益，比如权力。我们可以类似地说，损失厌恶在人们认知权力上的表现即是，人们失去一项权力所要经历的痛苦要大过获得这项权力的快乐。从这个角度我们更容易理解为什么损失厌恶可以引起我们在之前章节中介绍的维持现状偏差。因为对于本身拥有某项权力的人来说，由于损失厌恶的存在，他们会极其不情愿将这种权力放弃，哪怕维持这种权力要付出较大的成本，他们也希望能够维持现状；而对于本身没有某项权力的人来说，虽然多一些控制力一定是好的，但是他们对于获得这项权力的欲望就不如原本拥有权力而要放弃的人的恐惧来得深刻，如果获取权力需要较高的成本，有些人就宁可维持现状。

如果这种推断是正确的，那么在这则机动车责任保险的选择案例中，对于原先拥有完全诉讼权的车主和原先拥有限制诉讼权的车主来说，他们面临的选择其实就显得不同。实验者估计，至少原先拥有完全诉讼权的人会更加难以在新的保险选择决策中放弃这项权力。受试者于是首先读到以下信息。

"过去几十年间，美国的机动车责任保险保费呈明显上升的态势。有人认为，保费上升的直接原因是，许多车主对于很小的意外事故都要提起诉讼，导致该类诉讼数量过多；另一些人认为，保费上升的原因是保险公司在供需关系实际上没有发生较大变化的情况下自行调整保费以牟取暴利；还有一种说法则认为这只是保险行业发展中的一次正常且带有较强随机性的保费波动。无论争辩结果如何，政府已经着手致力于降低各个州的机动车责任保险保费，其中有一种措施是，通过销售较便宜的保单，但是限制保单持有人的诉讼权，使得他们不能够对一些程度不严重的意外事故提起诉讼。"

之后，受试者则被随机分配为三组，分别读到以下附带信息。

"完全诉讼权组"中的受试者被告知："现在你将要搬去一个新的州居住，那里的标准机动车保险并不以任何形式限制你的诉讼权，作为保单持有人你可以以任何程度的由于驾车事故引起的伤害伤残为由提起诉讼。不过由于保险改革，你现在可以选择放弃你的完全诉讼权而改为限制诉讼权，即你不再能因为程度较小的车祸导致的伤害提起诉讼，但如若选择此项诉讼权，你需要缴纳的年保费就会下降10%。"

"限制诉讼权组"中的受试者被告知："现在你将要搬去一个新的州居住，那里的标准机动车保险采取限制诉讼权的形式，也就是说，你不能因为程度较小的车祸导致伤害提起诉讼。不过由于保险改革，你现在可以选择获得完全诉讼的权利，也就是你可以以任何程度的由于驾车事故引起的伤害伤残为由提起诉讼。不过为了获得这项权利，你每年需要缴纳的机动车责任保险保费就要上升11%。"

对照组中的受试者则被要求直接对两种不同诉讼权力的保险进行选择："现在你将要搬去一个新的州居住，那里的机动车责任保险有两个版本，它们唯一的区别是，第一种版本采用限制诉讼权的形式……而第二种采用完全诉讼权的形式……第二种保单的年保费缴纳要比第一种高出 11%。"

换言之,"完全诉讼权组"中的受试者被框定为原先具有完全诉讼权,而面临着"是否要降低 10%年保费以放弃完全诉讼权而改为拥有限制诉讼权"的决定,而"限制诉讼权组"中的受试者被框定为原先具有的是限制诉讼权,他们所面临的选择是"是否要以提高11%的年保费的代价获得完全诉讼权",而对照组中受试者所面临的选择则被直接框定为:"选择更昂贵的完全诉讼权保险还是相对更便宜的限制诉讼权保险"。

实验结果显示,在"完全诉讼权组"中的受试者有约 53%选择了保留完全诉讼权。而在"限制诉讼权组"中的受试者只有约 23%选择转换为完全诉讼权。当被问及愿意为两种保险支付多少保费时,在"完全诉讼权组"中的受试者愿意为完全诉讼权保险支付的保费平均要比限制诉讼权保险高出 32%,但是相应地,在"限制诉讼权组"中的受试者愿意为完全诉讼权保险支付的保费平均只比限制诉讼权保险高出 8%。

而相对地,在对照组中,约有 48%的受试者选择了购买拥有完全诉讼权的保险,他们中愿意为完全诉讼权保险支付的保费平均比限制诉讼权保险高出 23%。

从实验中我们看到,不同情况下的受试者对于诉讼权的价值评判差异显著,这取决于诉讼权一开始被框定为一种既有的"现状",还是需要受试者之后去主动选择的。当拥有权力是一种现状时,放弃这项权利就被框定为是一种损失,于是给决策者带来较大的负价值,于是决策者宁愿支付一定成本维持现状。而当拥有权力是一种"获得",就像"限制诉讼权组"中的受试者面临的处境那样时,这种获得的愿望就没有来得那么强烈,从而受试者对于保险保费的估计也不会过高。

(二) 限制诉讼权和维持现状:现实证据

通过理论分析和观察实证结果的方式,得出维持现状偏差在投保决策中的作用,我们发现,决策者在作出投保决策时并非完全考虑"该决策是否使我的利益最大化",而侧重于自己的决策会让自己"得到或者失去多少利益"。不过在现实中,车主们也会和实验中的受试者一样作出类似的决策吗?我们需要寻找事实证据。

比如,宾夕法尼亚州和新泽西州的保险法的确作出了和上一部分中所描述的类似的修改。这两个州的立法都规定,保单持有人可以选择完全诉讼权或者限制诉讼权,而限制诉讼权保险需要缴纳的保费就会降低。不过这两个州的默认选项截然不同,其中,在新泽西州,车主,就是那些保单持有人原先拥有的是限制诉讼权,他们就好像上一部分的实验中"限制诉讼权组"中的受试者,假如要转换为完全诉讼权,就必须额外支出费用;而在宾夕法尼亚州,机动车责任保险原先默认为所有车主都拥有完全诉讼权,所以他们就类似于上一部分的实验中"完全诉讼权组"中的受试者,可以选择放弃完全诉讼权,得到保险费率的降低。

在宾夕法尼亚州和新泽西州车主间的调查显示[①],只有大约 20%的新泽西州车主愿意花钱将自己的限制诉讼权提升为完全诉讼权,而在宾夕法尼亚州,却有大约 75%的车主选择保留自己的完全诉讼权。这种决策结果显然不是使得车主利益得到最大满足,因为没有证

---

① Insurance Information Institute. 1992. *No-Fault Auto Insurance*. New York: Insurance Information Institute.

据显示宾夕法尼亚州的交通事故发生率远远大于新泽西州。

四、保险标的物认知中的情感效应

保险产品的一大特点是，保单所承保的客体所有者是投保方，这和绝大多数其他金融产品的特点大相径庭。为此，投保方或者决策者对于保险标的物的认知可能显著影响他们的投保决策。本部分通过介绍奚恺元(Christopher Hsee)与其合作者的系列实验研究成果，指出当决策者对于保险标的物具有情感依赖时，不仅对于风险具有经济补偿的需求，还具有情感上的慰藉需求。

(一) 索赔决策的实证研究及意义

1. 对受损保险标的情感与索赔行为的关系

在一次代表实验中，受试者阅读到以下一段文字。

"你上个月前去了一次意大利。在那里你购买了一幅价值 100 美元的画作，并委托当地一家商船公司将画运回本国。但是当你回到家后，却发现该画因为船运过程中的疏忽而被污损。但是由于该商船公司在本国的分支机构离你的住所路途遥远，你必须驾车许久才能到达该机构并主张赔偿。"

除了这段文字，受试者还会随机读到另外一则附加信息。其中一半的受试者被告知，他们十分钟爱这幅画作，而另一半则被告知，他们并不对这幅画作喜爱有加，对他们来说，这幅画的价值仅仅等同于购买价 100 美元而已。此后，所有的实验对象被要求表示他们所能接受的为了前往商船公司寻求经济补偿的最大驾车时间。

实验的结果是，对画作钟爱的受试者在统计显著意义上平均愿意比对画作并不钟爱的受试者多花 1 个小时 14 分钟的时间驾车以寻求补偿。这个结果在统计意义上为显著，表现在 p 值小于 0.025。奚恺元和克鲁瑟提出，这个结果自然违背了经济学观点，因为价值 100 美元的损失已经发生，故愿意花费在驾车上的时间并不应该有显著的区别。也就是说，人们是否喜欢该画作不应该影响人们之后愿意花费多少时间去接受赔偿。

2. 对实证结果的行为金融学分析

上述实验的发现不仅违反常规的经济学理论(即不论喜欢与否，100 美元的损失对于一个个体来说的重要性应该是一样的)，而且也与认知学派具有代表意义的卡尼曼和特维茨基于 1979 年提出的期望理论相悖。根据期望理论，如果个体损失价值为 L 的财产而得不到补偿，那么他所经历的价值就是 $v(-L)$，其中 v 是期望理论中的价值函数。而如果个体在遭遇损失后又获得了补偿 C，那么对于这个个体来说，根据泰勒(Thaler)于 1985 年提出的心理账户理论，他所经历的价值可能是两种：第一，假如他选择得失合账处理，则经历价值为 $v(-L+C)$；第二，假如个体选择得失分账处理，那么他就会经历价值 $v(-L)+v(C)$。如果个体选择了分账处理，那么是否愿意前去领取赔付只和价值 $v(C)$ 有关，是独立于 L 之外的，与 L 的大小无关；而如果个体是选择合账处理，那么根据期望理论中价值函数在损失一支上呈凸函数的特点，只要满足 $C<L$，那么价值 $v(-L+C)-v(-L)$ 就会随着 L 的增大而减小，也就是说，人们认为损失 L 越大，那么前去领取补偿所带来的价值就越小，就应该越不愿

意前去领取补偿，所以，这一点是和前文中实验结果相矛盾的。从直觉上说，期望理论的结论十分便于理解，一项损失越大，那么不足额的补偿就越显得不起眼，不能覆盖所有的损失，它的吸引力也就越小。然而，实证结果给出的答案却截然不同，人们越觉得损失严重，越倾向于得到一定的补偿。

（二）投保决策的实证研究及意义

人们的投保决策并不仅仅是从货币的角度出发的，保险标的本身，以及投保人对保险标的的喜好程度，都可以影响投保人的投保决策。这一发现在保险行为领域是一重大突破，由于人们对每件事物的喜好程度都会不同，所以即便经济价值相当的事物，人们为其愿意为其支付的保费也会有所变化。慰藉假设说明，人在认知的过程中，并不是机械地将每样事物都翻译成相应的以货币表示的价值，货币价值更像是决定保险行为的因素之一，人们的投保决策是"以物为本"，而非"以货币为本"。情感效应的实际意义更多地体现在投保行为中，因为投保行为总是拥有很强的可选择性，它带有不确定性的意味，我们不知道保险事故是不是会发生，不过我们可以认为"它不会发生"。投保行为是否进行和标的物品的价值虽然有关，但是关联程度不如出险后，投保人或受益人是否会前去申请保险金来的强烈。举例来说，不论一辆汽车的价值是 5 万美元还是 15 万美元，个体都可以很自由地选择是否要参与投保，当然，在其他因素(如个体的财富状况、汽车的代表意义等)相同的情况下，为价值高的汽车投保的动机要比为价值低的汽车投保动机要大得多，但是这并不像在已经投保的汽车出险后的情况那样，不论情感如何，汽车的价值如何，个体一般一定会前去索赔。

1. 对保险标的情感与投保行为的关系

在奚恺元和米能(Menon)在 1999 年的研究中，受试者被问及是否愿意为一辆最近购买的二手车购买质量担保，实验发现，当这辆二手车是漂亮的敞篷车时，相对一辆普通的旅行车，受试者明显更加愿意购买质量担保。而事实上，两种车的期望修理费用和担保价格都是相同的。

请看下面的实验。

"你在欧洲旅行，并且在那花费 200 美元购买了一只花瓶。不过由于该花瓶比较重，你不能自己把它运送回家，所以你委托了当地的一家商船货运公司让他们代为运输。不过该公司告诉你，由于一些不可抗力的影响，你的花瓶有可能在旅途中遭遇损坏，他们建议你找一家保险公司为该花瓶先行投保。(注意，购买保险不会影响花瓶受损的概率)即，如果投保，那么花瓶即便损坏，你也可以得到保险公司赔偿的 200 美元现金；如果你不参与投保，那么万一花瓶损坏，你得不到任何赔偿"。

与之前实验类似，一半的受试者被告知他们十分喜爱该花瓶，而另一半则被告知，他们并没有太着迷于该花瓶。之后，两组受试者则被要求选择他们愿意为这张保单支付的最高保费，选择范围是 0 美元、10 美元、20 美元、30 美元、40 美元、50 美元、60 美元、70 美元、80 美元、90 美元或 100 美元以上，在此需要注意的是，实验者没有选择让受试者自主写出保费是因为 0 美元至 100 美元的区间过宽，数字选择就会显得过于主观而且模糊不清，比如说，写下 46 美元的受试者未必比写下 42 美元的受试者更加愿意投保，因为各人对这种比较细小的差别的理解是不同的，而相对地，选择 50 美元的受试者大多数情况要比选择 40 美元的受试者更加倾向于投保，这样的实验设计有助于之后统计分析。

从纯经济理论的角度来说，不管是哪组实验者，这张保单的吸引力应该是相同的，因为是否投保不影响花瓶出险的概率，也不影响出险后能得到固定的 200 美元保险金的事实。不过从实验结果来观察，两组受试者给出的答案却有极其显著的区别：在高喜好组中的受试者平均愿意支付的最高保费是 44.80 美元，而在低喜好组中的受试者平均愿意支付的最高保费是 24.76 美元，不管是从直觉意义(前者接近后者两倍)还是统计意义($p<0.05$)，高喜好组明显要比低喜好组愿意支付更高的保险费。

2. 传统经济理论对慰藉效果的不同解释

以上实验结果其实是可以用传统经济理论解释的。当人们不知道一件物品确切的市场价的时候，如果他更喜欢这件物品，那么他认为中的该物品的价值就会更高，注意到这并不是一种行为异象，而是标准定价过程的一部分。按照传统经济理论的观点，这一定价和事后索赔的意愿应该是没有关系的，因为损失已经确实发生，财富已经遭到确定的损失，喜好就不应该影响索赔意愿的强弱；但是在投保的过程中，保险事故是否发生是不明确的，保险标的依旧是个体拥有的财富，由于情感影响价值感知，而价值必然影响愿意支付的保险费的多少，所以传统经济理论认为，喜好因素在投保过程中是应该起到影响保费大小的作用的。

我们假设 M 代表标的物的市场价，W 代表个体花钱购买标的后的财富，C 代表保险在标的出险时保险公司给出的赔偿金，I 代表个体需要为此保险支付的保费，q 代表保险事故发生后标的受损的概率，所以保费 I 的决定应当满足以下等式：

$$q \cdot U(W-I+C)+(1-q)U(W-I+M)=q \cdot U(W)+(1-q)U(W+M)$$

其中 U 表示效用函数。该式的经济意义十分显然，左边代表个体选择参保后，期末的期望效用，右边代表个体选择不投保的情况下，期末的期望效用。也就是说，保费的公平定价从效用论的角度来说，就是使个体不论是否投保的情况下，期末效用都相同，即个体的选择是两可的。

于是，我们从上式出发考察标的物的市场价对保费的影响 dI/dM：

$$\frac{dI}{dM}=\frac{(1-q)U'(W-I+M)-(1-q)U'(W+M)}{(1-q)U'(W-I+M)+qU'(W-I+C)}$$

$$\approx -(1-q)I\frac{U''(W-I+C)}{U'(W-I+C)}$$

注意到，上式经过近似后的项 $\dfrac{U''(W-I+C)}{U'(W-I+C)}$ 是艾洛欧(Arrow-Pratt)风险偏好测度[①]。上式说明，对于一个风险偏好的人来说，标的物的市场价对保费的影响 dI/dM 是一个正值，也就是说，只要标的物的市场价 M 越高，他就愿意支付更多的保险费 I。论述至此我们就可以看见，我们如果再假设 A 代表个体对标的物的喜好程度，那么在个体不知道标的确切的市场价值的时候，他对标的物的喜好程度 A 越大，那么定价 M 就越高，愿意支付的保费 I 越多，也就是说，在标准的经济理论中，喜好因素 A 是可以合理通过定价 M 来影响保费 I

[①] Pratt, J. W. 1964. Risk Aversion in the small and in the large, *Econometrica*, 32, pp.122-136.

的，所以上述实验的结果可以被解释。

(三) 其他有关寻求补偿的心理研究

很明显，在遭到损失后寻求慰藉，希望通过一定形式对自己进行补偿的心理绝非只存在于保险行为中。在现实生活中有许多的行为是受到寻求补偿的心理因素影响，比如诉讼。

诉讼行为是否发生取决于人们对"是否要前去法庭"作出的决策。泊斯纳尔(Posner)在1977年[①]研究指出，除了为了经济利益(或者补偿)外，经济学原理并没有对人们前去诉讼的其他动力因素进行解释，这也就是说，经济学认为人们的诉讼决策只是由通过诉讼可以获得的期望货币利益所决定的。不过，这种说法显然不够合理，比如我们可以看到，现实生活中有许多诉讼，可能从一开始原告就知道即便其在官司中取胜，也不能得到经济补偿，或者得到的经济利益远远不值得他去花那么大的精力办理诉讼。但是在许多情况下，许多人还是坚持着这些明知不能获益的诉讼程序，可见，经济学原理认为诉讼决策只和期望经济收益有关的论断是过于简单的。情感效应的研究可以为此提供补充解释：如果人们对一样事物的喜好程度很深，一旦遭到侵犯，那么他们就更倾向于前去诉讼，因为诉讼一旦成功，不论从经济上还是从心理上都可以给人以慰藉。而在诉讼中，慰藉的形式未必是对起诉人进行的货币形式的补偿，它可以是正义、公正得到伸张的情感诉求，也可以是复仇情绪得到实现的满足状态(如起诉人强烈希望杀人凶手被判处死刑)。不过复仇，或者伸张正义未必一定是决定人们作出诉讼决策的必要条件，即便报复(revenge)的心理因素被抹除，人们依旧会倾向于为自己所更加喜好的事物付出更大的代价。这也就说明，诉讼也未必一定是寻求复仇，它也可能仅仅是诉讼人寻求慰藉的一种途径。

复习思考题

1. 试比较实质理性和过程理性的区别，并简述实质理性与过程理性下不同的认知方式。
2. 试用认知偏差理论解释著名的"出租车案例"。
3. 简述启发式偏差的内容，并用此解释证券市场中的一轮行业普涨现象。
4. 简述框定偏差产生的原因及其表现。
5. 试用行为金融理论解释证券投资中普通投资者短线交易多于长线投资的现象。
6. 研究发现人们倾向于放大对于损失概率的估计。可是我们方才从全球金融危机中看到许多金融机构的执行官、政策制定者和经济学家都低估了金融系统发生损失的概率。你会如何对这种现象作出解释？或者，你想提出怎样的新看法？
7. 弗里德曼-萨维奇(Friedman-Savage)谜题激起了经济学家对于效用函数形态的争辩。在你看来，为什么存在人们既购买彩票，又购买保险的现象？你认为驱动人们做出这两种行为背后潜藏的心理动机是怎样的？如果答案很明显，你以为经济学家为什么要就这个问题展开长达几十年的讨论？
8. "默认选项"如何与"维持现状偏差"联系在一起？回想一下生活中你接受了多少默认选项？选择这些默认项是由于你偏好于维持现状所引起的吗？

[①] Posner, R. 1977. *Economic Analysis of Law*, 2nd edition. Boston: Little, Brown and Company.

9. 风险描述生动性的意义是，当一起风险事故被描述得越生动真切时，它就越容易被人们所想象出来，在脑海中形成类似于图像的意识，这个过程称为脑模拟(brain simulation)。研究认为，这种模拟的真实性越强，则越容易引起个体的情绪，在投保决策中，个体对于风险事故的恐惧度上升，直觉上更加倾向于投保保险。不过我们还需要思考的是，生动地描述风险还将引起个体的负面情感，而在这种负面的情感下保险投资者作出的投资决策一定利于自己或利于保险人吗？或者，我们是否应该考虑，如何平衡生动性与负情感对投保决策的作用。

第三章　预期效用理论与跨期选择

【本章精粹】

- 预期效用理论的发展过程及其主要结论。
- 确定性效应。
- 孤立效应及隔离效应。
- 贴现效用模型的内涵及异象。

【章前导读】

经济学微观层面的分析取决于个体的选择，而许许多多独立的个体的选择则构成了微观经济的基本面，由此决定资源是否被合理、充分、有效地利用，生产消费能否达到最佳状态。而个体的选择，无论是厂商还是个人，在很长时期内都被认为是基于效用最大化所作出的。预期效用理论和折现效用函数则为经济学的数理分析作出了巨大的贡献，许多原先无法量化的问题迎刃而解。

另外，跨期选择是很重要的，即权衡不同时间内的成本和收益而作出决策。这种决策不仅影响到一个人的健康、财富和幸福，而且可能如同亚当·斯密所说的那样，会决定一个国家的经济繁荣状况。经济学家对跨期选择的关注在经济思想史的早期就开始了。在亚当·斯密注意到跨期选择对国家财富的重要性之后不久，苏格兰经济学家约翰·雷(John Rae)就考察了决定跨期决策的社会因素和心理因素。1973 年，保罗·萨缪尔森提出了贴现效用模型 (discounted-utility model，DU 模型)时，一切都改变了。尽管萨缪尔森指明了贴现效用模型的规范效度和描述效度的限制条件，但是贴现效用模型几乎还是立即被接受了，不仅作为一种有效的公共政策的规范标准，而且成为一种对实际行为的准确描述。

然而，这种基于"理性人"假设所提出的效用理论在面对现实经济问题时，却遭到了一系列的质疑。尤其是近年来心理学与实验经济学的行为实验的证伪对预期效用理论构成了巨大的挑战。

【核心概念】

预期效用理论　确定性效应　孤立效应　隔离效应　贴现效用模型

第一节　预期效用理论及其假设

一、预期效用理论的概念及发展

(一) 预期效用理论的基本内涵

人们在日常经济生活中面临着一系列的选择。确定性条件下的选择偏好直接按消费者自己获得的实际效用排序，而风险条件下的个体选择偏好则根据预期效用来排序。预期效用并非个体实际一定能够得到的效用，它包含着个体对风险环境的考虑，比通常的效用有着更多的主观因素。对于理性人选择偏好的优化，起关键作用的是三个因素：偏好、信念和信息。这里所用的偏好概念并不是指广义的选择偏好，而是特指个体的风险偏好，由效用函数 U 的形式决策，通常可分为风险厌恶、风险中性和风险喜好三类。可见，风险偏好是个人决策特征的一个描述。信念的内涵一般可描述为人们对未来不确定状态发生可能性的预先判断。广义的信念类似于预期，而狭义的信念具体化为人们对事件发生的主观概率，其中信念根据是否包含信息又可以分为先验(概率)信念和后验(概率)信念。那么，在既定的后验信念和风险偏好下，理性的个体逐渐形成自己的预期效用，然后在财富约束与追求预期效用最大化的目标下,最终做出个体选择。图 3-1 说明了这个过程。

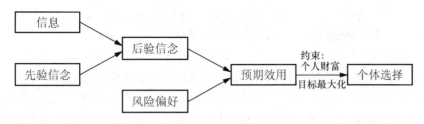

图 3-1　预期效用理论下个体的选择过程

由上图可见,预期效用理论给出了风险环境下的个体决策行为形成的简单精确描述,是个人决策行为的理论支撑,并且,预期效用理论不仅是现代微观经济理论的支柱之一,更是现代金融学风险决策的重要理论支撑。

(二) 预期效用理论的发展

预期效用理论起源于圣彼得堡悖论(St. Petersburg paradox),该悖论是 1738 年由伯努利在瑞士皇家科学院提交的一篇论文中提出的。所谓圣彼得堡悖论,即面对不确定条件下的无穷收益时人们愿意为此支付的代价,其内容如下。

连续掷硬币直至落在地上出现"正面"为止。如果第一次出现正面,奖励 1 元,第二次出现正面奖励 2 元,第三次出现奖励 4 元,第四次 8 元,以此类推。其期望值可以表示为

$$\frac{1}{2}\times 2+\left(\frac{1}{2}\right)^2\times 2^2+\left(\frac{1}{2}\right)^3\times 2^3+\cdots=1+1+1+\cdots=+\infty$$

此游戏的数学期望收益值为无穷大,也就是说,根据最大期望报酬的原理,理性投资者为玩这个游戏所支付的代价是无限的。但实际上,没有人会为玩此游戏而支付巨大成本。因此,理性人愿玩此游戏所支付的代价与无穷期望收益之间的矛盾就构成了所谓的圣彼得堡悖论。这一悖论表明,用最大期望收益原则不可解决一切非确定性投资决策的问题。针对这一悖论,丹尼尔·伯努利提出的解释是,在未超过某临界点时,期望财富的进一步增加并没有成比例地增加效用,就如其他消费物品一般,期望财富的边际效用是递减的。

伯努利对此问题的解释构成了预期效用理论的基石,其主要包括以下两条原理。

(1) 边际效用递减原理:其结论是一个人对于财富和商品的占有多多益善,效用函数一阶导数大于零;随着财富和商品的增加,满足程度的增加速度不断下降,效用函数二阶导数小于零。

(2) 最大效用原理:在风险和不确定条件下,个人的行为动机和准则是为了获得最大期望效用值而不是最大期望收益。

在伯努利之后,1944 年,冯·诺依曼(Von Neumann)和摩根斯坦(Morgenstern)的预期效用理论是在伯努利研究的基础上对预期效用理论进行了发展,创立了不确定性决策的规范理论。[1]预期效用理论首先提出使用期望效用来描述不确定条件下的偏好。他们假设代理人

---

[1] Von Neumann J, Morgenstern O. 1944. Theory of Games and Economic Behavior. Princeton NJ: Princeton University Press.

的选择对象是彩票。彩票定义为一个给定回报和概率的随机变量。他们证明，对任一理性决策者，一定存在某种方式对他所关心的各种可能结果赋予效用数值，使其总是选择最大化自己的效用。诺依曼-摩根斯坦方法的关键假设是代理人知晓有关的概率。因此，这种方法与假设客观概率存在的一些情形类似，如机会赌博。但在代理人不能够确定概率分布的情况下，诺依曼-摩根斯坦方法则难以应用，因为没有投资者能够像对待彩票一样了解所有可能的选择。在期望效用理论的基础上，萨维奇(Savage)在1954年提出主观期望效用(Subjective Expected Utility，SEU)的理论，认为决策者选择备选方案时遵循主观效用最大化原则，决策者选择的是行动(或者行动的过程)。① 那么，如何描述行动？在萨维奇的理论中实际上用两个基本概念——事件和结果来描述行动。事件是世界的状态的集合，世界实际上是决策者所面对的外部事物，一个状态就是对世界的一个描述。结果实际上被萨维奇描述为对决策者具有价值的任何事情。一个行动被定义成一个由世界的状态空间到结果空间的映射。不同的行动就相当于不同的映射。所有可能的行动就构成了行动空间。我们可以记 S 为状态空间，C 为结果空间，A 为行动空间。这样，一个行动可以定义为 $C=A(S)$。或者采用人与自然的博弈的方式，表述为 $C=F(A，S)$。从状态和结果之间关系的角度讲，决策者选择行动相当于在各种可能发生的事件上押赌结果，因此，一个行动相当于一种彩票。

经济学分析的基本内容是人与自然的生存关系，以及在这种关系中形成的人与人的关系。这两种关系可以用人与自然的博弈以及人与人的博弈来描述。如上对行动的描述也相当于人与自然的博弈。决策者选择行动(押赌)，而自然选择状态，人与自然的选择最终决定了决策者得到的结果。

主观期望效用理论的主要结论(道德期望效用存在定理)是：在一定的假设(公理)条件下，在状态空间上存在着唯一的概率分布(满足概率公理)，在结果空间上存在一个实值的效用函数(具有正线形变换性)。即决策者严格偏好 a 大于 b，当且仅当 $U(a)>U(b)$(其中，$U(a)$ 是行动 a 的期望效用，$U(b)$ 是行动 b 的期望效用)时，决策者可以通过期望效用最大化来作出理性的(rational)选择。

萨维奇和诺依曼-摩根斯坦之间的差别在于萨维奇的概率是内生而非给定的。也就是说，萨维奇直接在代理人认定的概率事件和其产生的效用之间进行比较，由此得出其偏好顺序。因此，萨维奇方法不需要代理人了解相关概率的假设，这些主观的概率可以是因人而定的。且诺依曼-摩根斯坦方法对效用值进行计算，而萨维奇方法则侧重于各事件效用间的比较，因此前者是一种基数效用论，而后者是一种序数效用论。基数效用不仅告诉我们投资者更偏好于哪一种结果，而且告诉我们投资者愿意支付多少以获取他所偏好的结果；序数效用只告诉我们投资者第一、第二喜欢的结果，并没有表达偏好的强烈程度。

二、诺依曼-摩根斯坦的预期效用函数

由于用序数效用理论对个体在不确定世界中的行为进行分析并不十分方便，而诺依曼-摩根斯坦方法采用严格的形式化的数学公式对决策过程加以描述，因此得到广泛的运用。

诺依曼-摩根斯坦的预期效用理论将不确定环境下的决策视为一种博彩活动，假设一个

---

① Savage L J. 1954. The foundations of statistics. New York: John Wiley and Sons.

决策者面临一种存在两种可能结果的彩票：获得财富 X 的概率为 $p(0<p<1)$，获得财富 Y 的概率为 $(1-p)$，则该项博彩的预期效用值为

$$U(p;X,Y)=Eu(p;X,Y)=pu(X)+(1-p)u(Y)$$

式中，E 是数学期望算子，而 u 是定义在确定财富上的(效用)函数。上式表明，博彩的效用是获奖效用的期望值，该式也同时表明，就结果而言效用是可加可分的，而就概率而言效用是线性的。

很容易将其推广到具有多项不确定性结果的情形，设有 S 种可能的状态，状态 s 出现的概率为 p_s，此时个体获得的收益是 x_s，则他的效用函数可以写为

$$Eu=\sum_{S=1}^{S}p_s u(x_s)$$

更一般地，在考虑金融市场时，个体的不确定收益可能取一个连续区间内的某一值。对于一个随机变量 $\tilde{X}$，$a\leqslant \tilde{X} \leqslant b$，如果 $\tilde{X}$ 的分布密度函数为 $p(x)$，则个体的诺依曼-摩根斯坦效用函数为

$$E[u(\tilde{X})]=\int_a^b u(x)p(x)\mathrm{d}x$$

或者，如果 $\tilde{X}$ 的分布函数是 $F(x)$，$F'(x)=p(x)$，则

$$E[u(\tilde{X})]=\int_a^b u(x)\mathrm{d}F(x)$$

预期效用理论同时提供了决策者对待风险的态度的框架。

现假设一个人面对一个有两种可能性的不确定结果：一种结果是概率为 $p(0<p<1)$ 的结果 X，X 是一种财富水平的描述；另一种结果是概率为 $1-p$ 的结果 Y。决策者对待风险的态度有以下三种情况。

1. 风险厌恶型

风险厌恶型(risk averse)是指决策者偏好确定性所得，其公式表达如下：

$$U[pX+(1-p)Y]>pU(X)+(1-p)U(Y)$$

为便于图示，现假设 $p=1/2$，则上式变为

$$U(X/2+Y/2)>U(X)/2+U(Y)/2$$

如图 3-2 所示，在纵坐标上，确定收入的效用值 $U(X/2+Y/2)$ 和彩票的效用值 $U(X)/2+U(Y)/2$ 之间的差额就是风险溢价，即风险溢价等于横坐标上 $X/2+Y/2$ 处对应的下凹函数和线性函数在纵坐标上的差额值。

由图 3-2 知，风险厌恶条件下，风险溢价大于 0，其风险厌恶程度为

$$\frac{\partial^2 U(W)}{\partial W^2}=U''(W)$$

式中，W 为财富值。

2. 风险偏好型

风险偏好型(risk seeking)是指决策者偏好不确定性所得，其公式表达如下：

$$U[pX+(1-p)Y]<pU(X)+(1-p)U(Y)$$

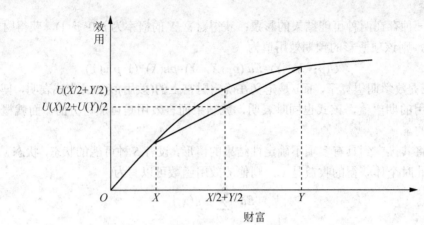

图 3-2 效用-财富函数(1)

同样假设 $p=1/2$，则上式变为

$$U(X/2+Y/2)<U(X)/2+U(Y)/2$$

如图 3-3 所示，在纵坐标上，确定收入的效用值 $U(X/2+Y/2)$ 和彩票的效用值 $U(X)/2+U(Y)/2$ 之间的差额就是风险溢价。风险溢价等于横坐标上 $X/2+Y/2$ 处对应的线性函数和下凸函数在纵坐标上的差额值。风险寻求条件下的风险溢价为负值。

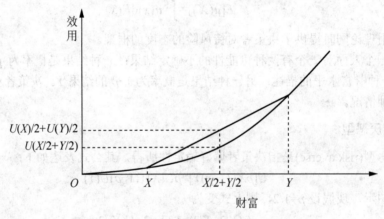

图 3-3 效用-财富函数(2)

3. 风险中性型

风险中性型(risk neutral)是指对决策人来说，不确定性所得和确定性所得没有区别。其公式表达如下：

$$U[pX+(1-p)Y]=pU(X)+(1-p)U(Y)$$

设 $p=1/2$，则可以用图 3-4 表示该函数。

在纵坐标上，确定收入的效用值 $U(X/2+Y/2)$ 和彩票的效用值 $U(X)/2+U(Y)/2$ 之间的差额，即风险溢价为零。如上所示，风险中立可以用线性预期效用函数来描述。

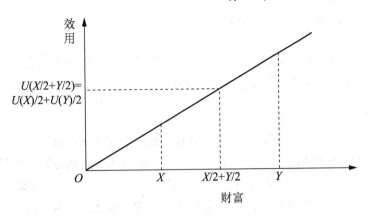

图 3-4 效用-财富函数(3)

三、预期效用函数的公理化体系

(一) 偏好关系的定义

上文所介绍的诺依曼-摩根斯坦效用函数是建立在一系列不需要证明的公理上的,并同时假设人的行为是理性的。当人们面临某种选择时,一定会有比较,从而对选择对象作出优劣的判别。但有时由于存在许多不确定因素,判别有时是很困难的,因此只能说这种选择是一种理性的偏好,而不能说这一定是最优的选择。预期效用理论假设决策人在一个非空选择集合上存在偏好关系,或说他能根据自己的标准为所有彩票排出一个优劣顺序,基本的优劣关系包括以下三种。

(1) 如果认为事件 A 不次于事件 B,则记为:A≥B
(2) 如果认为事件 B 不次于事件 A,则记为:A≤B
(3) 如果认为事件 A 与事件 B 无差异,则记为:A~B

由此三种基本的偏好关系,还可推论出:

(1) 如果 A≤B 和 A~B 都不成立,则称事件 A 严格优于事件 B,记为 A>B
(2) 如果 A≥B 和 A~B 都不成立,则称事件 B 严格优于事件 A,记为 A<B

同时,设 X 为一个非空的选择集,对任意事件 A、B∈X,存在以下公理:

公理 3.1(完全性):∀A、B∈X,必然有 A≥B 或 A≤B 或者两者同时成立。

公理 3.2(自反性):∀A∈X,必然有 A≥A。

公理 3.3(传递性):∀A、B、C∈X,A≥B,B≥C⇒A≥C。

由微观经济学中的效用函数存在性定理,当以上公理满足时,存在连续、单调的(序数)效用函数 U,使得

$$A \geq B \Leftrightarrow U(A) \geq U(B)$$

自然,这个效用函数不是唯一的,任何 U 的正单调变换得到的函数也是同一偏好的效用函数,因为序数效用函数本身没有任何功利意义,它唯一的功能是较方便地表现个体在选择集中的排序。

(二) 预期效用函数的四大公理化假设

预期效用函数除了对主体偏好有以上一系列公理外，其公理体系还建设在以下四大假设上，包括优势性、中值性、恒定性和独立性假设。

1. 优势性

如果预期 A 至少在一个方面不差于预期 B，那么 A 优于 B，这就是优势性。这个原则可能在理性决策中更加明显：如果一个方案在某一状态优于其他方案，并且在其他状态不亚于其他方案，那么这一优势方案将被采用。对于不可量化的风险性方案，如果方案 A 的累计回报值高于方案 B 的累计回报值，那么 A 优于 B。而在另一种情况下，即如果两方案可能的回报相同，则它们间的优势性取决于获得此回报的概率。这一特征可以用公式表示：设 A>B，则当且仅当概率 $p_1>p_2$ 时，有

$$U(p_1; A, B) > U(p_2; A, B)$$

优势性简单而有说服力，它是标准决策理论的基石。

2. 中值性

中值性公理可用公式表示为：对于 X 中任一事件 A、B、C，若 A>B>C，则存在 α、$\beta \in (0, 1)$，使得

$$\alpha A + (1-\alpha)C > B$$

以及

$$B > \beta A + (1-\beta)C$$

中值性定理可以看作偏好的连续性公理。它很好地描述了以下问题：当存在三个严格偏好的彩票 A>B>C 时，可以结合最高和最低偏好的彩票 A、C，通过权重 $\alpha \in (0, 1)$ 组成新彩票组合，使得其偏好要比中间的彩票 B 偏好要大；另外也可以通过权重 $\beta \in (0, 1)$ 组成新彩票组合，使得其偏好要比中间的彩票 B 偏好要小。

3. 恒定性

标准决策理论的一个核心前提是恒定性原则，即各个预期的优先顺序不依赖于它们的描述方式，或者说同一个决策问题即使在不同表象下，也将产生同样的选择。也就是说，对方案的偏好不受方案描述的影响。决策者通过反思同一问题的不同描述而最终选择同一决策方案。恒定性原则被人们普遍认同，以至于人们将它默认为公理而不需验证。比如说，将选择物作为随机变量的决策模型，都假设同一时刻的随机变量的不同表象应该视为相同。

4. 独立性

独立性公理可以用公式表示为：对于任意事件 A、B、$C \in X$，以及 $\alpha \in (0, 1)$，当且仅当 A≥B 时，有

$$\alpha A + (1-\alpha)C \geq \alpha B + (1-\alpha)C$$

独立性公理指出，A 与 B 之间的偏好不会因为第三者 C 的相同形式的介入而有所变化。

独立性公理可以视作恒定性的普遍形式。

预期效用理论及主观预期效用理论描述了"理性人"在风险条件下的决策行为。但实际上人并不是纯粹的理性人，决策还受到人的复杂的心理机制的影响。预期效用理论的公理化假设虽能便于分析问题，但在许多情况下并不正确。因此，预期效用理论对人的风险决策的描述性效度一直受到怀疑。例如，预期效用理论难以解释阿莱悖论、共同比率效应等现象；没有考虑现实生活中个体效用的模糊性、主观概率的模糊性；不能解释偏好的不一致性、非传递性、不可代换性、"偏好反转现象"以及观察到的保险和赌博行为；现实生活中也有对预期效用理论中理性选择上的优势原则和无差异原则的违背；现实生活中的决策者对效用函数的估计也会违背预期效用理论的效用函数。

(三) 预期效用函数确定的五大公理

当决策者遵循以下五大公理，可确定其对应的效用指数，来预测其不确定情况下的选择。其中 A、B、C、代表不同的选择结果，(p,A,B)结果为 A 的概率为 p，结果为 B 的概率为 $1-p$。

1. 完全顺序公理

完全顺序公理(complete-ordering axiom)是指决策者对任何两个可供的选择 A、B 总是可以做出优劣判断；决策者对三者以上的选择是具有传递性的，若他宁要 A 而不要 B，又宁要 B 而不要 C，则可以推导出他宁要 A 而不要 C。

2. 连续性公理

连续性公理(continunity axiom)指对于 X 中任一 A、B、C，若 $A>B>C$，则存在 α、$\beta \in (0, 1)$，使得 $\alpha A+(1-\alpha)C>B$ 以及 $B>\beta A+(1-\beta)C$。

偏好的连续性公理很好地描述了以下问题：存在三个严格偏好的彩票 $A>B>C$ 时，可以结合最高和最低偏好的彩票 A、C，通过权重 $\alpha \in (0, 1)$ 组成新彩票组合，使得其偏好比中间的彩票 B 偏好要大；另外也可以通过权重 $\beta \in (0, 1)$ 组成新彩票组合，使得其偏好比中间的彩票 B 偏好要小。

3. 独立性公理

独立性公理(independence axiom)可以用公式表示：对于任意 A、B、$C \in X$，以及 $\alpha \in (0, 1)$，当且仅当 $A \geqslant B$ 时，有

$$\alpha A+(1-\alpha)C \geqslant \alpha B+(1-\alpha)C$$

独立性公理指出：A 与 B 之间的偏好不会因为第三者 C 的相同形式的介入而有所变化。独立性公理可以视作恒定性的普遍形式。

4. 概率不等公理

概率不等公理(unequal-probability axiom)：假定 $A \geqslant B$，令 $L_1=(p_1,A,B)$，$L_2=(p_2,A,B)$，当且仅当 $p_2>p_1$ 时，$L_2>L_1$。

5. 复合彩票公理

复合彩票公理(compound-lottery axiom)：用公式表达为令 $L_1=(p_1,A,B)$，$L_2=(p_2,L_3,L_4)$为复

合彩票,其中 $L_3=(p_3,A,B)$,$L_4=(p_4,A,B)$。若 $p_1=p_2p_3+(1-p_2)p_4$,则 $L_1=L_2$。

(四) 前景理论的应用

预期效用理论及主观预期效用理论描述了"理性人"在风险条件下的决策行为。但实际上人并不是纯粹的理性人,决策还受到人的复杂的心理机制的影响。预期效用理论的公理化假设虽能便于分析问题,但在许多情况下并不正确。因此,预期效用理论对人的风险决策的描述性效度一直受到怀疑。例如,预期效用理论难以解释阿莱悖论、共同比率效应等现象;没有考虑现实生活中个体效用的模糊性、主观概率的模糊性;不能解释偏好的不一致性、非传递性、不可代换性、"偏好反转现象"以及观察到的保险和赌博行为;现实生活中也有对预期效用理论中理性选择上的优势原则和无差异原则的违背;实际生活中的决策者对效用函数的估计也违背预期效用理论的效用函数。

对于如何做出决策,实验经济学的代表卡尼曼和特沃斯基构建了一个新的决策理论基础,被称为"前景理论"。

卡尼曼与特沃斯基(1981)对学生提出了如下问题。

如果政府正在积极应对亚洲流感的蔓延,它应该采取怎样的行动进程呢?学生们被告知,预测将有600人死于流感,对此政府有以下两种选择,问学生将会支持哪种选择:

A:该疫苗可以救治200人。

B:该疫苗有效的概率为 1/3。若有效,每个人都将得救;若无效每个人都将得不到治愈。

在此种情况下,75%的学生选择了 A。B 中 600 名患者有可能全部死去的风险实在太大,无法被所有人痊愈的可能所弥补。随后,卡尼曼和特沃斯基重新阐述了该问题,并向另外一组学生询问:

C:接受 400 名患者死亡。

D:提供一种疫苗,有效概率为 1/3。若疫苗有效,将会使每个人治愈。但如果无效,将会导致 600 名患者都死亡。

面对这样的选择,2/3 的学生选择了 D。事实上,C 和 A 的结果是一样的,只是以更加可怕的词语表达,"400 名患者死亡"的陈述足以使大部分学生感到恐慌而拒绝 C。很明显,询问的方式会影响决策者的最终选择,这违背了预期效用理论的"恒定性"假设。

为解决预期效应理论中的不足之处,卡尼曼和特沃斯基建议,投资者按照两个连续的步骤来评估前景:

第一阶段:即编辑框架阶段,投资者开始考虑如何构建投资;

第二阶段:更加详细的前景评估。

假设投资者面临的前景中,出现结果 x 的概率为 p,y 的概率为 q。结果带给投资者的效用为 $u(\cdot)$,相应赋予的概率权重为 $\pi(\cdot)$。权重是概率的函数,效用为结果的函数。关于不确定性条件下的决策,前景的价值为

$$\pi(p)u(x)+\pi(q)u(y)$$

前景理论与预期效用理论相比,主要存在以下两大区别:

(1) 相对于投资者所锚定的某一参照点(零补偿、收益的正常水平等)而言,其结果划分为盈利、损失或者不可替代的最终财富水平。

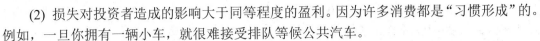

(2) 损失对投资者造成的影响大于同等程度的盈利。因为许多消费都是"习惯形成"的。例如，一旦你拥有一辆小车，就很难接受排队等候公共汽车。

除此之外。前景理论中的权重函数还具有如下性质：概率低的结果被投资者赋予过高的权重，即 $p \approx 0, \pi(p) > p$。相反，与预期效用相比，前景理论认为投资者会低估中高等概率结果，即 $p > 0.5, \pi(p) < p$。显然，在确定或不可能点处，投资者根据前景理论对某结果给出的权重趋向于真实概率。

第二节 预期效用理论的行为实验证伪

一、确定性效应及其实验研究

随着效用理论的发展，大量实验心理学的证据发现，人类的行为并不如传统效用理论所描述的，也就是说，传统的效用理论没有办法对人类的一些行为进行有效的解释。实验经济学在风险决策领域所进行的实验研究最广泛采取的是彩票选择实验(lottery-choice experiment)，即实验者根据一定的实验目标，在一些配对的组合中进行选择，这些配对的选择通常在收益值及赢得收益值的概率方面存在关联。在预期效用理论中，收益的效用以它们出现的概率来衡量。但实验证明，与某种不确定性的收益相比，人们赋予确定性收益更多的权重，也就是说，预期效用并非是简单的线性的预期值。这种现象被称为"确定性效应"。

有关预期效用理论最著名的实验由诺贝尔经济学奖获得者、法国经济学家阿莱斯(Allais，1953)做出。该实验即著名的"阿莱悖论"(Allais paradox)，这个例子就说明了确定性原理。①之后，卡尼曼和特维茨基在 1979 年发表的一系列行为实验对效用理论形成了更为巨大的冲击。②下面的两个选择问题就是一个阿莱命题的变形，与原命题有所不同的是引进了一个适度的收益而不是极端的情况。其中，(2500，0.33)表示得到 2500 的概率为 0.33，其他的依此类推；用 N 来表示每个问题的回答者的数量，每个选项被选择的百分比在括号中给出。

问题 1 作出选择。
A：(2500，0.33)；(2400，0.66)；(0，0.01)
B：(2400，确定)
N=72　　A[18] B[82]

问题 2 作出选择。
C：(2500，0.33)；(0，0.67)。
D：(2400，0.34)；(0，0.66)。
N=72　　C[83] D[17]

数据显示，82%的受试者在问题 1 中选择 B，83%的受试者在问题 2 中选择 C。且这些

---

① Allais M. 1953. Le comportement de 1' homme mtionnel devant le risque: Critique des postulats et axiomes de l'ecole Americaine. Econometrica, 21.
② Kahneman D, Tversky A. 1979, Prospect theory: An analysis of decision under risk. Econometrica, 47, No2, P263-292.

偏好中每一种偏好的显著度都在 0.01 以上。而且，对每种选择形式的分析表明，对两个问题大多数回答者(61%)都作出了情绪化的选择。这种违背期望效用理论的选择方式在阿莱悖论里首先被指了出来。根据预期效用理论，由于 $U(0)=0$，第一个问题可表示成

$$u(2400)>0.33u(2500)+0.66u(2400)$$

或者是

$$0.34u(2400)>0.33u(2500)$$

而第二种偏好暗示着相反的不等式。注意：问题 2 是由问题 1 通过在所考虑的两个期望中消去 0.66 的机会赢得 2400 而得到的。显然，当期望的特征由确定收益变为或然收益时，相对于最初和减少后的期望都不确定的情况，人们的期望有更大的下降。实验的结果是违背了预期效用理论关于偏好的优势性、传递性以及恒定性等公理化假设的。值得指出的是，在这一实验中，受实验者大都通晓概率知识，甚至预期效用模型的创立者之一萨维奇本人也作出了导致悖论的选择。

这种具有相同的概率结果，但是人的行为却又完全不同的决策结果的现象也叫做"同结果效应"(common-consequence effect)。它对预期效用理论形成了挑战。在阿莱斯的实验之后，又有许多学者进行了大量重复实验，结果也都发现了该效用的存在。

卡尼曼和特维茨基在 1979 年发表的经典著作中还发现了与同结果效应相类似的同比率效应(common-ratio effect)，即如果对一组彩票中的收益概率进行相同比率的变换，也会产生不一致的选择。这个实验也是基于阿莱的例子。

问题 3

A：(4000，0.80) B：(3000，1.0)。

N=95 A[20]B [80]

问题 4

C：(4000，0.20) D：(3000，0.25)。

N=95 C[65]D[35]

在这一对问题及本章节的其他几对问题中，超过半数的回答者都违背了预期效用理论。为了显示问题 3 和问题 4 中偏好模式与该理论的不相一致，同样由于 $u(0)=0$，第三个问题可以表示为

$$u(3000)/u(4000)>4/5$$

而问题 4 则暗示着相反的不等式。注意：期望 C=(4000，0.20)可表示为(A，0.25)，而期望 D=(3000，0.25)可记为(B，0.25)。预期效用理论的代入法则认为，若 B 优于 A，则任意概率的组合(B，p)必优于组合(A，p)。我们的受试者并没有遵循这一法则。显然，收益的概率从 1.0 降至 0.25 比从 0.8 降至 0.2 具有更大的影响。这两者的不一致是预期效用理论所无法解释的，它同样违背了预期效用函数的线性特征以及优势性、恒定性等公理。与同结果效应一样，同比率效应也是对预期效用理论的挑战。

下面一对选择问题则说明了非货币形式结果的确定性效应。

问题 5

A：50%的机会赢得英格兰、法国和意大利三周游。

B：确定赢得英格兰一周游。

N=72 A[22]B [78]

问题 6

C：5%的概率赢得英格兰、法国和意大利三周游。

D：10%的概率赢得英格兰一周游。

N=72　C[67]D[33]

可以看出，虽然赢得收益的概率增加的比例相同，但是概率由 0.5 增至 1 比 0.05 增加至 0.1 产生了更大的作用。所以，实验显示了选择偏好的矛盾。由于该实验是以非货币的形式做出的，也就是说在非货币的收益中，也同样存在着确定性效应。

确定性效应并非是违背代入法则的唯一情况。该法则失效的另一种情况在下面问题中得到了说明。

问题 7

A：(6000，0.45)　B：(3000，0.90)

N=66　A[14]B[86]

问题 8

C：(6000，0.001)　D：(3000，0.002)

N=66　C[73]D[27]

注意：在问题 7 中收益的概率是很大的(0.90 与 0.45)，多数人选择了更有可能取得收益的预期 B。在问题 8 中，也有取得收益的可能性，尽管在两个期望中收益的概率是微不足道的(0.002 与 0.001)。在这种有可能取得收益但收益的可能性又不大的情况下，多数人选择了提供较大收益的预期 C。

上述结果说明了人们通常对待风险或概率的观点，并提出了以下形式的经验概括：若(Y, q)等于(X, p)，且$Y>X$，则(Y, qr)优于(X, pr)，$0<p, q, r<1$，r 为一常数。

二、反射效应及其实验研究

之前我们讨论了正期望(即不涉及损失的期望)之间的偏好。把结果的符号颠倒过来使收益为损失所替代，这时会出现什么情况？卡尼曼和特维茨基(1979)用表 3-1 列出了回答。其中左边一栏列示了前一部分中讨论的四个选择问题，右边一栏列示了收益符号相反的选择问题。我们用-x 表示损失 x，用>表示普遍的偏好(即为大多数受试者所作的选择)。

表 3-1　正期望与负期望之间的偏好

正期望			负期望		
问题 3：(4000,0.80)<(3000，1.0)			问题 3'：(-4000,0.80)>(-3000，1.0)		
N=95	[20]	[80]	N=95	[92]	[8]
问题 4：(4000,0.20)>(3000,0.25)			问题 4'：(-4000,0.20)<(-3000,0.25)		
N=95	[65]	[35]	N=95	[42]	[58]
问题 7：(3000,0.90)>(6000,0.45)			问题 7'：(-3000,0.90)<(-6000,0.45)		
N=66	[86]	[14]	N=66	[8]	[92]
问题 8：(3000,0.002)<(6000,0.001)			问题 8'：(-3000,0.002)>(-6000,0.001)		
N=66	[27]	[73]	N=66	[70]	[30]

表 3-1 中的四个问题每一个问题的负期望之间的偏好是正期望之间偏好的镜像(mirror

image)。它们的偏好是刚好相反的。因此,期望以 0 为中心的反射颠倒了偏好的顺序。我们称这种模式为反射效应(reflection effect)。

现在,我们来看上述数据的含义。

首先,请注意反射效应暗示着正域的风险厌恶伴随着负域的风险喜好,即在正的收益性范围中是风险厌恶的,而在负的损失范围内是风险追求。例如,在问题 3′ 中,多数受试者愿意优先接受 0.80 的概率损失 4000 的风险(尽管该项赌博的期望价值更低),而不是确定的损失 3000。

其次,回顾一下,上表 3-1 中正期望之间的偏好与预期效用理论是不相一致的。相应的负期望之间的偏好也以同样的方式违背了预期原则。例如,问题 3′ 与问题 4′ 像问题 3 与问题 4 一样,说明了确定能得到的结果相对不确定的结果被高估。在正的收益区间中,比起不确定的更大的收益,人们更偏好于确定性获益,这种风险厌恶现象应归因于确定性效应。在损失区间内,同一效应导致了对仅具有或然性的损失的风险偏好,而不是对确定的更小损失的风险偏好。对确定性的高估在心理上的表现为:在收益域支持风险厌恶,在损失域却支持风险偏好。

再次,确定性效应认为人们存在对不确定性的厌恶,但反射效应告诉我们,这一结论需要加以修正,因为这种对不确定性的厌恶只是在面对收益的时候才表现出来,而面对损失的时候刚好相反。例如,来看一下对(3000,1.0)而不是(4000,0.80),及对(4000,0.20)而不是(3000,0.25)的普遍偏好。为了解决这种明显的不一致性,我们可以假设人们偏好具有较大期望值与较小方差的预期。因为(3000,1.0)方差为零,而(4000,0.80)有较大的方差,所以,尽管期望值较小但是前一个期望仍可能被选择。然而,随着期望值的降低,在(3000,0.25)与(4000,0.20)之间的方差差异可能不足以补偿期望值的差异。由于与(-4000,0.80)相比,(-3000,1.0)既有较大的期望值又有较小的方差,基于这种考虑应优先选择确定的损失,因此根据方差理论判断确定的损失应该被偏爱,但这与实验结果恰恰相反。因此,我们的数据与确定性是普遍的期望这一观念是不相一致的。而且,似乎确定性强化了对风险的厌恶和对收益的期望。

三、概率性保险及其实验研究

为了防范损失而购买保险的普遍性已为多数人视为资金效用函数的凹度的有力证据。然而,人们为什么愿意花费大量的金钱用超过预期成本的价格购买保险单?对不同形式保险的相对吸引力的研究并不支持资金效用函数处处为下凹的观点。概率性保险(probabilistic insurance)实验即说明了这一点。为了说明这个概念,我们来看卡尼曼和特维茨基在 1979 年对 95 名美国斯坦福大学学生进行实验时所提的问题。

问题 9 假设你考虑为某些财产投保以防火灾或盗窃之类的损失的可能性。在仔细考察过风险与保险费之后,你发现自己对购买保险与不为财产投保这两种选择没有明确的偏好。

接着,保险公司新推出的称作概率保险的方案引起了你的注意。在这种方案中,你支付正常保险费的一半。如果发生了损失,你有 50% 的机会支付另一半保险费并由保险公司赔偿全部损失;50% 的机会你取回已支付的保险费并自己承受全部损失。例如,如果事故发生在一个月中某个单日,你支付正常保险费的另一半,而你的损失会得到保险公司的赔偿;但是,如果事故发生在一个月中的某个双日,你支付的保险费就退还给你,而你的损失就不被保险。

在这些情况下,你是否愿意购买概率保险:

	是	否
N=95	[20]	[80]

虽然问题 9 可能显得不太真实,但是值得注意的是,概率保险代表了很多种形式的保险行为,在这些保险中人们支付一定的费用以降低意外事件发生的概率,而不是完全消除其发生的概率。安装防盗铃、更换旧轮胎以及决定戒烟均可被视为概率保险。

对问题 9 及对同一问题的其他变形的反应表明概率保险普遍缺乏吸引力。显然,将损失的概率从 p 降至 $p/2$ 比将损失的概率从 $p/2$ 降至 0 的价值要小。

与这些数据形成对照的是,预期效用理论(u 下凹)表明了概率保险优于正常的保险。即,如果在资产状况为 w 时某人愿意支付保险费 y 为概率为 p 的损失 x 投保,那么,该人应该一定愿意支付一笔更小的保险费 ry 将损失 x 的概率从 p 降至$(1-r)p$,$0<r<1$。形式上,如果某人认为$(w-x, p; w, 1-p)$与$(w-y)$毫无区别,那么,该人应该偏好概率保险$(w-x, (1-r)p; w-y, rp; w-ry, 1-p)$而不是正常的保险$(w-y)$。

为了证明这一命题,卡尼曼和特维茨基进行了如下演算:

$$pu(w-x)+(1-p)u(w)=u(w-y)$$

表示

$$(1-r)pu(w-x)+rpu(w-y)+(1-p)u(w-ry)>u(w-y)$$

为不失普遍性,我们可设 $u(w-x)=0$ 及 $u(w)=1$。由此,$u(w-y)=1-p$,而我们希望得出

$$rp(1-p)+(1-p)u(w-ry)>1-p \text{ 即 } u(w-ry)>1-rp$$

当且仅当效用函数 u 为下凹时上式成立。

从效用理论的风险厌恶假设来看,这是一个相当令人困惑的结果,因为概率保险直观上显得比正常的保险(完全消除了风险因素)的风险更大。很显然,对风险的直观看法并没有被假设的财富效用函数的凹度有效地捕捉到。

对概率保险的厌恶尤其令人困惑,因为所有的保险在某种意义上都是概率的。最热衷于购买保险的人面临着许多它们购买的保单未涵盖到的财务与其他风险的损失。概率保险与所谓偶发保险之间似乎存在着明显的差异。概率性保险能防止所有财产遭受多种形式的损失,而偶发保险对特定类型的风险提供确定的保险范围,消除所有的某一类损失但是并不涉及其他风险。例如,一种是针对你拥有的房屋财产涉及的覆盖各种损失的保险品种,一种是仅针对某一特定损失(例如火灾)给予完全补偿的应急保险,很显然,后者虽然针对这一特定损失给予了完全补偿,它没有覆盖其他损失的风险,但这两个保险品种在本质上并没有实质区别。因此,两个概率和结果相等的预期因其表述方式的不同可能具有不同的效用。

四、孤立效应及其实验研究

为了简化在不同选择对象之间的选择，人们常常撇开选择对象共有的成分，而将注意力集中于它们之间的区别成分。这种用于选择问题的方法会产生不一致的偏好，因为预期可以以不止一种方式被分解成共同的和有区别的部分，不同的分解方式有时会导致不同的偏好。卡尼曼和特维茨基将这种现象称为孤立效应(isolation effect)。

(一) 概率表现形式导致的孤立效应

问题10 考虑以下的两阶段游戏。在第一阶段，有 0.75 的概率结束游戏但得不到任何收益，有 0.25 的概率进入第二阶段。如果你进入第二阶段，你便有以下选择

A(4000，0.80)   B(3000，1.0)

你必须在游戏开始前作出选择，即在第一阶段的结果出来之前作出选择。

注意：在这个游戏中，事实上受试者是在 0.25×0.80=0.20 的机会赢得 4000 与 0.25×1.0=0.25 的机会赢得 3000 之间作出选择。因此，根据最终的结果和概率，你面临着(4000，0.20)与(3000，0.25)之间的选择，这和前面的问题4的情况相同，理论上偏好模式也应一样。然而，这两个问题中占有优势的偏好是不相同的。在141位对问题10作答的受试者中，有78%的人选择了后一个期望，这与问题4的结果偏好相反。显然，人们忽视了游戏的第一阶段(其结果为两个期望共享)，而像前面的问题3一样，将问题10作为在(3000，1.0)与(4000，0.80)之间的选择来考虑。

对问题4和问题10的描述可以如图3-5和图3-6中的决策树。按照正方形表示决策点，圆圈表示机会点。这两种描述方式的根本不同在于决策点的位置。在问题4中(见图3-5)，决策者面临两种风险预期中的选择，在问题10(见图3-6)中，决策者面临的是一种风险预期与一种无风险预期中的选择。这是通过在预期之间引入相关性而不改变概率和结果来实现的。尤其是，在问题10中，事件"没有赢得3000"被包括在事件"没有赢得4000"中。而在问题4中，这两者是互相独立的。因此，赢得3000的结果在问题10的表述中就具有确定性优势，而在问题4的表述中该结果就没有这一优势。

事件之间的相关导致的期望的颠倒是尤其值得注意的，因为这违背了期望之间的选择仅由最终状态的概率所决定这一决策理论分析的基本假设。

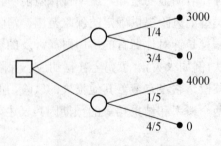

图 3-5   问题 4 的决策树

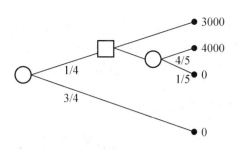

图 3-6　问题 10 的决策树

决策问题描述的不同导致决策结果不一致，在金融财务决策中可以导致很多决策偏差。例如，在不同风险投资项目之间进行选择，可以视为如问题 4 所描述的那种标准决策模式；另外，投资项目决策问题也可以采用问题 10 的方式描述，即在两个方案之间选择：将资金投资于一个项目，该项目存在一定失败的风险，从而投资者可能损失全部资本；另一种方案是投资者可以获得一部分固定的收益，同时如果项目成功，还可以获得一定百分比的盈利。隔离效应意味着对于具有相同预期收益的风险项目，附带一些固定收益条款将增加投资者对选项的吸引力。

(二) 收益结果形式导致的孤立效应

前面的问题说明了对概率的不同描述会如何改变偏好。现在，我们要说明改变对结果的描述如何改变选择。具体请看下面的问题，这些问题被提供给两组不同的受试者。

问题 11　在你所拥有的财产以外，另给你初始奖金 1000。现在，你被要求作出选择

A：(1000，0.50)　B：(500，1.0)

N=70　　A[16]　　B[84]

问题 12　在你所拥有的财产以外，另给你初始奖金 2000。现在，你被要求作出选择

C：(-1000，0.50)　D：(-500，1.0)

N=68　　C[69]　　D[31]

大多数受试者在第一个问题中选择了 B，在第二个问题中选择了 C。这些偏好符合我们在表 3-1 中观察到的反射效应，该效应显示了对正期望的风险厌恶与对负期望的风险喜好。不过，注意在根据最终状态考虑问题时，这两个选择问题是相同的。分别是

A=(2000，0.50；1000，0.50)=C

B=(1500，1.0)=D

事实上，问题 12 是由问题 11 在初始奖金中增加 1000 并在所有结果中减去 1000 而得到的。显然，受试者没有将奖金与期望合并起来。奖金没有加入期望的比较中，因为对于每个问题的两个选项奖金是共有的。

问题 11 与问题 12 中观察到的结果的模式显然与效用理论是不相一致的。例如，在该理论中，同样的效用被确定为 100 000 美元的财富，而不管它是从原先的 95 000 美元还是 105 000 美元的财富得到的。因而，在 100 000 美元总财富与对等机会得到 95 000 美元或 105 000 美元之间的选择，应该与你目前拥有的财富是少于还是多于这两个数额无关的。基于风险厌恶的附加假设，该理论要求拥有 100 000 美元的确定性应该总是优于有风险的选项。然而，对问题 12 以及先前几个问题的实验结果显示，这一模式只在决策人拥有比较少

的初始财富时才成立,如果决策人有比较多的初始财富则不成立。受试者对问题 11 与问题 12 中两个选项共有的奖金的明显忽视提示我们,价值或效用的载体是财富的变化而不是目前的财富总值。这一结论是风险选择替代理论的基石。

五、隔离效应及其实验研究

在本章第一节中我们介绍的预期效用理论的四大公理化假设中有独立性公理,它还可以这样被解释:在事件 A 发生的情况下,期望 x 优先偏好于期望 y,并且在 A 不发生的情况下,x 也优先偏好于 y,那么不管 A 是否发生,x 都应偏好于 y。然而,特维茨基和夏弗(Shafir)却在一个两阶段赌博中发现人们的决策背离了这个公理,于是便将这一现象定义为隔离效应(Disjunction Effect)。隔离效应是指即使某一信息对决策并不重要,或即使他们不考虑所披露的信息也能作出同样的决策,但人们依然愿意等待,直到信息披露再作出决策的倾向。

特维茨基和夏弗在 1992 年用下面的实证表明了隔离效应。他们问受试者是否愿意接受下列赌博:掷一硬币以同等的概率获得 200 美元或损失 100 美元。那些已进行一次赌博的人随后被问是否还愿意继续另外一个同样的赌博。如果他们是再第一次赌博的结果已知后被问的,大部分回答者都愿意接受第二次赌博而不管第一次赌博他们是赢了还是输了。但是如果在结果出来之前他们必须作决定,大部分人则不愿意接受第二次赌博。这是一个让人困惑的结果:如果一个人在做出第二次决策时不考虑第一次赌博的结果,那么在知道赌博结果之前他应该要作出与前述一致的决策。对此,特维茨基和夏弗提出了伴随着这种行为的可能思想模式:如果第一次赌博的结果已知而且还是好的,那么受试者会认为在进行第二次赌博时他们没有什么可损失的,但如果结果不好的话,那么他们就会试图通过下一次赌博去弥补他们的损失。但是如果结果不知道的话,那么他们就没有接受第二次赌博的明确原因。①

第三节　贴现效用模型及其异象

一、贴现效用模型的源起

考察贴现效用模型最终得以形式化的历史发展过程,有助于解释该模型的局限性。在贴现效用模型发展过程中的每一个重要任务——约翰·雷(John Rae)、欧根·冯·庞巴维克(Eugen von Bohm-Bawerk)、欧文·费雪(Irving Fisher)和保罗·萨缪尔森(Paul Samuelson)——都是在前辈的理论框架上,利用更多的内省和观察,对模型做了进一步的发展。贴现效用模型最终能够成为模型化跨期选择的主要理论框架,主要是由于它的简洁,以及它类似于人们所熟悉的复利公式,而不是因为经验研究证明它是有效的。

随着约翰·雷的著作《资本的社会理论》的出版,跨期选择在 1834 年最终成为一个独立的研究主题。与亚当·斯密一样,雷致力于寻找各国财富差异背后的原因。斯密提出国家财富由各国分配在劳动上的资本所决定,但雷则认为这个说法不完全,因为斯密没有说

---

① Tversky A, Shafir E. 1992. The disjunction effect in choice under uncertainty. Psychological Science, 3.

清楚这种资本分配本身是如何决定的。雷认为，遗漏的解释变量就是"人们的有效积累欲望"——一个在各国间存在差异的心理因素，正是这一因素决定了一个社会的储蓄水平和投资水平。

除了创立了跨期选择这一研究主题之外，约翰·雷还第一次深入地讨论了决定跨期选择的心理动机。他认为，人们的跨期选择行为是促进有效积累欲望和抑制有效积累欲望共同作用的结果。促进有效积累欲望的两个主要因素是遗产动机和自我抑制的倾向。其中，遗产动机是"社会上广为流行的一种慈善的情感"，自我抑制的倾向"属于理性的力量，由社会成员心理上普遍存在的反思和节约的习惯形成"。抑制有效积累欲望的一个因素是，人们对未来生活的不确定性；而另一个因素是，人们对即时消费的兴奋、对推迟这种满足的不适。

在雷提出共同决定时间偏好的四个因素后，形成了两种根本不同的观点。其中一种观点随后得到威廉·杰文斯(William S. Jevons)和他的儿子赫伯特·杰文斯(Herbert S. Jevons)的支持。该观点假设人们只关心自己的即时效用，有远见的行为出于人们对未来消费的预期效用。按照这种观点，只在"预期"效用的增加足以补偿即时效用的减少时，才会出现消费的延迟。第二种观点假设现在和未来是等价的(零贴现)，以此作为行为的自然基准，并把更为重视即时效用归因于推迟消费会产生自我节制的痛苦。西尼尔(N. W. Senior)是这种"节欲"观最著名的提倡者，他在1836年提出"放弃可获得的享乐，或者寻求未来的而不是现在的享乐，是人们最痛苦的努力之一"。

预期效用观和节欲观有一个共同点：跨期选择的权衡都依赖于现在的感受——一个是现在对预期的愉悦，一个是现在对自我节制的不适。然而，这两种观点对跨期选择中人与人之间的行为差异的解释是不同的。一方面，预期效用观把跨期选择中人与人之间的行为差异归因于人们想象未来的能力的差异，以及促进和抑制这种想象力的情境的差异。另一方面，节欲观则用自我节制所产生的心理上的不适在个体和情境上的差异，来解释跨期选择中人与人之间的行为差异。按照这种观点，这样的人有着较高的时间贴现率：他们觉得推延满足是痛苦的，或者他们所处的情境使得推延满足会产生痛苦——例如，雷笔下的那些"急于马上享乐"的人们。

在跨期选择经济学的发展中，继雷、杰文斯和西尼尔之后的一位重要人物是庞巴维克，他为跨期选择增加了一种新的心理动机。他认为，人们会系统地倾向于低估未来的需要。

和先前的学者们的分析相似，庞巴维克对时间偏好的分析也偏重于心理因素。他的长篇大作《资本与利息》很大一部分用于讨论时间偏好的心理因素。尽管雷、西尼尔和杰文斯等用心理动机和时间解释了跨期选择，但庞巴维克率先利用经济学上的权衡对跨期选择进行了模型化——把跨期选择看作人们在不同时间点如何配置资源的"技术"问题，这很像一个人在任意两种竞争性利益(例如住房和食物)中分配资源。

庞巴维克把跨期选择行为处理为一个不同时期的消费分配问题，这一思想在十年以后被美国经济学家欧文·费雪于1930年模型化。费雪将跨期消费选择问题画在一个两商品无差异曲线图中，横坐标为当年消费，纵坐标为第二年消费。这种表述可以清楚地表示一个人的显示性时间偏好率——他所选择的消费束的边际替代率取决于两个因素：时间偏好率和递减的边际效用。在费雪的表述中，纯时间偏好可以被解释为对角线上的边际替代率，此时两期的消费是相等的。

费雪像先前的学者一样，对时间偏好的心理因素进行了拓展。同庞巴维克一样，他把诸如未来的财富和危险这类"客观因素"从"个人因素"中区分出来。费雪论述的个人因素中有四项雷曾讨论过，例如，"远见"(想象未来需要的能力——和庞巴维克提出的想象不足相反)和"风尚"。费雪在1930年认为，风尚"非常重要……它对利率以及财富的分配都有一定的影响力"。

因此，在20世纪早期，"时间偏好"被认为是各种跨期心理动机共同作用的结果。贴现效用模型把这些动机简化为贴现率，这被证明复兴这些复杂的心理动机是理解跨期选择的关键。

二、贴现效用模型的内涵

1937年，萨缪尔森在其五页纸的论文《关于效用度量的一个笔记》中介绍了贴现效用模型。萨缪尔森的论文试图为分析多期跨期选择提供一个可操作的、一般化的模型，并且指明表述跨期选择需要对效用进行基数度量。但是在萨缪尔森的简化模型中，19世纪讨论过的所有心理动机被压缩成了一个参数，即贴现率。

贴现效用模型设定一个决策者的跨期偏好建立在消费组合$(c_t, \cdots, c_T)$上。在通常的假设条件下(完备性、传递性和连续性)，这种偏好可以被表述为跨期效用函数$U^t(c_t, \cdots, c_T)$。通过假设个体的跨期效用函数，该式可以被描述为下面这种特殊的函数形式，贴现效用模型得到进一步的发展：

$$U^t(c_t, \cdots, c_T) = \sum_{k=0}^{T-t} D(k) u(c_{t+k}), \quad \text{其中} \ D(k) = \left(\frac{1}{1+p}\right)^k$$

式中，$u(c_{t+k})$通常被解释为个体的基数，即即时效用函数——个体在$t+k$期的福利，$D(k)$通常被解释为个体的贴现函数——个体在t期赋予$t+k$期的福利的相对权重。p表示个体的纯时间偏好率(他的贴现率)，意味着早期讨论过的"心理"动机的总的影响。

萨缪尔森并没有把贴现效用模型看成跨期选择理论的规范模型，他写道："这里讨论的效用与福利无关。"他也没有认为模型具有描述性效度，他强调"个体会按贴现效用模型中设定的那种形式最大化其效用总和，而这一假设完全是随意的，事实上个体并不一定会这么做"。尽管萨缪尔森清楚地说明了贴现效用模型的局限，但是该模型有着不可抗拒的简约和优美，所以迅速被用作分析跨期选择问题的理论框架。

当加林·库普曼斯证明可以从一组浅显的、可信的公理中推导出贴现效用模型时，贴现效用模型几乎无可争议地成为分析跨期选择理论的标准模型。库普曼斯像萨缪尔森一样，并没有认为贴现效用模型在心理学上或在规范意义上是可靠的。他的目标只是指出，在某些严格假定下(虽然这些假定不现实)，可以合乎逻辑地证明个体有正的时间偏好率。然而，一种商品的生产商不能规定商品被如何使用。库普曼斯对贴现效用模型的公理化证明有助于该模型的流行和增进模型的合理性，但是他核心的技术思想大部分被抛弃了。

三、贴现效用模型的异象

1. 符号效应

符号效应发生在收益的贴现率大于对损失的贴现率的情况下。很多研究都得出这样的结论，人们对收益的贴现率大于对损失的贴现率。例如，在泰勒对受试者的调查中，受试者获得一张奖券，他们可以立即兑换奖券，也可以等待一段时间再领取更多钱，泰勒要求受试者写出他们愿意为推迟获得收入而要求的补偿金额。这个实验中得出的贴现率低于用货币收益进行相似实验得出的贴现率。这个结论在文献中很普遍。实际上，在很多研究中，相当一部分受试者偏好于损失马上发生而不是推延损失。

2．量值效应

大多数收益大小不同的实验都发现，大数目收益的贴现率小于小数目收益的贴现率。例如，在泰勒的研究中，平均来说，今天的 15 元和 1 年后的 60 元，今天的 250 元和 1 年后的 350 元，今天的 3000 元和 1 年后的 4000 元，对于受试者来说是无差异的，这表明相应的贴现率分别为 139%、34% 和 29%。

3．"延迟—提前"不对称性

洛文斯坦证明，收益时间相对于时间参照点是延迟了还是提前了，这对估算贴现率有很大的影响。例如，没有期望明年可以得到一台录像机的受试者愿意为马上得到一台录像机平均支付 54 元，但是，那些期望马上得到一台录像机的受试者平均需要 126 元才愿意推迟 1 年得到录像机。本泽恩、拉普波特、亚基尔和谢磊对损失和收益进行了实验，也得出和洛文斯坦一样的发现：人们更愿意推延一段时间后再支付，而不愿意提前支付。

4．对递增的序列收益的偏好

在两种结果选择的贴现研究中(例如，在 t 时期是 X，在 t' 时期是 Y)，标准的贴现率是正值。但是，考察人们对结果序列的偏好的研究发现，较之于递减的序列结果人们更偏好递增的序列结果。例如，洛文斯坦和西奇曼发现，对于一项其他方面都相同的工作，大多数受试者较之于递减的工资或固定不变的工资，更偏好于递增的工资。奚、阿贝尔森和萨洛韦发现，一个递增的序列工资被视为与一个递减的但总额高出许多的序列工资相等。瓦瑞和卡尼曼发现，较之于递增的贴现流，受试者强烈偏好于递减的贴现流，即使在这段时间内不适感的总和在其他方面是相同的。洛文斯坦和普雷勒克发现，受试者在选择连续的周末或连续的月末所对应的两种或多种序列事务时，一般偏好于把较好的东西留到最后。查普曼使受试者假想自己会持续头痛，相应的头痛随着时间逐渐减轻或逐渐加重。头痛的持续期包括 1 个小时、1 天、1 个月、1 年、5 年和 20 年。对于所有的持续期，绝大多数的受试者偏好于随着时间头痛减轻。

四、贴现效用模型的延伸

保罗-萨缪尔森的贴现效用模型简单、易理解，但同时存在很大的局限性，导致存在前面所述的各种异象。贴现效用模型之所以与实际人们的跨期选择有所差异是因为其成立的重要假设是不同时间点的贴现因子是相等的，即贴现因子是一个常数。在这里贴现因子代表了人们的等待耐心，贴现因子越大，耐心越小。若其为常数表明人们今天对明天的耐心与明天对后天的耐心是相同的。这个假设明显存在很大的局限性，因此在萨缪尔森的基础上许多经济学家对贴现因此进行了改善，主要有：Uzama(1968)的内生贴现因子模型、Becker 和 Mulligan(1997)贴现因子模型、Laibson(1997，2001)的"双曲贴现因子"模型、Marshalld

的贴现因子模型、Takashi Kamihigashi(2002)的非线性贴现因子模型以及 Gong 与 Zou(2002) 的贴现因子模型等。在本章节中简要介绍 Uzama(1968)的内生贴现因子模型和 Laibson(1997,2001)的"双曲贴现因子"模型。

1. Uzama(1968)的内生贴现因子模型

与萨缪尔森的贴现因子为常数的假设不同，Uzama(1968)的内生贴现因子模型假设贴现因子是消费效用水平的函数，效用越高，人们对将来的耐心程度越低，贴现因子越大。Uzama(1968)的内生贴现因子模型的数学表达式如下：

若消费是连续的，消费的贴现效用为：$\int_0^\infty u(c)\mathrm{e}^{-\Delta t}\mathrm{d}t$

其中 $\Delta(t)=\int_0^t \beta(u(c(s)))\mathrm{d}s, \Delta(0)=0$，$\beta(u)>0, \beta'(u)>0, \beta''(u)>0$。

在该模型下，随着消费水平的提高，贴现因子随之提高，这样，人们更愿意将消费提前。

在 Uzama(1968)的内生贴现因子模型之后，许多经济学家对此进行了重新研究与拓展。Berdhan 直接将贴现因子表示为消费水平的函数，并假设贴现因子是消费水平的增函数，这实际上与 Uzama(1968)的内生贴现因子是一样的。另外，经济学中著名的"习惯资本"形成模型可以看成是 Uzama(1968)的内生贴现因子的一个特例。

2. Laibson(1997，2001)的"双曲贴现因子"模型

现有两种方案 A、B,每种方案下有两个选择。

方案 A：(1)今天收到一个苹果；(2)明天收到两个苹果。

方案 B：(1)一年以后收到一个苹果；(2)一年零一天后收到两个苹果。

在 A 方案下，大多数测试者选择了(1)，而在 B 方案中，选择了(2)。因此 Laibson 指出人们在近的时间点的折现率是要高于远的时间点的，贴现因子是随着现在与将来的时间间隔长短而变化的，即贴现因子：

$$\Delta(t)=\int_\tau^t \phi'(s-\tau)\mathrm{d}s=\phi(t-\tau), \phi'\geqslant 0, \phi''\leqslant 0$$

距离今天的时间越长，人们的关心程度越低，当时间趋于无穷大时，ϕ' 趋于常数。

因上述贴现因子使用不太方便，对此进行简化，简化形式下的贴现因子被称为拟双曲贴现因子，假设 t 时刻消费者的贴现效用和为

离散情况下：$U_t=u(c_t)+\beta\sum_{i=1}^\infty \delta^i u(c_{t+i})$

连续情况下：$U_t=\int_t^{t+h} u(c_t)\mathrm{e}^{-\delta s}\mathrm{d}s+\beta\int_{t+h}^\infty u(c_t)\mathrm{e}^{-\delta s}\mathrm{d}s$

其中，$\beta>0,\delta>0,\beta\delta<1$。

Laibson 在时间连续条件下，研究了不确定性下具有随机拟双曲贴现，在 t 时刻消费者的贴现效用和为

$$U_t=E_t\left(\int_t^{t+h} u(c_t)\mathrm{e}^{-\delta s}\mathrm{d}s+\beta\int_{t+h}^\infty u(c_t)\mathrm{e}^{-\delta s}\mathrm{d}s\right)$$

其中 h 是随机变量，服从参数为 λ 的指数分布($\lambda>0$)。此时，贴现因子是随机的，可表示为

如下形式:

$$D_\lambda(t,s) = \begin{cases} e^{-\delta(s-t)}, s \leq t+h \\ U_t = E_t(\int_t^{t+h} u(c_t) e^{-\delta s} ds + \beta \int_{t+h}^{\infty} u(c_t) e^{-\delta s} ds) \\ \beta e^{-\delta(s-t)}, s > t+h \end{cases}$$

利用双曲线贴现模型，Laibson 得到了更加符合实际的信用卡借贷与消费-收入互动和资产累计过程。

复习思考题

1. 试述预期效用理论的发展过程及其主要结论。
2. 什么是确定性效应？请举例说明。
3. 请用第三章内容解释概率性保险现象。
4. 简述孤立效应及隔离效应，并比较这两种现象。
5. 简述贴现效用模型的内涵。
6. 简述贴现效用模型的异象。
7. 试述贴现效用模型延伸研究的相关内容。

第四章 前景理论——行为金融学的理论基石

【本章精粹】

- ◆ 前景理论的主要内容。
- ◆ 伯努利的效用函数、弗里德曼-萨维奇的效用函数、马科维茨的效用函数以及前景理论的价值函数的各自特点。
- ◆ 前景理论的价值模型与效用理论的价值模型这两者的差异性。
- ◆ 前景理论价值函数的特点,以及决策权重函数的特征。
- ◆ 禀赋效应、后悔与厌恶效应、沉没成本效应的基本内涵。
- ◆ 为什么禀赋效应会带来交易惰性。

【章前导读】

决策和偏好研究是现代经济学和金融学所不可或缺的重要组成部分,它们共同构成了人类一切经济行为的起点。研究投资者的偏好,以及投资者如何作决策和评估风险,是解释投资者交易行为的理论和模型的前提条件。例如,对风险的态度这一偏好会影响到资产的定价,传统金融学理论就是建立在厌恶风险这一假设基础之上的。在传统经济学与金融学中,分析不确定条件下的决策时,经济学家就使用了预期效用理论。在第三章中,我们已经指出预期效用理论通常以四个公理来表示,即优势性公理、中值性公理、恒定性公理,独立性公理。但是,最近的大量研究证明,在实际决策中,人们的决策行为常常违反按照预期效用理论所作的预测。例如艾斯伯格(Ellsberg)悖论与阿莱(Allais)悖论。这无疑对传统金融理论形成了巨大冲击。基于心理学关于人们偏好的研究,卡尼曼和特维茨基提出了预期理论的一个替代概念:前景理论(prospect theory),又称期望理论或展望理论。①前景理论的提出为行为金融学的发展提供了重要的理论基础,这也是行为金融学中被学术界最为公认的理论。在本章中,我们将对前景理论及其相关研究着重进行阐述。

【核心概念】

前景理论　价值函数　决策权重函数　禀赋效应　后悔与厌恶效应　沉没成本效应

第一节　前景理论的形成过程

我们在前面已经论述过了,长期以来,预期效用理论一直是现代微观经济理论的支柱之一。如果投资者对于不同环境条件下的投资具有合理的偏好,那么就可以运用效用函数来描述这些偏好。但是,心理学和实验经济学在个体决策与偏好研究领域内的诸多发现,诸如确定性效应、同结果效应、同比率效应等,这些都对预期效用理论形成了巨大的冲击,更进一步说,这对经济学中的诸多理论和研究乃至整个现代新古典经济学的挑战都是极为严峻的。因此,越来越多的学者尝试着放松预期效用理论的有关公理性假定,试图从技术上对原有的理论进行修正或替代。

---

① 2002年10月9日,瑞典皇家科学院决定将本年度的诺贝尔经济学奖,授予美国普林斯顿大学的丹尼尔·卡尼曼教授(Daniel Kahneman)和美国乔治梅森大学的弗农·史密斯教授(Vernon Smith),以表彰他们对心理经济学和实验经济学作出的开创性贡献。诺贝尔经济学奖公告指出,卡尼曼"把心理学研究的成果与经济学融合到了一起,特别是在有关不确定情形下人们如何作出判断和进行决策方面",史密斯则"为经济学的经验分析、特别是对各种市场机制的研究,建立了一套实验室实验方法"。

一、原有价值期望理论上的修正

对预期效用理论的修正模型主要有以下三大类。

(一) 扩展性效用模型

扩展性效用模型(generalized utility model)的主要特点是针对同结果效应和同比率效应等,放松预期效用理论函数的线性特征,或对独立性公理进行重新表述。如克里斯·斯塔姆在 2000 年将概率三角形表示的预期效用函数线性特征的无差异曲线,扩展成体现局部线性近似的扇形展开(Fanning Out)。[①]

这类扩展性效用模型没能给出度量效用的原则,但给出了效用函数的许多限定条件。

(二) 非传递性效用模型

非传递性效用模型(non-transitivity utility model)主要针对偏好反转问题,其特征是放弃了传递性公理。如卢姆斯(Loomes)和萨金(Sudgen)在 1982 年所提出的"后悔模型",该模型引入了一种后悔函数,将效用界定在个体对过去"不选择"结果的心理体验上。[②]如,放弃选择"出现不好结果感到庆幸,出现好的结果感到后悔"。对预期效用函数进行了改写。把效用函数定义为

$$U(x, y) = u(x) + R[u(x) - u(y)]$$

式中,R 为引入的后悔函数,它的意思是:假设投资者从行动集$\{p, q\}$中选择了 p 并产生了结果 x,用 $U(x, y)$ 表示投资者的选择所产生结果的一般效用:如果 $u(x)>u(y)$ 表示投资者感到庆幸,那么,$u(x)<u(y)$ 则表示投资者感到后悔,并用函数 R 来描述庆幸和后悔的程度对总体的影响。

鉴于后悔函数的影响,其模型允许循环选择的出现,因此其偏好的无差异曲线就能在概率三角形内的一点相交,如图 4-1 所示。

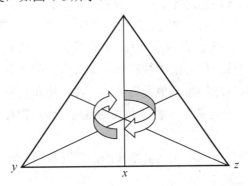

图 4-1 偏好无差异曲线在概率三角形中相交

---

① Chris Starmer, 2000. Developments in Non-Expected Utility Theory: The hunt for a descriptive theory of choice under risk, Journal of Economic literature Vol. 38. pp. 332-382.

② Loomes, G. , R. Sugden. 1982. Regret Theory: An Alternative Theory of Rational Choice Under Uncertainty. The Economic Journal, 92.

(三) 非可加性效用模型

非可加性效用模型(non-additivity utility model)主要针对 Ellsberg 悖论,认为概率在测量上是不可加的。用非累加概率或概率的非线性变换作为结果的效用的权重。[①]

这些修正模型并不能够令人满意。首先,上述模型都是对某些公理化假定进行技术上的修补,只是让现象适应理论,而不能使理论解释现象。其次,心理学和实验经济学的实验现象几乎违背了预期效用理论的所有公理性假定,而上述的理论模型在诸多的实验结果面前往往是互相矛盾的。再者,模型本身的假设前提也不能得到实验验证。

可以说,对预期效用理论的修正已经无法解释现实中的现象,要寻找对现象的合理解释必须要另辟蹊径。从目前看来,最具影响力的理论就是卡尼曼和特维茨基于 1979 年提出的"前景理论"。

二、基于心理学视角的前景理论

"弗里德曼-萨维奇困惑"对以凹形效用函数为基础的传统预期效用理论引发了挑战。而冯·诺依曼(Von Neumann)和摩根斯坦(Morgenstern)在贝努利的效用理论基础上发展了预期效用理论,该理论对待风险的态度始终不变,其效用函数自始至终均为凹型(见图 4-2(a))。[②]但是,弗里德曼-萨维奇困惑表明事实上人们对待风险的态度并不是始终一致的。弗里德曼和萨维奇提供了一个既有凹形部分又有凸形部分的效用函数来解决保险彩票问题。其中,凹形部分与购买保险的决策一致,而凸形部分与购买彩票相一致(见图 4-2(b))。马科维茨(Markowitz)在 1952 年研究指出只有一小部分的弗里德曼-萨维奇投资者既会购买保险又会购买彩票。特别要指出的是,既购买保险又购买彩票的投资者其财富会落入由他们提出的效用函数中的拐点位置限定的一个狭窄区域内。而且,马科维茨指出,弗里德曼-萨维奇效用函数意味着穷人将永远不会购买彩票,而中等收入的人将不会为其中度损失保险。为了表达这些观点,马科维茨通过将效用函数的一个拐点放在"通用财富"(customary wealth)的位置上修改了弗里德曼-萨维奇函数。马科维茨第一个提出效用应以收益或损失来定义,而非在大多数考察效用的方法中被默认的最终资产的状态。马科维茨也注意到了在正的与负的期望中的风险寻求现象,他提出了一个在正的和负的范围内都有凹部与凸部的效用函数(见图 4-2(c))。但是他的处理仍然是预期效用理论,因此无法解释许多对这一原理的背离现象。

卡尼曼和特维茨基于 1979 年在马科维茨的通常财富理论和阿莱工作的基础上构造了"前景理论"价值函数(见图 4-2(d))。

前景理论试图对彩票选择实验中的大量异常现象作出有说服力的解释。之所以将该理论称之为前景理论,是因为在卡尼曼和特维茨基看来,个体进行决策实际上是对"前景"

---

① Schmeidler D. Case-based Decision Theory. Quarterly Journal of Economics, 1995, 110.
② Friedman, M., L. J. Savage. 1948. The Utility Analysis of Choices Involving Risk, Journal of Political Economy.

(prospect)的选择，而所谓前景，就是各种风险结果，前景选择所遵循的是特殊的心理过程和规律，而不是预期效用理论所假设的各种公理。前景理论发现了理性决策研究者没有意识到的行为模式。卡尼曼和特维茨基把这种模式归因于人类的两个缺点：一是情绪经常破坏理性决策中必不可少的自我控制能力；二是人们经常无法完全理解他们所遇到的问题，即心理学家所谓的认知困难。在下一节中，我们将详细介绍前景理论模型。

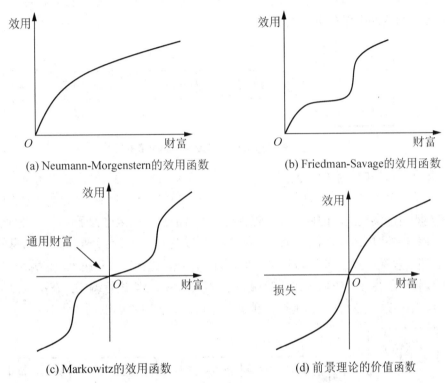

图 4-2　效用理论的改进模型与前景理论模型

第二节　前景理论的主要内容

卡尼曼和特维茨基在 1979 年发表的《前景理论：风险条件下的决策分析》(*Prospect Theory: An Analysis of Decision under Risk*)文章中提出了前景理论。与预期效用理论的公理性形式不同，前景理论是描述式的。卡尼曼和特维茨基在一系列心理实验结果的基础上提出了主要观点：人们更加看重财富的变化量而不是最终量；人们面临条件相当的损失时倾向于冒险赌博，而面临条件相当的盈利时倾向于接受确定性盈利；等等。综合这些结果和观点，他们给出了解释人们在不确定条件下的决策行为模型。

卡尼曼和特维茨基将个人的选择和决策过程分成两个阶段，并且利用两种函数来描述个人的选择行为：一种是价值函数 V，另一种是决策权重函数 $\pi(p)$。其中价值函数取代了传统预期效用理论中的效用函数，决策权重函数则将对预期效用函数的概率 p 转变成决策权重 $\pi(p)$。

一、个人风险决策过程

预期效用理论认为投资者面对不确定状态下的投资决策是基于期末财富和结果发生的概率大小而作出的,传统金融理论假设下投资者的决策框架(见图 4-3)依据自身的财富水平和对结果发生的概率而作出一种预期的优化选择,这种决策模式建立在对各种信息咨询的充分占有和对情景的全面分析基础之上。

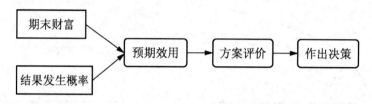

图 4-3 传统金融理论下投资者的决策框架

但是在金融市场的现实中,投资者由于受到外部环境的变迁、投资者的知识水平、信息占有的不对称、分析判断工具的先进性及自身心理素质等种种因素的制约,上述的预期效用最优决策是不可能实现的。因此,前景理论对投资者的决策框架进行了修正,他们认为,个人在作选择和决策时会经历两个阶段:事件的发生以及人们对事件结果及相关信息的收集、整理为第一阶段,称之为编辑阶段;接下来是第二阶段,进行评估和决策,也就是评价阶段。在决策的编辑阶段往往会依据个人决策偏好而对各种备选方案进行编码;在决策评价阶段,相对于参考点,投资者对收益和风险的预期决定了最终方案的制定(见图4-4)。

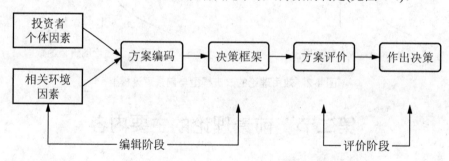

图 4-4 前景理论下投资者的决策框架

卡尼曼和特维茨基定义一个"期望"为一个不确定事件,表示为$(x, p; y, q)$,这个事件最多只有两个非零的结果。这个事件中,个人得到x的概率为p,得到y的概率为q,另外有$1-p-q$的概率得不到任何东西,因此$p+q<1$。

第一阶段:编辑阶段。

编辑阶段的作用主要是按照一定的标准,用规定的方法对各个选项进行描述,以及简化随后的估价和选择,使得决策者更容易作出决策。编辑阶段主要包括以下几个内容。

(1) 编码。卡尼曼和特维茨基指出人们通常关注的是收益和损失,而不是财富或福利的最终状态。收益和损失是相对于某一参考点而言的,而参考点的选择通常又与现有资产状况有关,在这种情况下,收益和损失实际上就是得到或付出的金额。编码就是根据参考点,

第四章 前景理论——行为金融学的理论基石

对现有财富的实际收入和支出,把期望行为组合编译成决策者自己的获利或损失。但是参考点的位置以及收益和损失的编码,会受到提供期望的表达方式和决策者的预期所影响。例如,在一个抛硬币的赌局中,若是正面则你获得5美元,若是反面则你输3美元,对于这个赌局我们可以编码成(5,0.5;-3,0.5),参考点一般就是现有的资产状况。

(2) 合成。期望有时可以将具有相同结局的概率合并,这样可以将问题简化。如期望(100,0.2;100,0.3)可以简化为(100,0.5)。

(3) 分解。在编辑阶段,对于严格为正或严格为负的期望,可以将其分解为无风险部分和不确定性部分。例如,期望(500,0.6;400,0.4)就可以被分解为400的确定性收益以及(100,0.6)的不确定性期望两个部分。同样的,期望(-300,0.7;-200,0.3)可以看成是-200的确定性损失和(-100,0.7)的不确定期望。

(4) 取消。取消有两种情况,一种情况是前面所提到的分离效应,也就是说人们在选择中抛开了不同期望中共有的部分。即在一个两阶段的期望中,会忽略第一个阶段而只考虑第二个阶段的部分。另一种情况是人们常常抛弃共有的组成部分。例如在期望(200,0.2;100,0.5;-30,0.3)和(200,0.2;160,0.5;-100,0.3)的选择中,就可以通过取消两者的共同因子(200,0.2)而简化成(100,0.5;-30,0.3)和(160,0.5;-100,0.3)两项。

(5) 简化。简化是通过凑整概率或结果而对期望进行简化。例如(99,0.51)为了简单就可能重新编码为以50%的机会获得100。简化的另一个特别重要的形式是抛弃选择中的极端不可能的结果。

(6) 发现占优(detection of dominance)。对所有给定的前景进行扫描,发现不占优的选项,可以直接删除而不需要进一步的估值评价。

因为编辑阶段大大方便了决策,所以假设这一阶段只要有可能的话,决策人就会执行这一阶段。值得一提的是,编辑工作不仅能简化估价,而且有时候能影响决策者的决策,如分离效应的产生就来源于取消过程中对共有部分的抛弃。最后的编辑期望将会依赖于编辑过程的顺序,而这种顺序以期望提供和显示的形式不同而有所不同。

第二阶段:评价阶段。

在编辑阶段之后,决策者将对期望进行估值,并选择出最好的期望。卡尼曼和特维茨基改变了传统理论评估总效用的方法,转而衡量一个期望的总价值 V。被编辑的全部总价值 V 将用两个尺度进行衡量:即价值函数 $V(x)$ 和决策权重函数 $\pi(p)$。$V(x)$ 反映了结果的主观价值,它与传统效用函数衡量结果的最终财富是不一样的,它衡量的是该结果离开参考点的程度,把参考点在价值的度量中确定为0点,也就是它衡量的是收益或者损失的价值。$\pi(p)$ 表示与每一个概率 p 相对应的决策权重。它与客观概率 p 有着本质的区别,它反映了概率 p 对期望的全部价值的影响程度。

前面我们假设过,期望的简化形式为 $(x, p; y, q)$,这种形式最多有两种非零结果。在这样的期望中,个人得到 x 的概率为 p,得到 y 的概率为 q,另外有 $1-p-q$ 的概率得不到任何东西。这样就会有三种情况:如果所有的可能结果都是正的,用数学语言表达就是,如果 $x, y>0$ 以及 $p+q=1$,那么提供的期望是严格为正的;如果所有可能的结果都是负的,那么期望就是严格为负的;如果一个期望既不是严格正的也不是严格负的,那么这个期望就是一个一般性期望。

前景理论的基本方程描述了将权重函数和价值函数结合起来去确定期望的总价值。如果$(x, p; y, q)$是个一般性的期望(即要么$p+q<1$，要么$x>0>y$，要么$x<0<y$)，那么

$$V(x, p; y, q)=\pi(p)\cdot V(x)+\pi(q)\cdot V(y) \qquad (4-1)$$

式中：$\pi(p)$是决策权重函数；$V(x)$和$V(y)$分别是期望不同结果的价值。

假如期望是严格为正或严格为负的，个人往往先将其分解成两个部分，其中一个部分是无风险的方面，例如确定获得的最小利得或确定支付的最小损失；另一部分是风险性方面，例如可能发生的利得或损失。这种情况的评价方式可以表示成

$$V(x, p; y, q)=V(y)+\pi(p)\cdot[V(x)-V(y)] \qquad (4-2)$$

也就是说，严格为正和严格为负的期望的价值等于无风险部分的价值$V(y)$加上不同结果之间的价值差$[V(x)-V(y)]$乘上比较极端(概率极低)的结果的相关权重$\pi(p)$。进一步，式(4-2)可以转化为

$$V(x, p; y, q)=\pi(p)\cdot V(x)+[1-\pi(p)]V(y) \qquad (4-3)$$

因此，假如$\pi(p)+\pi(1-p)=1$，则式(4-3)就可以转化成式(4-1)。可以得出，严格为正(负)的期望的价值与一般性期望的价值是一致的。但是，$\pi(p)+\pi(1-p)=1$这个条件并不是始终成立的。

总的来说，前景理论的价值模型在形式上保留了和预期效用模型一样的乘积和形式。但是，为了解释第三章所讲的各种效应，卡尼曼和特维茨基假设价值与财富的变化有关但不是最终状态，而且决策权重与固定的概率并不一致。这些与期望效用理论的差异，必然会导致传统经济金融理论所不能接受的结果。例如非连续性、非传递性，还有优势性。如果决策者意识到他偏好的非传递性、非连续性等，他的这些偏好就会纠正过来。然而，在很多情况下，决策者并不能或者没有机会发现自己的偏好会违反他所希望遵循的决策规则。在这种情况下，前景理论所指出的各种异象便会出现。

二、价值函数及参考点

(一) 价值函数的特征

大量心理学证据表明，人们通常考虑的不是财富的最终状况，而是财富的变化状况。前景理论一个非常巨大的突破就是用价值函数V替代了传统的效用函数，从而将价值载体落实在财富的改变而非最终状态上。总体上来看，价值函数有以下特点。

(1) 价值函数应该是一个单调递增的曲线。因为，对个人来说任何情况下收益总是要比损失好的，而且收益越大，价值越高(或者损失越小，价值越高)。

(2) 价值函数是定义在相对于某个参考点的利得和损失基础上，而不是一般传统理论所重视的期末财富或消费上。参考点的决定通常是以目前的财富水平为基准。前景理论的一个重要特征就是人们常常考虑的是财富的变化量而不是财富的最终状态。这一假设与感知和判断的基本规律是一致的。卡尼曼和特维茨基的感知工具就是对变化或差异进行估值而不是对绝对值进行估值。例如，当人们对光、声音和温度做出反应的时候，

第四章 前景理论——行为金融学的理论基石

过去和现在的经验定义了一个适应水平或参考点,所有被感知的变化都是相对于这个参考点而言的。因此,一个给定的温度可能是根据一个人可以适应的温度而被确定为热的还是冷的。比如,有三种不同光暗温度程度(亮、中、暗)的灯,一个人如果在暗的灯下长时间待着的话,一旦让他使用中等光亮的灯,他就会认为很亮,这是因为他是以暗灯为参考点的;但是,如果他原来是在亮灯下,那么一旦让他使用中等亮度的灯,他就会觉得很暗,这是因为他现在是以亮灯为参考点的。同一个道理也适用于一些非感觉属性,例如健康、声望、财富等。同一财富水平可能对一个人意味着贫穷,而对于另外一个人来说就可能是巨大的财富,这些都要取决于他们当前财富的多少,也就是说他们参考点的水平。

"强调财富变化才是价值的载体"不应该被理解为财富的变化独立于财富初始的量。严格来说,价值应该被看作两个部分的函数:财富的状态也就是参考点;相对于参考点的变化量(正的还是负)。例如,某个人对待财富的态度可以用一本书来描述,其中,书的每一页表示某一特定财富状况的变化的价值函数。显然,按照不同页码描述的价值函数是不相同的;随着财富的增加,它们可能会变得更接近线性。然而,期望的偏好次序并不会因资产状态小的,甚至中等程度的变化而发生重大改变。

因此,在坐标轴上,价值函数就应该是以参考点为原点且单调递增的曲线。

(3) 价值函数为反 S 形的函数。也就是说在参考点之上是凹的,这一点体现了风险规避。即在确定性收益与非确定性收益中偏好前者;在参考点之下是凸的,体现风险偏好,即在确定性损失与非确定性损失中偏好后者。

很多心理反应属性都是凹函数。例如,天气变化 2 摄氏度和变化 5 摄氏度是很容易区别的,而区分变化 12 摄氏度和 15 摄氏度就不那么容易了。这一个原理可以应用到财富变化量的估算中。收益 100 和收益 200 之间的差异显得比收益 1100 和收益 1200 的差异要大;同样的,损失 100 和损失 200 之间的差异看起来也要比损失 1100 和损失 1200 之间的差异要大。

卡尼曼和特维茨基通过一个风险状态下个人对收益和损失反应的实验,证实了价值函数的这种特征。

例 4-1 假设有两个赌局,让实验者在每个赌局中作出选择。

赌局 1　(6000,0.25)或者(4000,0.25;2000,0.25)

赌局 2　(-6000,0.25)或者(-4000,0.25;-2000,0.25)

实验发现,在赌局 1 中,82%的人选择了后者,而赌局 2 中,70%的人选择了前者。

我们利用价值的基本方程来表达以上赌局中的偏好状况:

赌局 1　$q(0.25)V(6000)<q(0.25)[V(4000)+V(2000)]$

赌局 2　$q(0.25)V(-6000)>q(0.25)[V(-4000)+V(-2000)]$

简化这两个不等式,我们有

$$V(6000)<V(4000)+V(2000) 和 V(-6000)<V(-4000)+V(-2000)$$

这与价值函数在收益段呈凹函数,在损失段成凸函数是一致的。这表示处于收益状态时,决策者是风险厌恶的,每增加一单位的收益所增加的效用低于前一单位所带来的效用;

处于损失状态时，决策者是风险偏好的，每增加一单位的损失，其失去的效用也低于前一单位所失去的效用。

(4) 决策者在相对应的收益与损失下，其边际损失要比边际收益敏感。也就是说价值函数在损失部分(负轴)上的斜率比获利部分(正轴)上的斜率要大，在图形上就表现为损失部分的曲线要陡于收益部分的曲线。

心理学证据表明，对财富变化态度的一个突出特征是损失的影响要大于收益，损失一单位的边际痛苦大于获取一单位的边际利润，也就是个人有损失趋避的倾向。泰勒将这种情况称为"禀赋效应"。这可以很好地解释为什么人们不愿意对等概率赌局(对称性事件)(x, 0.5；$-x$, 0.5)下注。原因在于同一概率下，收益带来的效用远远抵不上损失带来的负效用。而且，随着 x 越大，其厌恶程度越高。

证明：假设 $x>y \geq 0$，考虑赌局(x, 0.5；$-x$, 0.5)和(y, 0.5；$-y$, 0.5)。我们知道在这个赌局中人们更倾向于前者。

利用价值的基本方程式来表达以上赌局中的偏好状况：

① 令 $y=0$，可得：$V(x)<-V(-x)$

$$V(x)+V(-x)>V(y)+V(-y)$$

② $V(y)+V(-y)>V(x)+V(-x)$ 合并同类项，再移项，可得

$$V(-y)-V(-x)>V(x)-V(y)$$

两边同除以 $x-y$，有 $\dfrac{V(-y)-V(-x)}{(-y)-(-x)} > \dfrac{V(x)-V(y)}{x-y}$，令 $x-y$ 趋向于零，我们就有 $V'(x)<V'(-x)$。

综合以上四点特征，我们可以很容易得到价值函数的大致图形，如图 4-5 所示。

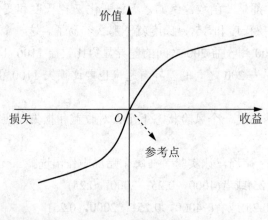

图 4-5 价值函数

(二) 参考点的内涵

前景理论的价值函数与预期效用理论中的效用函数一个重要的不同点就是存在着一个拐点，即存在所谓的"参考点"。

人们在评价一个事物或作出一个选择时，总要与一定的参照物或参考点相比较，当对比的参照物不同时，相同的事物会得到不同的比较结果。因此，参考点作为一种主观评价标准，它是个人主观确定的，而且会因评价主体、环境、时间等的不同而不同。卡尼曼和特维茨基发现风险收益机会的价值更多地依赖于可能发生的收益或损失是以哪个水平为参

考点的，而不是他最终会带来的总价值。也就是说，并不是人们的富有程度影响其决策，而是某项决策会让人们变得穷一点还是富一点的判断影响其决策。因此，卡尼曼和特维茨基说："我们可以通过改变参考点的方法来操纵人们的决策。"比如百货商场在举行促销活动时，常常会将原价标得特别高，这样顾客在作出购买选择时如果以原价为参考点，就会形成该商品很便宜的错觉。

泰勒研究发现，在某些情况下，利得会增加个人参加赌局的意愿，这称为"私房钱效应"。[①]他通过一个实验来描述了这个现象。

例 4-2 假设有两组学生来做实验。

A 组学生，假设他们刚刚赢得了 30 美元。现在有一个抛硬币的赌局，正面可以获得 9 美元，反之要输掉 9 美元。实验结果表明 70%的同学愿意接受赌局。

B 组同学，假设刚开始他们没有赢任何钱。现在提出抛硬币的赌局，如果正面则可以获得 39 美元，反之可以获得 21 美元，如果不参加赌局可以稳获 30 美元。实验结果中，只有 43%的学生愿意参加赌局。

实验结果表明，尽管两组学生面临的最终选择是一样的，也就是正面 39 美元，反面 21 美元，不参加则确定有 30 美元，但是开始拥有财富的同学选择了参加赌局，而开始没有钱的同学则放弃赌局，这说明，个人作决策时会受到前一次收益的影响，也就是自己原有状态的影响。在这里初始状态的 30 美元和 0 美元成了他们各自的参考点。

参考点的选择有很多，人们通常是以目前的财富水平为基准，但是也不完全如此。卡尼曼和特维茨基认为参考点可能会因为投资人对未来财富预期的不同而有不同的考虑。研究者发现，价格的预期走势也会影响到参考点的决定。例如，假设有人在房地产正要繁荣之前以 500 000 元买了一栋房子，预期房地产开始火爆时该房子价值可达到 800 000 元，而此时若要出售房子的话，其参考点就不再是初始买价了，而变成了预期财富 800 000 元。

另外，在一些研究实验中也会出现获利或损失逆转的现象，这是因为人们在决策编辑过程中，用于编码定义获利或者损失的参考点发生了变化。并且参考点的变化是因为财富现状在很短的时间内发生了变化，或者变化很大，让决策者还没有很快就适应。例如，一个人刚刚损失了 2000 元，现在面对这样一个赌局：在确定的 1000 元收入和 0.5 的概率获得 2000 元之间进行选择。如果他还没有适应已经损失了 2000 元后的财富状况，仍然把原来的财富作为参考点，他就会把这个决策编辑成(-1000，1.0)和(-2000，0.5；0，0.5)，而按照这个参考点编码之后的期望比按照现有财富为参考点的编码(1000，1.0)和(2000，0.5；0，0.5)的期望更具有风险偏好的趋向，也就是说，参考点的变化改变了预期行为组合的偏好次序。

三、决策权重函数

面临不确定性决策时，人们常常需要通过概率来估算不同结果发生的可能性。传统的预期效用理论认为，一个不确定性期望的价值可以通过决策主体对各种可能出现的结果按

[①] Thaler, R. H., Tversky A., Kahneman D., Schwartz A. 1997. The effect of Myopia and Loss Aversion on Risk Taking: An Experimental Test. Quarterly Journal of Economics, Vol.112, No.2, P. 647-661.

照出现的概率的加权求和后得到。也就是说,一个不确定期望的价值是关于其结果发生概率 p 的主观线性函数。即

$$U(x, y)=pU(x)+(1-p)U(y)$$

我们知道,概率可以分为客观概率和主观概率。客观概率是指在大量的实验和统计观察中,在一定条件下某一随机事件出现的一种客观存在的频率。它是基于对事件的物理特性的分析,如一个硬币有正反两面,向上抛掷后,任何一面朝上的概率都为 0.5。而主观概率是指人们对某一随机事件可能出现的频率所作的主观估计。主观概率为 1,意味着人们相信某个事件会出现;主观概率为零,意味着人们相信某个事件不会出现,而中间值反映不同的信心水平。可以说,客观概率不依赖于人的主观认识,人们可以借助概率论和统计方法,基于客观情景的分析,计算出客观概率分布。而主观概率则在于个人主观上对客观事物的认识,以及人们的经验和偏好。而且人们在加工不确定性信息时,常常存在一些认知偏差,因此,主观概率和客观概率往往是不相符合的。并且,人们对不同的效用值所对应的事件发生的主观概率是不一样的,按照实际概率值可以划分为极可能、很可能、可能、很不可能、极不可能几种情况。不同情况下人们对概率的评价有明显的差异。从不可能事件到另一个可能事件,或者从可能事件到确定性事件的变化所产生的作用大于一个从可能性事件到另一个可能性事件的同等变化而产生的作用,即决策权重存在"类别边际效应"(category boundary effect)。

在前景理论中,所有可能的结果都会乘以一个决策权重,决策权重可以从预期的选择中推断出来。决策权重函数具有以下特点。

(1) 决策权重并不是概率,但它与客观概率 p 相联系,是客观概率的一个非线性函数,是客观概率的递增函数。它不符合概率公理,也不能解释为主观概率。除了个人主观认定的事件发生的可能性外,通常决策权重还会受到与事件相关的其他因素的影响,比如个人喜好。人们在作决策的过程中,对于自己比较偏好的结果常常会赋予较大的权重。例如,在购买彩票时,尽管人们明确知道中奖的可能性比较小,但情感的支配(非常希望中奖,或者认为老天会垂青自己等)使得购买者认为自己中奖的可能性比较大。

(2) 小概率事件的高估和次可加性。

当概率 p 很小时,$\pi(p)>p$,这表示个人对于概率很小的事件会过度重视;但是当一般概率或概率 p 较大时,$\pi(p)<p$,这可以说明个人在过分注意概率很低的事件的同时,往往忽略了经常发生的事。而且,在低概率区域,权重函数是次可加性函数,也就是说,对于任意 $0<r<1$ 时,有 $\pi(rp)>r\cdot\pi(p)$。

例 4-3 假设个人购买彩票。A:有 0.001 的概率获得 5000 元;B:稳获 5 元。结果发现,在 100 个参加实验的人中,有 72%的选择 A,也就是购买彩票。

利用价值方程式,我们可以得到 $\pi(0.001)V(5000)>V(5)$,因此,$\pi(0.001)>V(5)/V(5000)$。由价值函数在收益段是凹函数的性质可知,$0.001V(5000)<V(5)$,所以可以得出 $\pi(0.001)>0.001$。

对小概率事件的高估放大了对偶然性获利的希望,结果,人们常常在对待不可能的盈利时表现出风险偏好。这也解释了彩民在几乎不可能的盈利情况下彩票的诱惑力。

下面,我们来更进一步说明权重函数在低概率区域的次可加性。也就是说对于较小的概率 p,当 $0<r<1$ 时,有 $\pi(rp)>r\cdot\pi(p)$。

例 4-4 假设仍然是彩票问题,有两种选择。A:0.001 的概率获得 6000 元;B:0.002

的概率获得 3000 元。结果在 100 人参加的实验中，有 73% 的人选择了前者。

按照上述偏好，根据价值方程式，我们有 π(0.001)V(6000)>π(0.002)V(3000)。

因此，可以得出 $\frac{\pi(0.001)}{\pi(0.002)} > \frac{V(3000)}{V(6000)}$，而且前面已经知道价值函数在收益段是凹函数，就可以推出 $\frac{V(3000)}{V(6000)} > 1/2$，于是我们有 $\frac{\pi(0.001)}{\pi(0.002)} > 1/2$。

次可加性说明了小概率事件的作用较大，即 p 值在一个特定的小值范围内，概率放大的倍数会大于权重放大的倍数，当然，如果 p 值超出这个范围这种性质就不存在了。

(3) 次确定性：即各互补概率事件决策权重之和小于确定性事件的决策权重。也就说，对于 $0<p<1$，有 $f(p)+f(1-p)<1$。卡尼曼和特维茨基将这一属性称为"次确定性"，并就此问题做了下面的实验。

问题 1 有两种选择 A：(2500，0.33；2400，0.66；0，0.10)   B：(2400，1.0)

结果 100 个受试者中，82% 的人选择了 B。

根据价值方程式和问题偏好关系，我们可以得到

$$V(2400)>\pi(0.66)V(2400)+\pi(0.33)V(2500)$$

即 $[1-\pi(0.66)]V(2400)>\pi(0.33)V(2500)$ \hfill (4-4)

问题 2 有两种选择：A：(2500，0.33；0，0.67)；B：(2400，0.34；0，0.66)。结果 100 个受试者中，83% 的人选择了 A。

同样，我们根据上面的过程可以得到：$\pi(0.33)V(2500)>\pi(0.34)V(2400)$ \hfill (4-5)

综合式 (4-4) 和式 (4-5)，我们得到 $[1-\pi(0.66)]V(2400)>\pi(0.34)V(2400)$，也就是 $1-\pi(0.66)>f(0.34)$。

次确定性表明 f 是对 p 的回归，即偏好对概率变化的敏感性通常比期望效用理论要求的要低。因此，次确定性描述了人们对于不确定性事件态度的一个重要因素。也就是说，所有互补性事件的权重之和小于确定性事件的权重。由于假定小概率事件的权重大于其确定的概率，因此次确定性意味着中、高概率事件的权重小于其确定的概率。

(4) 次比例性。当概率比一定时，大概率对应的决策权重的比率小于小概率对应的权重比率，即对于任意的 $0<p$，q，$r<1$，存在 $\frac{\pi(pq)}{\pi(p)} < \frac{\pi(pqr)}{\pi(pr)}$。

(5) 当逼近确定性事件的边界时，也就是当概率 p 非常接近于 0(极低概率)或 1(极高概率)时，个人对概率的评价处于非常不稳定的突变状态，此时权重常常被无端忽视或者突然放大。而且，到底多少可以算作极低的概率或者极高的概率，是由投资者的主观判断所决定的。

在有些情况下，人们对极低概率事件有高估倾向，这使得人们对可能性很小的盈利表现出风险偏好，同时对可能性很小的损失表现出极度的厌恶。这就解释了彩票和保险为什么具有如此大的吸引力，因为它们都是以较小的固定成本换取可能性小但十分巨大的潜在收益。

综合以上五个特征我们大致可以描绘出决策权重函数的近似图像，如图 4-6 所示，图上的虚线部分权重函数是客观概率的非线性函数，单调上升，在低概率段 $\pi(p)>p$，而在相对高概率部分，则 $\pi(p)<p$。

需要注意的是，在一些情况下，人们对于极低概率事件也会有着将其忽略的倾向。也

就是说，人们有时可能把可能性极小的事件简单地视为不可能事件，从而将其决策权重看作 0，同时把极可能发生的事件的权重看作 1。此时，决策权重函数的图形就会有所变化，如图 4-7 所示。

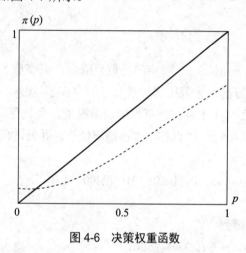

图 4-6　决策权重函数

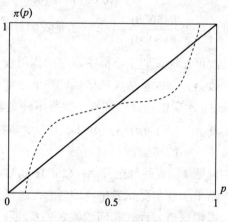

图 4-7　决策权重函数的另一种形式

第三节　前景理论的应用

前景理论比预期效用理论更能真切地描述风险下的个人行为，并且已经在这方面贡献卓著。正如 2002 年诺贝尔基金会网站上所说："前景理论已经成为风险决策与应用性实证工作的基石。它为经济学家们提供了一种新的观察视角，也促进了后来其他理论的发展。"在前景理论的基础上，许多学者做了一系列相关理论的推导和实证研究工作，例如，禀赋效应(Endowment Effect)和处置效应就是前景理论的很好应用。

一、禀赋效应

一旦得到某些东西，如杯子、钢笔等，人们给它们所赋予的价值就会显著增长。中国的俗语"丢了是个宝，放着是个草"、"敝帚自珍"都是指这个现象，这些都与禀赋效应有关。禀赋效应是指一旦人们拥有了某个物品，就会高估该物品的价值。换句话说，一旦人们对某个物品的财产权确立了，人们就会赋予该物品更高的价值。

传统经济学理论表明，在竞争性的市场上，买方和卖方都是价格的接受者，因此，预测个人购买或出售一件商品的价格应当是一样的。但是，禀赋效应却表现在商品的交易上，对于同样的物品，要该物品的所有者放弃该物品而愿意接受的最低价格总是高于他们为了买入该物品所愿意支付的最高价格。这一现象最早是在 20 世纪 70 年代由环境经济学家们所发现的。海麦克和布恩曾在 1974 年发现，野鸭涉猎者要以每只野鸭 247 美元的支付费用来维持适合野鸭生存的湿地，但若要他们放弃在这块湿地涉猎野鸭，他们的要价却高达每只 1044 美元。

大量的经济现象的观察和研究表明，人们为了买入一件商品所愿意支付的最高价格和放弃该商品而愿意接受的最低价格之间有很大的差距，即 WTA 明显高于 WTP，这被称为

第四章　前景理论——行为金融学的理论基石

WTA-WTP 缺口。泰勒(Thaler)最早将这种现象命名为禀赋效应。他曾提出两个问题：假设现在你立即死亡的概率是千分之一，第一个问题是，你为消除这个概率愿意付出多少钱？典型的回答是："我最多付出 200 美元。"第二个问题是，你要得到多少钱才允许这个死亡的概率降临到你身上？典型的回答是："为这种额外的风险我至少要拿 50000 美元。"从新古典经济学的观点来看，财富的变动方向并不影响财富本身的价值，财产权利的初始安排与经济效率无关。显然，这是个个体偏好方面的一个悖论。

禀赋效应反映了人们有避免失去禀赋的倾向，萨缪尔森和塞克豪瑟尔(Zeckhauser)在 1998 年研究认为，这种倾向是个人产生"安于现状的偏差"，即投资者在作出决定时愿意维持原有的状态，而不愿意将其财富作新的改变。①他们做了一项实验，设计了两种决策情境：在中立版本中，参与者获得一笔存款，可以用这笔存款进行投资，并提供给参与者 4 种投资组合以供选择——中等风险的公司股票、高等风险的公司股票、国库券及地方政府债券。在现状版本的决策情境中，参与者从远房亲属那里继承了一组投资资产，即中等风险公司股票，此时，同样可将这笔遗产转换成第一种情境中的 4 种投资组合之一。实验结果表明，在现状版本中选择中等风险的公司股票的参与者要远高于中立版本中选择中等风险的公司股票的人数，即大部分实验参与者选择维持原状。

禀赋效应导致了交易惰性，例如，一位受试者被假设指派了一些工作，其在工资(S)、工作环境(T)两方面有差异。该受试者被假设担任了一个职位($S1$，$T1$)，然后可以选择是否跳槽到另一个职位($S2$，$T2$)。($S2$，$T2$)相对于($S1$，$T1$)而言，在一个方面更好，而另一个方面更差。实验结果表明，原来被指派到职位($S1$，$T1$)的人不愿意跳槽到职位($S2$，$T2$)，原来被指派到职位($S2$，$T2$)的人也不愿意跳槽到职位($S1$，$T1$)。

二、后悔厌恶与处置效应

"后悔"，是指个人因为作了某一个决定，而使自己丧失原本较好的结果而带来的痛苦。后悔比受到损失更加痛苦，因为这种痛苦让人们觉得要为损失承担责任。"后悔厌恶"是指当人们作出错误的决策时，对自己的行为感到痛苦。为了避免后悔，人们常常做出一些非理性行为。如投资者趋向于获得一定信息后，才作出决策，即便是这些信息对决策者来讲并不重要，没有它们也能作出决策。后悔厌恶是泰勒在 1980 年首先提出来的，后经卡尼曼和特维茨基等发展而形成。它指不确定条件下，投资者在作出决策时要把现实情形和他们过去遇到过的不同选择的情形进行对比，如果个体认识到不同的选择会使他们处于更好的境地，他们就会因为自己做出了错误的决定而自责不已，这种情绪就是后悔；相反，如果从现实选择中得到了更好的结果，他就会有一种欣喜的感觉。后悔厌恶理论的核心主要有以下三点。②

(1) 胁迫情形下采取的行动所引起的后悔比非胁迫情形下的后悔要轻微。
(2) 没有采取行动所引起的后悔比做了错误行动所引起的后悔要轻微。

---

① W. Samuelson , R. Zeckhauser. 1998. Status Quo Bias in Decision Making. Journal of Risk and Uncertainty 1, 7-59.

② Thaler,R. 1980. Toward a positive theory of consumer choice. Journal of Economic Behavior and Organization,1,pp. 39-60.

(3) 个体需对行动的最终结果承担责任情形下引起的后悔比无须承担责任情形下的后悔要强烈。有利的结果会使责任者感到骄傲，不利的结果会使责任者感到后悔。如果后悔比骄傲大，责任者会尽量避免采取这一行动。这一现象如图 4-8 所示。

谢夫林(Shefrin)和斯塔德曼(Statman)在 1985 年研究认为，投资者为了避免后悔，会倾向于继续持有具有资本损失的股票，而去变现已有资本利得的股票。他们把这种现象称为"处置效应"(disposition effect)，即投资者长时间地持有损失股，而过早地卖出盈利股。

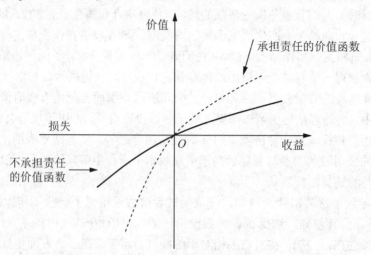

图 4-8　后悔厌恶与处置效应

注：实线表示无需承担责任的函数，虚线表示承担责任的价值函数。
　　骄傲随着利得值的增加而增加，后悔随着损失值的增加而增加。

例如，某投资人在月初以 50 元买进某股票，到了月底，该股票的市价为 40 元，预期该股票未来不是上涨 10 元就是下跌 10 元。此时投资者就要决定卖出股票或是继续持有该股票。谢夫林和斯塔德曼认为投资者会将此决策过程编辑成以下两个期望的选择。

A：立即出售该股票，马上确认 10 元的损失。

B：继续持有该股票，有 50%的可能性再损失 10 元，50%的可能性可以扳回损失。

根据前景理论，价值函数在损失段是凸函数，此时投资者是风险偏好者。因此投资者不会愿意确认该损失，而会尝试可能的扳平机会，所以投资者会继续持有该股票。这种现象与赌徒在赌输情况下希望翻本的心理是一样的。另外，若该股票价格为 60 元，我们同样可以根据价值函数在收益段是凹函数，推出此时投资者是风险规避者，更倾向于实现确定的盈利。因此会比较早地出售已经盈利的股票，这与赌徒的见好就收的心理是一样的。

巴伯(Barber)和欧登(Odean)在 2000 年利用前景理论来解释处置效应，主要是从参考点的角度出发的。[①]他们认为投资者会以买价或心理价位作为参考点，来决定是否继续持有或者卖出股票，例如，假设一个投资者购买股票，他认为该股票的预期报酬高得足以让他承担风险，他会把买价作为参考点，如果股价上涨，会有盈利产生，此时价值函数是凹函数，表现为风险规避。假如投资者认为股票的预期报酬会下降，他就会卖出该股票。另外，巴

---

① Barber, T. Odean. 2000. Boys Will Be Boys : Gender, Overconfidence, and Common Stock Investment. Quarterly Journal of Economics.

伯和欧登在 1999 年将处置效应运用到投资者同时持有两种股票的情况，假设这两种股票一涨一跌。如果投资者此时面对流动性的需求，必须要卖出某种股票，而且这两种股票没有新的信息的影响，那么他会卖出哪种股票呢？他们的研究发现投资者比较有可能卖出上涨的股票。

三、沉没成本效应

沉没成本效应是指由于过去决策结果而引起，并已经实际支付过款项的成本。传统理论认为沉没是决策非相关成本，不会影响个人对该问题未来的决策。但事实上，个人在作决策时是很可能受到沉没成本的影响的。泰勒(Thaler)在 1980 年把"沉没成本效应"定义为"一项已经支付了费用的商品或劳务，而增加该商品或劳务的投入资金和使用频率的现象"[①]。

例如，假定某人为了参加某网球俱乐部而支付了 300 元的入会年费。两个星期后他不小心扭伤了肘部。本来在这种情况下，他不应该继续打网球；但考虑到已经交了 300 元年费，他还是忍痛继续打网球。在这里，300 元的入会费就是沉没成本，他明显影响到了个人的决策。泰勒在 1980 年根据前景理论对该现象作出了解释。假定该人打网球得到的快乐价值为 $V(g)$，但同时所承担的肘部疼痛为 $V(-c)$。另外，假设如果该人是免费加入俱乐部的，若 $V(g)+V(-c)=0$，也就是说，此时打不打网球对于他来说无所谓。当他为加入俱乐部而支付了 300 元时，他打网球的价值就变为 $V(g)+V(-c-300)$。根据前景理论，价值函数在损失部分是凸函数，所以 $V(g)+V(-c-300)>V(g)+V(-c)+V(-300)=V(-300)$。也就是说，此时他会觉得继续打网球比不打的价值要大。

第四节 前景理论的新发展

自从卡尼曼和特维茨基于 1979 年发表他们的代表性文章 "Prospect Theory:An Analysis of Decision under Risk" 以来，前景理论引起了广泛的关注，成为行为金融学理论在经济生活中应用最广的理论之一。在此基础上，卡尼曼和特维茨基以及其他学者对该理论作出了许多完善和扩展。

一、累积前景理论

除了上述理论发展之外，卡尼曼和特维茨基在 1991 年发现前景理论还会遇到两个问题：①不一定会满足随即占优原则；②无法扩充到数目很大的结局的情况。[②]为了解决上述问题，卡尼曼和特维茨基在 1992 年提出了累积前景理论(cumulative prospect theory)，也称为 CPT。[③]累积前景理论利用累积概率而不是个别概率来转换传统效用函数中的概率，他们认为个人

---

① Thaler,R. 1980 .Toward a positive theory of consumer choice ,Journal of Economic Behavior and Organization,1,pp.39-60.
② Tversky, A., Kahneman D. 1991. Loss Aversion in Riskless: A Reference-Dependent Model. Quarterly Journal of Econmics,1039-1061.
③ Tversky, A. , Kahneman D. 1992. Advances in Prospect Theory: Cumulative Representation of Uncertainty. Journal of Risk and Uncertainty, 5: 297-323.

的风险态度有四种不同的类型：当事件出现的概率比较大时，处于收益状态的投资者是风险规避，处于损失状态的投资者是风险偏好，但是当概率很小时，对于收益则变成了风险偏好，对于损失则是风险回避。

累积前景理论使用了人们在偏离基准财富水平时所面临的累积收益或累积损失信息。假设自然状态的集合为 S，并且是事件的子集；O 与自然状态集合 S 相联系，为结果集，A_i 为事件集的一部分。并且，结果集 O 包含值为 0 的中性结果，所有的收益和损失都是相对该结果而取值的。

由于不确定前景，某件事情 s(S 的元素)会导致结果 x，用函数表示为

$$F(s) = x$$

另外，因为结果集 O 中的事件集 A_i 也会导致结果 x_i，那么前景 f 还可以由 (x_i, A_i) 表示。同时，根据前景理论，人们对某一参照点附近的收益和损失反应呈现不对称性，收益和损失的前景分割，所以前景记为 f^+，f^-。则估值等式为

$$V(f)=V(f^+)+ V(f^-)$$

式中，决策权重 $\pi^+(f^+)=(\pi_0^+, \cdots, \pi_n^+)$，$\pi^-(f^-)=(\pi_0^-, \cdots, \pi_n^-)$。$\pi^+(f^+)$ 表示结果至少或严格比 x_i 好；$\pi^-(f^-)$ 表示结果至少或严格比 x_i 坏。因此，权重 π 暗含预期事件对财富的边际贡献值。

进一步，通过事件前景 A_i 的概率分布 $p(A_i)$ 可以得到前景 $f(x_i, A_i)$。决策权重进一步定义为

$$\pi_n^+ = w^+(p_n), \quad \pi_{-m}^- = w^-(p_{-m})$$
$$\pi_i^+ = w^+(p_i+\cdots+p_n) - w^+(p_{i+1}+\cdots+p_n), 0 \leqslant i \leqslant n-1$$
$$\pi_i^- = w^-(p_{-m}+\cdots+p_i) - w^-(p_{-m}+\cdots+p_{i-1}), 1-m \leqslant i \leqslant 0$$

卡尼曼和特维茨基用一个掷骰子的事例说明了前景累积值是如何计算出来的。掷骰子会产生 1 到 6 的结果。如果 x 是偶数，你可以得到 x；如果 x 为奇数，你必须支付 x。因此可以得到离散的概率分布就是 $x = (-1, 2, -3, 4, -5, 6)$，每一个结果以 1/6 的概率等可能地出现。因此，正负前景就可以用数值表示为

$$f^+=(0,1/2;2,1/6;4,1/6;6,1/6)$$
$$f^- = (-5,1/6;-3,1/6;-1,1/6;0,1/2)$$

其中，f^+ 中有一半数值小于 0，即分布一半位于 0 的左边，1/6 位于 2 的左边，1/6 位于 4 的左边。将上式用于估值等式为

$$\begin{aligned}V &= V(f^+)+V(f^-)\\ &=V(2)\left[w^+(1/2)-w^+(1/3)\right]+V(4)\left[w^+(1/3)-w^+(1/6)\right]\\ &+V(6)\left[w^+(1/6)-w(0)\right]+V(-5)\left[w^-(1/6)-w^-(0)\right]\\ &+V(-3)\left[w^-(1/3)-w^-(1/6)\right]+V(-1)\left[w^-(1/2)-w^-(1/3)\right]\end{aligned}$$

在上述估值等式中，价值函数和累积概率共同决定了风险态度。累积概率提供了额外的灵活性，可以运用到不确定的前景中。

二、心理账户理论

传统观点认为完全理性的人在考虑一个多期望决策问题时会全面考虑各个结果,并综合计算各方面得失带来的效用。而心理账户则认为,个人在作决策时不可能纵观所有可能的结果,个人实际上会将决策分成几个小部分来看,也就是分成几个心理账户,对于不同的心理账户会有不同的应对思路。

为了方便介绍心理账户的基本含义,这里介绍卡尼曼和特维茨基提到的一个利用心理账户进行核算的具体例子。

情形 A:你花费 150 元买了一张音乐会的门票,到达音乐会时,发现门票不见了,售票处还在以相同的价格售票,你会再买一张吗?

情形 B:你预订了一张 150 元的音乐会门票,到达音乐厅时,发现丢了 150 元,如果你带的钱仍然充足,你会按原定价格买预定的门票吗?

从经济支出的角度看,两种情形是一样的,都是丢了 150 元,你面临的选择是再付 150 元听音乐会或是扭头回家,但经验研究结果表明,在第一种情形下,绝大多数人不再去听音乐会,而第二种情形下仍会去买预定的门票。

这种行为决策的差异可以用心理账户进行解释。决策者有两个心理账户:一个是音乐会账户,另一个是普通现金账户。听音乐会提供的价值是获得艺术带来的欢愉,它会被贷记在音乐会账户中。这一价值用以补偿购买门票支付的票价。在第一种情形下,当到达音乐厅门前时,音乐会账户已经借记了票价支付。如果再购买第二张门票,将增大账户的借方项目,也就是说,听音乐会的成本突然变成了 300 元。这对于听一场音乐会来说,支出太高了,所以大部分人在问及是否会购买第二张票时都会比较犹豫。相反,第二种情形下丢失的 150 元将被借记在现金账户上,这一账面损失尽管会造成不愉快,但并不影响想象中的音乐会账户余额,所以没有理由在第二种情形下不听音乐会。这说明,决策行为受两个账户分开、互不串账的影响,而没有考虑到它们之间的相互关系。

谢夫林和泰勒认为个人将自己的所得分成三个部分:目前的薪金所得、资产所得和未来所得。对于这三种收益个人所采取的态度是不同的,比如对未来的收益个人总是不太愿意提前花掉。即便这笔收益是确定的。泰勒后来研究又发现,普通投资者会将自己的投资组合分成两个部分,一部分是风险低的安全投资,另一部分是风险较高、期望收益也较高的风险投资。这是人们都有迹象避免损失又想变得富有的心理,所以把两个心理账户分开,一个用来规避贫穷,保证基本生活,另一个则希望暴发致富。而且,在考虑问题的时候,行为主体往往每次只考虑一个心理账户,把目前要决策的问题与其他账户的关系忽略掉。

谢夫林和斯塔德曼于 1999 年以前景理论为基础,发展出了行为组合理论(behaviorl portfolio theory,BPT)。[1]该理论同样是以心理账户为基础,包括单一心理账户和多个心理账户。其中单一心理账户投资者关心投资组合中各资产间的相关系数,所以他们会将投资组合整个儿放在一个心理账户中;相反,多个心理账户投资者将投资组合分成不同的账户,忽略各账户之间的相关系数,所以他们可能在某一账户卖出证券但在另一账户中买进相同的证券。这也解释了为何人们在买保险的同时也会买彩票。

---

[1] Shefrin, Hersh, Meir Statman. 1999. Behavioral Portfolio Theory. Working Paper.

三、面对多个期望时的决策

在上述问题中，可以发现所讨论的情景主要是针对单一期望的选择。然而实际生活中人们常常要同时面对多个期望的选择。例如投资者在买卖股票时可能会同时买进或卖出多种不同的股票，那么个人在同时面对多个期望时，是如何编辑并评价的呢？卡尼曼和特维茨基在1981年提出了心理账户的方法。他们认为个人面对多个不同期望时的决策过程，应该视为一种心理账户的活动。

泰勒(Thaler)在1985年总结并发展了心理账户的理论，他以个人在确定性下同时面对两个不同的期望(x, y)为例，解释了个人针对多个期望时的整个决策过程。[①]他认为，个人会将这两个不同的期望视为一种联合现象，并根据心理账户的方法将这种联合以合并 $V(x+y)$ 或分开 $V(x)+V(y)$ 的方法来编辑。一般而言，个人会以价值最大化原则来决定要合并编辑还是分开编辑。他为此提出了一个衡量模式来说明个人面临的四种组合。

(1) 多重利得：假如个人面临的两个期望都为利得，即 $x>0$，$y>0$。由于价值函数在面对利得时是凹函数，所以 $V(x+y) < V(x)+V(y)$，所以分开编辑对个人而言价值比较大。

(2) 多重损失：假如个人面临的两个期望都为损失，即 $x<0$，$y<0$。由于价值函数在面对损失时是凸函数，所以 $V(x+y) > V(x)+V(y)$，所以对于个人而言合并编辑的价值相对较大。

(3) 混合利得：假设个人所面临的两个期望中，一个结果为正，一个结果为负。即 $x>0$，$y<0$。我们假设 $x+y>0$，所以就整体而言仍然是利得，泰勒将这种情况称为混合利得。由于价值函数在损失段较收益段为陡，因此，$V(x+y) > V(x)+V(y)$，合并后编辑的价值大。

(4) 混合损失：假设个人所面临的两个期望中，一个结果为正，一个结果为负。即 $x>0$，$y<0$。我们假设 $x+y<0$，所以就整体而言仍然是损失，泰勒将这种情况称为混合损失。在这种情况下，如果没有进一步的信息，我们无法判断哪一种编辑方式好。假如 $V(x+y) > V(x)+V(y)$，则合并编辑好，这种情况是收益和损失比较接近的时候(见图 4-9)。假如 $V(x+y) < V(x)+V(y)$，则分开编辑比较好(见图 4-10)。

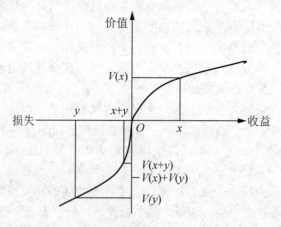

图 4-9 混合损失下损失、收益接近的情况

[①] Thaler R. H. 1985. Mental Accounting and Consumer Choice .Marketing Science, 4.

第四章　前景理论——行为金融学的理论基石

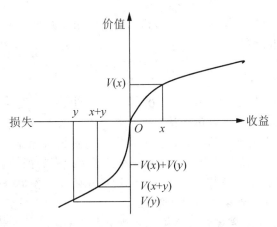

图 4-10　混合损失下大损失、小收益的情况

四、面对跨期期望时的选择

前面我们所讨论的决策问题都是单时期期望的决策，接下来再来讨论一下当期望跨时期时的个人决策问题。我们在介绍参考点的时候已经提到，一般而言，个人在决策时不但会考虑到目前的现金流量，也会考虑到未来的现金流量。

罗文斯坦(Loewenstein)在 1998 年设计了三个实验来说明跨期期望选择与参考点之间的关系。在每一个实验中，要求参加者在目前的消费和未来的消费之间作一个选择。结果发现，消费延迟对参与者的边际影响明显大于消费提前的边际影响。

例如，在实验中，参加者可以得到一个 7 元的礼物，而且预计得到这个礼物的时间可能是 1 周后、4 周后或者 8 周后。有两个选择方案：一是维持原来预定的礼物时间；二是提早得到礼物但礼物价值变小，或者延迟得到礼物但礼物价值变大。结果发现，延迟得到礼物的参加者要求礼物增加 1.09 元的价值，而提早得到礼物的人只愿意减少 0.25 元的价值。

罗文斯坦利用前景理论解释了上述现象。若以原预定的得到礼物的时间为参考点，以时间提前为收益，时间滞后为损失，由于各人有损失规避的倾向，也就是说价值函数在损失段的斜率要大于收益段的斜率，所以延迟得到礼物的人所要求增加的金额会高于提早得到礼物的人员以减少的金额。

与跨期期望决策相关的另一个问题是"个人随时间变动的消费形态"，这一点同样可以用参考点的损失厌恶的概念来理解。我们知道，跨期消费理论中的生命周期假说(life-cycle hypothesis)认为，个人一生的消费及所得的总额是固定的，且当偏好率等于实际利率时，平摊在各期的消费是一样的。然而，罗文斯坦发现，若以过去消费水平为参考点，个人对未来消费所要求的增加数会越来越多，因为损失规避的心理会促使个人对延迟消费要求更多的补偿。换句话说，个人对消费的时间偏好是负的，这一点与生命周期假说不一致。

复习思考题

1. 请回顾预期效用理论的主要内容，并讨论前景理论与之的不同之处。
2. 简述伯努利的效用函数、弗里德曼-萨维奇的效用函数、马科维茨的效用函数以及前景理论的价值函数的各自特点。

3. 传统金融理论和前景理论分别认为投资者是如何进行风险决策投资的？它们各自有什么特点？并简单作出评价。
4. 试用前景理论对下面两组期望组合进行重新编辑。
   (800，0.2；400，0.8)
   (100，0.2；50，0.4；20，0.4)和(80，0.2；40，0.8)
5. 前景理论的价值模型与效用理论的价值模型有什么不同？
6. 简述前景理论价值函数的特点，以及决策权重函数的特征。
7. 什么是参考点？它有什么作用？请举一个日常生活中的例子来说明参考点的重要性。
8. 什么是禀赋效应、后悔与厌恶效应、沉没成本效应？各举一例来说明。
9. 为什么禀赋效应会带来交易惰性？
10. 试述前景理论的主要观点，分析前景理论在行为金融学中的作用。

第五章　金融市场中的从众行为

【本章精粹】

- ◆ 从众行为的基本内涵。
- ◆ 从众行为的表现形式和分类标准。
- ◆ 为什么基金经理容易出现从众行为。
- ◆ 信息的传递是如何造成从众行为的。
- ◆ 金融市场中出现从众行为的原因。
- ◆ 先验型从众行为与后验型从众行为的区别。

行为金融学（第2版）

【章前导读】

在上一章中，我们介绍了个人投资者是如何在不确定性条件下进行投资决策的，并运用投资者的价值函数和权重函数研究了投资者对于前景的决策过程。由于在社会生活中，个体都是在群体的影响下进行选择决策，因而本章将着重讨论从众行为对于金融市场的影响。

在社会生活中，群体与个体、个体与个体之间发生相互作用，从而使个体的全部心理活动，不论是人的认知还是情感，不论是意向还是行为，都或多或少地受到群体和个人的影响。作为个体，面对外界的各种影响，可能是自觉地接受，也可能是不知不觉地接受，甚至是出于无奈而被迫接受，结果是个体行为与群体行为相一致，或使群体中少数人的行为与多数人的行为相一致，这就是我们通常所说的从众行为(conforming behavior)。从众行为是人类社会的一种普遍现象。例如，在班级中讨论和评选某同学为班长时，自己虽然不同意，但为了不与那位同学关系僵化，就跟大多数人一样，也举手表示同意，这就是一个简单的从众现象。可以说，从众现象对个人的决策行为起了重要的作用。并且，金融市场的运行就是由个体和群体组织的相互作用决定的，每个个体和组织都会涉及具体的决策过程和定价过程。而这一过程必然会受到从众行为的影响，因此必须在了解个体行为的基础上，从个体之间的相互联系和作用中发现金融市场系统的整体性质和行为，从而得出市场价格波动的规律和内在机制。

【核心概念】

从众行为　基金经理　金融市场　先验型从众行为　后验型从众行为

第一节　从众行为概述

一、从众行为的概念

从众是由于真实的或想象的群体压力而导致行为或态度的变化。这就是说，从众是个人在社会群体压力下，放弃自己的意见，转变原有的态度，采取与大多数人一致的行为的现象。①它也被称为羊群行为，或群体行为。所谓"随波逐流"、"人云亦云"，就是从众的最好写照，它在日常生活中是非常普遍的现象。社会心理学家认为，从众行为是由于处于群体一致性的压力下，个体寻求的一种试图解除自身与群体之间的冲突，增强安全感的手段。实际存在的或者头脑中想到的压力会促使个人产生符合社会或群体要求的行为与态度。有时候，个体不仅在行动上表现出来，而且在信念上也改变了原来的观点，放弃了原有的意见，从而产生了从众行为。个体在解决某个问题时，一方面可能按自己的意图、愿望而采取行动，另一方面也可能根据群体要求或群体中大多数人的意向制定行动策略。人们认为跟随潮流、人云亦云总是安全的，不担风险，所以在现实生活中不少人喜欢采取从众

---

① Myers, D. G. 1993. Social Psychology. Broadman & Holman Publishers.

行为，以求心理上的平衡，减少内心的冲突。

有一个有趣的例子，1995年研究管理学的两位美国作家迈克尔·特里西(Michael Treacy)与弗雷德·维尔塞莫(Fred Wiersema)出版了一本管理学的著作《市场领导者约束》。该书出版之后，这两位作者悄悄地在美国各地的书店里购买了50 000册。他们购买该书的书店是经过精心挑选的，即这些书店的各种书的销售数量是被监测的，并且为《纽约时报》的畅销书排行榜提供统计数据。结果，虽然评论家与读者对他们的这本书的评价并不高，但是该书还是上了排行榜，并且销量持续居高不下，并留在畅销书排行榜很长一段时间。两位作者之所以这么做显然因为他们认为，上畅销书排行榜有利于提高该书的销量，因为消费者常常依据前面的消费行为来作出自己的决定。这也就是说，在消费者中存在很大的从众行为。

与现实生活一样，从众行为在金融市场中也是一个非常普遍的现象，市场参与者会在某些因素的影响下与大多数参与者行为趋同。例如，股市中存在的大量的"跟风"、"跟庄"的投资行为就是社会上诸多从众现象的一种。在金融市场中的从众行为是指由于受到其他投资者采取的投资策略的影响而采取相同的投资策略，即投资者的选择完全依赖于舆论，或者投资人的选择是对大众行为的模仿，而不是基于自己所挖掘的信息。它的关键是其他投资者的行为会影响到个人的投资决策，并对它的决策结果产生影响。

二、从众行为的心理分析

社会心理学实验证实，当"客观现实"很模糊时，大众的行为就成了信息源，或者说大众的行为提供了一个人应如何行动的信息。通常有效信息的确定是比较了各种可获信息在决策中的价值和获取成本后得到的。例如，在某一种环境下，大众行为所传递的如何行动的信息成为可获得信息中的有效信息时，人们的决策就会以此为依据。因此就出现了我们所看到的各种从众现象。

最早提出从众行为的是凯恩斯(Keynes)，他在1936年指出，"在投资收益日复一日的波动中，显然存在着某种莫名的群体偏激，甚至是一种荒谬的情绪在影响着整个市场的行为"。[1]这种莫名的群体偏激是大众行为的信息源，凯恩斯意识到了市场中的一种群体情绪的存在，并且其影响是不可忽视的。在其著作《就业、利息和货币通论》中，他用选美博弈的例子来说明投资者的从众行为。在选美比赛中，由于众人所选择的对象必须与最终选举结果一致才能获奖，因此，每一个参与者所要挑选的并不是他自己认为最漂亮的人，而是他设想其他参与者所要挑选的人。所有参与者都能如此进行思考，这样的选美就"不是根据个人判断力来选出最漂亮的人，甚至也不是根据真正的平均的判断力来选出最漂亮的人，而是运用智力来推断一般人的意见是什么"。结合股票市场投资，凯恩斯认为根据真正的长期预算进行投资的人要比那些根据预测大众的行为进行投资的人花费更多的精力并且会冒更大风险。这就意味着收集、处理信息的成本很大时，投资者的理性选择是去预测大众的行为，并抢在大众投资行为之前先行一步。如果投资者对此认同，在观察到市场

---

[1] Keynes, J. M. 1936. The General Theory of Employment. Interest and Money. V, Macmillan. Cambridge University Press.

上可供参考的投资者的行为后，他的理性选择无疑是模仿，这样从众行为就会产生。可见，从众行为的本质特征就是一个投资者的投资决策受到其他投资者的影响。

Festinger 在 1957 年也指出，当个体与群体发生冲突时，我们的思想会在潜意识里剔除那些与整体关联性最弱的看法，不自觉地寻求平衡。[①]这种现象被称为"认知的不一致消减"(cognitive dissonance reduction)。随着对不一致的消减，必然就会出现从众行为。

三、从众行为的分类

从众行为按不同的分类标准，有不同的分类。

(1) 按照参与从众行为是否可以获得收益，可以把从众行为分成理性从众行为和非理性从众行为。如果参与从众行为可以增加他的经济福利，那么这种从众行为就是理性从众行为。理性从众行为认为，由于信息获取的困难，行为主体的激励因素以及支付外部性的存在，使得从众行为成为行为主体的最优策略，理性的从众行为有利于投资者作出正确的投资选择。非理性的从众行为主要研究行为主体的心理，认为行为主体只会盲目模仿，从而忽视理性分析的重要性。其特征是率先作出决定的投资者的行为作为新信息进入市场，其对后面大多数投资者的投资决策产生重要的影响。证券投资的从众行为往往导致投资者作出逆向选择，形成错误的投资决策。当投资者发现决策错误之后，会先后根据更新的信息或已有的经验作出相反的决策，这又产生了新一轮的从众行为。非理性的从众行为的这些特征加剧了证券市场的波动，在涨时助涨，跌时助跌，容易引发投机和市场泡沫，使得市场起不到优化资源配置的作用。

(2) 按照参与者是否对信息进行有效的利用，可以把从众行为分成真从众行为和伪从众行为。真从众行为就是指市场参与者对他人行为明显的模仿和跟从行为。而伪从众行为是指群体中的成员面临相同的决策问题，拥有相同的信息而因此采取了相似的行为。由此我们可以知道，伪从众行为只是表面上与从众行为一样，但行为者并没有受其他决策者的影响，而是对自己信息的有效利用得出了与其他人一样的结果。例如，当利率忽然上涨，导致股票的吸引力大幅下降时，投资者纷纷从股票市场上抽出资金。这实际上是投资者对共同的经济基本面所采取的行为，而并非根据他人的行为而改变自己的决策。这种行为并非真正的从众行为，我们称之为伪从众行为。伪从众行为是信息被有效利用而产生的结果，而真从众行为则并不一定是有效的。但对于观察者来说，如果不知道决策者的私有信息，所观察到的两种从众行为便体现出来是相同的，因此，有效区分真从众行为和伪从众行为并非易事。

(3) 根据投资者的决策次序，从众行为还可以分为序列性、非序列性和随机性从众行为。在序列决策模型中，每个决策者在进行决策时都观察其前面的决策者作出的决策，对该决策者而言，这种行为是理性的，因为其前面的决策者可能拥有一些重要的信息，于是他可能模仿别人的决策而不是使用自己的信息。在本章第二节的介绍中，我们将用到序列性从众行为，来讨论基于不完全信息的从众行为的产生原因。非序列性从众行为假设任意两个投资主体之间的模仿倾向是固定相同的，当模仿倾向较强时，市场主体的表现是崩溃，当

---

① Festinger, L. 1957. A Theroy of Cognitive Dissonance , Stanford, CA: Stanford University Press.

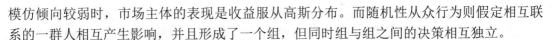

模仿倾向较弱时，市场主体的表现是收益服从高斯分布。而随机性从众行为则假定相互联系的一群人相互产生影响，并且形成了一个组，但同时组与组之间的决策相互独立。

(4) 根据观察从众行为的出发点及实证的手法的不同，可以把从众行为划分为先验型从众行为和后验型从众行为。

先验型从众行为是指投资者根据先验数据主动积极产生跟从行为，即从众行为的根源是历史数据对投资者的启示或是投资者自身对历史信息的正反馈。对先验型从众行为的研究是以特定的投资客体(股票、基金等)为表现对象，通过时间序列数据分析，研究投资主体在投资策略上的趋同性。这一类研究有比较丰富的理论基础和深度的理论模型，但是数据的收集和仿真检验的难度比较大。比坎达尼(Bikhchandani)、赫什莱弗(Hirshleifer)和韦尔奇(Welch) (简称BHW)在1992年构建了一种投资者忽略自己信息而过分依靠前人的决策结果的时间序列模型，认为一种投资策略会随着时间的流动而变动，故称为"信息流模型"(information cascades)。[1]该模型认为如果先行者根据其私人信息采取了行动，后继者在修正过程中完全忽视先验信息或者给予先验信息过小的权重，就容易产生模仿先行者的行为。后继者赋予先验信息权重的大小取决于他对先验信息准确度的信心，而在市场波动剧烈的情况下，基金经理往往对其先验信息信心不足，此时比较容易产生从众行为。因此，认为基金从众行为与市场波动正相关，市场波动越剧烈，从众行为越严重。

后验型从众行为是指投资者不考虑历史的数据，而是收集相关的平行时间的投资策略，别人怎么做自己就怎么做，投资的目标盲目，动机仅仅是跟从，市场行为上体现为较强的传染特性和并行投资策略。对后验型从众行为的研究方法是通过市场各类财务指标的分析，研究分散和群聚的程度，推断投资主体在金融市场中所表现的从众行为，这一类研究往往采取截面数据进行实证与检验，数据的获得也相对容易。希勒(Shiller)在1990年借鉴医学理论建立了自己的"传染模型"(epidemic model)，来研究资本市场投资人对某一个特定情景的模仿与相互传播，从而解释从众行为产生的根源。[2]鲁特(Froot)、沙尔夫斯坦(Scharfstein)和斯坦(Stein)等人在1992年论述了投资人采用与长线投资相反的策略，依赖其他观察者的信息而采用短线投资组合，采取类似的投资对冲策略而完全不顾及市场基础。[3]他们的研究结果表明多数投资人比较热衷于收集别人正在研究的信息，也就构成了一种调查型从众行为。

四、从众行为的层次划分和作用机理

赫什莱弗从社会学的角度考察研究从众行为，认为个人的思想、感情、行为可以通过语言、对他人行为的观察和对他人行为结果的观察等几种途径受到他人的影响。这种影响可能包括完全理性的学习、准确性的过程甚至是一种对个人决策毫无帮助的更新过程。这

---

[1] Bikhchandani, S.,Hirshleifer, D., Welch. 1992. A Theory of Fads, Fashion, Custom and Cultural Change as Informational Cascades. Journal of Political Economy, 100.

[2] Shiller,R. J. 1990. Market Volatility, Investor Behavior, American Economic Review, 80：58-62.

[3] Froot, Kenneth A., David S. Scharfstein, Jeremy C. Stein. 1992. Herd on the Street: Informational Inefficient in a Market with Short-Term Speculation. Journal of Finance. Vol. 47 ,No. 4, 1461-1484.

种影响可能导致个体的行为聚集。[①]

图 5-1 描述了对行为聚集的两种分层方法。[②] 矩形说明了观测性的分层，是最具有包含性的层次，从信息来源的角度说明了从众行为的机理。包括：a 羊群。b 观测性影响，即基于观测他人行为或行为结果的行为依赖。c 理性观测性学习，即通过对他人行为或行为结果反映的信息的理性贝叶斯推断导致的观测性影响。d 信息串联，对他人行动、报酬甚至谈话的观测性学习，以至个人行动并非基于该投资者个人的私下信号。当个人处于信息串联的时候，他的行动选择对后面的观察者来说是无信息的。这样，信息串联就和信息阻塞联系在一起。这种阻塞可以看作是信息外部性的一方面，个人作决策时并不会考虑对其他人有没有潜在的信息利益。

图中的椭圆说明了报酬相互影响的分层，这是从另一个不同的角度来描述从众行为。包括 A 羊群、B 报酬和网络外部性，它包括由于个人行动影响到其他采取同样行动的人的报酬而引起的行为聚集。C 基于名誉的羊群行为。这种行为的收敛是基于个人试图在别的观察者心中保持良好名誉的努力。这种希望保持好声誉的愿望可能造成报酬的外部性，从而使 C 成为 B 的子集。

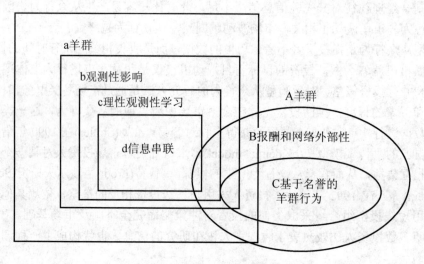

图 5-1　行为聚集的两种分层方法

第二节　从众行为的成因分析

关于从众行为的成因，哲学家认为是人类理性的有限性，心理学家认为是人类的从众心理，社会学家认为是人类的集体无意识，而经济学家则从信息不完全、委托代理等角度来解释从众行为的成因。

[①] 行为聚集(behavior convergence)就是指广泛的群体行为，范围更广，而从众行为(羊群行为)是其中一种表现形式。

[②] Hirshleifer. 2001. Investor Psychology and Asset Pricing. Journal of Finance, 56：533-1598.

第五章　金融市场中的从众行为

一、基于有限理性的从众行为

希勒(Shiller)在1981年认为，在经济主体拥有有限理性的情况下，投资者会在不同试点采用相似的模式进行投资决策，这种模式可称为大众模式。[①]它可能是由经验法则、直觉、小道消息、大众意见等组成，但内容会随时尚、潮流、社会动向或某一事件而突然集体改变。

具有从众心理的人会具有与他人保持一致，和他人做相同事情的本能。这种心理特征并不是人类所独有的。在自然界中，动物们也有明显的从众行为。例如，动物之间在居住地域选择、交配、觅食等方面存在模仿的行为。自然界动物群体这种意志行动的趋向性是长期进化而形成的，具有一定的进化优势。人类的这种心理特征也是一种进化过程中的产物，是与生俱来的。这也被认为是一种本能。从众行为是经常接触、经常交流的人群的现象。人类学家认为，群体内信息的传递机制包括谈话分析和社会认识两种方式。在长期进化的过程中，人类形成了以集体为单位共同行动，共享信息的机制，这种机制也具有一定的进化优势。但同时，它也存在着不恰当之处，最主要的方面是它限制了自由思想的交流，从而阻碍了信息迅速准确地传播。从众行为的产生可能是由于沟通方式对人的思考能力和对回忆的限制，从而使得群体行为发生。

二、基于信息的从众行为

传统金融理论大多隐含完全信息假设，但事实上，即使在信息传播高度发达的现代社会，信息也是不充分的。在信息不充分和不确定的金融市场环境下，一方面，每个投资者都拥有对某种证券的私有信息，这些信息可能是投资者自己研究的结果，也可能是通过私下渠道所获得；另一方面，与该股票有关的公开信息已经完全披露，但投资者不能确定这些信息的质量。投资者如果能掌握市场中的所有信息，那么他就不需要通过观察他人的决策来决定自己的决策。但是由于金融市场是完全开放的，而且不断有信息流入市场中，信息变化速度很快，信息变得十分不确定。在这种市场环境下，投资者无法直接获得别人的私有信息，但可以通过观察别人的买卖行为来推测其私有信息，此时就容易产生从众行为。一般而言，机构投资者相互之间能更多地了解同行的买卖情况，并且具有较高的信息推断能力，因此他们比个体投资者更容易发生从众行为，下面通过一个简单的模型来说明。这里会用到一些简单的概率论的东西。

假定几个投资者依次决定是否投资于一只股票(或一个行业)。[②]对于每个投资者来说，设V是最佳方案的投资结果。也就是说，$V(1,0.5;-1,0.5)$的收益和损失的概率是一样的。投资者决策的顺序是外生决定的。每个投资者都观察到了一个关于投资结果的信号。设G为好信号，B为坏信号。若$V=1$，则信号是G的概率等于p，信号是B的概率等于$1-p$，其中

[①] Shiller, R.J. 1981. Do Stock Prices Move Too Much to be Justified by Subsequent Changes in Dividends? American Economic Review, 71(3):421-436.

[②] Bikhchdani, S., Sharma, S. 2000. Herd Behavior in Financial Market: A Reniew. IMF working paper, 48. No. 00148.

$0.5<p<1$；也就是说，$P(G/V=1)>0.5$。并且投资者的信号是独立与真实的结果。当然，每个投资者还可以观察到前面投资者的决策。

应用贝叶斯法则，设观察到一个 G 信号，则 $V=1$ 的后验概率为

$$P(V=1|G) = \frac{P(G|V=1) \cdot P(V=1)}{P(G|V=1) \cdot P(V=1) + P(G|V=1) \cdot P(V=-1)}$$

$$= \frac{p \times 0.5}{p \times 0.5 + (1-p) \times 0.5} = p > 0.5$$

类似的，我们在观察到一个 B 后，$V=1$ 的后验概率为

$$P(V=1|B) = \frac{(1-p) \times 0.5}{p \times 0.5 + (1-p) \times 0.5} = 1 - p < 0.5$$

这样，第一个投资者甲将根据他的信号进行决策：若观察到 G，则投资；若观察到 B 则不投资。第二个投资者乙可以知道甲的投资信息，并且能从他的行动中推断出他的私人信号。若乙的信号是 G，并且他观察到甲投资，那么他也会作出投资决策。相反，若乙的信号是 B，并且他观察到甲投资，那么他应用贝叶斯法则就可以得出他的先验概率 $P(V=1)=0.5$，这种情况就好像乙观察到两个信号。这时乙选择投资与不投资的概率相同。依次进行下去，若甲投资乙不投资，则第三个投资者丙将推断：甲得到了信号 G，乙得到信号 B。若甲乙都投资，则丙推断甲得到了信号 G，而乙得到信号 G 的可能性要比信号 B 大。同理，甲不投资的情况也是对称的。

假设甲和乙都投资，则丙推断甲和乙可能都观察到了好信号，那么不管丙得到什么私有信息，他都应该投资。甚至即使甲的信号是 B，并得后验概率 $P(V=1)$ 也会大于 0.5。这是因为丙的 B 信号和甲的 G 信号彼此抵消。并认为由于乙投资，乙更可能观察到了 G 而不是 B。这样第四个投资者就更难以从丙的投资决策中对其信号进行有效的推断，他也将不管自己的信号并进行投资。于是从丙开始，一个投资的从众行为产生。同理，如果甲乙开始时都不投资，则从丙开始就形成了一个不投资的从众行为。

如果甲和乙采取相反的行动，那么，丙知道他们其中一个人看到了信号 G，而另一个人看到了信号 B，则他在观察到信号之前认为 $V=1$ 或-1 的概率是相同的。这样他就处在了与甲同样的位置，也就会遵循自己的信号。

由此我们可以得出结论，也就是当前面进行投资的人数比不投资的人数多两个或两个以上，个人投资者就会处于一个投资决策的从众行为中。也就产生了一个序列性从众行为。一旦一个投资决策的从众行为形成以后，投资者的决策就难以反映出其自身获得的信号。可以看到，在模型中，从众行为的类型不仅依赖于有多少好的或坏的信号到达，而且更依赖于它们到达的顺序。例如，若信号以 GGBB……到达，则从丙开始，就逐步形成了一个投资的从众行为，接下来的投资者都将进行投资。反之，如果信号以 BBGG……到达，则就会没有人投资，因为从丙开始就形成了一个不投资的从众行为。总的来说，投资者整体上是投资还是不投资有两个特点：①路径依赖，因为它取决于前四个信号次序；②特殊路径，因为初始事件的一点小差别就可能会导致大量个体投资者大的行为差异。

若后面的决策制定者可以观测到前面投资者收到的私人信号，而不是指采取的行动，那么他将几乎拥有关于投资价值方面的完全信息，并且将采取正确的行动。观察行动的结果之所以与观察信号的结果有这么大的不同，其基本原因就是：一旦形成从众行为，公共

信息将停止积累,它会使所有的后续投资者忽视他们的私有信号,因而无法加入公共信息集中。

三、基于声誉的从众行为

沙尔夫斯坦和斯坦于1990年提出了基于基金管理人或分析师声誉考虑的从众理论。我们知道,对某个经理人的能力或技术的怀疑将会影响到他的声誉甚至是职业发展。基于声誉的从众行为的基本思想就是:对一个投资经理来说,如果他怀疑自己正确选择股票的能力,那么和其他投资专家保持一致将是一个比较好的选择,因为这样至少可以保持平均业绩而不至于损害自己的声誉。如果其他经理也出于同样的状态并且有同样的考虑,从众行为就会自然而然地发生了。下面我们来讨论这个模型。

假设两个风险中性的经理人先后投资于两个同样的投资项目。两个经理人可能是聪明,也可能是愚蠢,并且他们的能力水平是相互独立的。但是没有人知道他们的能力水平。我们还假设该项目的投资结果为 $V=(1;-1)$,投资的好信号为 G,坏信号为 B。并且 $P(G/V=1;聪明)>P(B/V=1;聪明)$,也就是说聪明的经理人有更高的概率得到正确的信号;$P(G/V=1;愚蠢)=P(B/V=1;愚蠢)$,也就是说不管项目是好还是坏,愚蠢的经理人得到关于"该项目的价值高"的信号与得到"该项目的价值低"的信号的概率是一样的;并且,$P(G/聪明)=P(B/愚蠢)$,表明信号纯粹是关于投资项目的,并不能因为某一个经理人的能力水平而改变。

如果经理人1在得到信号G后进行投资,由于经理人2关心的是自己的名声,不论信号如何,他都会采取和经理人1一样的投资策略。因为如果决策正确,他的名声就会得到增加,如果错误也就表明要么两人都是愚蠢的,要么两人都是聪明的。但得到了同样错误的信号,这并不损害其名声。如果采取不同的决策,那么大众就会认为这两个经理人至少有一个人是愚蠢的。因此,经理人2会采取经理人1的决策,而不管自己得到什么样的信号。

如果推广到更多的投资经理人进行投资决策,则每个人都模仿第一个投资经理的决策,而不管自己得到的信号,就产生了从众行为。最终,如果投资是有利可图的,好的信号将占优,私有信息最终将不会体现在投资决策中。因为所有投资经理都会跟随第一个投资经理作出决策,于是,这种从众行为就是无效率的,而且是脆弱的,因为后面的投资经理的投资行为会因为第一个投资经理所收到的一点信息而改变。

沙尔夫斯坦和斯坦指出决策者具有模仿他人决策,而忽略自己信息的趋向。[①]虽然这种行为从社会上看是无效率的,但从关心个人声誉的决策者的角度来看却是理性的。也就是符合决策者的最大利益的。在一定程度上,"共同承担责备效应"(blame sharing effect)的存在导致了从众行为。如果某决策者逆流而动,一旦他失败了,这一行为通常被视为其能力不够的表现,并因此而受到责备;但如果他的行为与大多数人一致,即使失败了,他会因看到其他许多人与他有相同的命运而不那么难过,而他的委托人也会考虑到其他的人也同样失败了,因此不会过分地责备他。这样决策者具有与别人趋同的愿望,以推卸自己所承担的决策错误的责任。

---

① Scharfstein, David, Jeremy Stein. 1990. Herd Behavior and Investment. American Economic Review, 80, 465-479.

四、基于报酬的从众行为

基金经理采取模仿行为不仅关系到声誉问题,而且还关系到报酬问题。如果投资经理的报酬依赖于他们相对于别的投资经理的投资业绩,就将扭曲投资经理的激励机制,并导致投资经理作出一个无效率的投资组合,这样也可能导致从众行为的发生。

毛格(Maug)和耐克(Naik)在1996年考察了风险厌恶的投资者。[①]他的报酬随着他的相对业绩增加而增加,也随着他的相对业绩减少而减少。经理人和他的基准投资经理人(也就是投资收益的对比者)都有着关于证券回报的不完全信息。基准投资经理人先进行投资,而投资人在观察基准投资经理人的选择后选择投资组合。就像前面的信息不充分的从众行为模型一样,投资人的投资组合选择将倾向于和基准投资经理人相近的投资组合。而且,报酬制度也鼓励投资人模仿基准投资经理人的选择。因为,如果他的投资绩效低于市场的平均绩效,他的报酬就将受到影响。

对于委托人来说,在存在道德风险或逆向选择的时候,签订这样一个相对绩效的合同是他的最优选择。因为任何其他合同同样会将代理人(也就是投资经理人)的奖励同基准绩效联系起来。这种基于报酬的从众行为某种程度上可以达到有限制的效率。这种限制是由道德风险或逆向选择导致的。但这种报酬结构会扭曲经理人的激励机制,间接鼓励基金经理追随指数或同行进行投资决策,最终导致无效的投资组合,产生了从众行为。

可见,在有限理性、信息不完全以及基金经理人的声誉和报酬的情况下,不论是个人投资者还是机构投资者,从众行为在金融市场中还是普遍存在的。

第三节 从众行为的市场效应

一、对市场的稳定性影响

从众行为对金融资产的价格以及金融市场的运行有何种影响?对这个问题存在着两种不同的观点。一是认为从众行为有稳定金融市场的作用。另一种观点认为,从众行为阻碍了金融市场的稳定运行,起到了非稳定的作用。它产生了价格泡沫,增加了价格的波动和市场风险。但是有意思的是不少理论模型建立在从众行为使价格不稳定的基础上,但是实证研究的成果却表明从众行为并不存在破坏市场稳定性的作用。

(一) 对市场的稳定作用

兰考尼肖科(Lakonishok)、施莱弗(Shleifer) 和维斯尼(Vishny)(以下简称LSV)在1992年提出机构投资者可能会在恰当的时候对统一基本信息进行交易。[②]这样机构投资者的从众行

[①] Maug, Naik. 1996. Herding and Delegated Portfolio Management: The Impact of Relative Performance Evaluation on Asset Allocation. LBS, working paper 223.
[②] Lakonishok, Josef, Andrei Shleifer, R.W.Vishny. 1992. The Impact of Institutional Trading on Stock Prices. Journal of Finance Economics, 82, 23-43.

第五章　金融市场中的从众行为

为就会通过加速价格的调整过程而在市场更为有效。例如,当某一证券的价格存在被低估或高估的情况时,只要有一个机构投资者进行做多或做空,就会引导其他投资者进行同样的操作,从而使证券的价格迅速回到其合理的水平。所以,投资者的从众行为能起到稳定市场的作用,而并不一定会带来价格的波动。法尔肯斯坦(Falkenstein)和沃摩斯(Wermers)[①]的研究都证实了从众行为确实能够加速市场价格的调整过程。

(二) 对市场的非稳定作用

抱有"从众行为使市场的价格不稳定"观点的认为,投资者之间行为的模仿、传染产生了价格泡沫,使价格偏离其基本价值。从众行为是模仿别人的行为,即在别人购买时也购买,在别人出售时也出售,这样就会放大对未来的股价波动的冲击。

艾弗里(Avery)和泽姆斯基(Zemsky)在1995年认为从众行为产生了价格泡沫。他们用一个模型揭示了这个观点:假设市场上存在内幕交易者和做市商(事实上都是存在的),假如内幕交易者收到的信息或是好的信号或是不好的信号,但是做市商并不知道这方面的信息。在这种信息不对称中,内幕交易者的信息比做市商的多,由于决定价格的主体是做市商,导致了价格调整比较缓慢。做市商不知道接收到两种信息的内幕交易者的比例大小,因此难以精确定价,于是就产生了价格泡沫。

二、从众行为的效率问题

从众行为的效率是指决策者对于信息的使用效率。如果对于所有群体中的决策者而言,所有信息都能以正确的方式进入决策,那么这种从众行为就是有效率的行为;如果信息只能被利用一部分,而另一部分信息被忽视了,则认为该从众行为是一种无效率的行为。与对稳定性的研究相类似,对从众行为的效率研究也是不确定的。

(一) 有效率的从众行为

李(Lee)于1992年的研究结果认为当行为集合是连续或者足够稠密时,产生的从众行为就是有效的。

模型建立如下。假设 $s=1, 2, \cdots, s$ 为可行状态,信息 $x \in X = [0,1]$, $P_{1s} = P(x=1|s) = p$, $P_{0s} = P(x=0|s) = 1-p$。决策者采取的行动 $a \in A$(有限集合或无限集合),满足于最优行动相兼容的条件。决策者的优化目标是使损失函数 $I_s(a) = [a - E(x|s)]^2 = (a - p_s)^2$ 最小化。决策者的信息包括历史行为 $h^n = (a^1, a^2, \cdots, a^n)$ 和私有信息 x_n,先验分布用 $u_s^n = u(s|h^n)$ 表示,后验分布用 $\pi_s^n = \pi(s|h^n, x^n)$ 表示。假设 $X=1$ 的概率在 $(0, 1)$ 之间,且随状态 s 而递增,则 $0 < p_1 < \cdots < p_s < 1$,行动集合中包含了状态的均值。李(Lee)定义的从众行为不要求行为是唯一的,只要被选择行为收敛就可以了,决策者采取相似的决策是因为他们的后验分布相似。另外,他对信息充分披露的从众行为也进行了定义,指出从众行为不一定是有效的,而信息充分披露的从众行为一定是有效的。他认为,在行为集合中的个数为2时,此时必

---

① Russ Wermers. 1999. Mutual Fund Herding and The Impact on Stock Prices. Journal of Finance, Vol 54. Issue2. pages581-622.

然会产生不完全披露信息的从众行为。而当 2 变成 N(有限个)时，不完全披露信息的从众行为发生的概率大于 0；而当行为集合为一个连续区间时，这时产生完全披露信息的从众行为。该模型中的从众行为表现出很强的信息加总能力。如果行为集合满足条件，序列行为以概率 1 收敛为最优状态，那么充分披露信息的从众行为不受微小干扰的影响。

(二) 无效率的从众行为

金融监督管理服务机构于 1992 年的研究结果认为，短期投机者的存在导致了一种特殊形式的无效率。尽管交易者都是理性的，但存在着正的信息溢出(positive information spillovers)，即短线投资者如果共同对同一信息交易，即使信息与资产价值无关，他们的收益也可以增加。与之相比，长期投资模型中存在着负的信息溢出：当没有人对他的信息交易时，他的收益将增加。例如，一个交易者选择学习信息 1 或信息 2。在长期投资情况中，有效率的分配方式是一半人学习 1，一半人学习 2。如果有更多的人学习了 1，那么 1 过多地融入价格，1 的负溢出减少了学习 1 的利润，使得一些人转为学习 2。但是在短期投资情况下，结果却有所不同。如果所有人都学习 1，也会达到平衡状态，则此时就没有学习 2 的动力。如果 1 信息含量少或者与基本面无关，则产生了无效率现象。最后结果显示，如果投机者长期投资，信息有效状态就是平衡状态；而如果投机者是短期投资，信息有效状态不是平衡状态，即平衡状态包含了某种程度的从众行为。

三、从众行为的测量方法

由于从众行为对于市场的稳定性和效率性有很大影响，因此各国学术界、投资界和监管部门纷纷围绕各国金融市场进行从众行为的实证研究。总的来说，有关从众行为的实证研究并没有一个特定的可检验模型，通常是采取纯粹的统计学方法来测量在特定的证券市场上是否发生了从聚现象(clustering of decision)，而不考虑发生这种行为的内在原因。因而，在从众行为的理论探讨与实证研究之间缺乏一个直接的联系。另外，许多研究对统计分析能否抓住市场参与者对公开可用信息的共同反应的程度也不确定，因此一些研究者只能根据基本面来做些修正。下面我们来重点介绍一种被普遍用来测量从众行为的 LSV 模型。

(一) LSV 模型及应用

1. LSV 模型的介绍

兰考尼肖科、施莱弗(Shleifer)和维斯尼(Vishny)(简称 LSV)等人于 1992 年提出了使用统计学方法来测量从众效应。[①] 这是很多实证研究的基础模型。他们将从众行为定义并测度为相对于基金经理独立交易的预期而言，一组基金经理同时买卖特定证券的一般倾向。LSV 模型度量方法给予一段时间内市场参与者完成的交易的子集。这一子集通常包括相同兴趣的基金经理。$H(i,t)$ 是在 t 季度，证券的从众程度的度量。模型定义为

$$H(i,t)=|p(i,t)-p(t)|-AF(i,t) \tag{5-1}$$

[①] Lakonishok, Josef, Andrei Shleifer, R.W.Vishny. 1992. The Impact of Institutional Trading on Stock Prices, Journal of Finance Economics, 82, 23-43.

式中：i 表示第 i 种股票；t 表示季度。

定义：$B(i,t)$为在第 t 期净买进股票 i 的基金的数量，$S(i,t)$为在第 t 期净卖出股票 i 的基金的数量，$N(i,t) = B(i,t) + S(i,t)$。则公式(5-1)中的变量可定义如下：

$$p(i,t) = B(i,t)/N(i,t) \tag{5-2}$$

$$p(t) = E[p(i,t)] \tag{5-3}$$

$$AF(i,t) = E[|p(i,t) - p(t)|] \tag{5-4}$$

$p(i,t)$ 是在第 t 季度净买入股票 i 的基金在所有交易该股票的基金中所占的比例。在不同时期，基金会根据市场的具体情况调整其交易策略。因此，$p(i,t)$ 不能准确地衡量基金对特定股票进行买入交易的倾向，模型使用$|p(i,t)-p(t)|$，即某只股票买入交易的比例偏离当期平均水平的程度，来衡量基金对该股票进行买入交易的倾向。

$AF(i,t)$为调整因子，在基金交易不存在羊群行为的零假设下计算得出。当交易特定股票的基金数量 $N(i,t)$增大时，基金净买入该股票的比例 $p(i,t)$会趋向于等于 $p(t)$，此时 $AF(i,t)$也趋向于等于 0，通常情况下，多数样本股票的 $N(i,t)$都比较小，因此，$AF(i,t)>0$。

$H(i,t)$为羊群行为系数，如果 $H(i,t)$等于 0，就认为基金的交易过中不存在羊群行为；相反，如果 $H(i,t)$显著地不等于 0，就认为基金的交易过程中存在羊群行为，$H(i,t)$的绝对值越大，羊群行为就越严重。

2. LSV 模型的应用

兰考尼肖科、施莱弗和维斯尼在 1992 年使用了 341 个不同的货币经理管理的 769 只美国免税权益基金来作从众行为的实证研究。多数基金是共同退休金计划，少数是捐赠及政府和市政退休金计划。由于一些经理运行多重基金，分析单位因此定义为货币经理。他们的数据取自 1985—1989 年的面板数据，是由每一期结束时被每个基金持有的每一股票的份额数量组成。考虑的基金管理总数为 1240 亿美元，占到积极管理的退休金资产总数的 18%，最后他们得出结论，货币经理不存在显著的从众行为。但在小公司股票交易方面具有轻微的羊群行为，这主要是因为小公司的公开信息较少，因此基金经理在买卖小公司股票时比较注重观察其他基金的交易行为。此外，他们还对基金基于股票过去表现的羊群行为，对某一特定行业股票的从众行为及不同行业股票之间的从众行为进行了考察，均未发现基金交易存在从众行为。

格林布莱特(Grinblatt)、提特曼(Titman)和沃摩斯(Wermers)在 1995 年根据 1974—1984 年间 274 个共同基金组合的变化数据，发现样本基金并不存在显著意义上的从众行为。他们的例子中 $H(i,t)$的均值是 2.5，与 LSV 的退休基金的均值 2.7 的水平大致相似。即如果以 100 只基金交易平均的股票进行配对，那么市场上在同一方向的基金交易比投资组合管理者各自独立作决定时的期望值多 2.5 倍。他们通过分解过去的股票发现，在样本基金中，过去的获胜方买方比过去的失败方卖方存在更大的从众行为。买方的羊群虽然为正，但并不显著，并且与过去的股票表现出弱相关。这个结论与其他研究成果一致，即一般的共同基金是一个要素投资者。

诺夫辛格(Nofsinger)和西艾斯(Sias)在 1998 年[1]以 1977—1996 年间纽约证券交易所的所

---

[1] Nofsinger. J., R. W.Sias. 1998. Herding and Feedback Trading by Institutional and individual Investors. The Journal of Finance, Vol 54, Issue 6, P. 2263-2295 of Washington State University.

有上市公司为研究对象进行研究，结果发现，机构投资者持股比例的变化和当年收益之间存在正相关性，这主要是机构投资者采用正反馈交易策略所引起的。[①]

沃摩斯在 1999 年以 1975—1994 年间美国股市的所有共同基金为研究对象，得出的羊群效应 $H(i, t)$ 的均值是 3.4，发现样本基金在整体意义上存在一定程度的羊群行为，基金共同买入的股票比共同卖出的股票具有较高的同期和滞后收益，即受益差距将延续较长时间。沃摩斯据此认为，共同基金的从众行为可能是理性的，并且加速了股价吸收新信息的速度，因而有利于市场的稳定。

但是由于目前市场中的各种基金都是利用他人的资产投资，受到了监督和制约，因此必须定期公开持仓信息，交易信息，其他投资者则没有这种义务公开信息。而兰考尼肖科、施莱弗和维斯尼以及沃摩斯提出的从众行为的测度只能研究基金而不能考察其他投资者的行为，因此，研究结果也具有一定的局限性。

(二) 其他检测方法

如何用公开的数据来研究从众行为成为一个很重要的问题。威廉姆斯(William)对这个问题作了研究，他认为如果金融市场中确实存在从众行为，大多数个体投资者的看法趋向于市场舆论，那么一个合理的推断是，在羊群行为显著时，各股的收益率将不会偏离市场的收益率。基于这一点，他把从众行为的测度定义为收益率的分散化指标，即个股收益率对于资产组合平均收益率的标准方差，这个分散化指标使得个股对于资产组合的平均收益率的接近程度定量化。当整个市场行为完全由从众行为决定时，价格就会一致移动，标准差会等于零。如果有一只股票的收益率偏离市场的收益率，分散化程度就会增加。当个股对于市场舆论发生从众行为时，分散化指标就应该相对较小。可以通过检验市场价格波动很大时的分散化指标和平均水平下的分散化指标的相对大小来检验从众行为的存在。

克里斯蒂(Christie)和黄(Huang)在 2000 年提出了 CSSD(横截面收益标准差)来检验市场的从众行为，人们把这种方法简称为 CH 法，但 CH 法是建立在现行一次回归的基础上，其检验效果并不理想。[②]常(Chang)、程(Cheng)和科罗拉(Khorona)在 2000 年提出了 CSAD(横截面收益绝对差)方法，他们研究了美国、日本、韩国以及中国香港和中国台湾的股票市场，得出了美国、日本和中国香港的股票市场不存在从众行为，而韩国、中国台湾的股票市场则存在从众行为的结论。他们还采用以上两种方法，通过实证对比，证明 CSAD 比 CSSD 更具有普遍适用性。

复习思考题

1. 什么是从众行为？举一经济行为的例子来进行解释。
2. 从众行为有哪些表现形式？它是如何分类的？其分类的标准各是什么？

[①] Russ Wermers 1999, Mutual Fund Herding and The Impact on Stock Prices. Journal of Finance, Vol. LIV, No.2
[②] Christie. W.G, R. D. Huang. 2000. Following the Pied Piper: Do Individual Returns Herd Around the Market. Finance Analysts Journal.

3. 为什么基金经理容易出现从众行为？
4. 信息的传递是如何造成从众行为的？
5. 金融市场中出现从众行为的原因是什么？
6. 先验型从众行为和后验型从众行为有什么区别？
7. 从众行为对金融市场有什么影响？

第六章　金融市场中的异质信念

【本章精粹】

- ◆ 异质信念的基本内涵。
- ◆ 异质信念的三种形成机制。
- ◆ 动量效应的数学模型以及如何用异质信念给予解释。
- ◆ 市场崩溃的基本内涵。
- ◆ 过度自信的水平如何影响异质信念及泡沫水平。
- ◆ 衡量异质信念的变量。

📝【章前导读】

自从传统金融学理论建立以来,在金融市场中,人们大量使用着这些简洁易懂的模型,并开发了大量的工具包(如 Matlab、SAS 中相应的工具箱)方便人们的计算。然而,随着时间的推移,人们也发现了越来越多的不能用传统理论解释的现象,比如整体股票市场水平上的股权溢价、股价的可预测性以及个股水平上的短期动量、长期反转等效应。这些效应很难从传统的理性模型(比如 CAPM 以及 Black-Scholes 等经典模型)给出解释,而这些现象就被人们称作异象。

投资者信念,即投资者的预期,是投资者关于某项金融证券的未来收益的预期。在现实的市场中,投资者很难像传统理论中所说的那样,可以根据主观效用最大化作出决策,并能根据贝叶斯法则调整自己的信念。投资者们可能会带有过度自信、过度保守等进入市场,这使得他们即使在面对同样的信息时(比如公司盈利报告发布),会形成不同的预期,即异质信念。正是由于存在这样的异质信念,才使得投资者之间产生交易(估值高的投资者愿意从估值低者手中购得相应的资产)。由于异质信念的存在,资产定价也与经典资产定价模型不同。本章主要介绍基于异质信念建立的模型,这些模型会给出交易现象及收益现象的解释,并给出相应的预测和实证检验。

📶【核心概念】

异质信念　动量效应　市场崩溃　股市泡沫　过度自信

第一节　经　验　现　象

近年来,随着研究的深入,有大量关于金融市场异象的文献不断出现。中外学者从市场上的历史经验数据发现了大量的难以用传统理性模型解释的现象,包括整体市场水平的异象以及个股水平的异象。本节介绍已被大量研究的金融现象。

一、规模溢价

法玛(Fama)和弗伦奇(French)在 1992 年记录了这种异象,他们将从 1963 年到 1990 年在 NYSE、AMEX、NASDAQ 中交易的股票,根据市值进行分组,共分十组,然后计算下一年每组的平均收益。他们得出的结果是,在取样期间,市值最小股票组的平均收益每月比市值最高股票组的平均收益高 0.74%。这难以用 CAPM 解释,因为市值最小股票组的较大的贝塔系数并不足以解释平均收益的差异。

二、长期反转

德朋特(DeBondt)和泰勒(Thaler)于 1985 年将股票从 1926 年到 1982 年(有交易的)每三年进行排序,排序的依据是前三年的累积收益,并由此形成两个组合:盈利组合(由前 35 只表

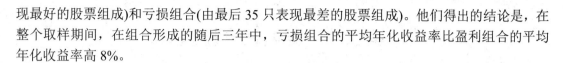

现最好的股票组成)和亏损组合(由最后35只表现最差的股票组成)。他们得出的结论是,在整个取样期间,在组合形成的随后三年中,亏损组合的平均年化收益率比盈利组合的平均年化收益率高8%。

三、价格比率的预测能力

在横截面数据中,一些关于基本面的变量要经过价格的比例换算,比如账面价值与市值比(B/M),以及盈利与价格比(E/P),它们中有的变量具有预测未来收益的能力,这也构成了难以用传统模型解释的异象。

法玛(Fama)和弗伦奇(French)在1992年将1963—1990年在NYSE、AMEX以及NASDAQ中交易的股票根据账面价值与市值比分十组,并计算每组下一年的平均收益。结果是,最高比值组的每月平均收益比最低比值组的每月平均收益高1.53%。若根据盈利与价格比排序,最高比值组的每月平均收益比最低比值组的每月平均收益高0.68%。

四、动量效应

杰格迪什(Jegadeesh)和提特曼(Titman)在1993年将从1963年1月到1989年12月在NYSE交易的股票,每月根据股票前六个月的收益分十组,并计算每组随后六个月的平均收益。研究结论是,前期形成的盈利组合(第一组)表现优于亏损组合(最后一组),每年的收益差10%以上。将这个结论与德朋特和泰勒在1985年的研究结果作对比后可以看出,组合形成时期的长短起到了关键的作用。当形成时期较短时,出现动量效应,当形成时期较长时,却出现反转现象。

五、收入公告研究

伯纳德(Bernard)和托马斯(Thomas)于1989年将从1974年到1986年间在NYSE、AMEX交易的股票,以每个季度为单位,根据最近收入公告中的"惊讶"程度分成十组。研究发现,公告发布后的60多天,带有利好消息的股票组平均收益超过带有利空消息的股票组平均收益4%,也即表现为收入公告后漂移效应(post-earnings announcement drift)。这也不能仅用贝塔系数的差异来解释。

六、成交量与价格的互动

2005年NYSE的成交量是14.1万亿美元,NASDAQ成交量为10.1万亿美元,东京交易所成交量为4.5万亿美元。近年来,NYSE每年的换手率平均为100%,其中,2005年为102%。历史上多次的股价泡沫都伴随有巨大的成交量,比如1720年的南海公司泡沫,近年的网络泡沫等。此外,经典的技术分析中量价分析也占据了十分重要的位置,在现实市场中,很多投资者会依据量价关系对未来的走势作出预测并指导自身的投资。而市场价格及成交量也一再重演历史,说明投资者在使用图表分析,并且据此得出的判断是准确的。但是,在传统的定价公式中,并没有出现成交量,因此,也就不能解释量价之间的关系。

第二节 异质信念模型

对于前一节中的各种现象,传统定价模型难以解释。这一节中,我们从投资者信念差异角度出发,建立相应模型,并对一些现象给出解释。异质信念,也即异质预期,是指关于同样的资产,投资者各自形成的不同的预期。比如,持有相同股票的投资者对于该公司发布的季报或者年报会有不同的看法,原本过于看多者会解读为利空消息,而原本过于看空者可能会解读为利好消息,因此,他们之间会有信念差异,这直接导致了双方投资策略的差异,并通过交易来调整双方的预期,以形成新的预期。

一、心理学基础

现实市场中的投资者由于受到自身心理素质的影响及外界的干扰,会表现出有限理性或非理性的行为,也即表现出一定的心理偏差,某些偏差会引起投资者之间信念差异。

1. 过度自信

大量的证据表明,人们在作判断的时候往往会表现得过度自信。这主要通过两种方式表现出来。一种是人们得出的置信区间往往过窄,人们给出的98%置信区间往往只能有60%的概率覆盖真值。另一种是人们在估计概率的时候也是不标准的,被他们认为必然发生的事件的概率往往只有80%,而被他们认为不可能发生的事件概率却有20%。

由于过度自信,投资者会过度相信自身的选股能力,对自身所持有的信息真实性的估计会超过该信息本身的真实性,而且他们不愿意相信其他人的信息可能更真实,从而在交易中他们不愿意去推断其他人所拥有的信息。这样,对同样的资产,持有不同信息的过度自信的投资者之间会形成差异,比如,同样面对大盘,面对同样的公共信息,看多和看平的两类投资者都深信自身的判断,即使是专业的分析师也会表现出不同的预期,而且他们更加相信自己的预判(当然,不仅在股票市场,在房地产市场也是如此,面对调控政策及市场走向,不同的投资者或者消费者,也形成了不同的预期,大家都相信自身的预判,这直接导致市场成交量的行为和价格行为)。而且这种差异一旦形成,就会持续一定的时间,这本身就说明了大家都十分相信自身的判断能力。

2. 乐观主义

很多人对自身的能力及前景表现得过于乐观。超过90%接受调查的人认为在相应的能力上他们是超过平均水平的,而在安排计划时,他们预计完成的速度要比他们真正完成任务的速度快得多。这很类似于过度自信。对于有过一些经验的投资者,他们会对自身的判断能力表现得过于乐观,即他们会相信自身的判断能力会超过一般的投资者,尤其是在他们盈利之后更是如此,这无疑会加大信念之间的差异,并且难以在短时间内消除这种差异。

3. 代表性偏差

卡尼曼和特维茨基于1974年证明,当人们要估计某些概率的时候(比如物体A属于类B的概率),人们会使用代表性启发,也就是人们会根据A反映类B本质特征的程度来判断A

属于类 B 的概率。代表性启发有时会产生严重的偏差，主要包括：人们会忽视总体比率及样本量。样本量忽视，即人们会根据过于少的样本去推断总体，也就是"小数定律"。这样，在趋势判断时很容易产生差异，投资者在估计概率时会根据近期该资产的走势推断未来的走势，即根据最近的样本估计总体，但是，估计的方式是"小数定律"。这样，大家取样时间不同，这很容易引起预期的差异。

4．保守主义

当已得数据并不能代表任何备选模型时，人们往往过度依赖于先验信息，即会过度重视总体比率。此时，人们表现得过于保守。当面对一个不熟悉的公司时，投资者会考虑整体行业的表现更多一些，或者考虑整体大盘的表现更多一些，这样，依赖程度不同及依赖的标的不同，自然会产生预期上的差异。

5．信念坚持

洛德(Lord)等在 1979 年研究发现，一旦人们形成某种信念，他们会过于坚持这种信念，而且坚持的时间会过长。这个过程中，至少有两种效应在起作用。一种是，人们并不是很乐意搜寻与他们信念相矛盾的证据；另一种是，即使面对这种证据，人们也会表现得过于怀疑。这也和过度自信和乐观主义联系很紧密。例如，一旦人们对大盘的走势形成某种预期，尤其是有一定经验的投资者，他们会坚持这种预期几周甚至几个月，即使市场已经发出和他们判断相矛盾的信号。这也导致了差异会持续一定的时间，也就是一旦趋势形成，市场会顺势走一段时间。

二、异质信念的形成机制

在上述心理因素的基础上，异质信念的具体形成机制有几种不同的方式，不同的方式针对不同的现象。洪(Hong)和施泰因(Stein)在 2007 年给出了三种具体的形成机制。

1．逐步信息流

洪和施泰因在 1999 年研究发现，逐步信息流是金融市场重要的一个特征。因为获得信息的技术有差异或者因为投资者专业性不同，某些与股票价值有关的信息会到达某些投资者(先知先觉者)，而先于到达其他投资者。若该信息利好，则先知先觉者会上调他们对于该股票的估值，而其他投资者因未收到该消息而保持原有估值不变。这样，在投资者之间就会形成差异，而且这种差异还会变大，这导致先知先觉者愿意出较高的价格购买其他投资者手中的股票。

关于这种信念差异形成机制最明显的例子来源于胡伯曼(Huberman)和雷格夫(Regev)在 2001 年所作的研究，他们研究了 EntreMed 公司(一家生物科技公司)的股票价格。1998 年 5 月 3 日，星期天，《纽约时报》头版刊登了关于癌症研究的最新进展的报道，其中主要提到 EntreMed 公司。第二天，5 月 4 日星期一，EntreMed 的股票放量大涨，收于 52 美元/股，而它前一周周五的收盘价为 12 美元/股。而这篇报道中的内容在五个月之前，即 1997 年 11 月已经在《自然》杂志中报道过。当时也引起股价和成交量的上涨，但并没有五个月之后《纽约时报》头版报道后所引起的上涨那么巨大。

对此一种可行的解释是，EntreMed 公司有两种类型的投资者，一类是小部分的科学专家，他们阅读《自然》这样的专业杂志；另一类是大部分的普通投资者，他们通过《纽约时报》这样的流行期刊获取信息。信息按照如下方式传播：专家先于普通投资者得到某些具体的消息，这导致消息发布时的成交量放大，并也引发了价格对消息本身的逐步响应。在 EntreMed 公司的案例中，当《自然》首先发布消息的时候，EntreMed 的股票价格并没有立即上涨到目标价位，而是用了几个月的时间来逐渐消化这则利好消息。[①]

投资者并没有意识到他们处于信息劣势，因此难以从与其他人的交易中得出正确的推断，这导致了上述这种价格和成交量的联动效应。投资者因过度自信而难以采用贝叶斯法则那样复杂的规则来更新自己的信念，也即他们会高估自身所有信息的准确性而低估他们从与其他投资者交易中所学习到的信息的准确性。这种调整不足同样也源于对周围整体市场环境了解的缺乏，比如很多投资者会倾向于只关注自身所在地域附近的股票，而很少关注整个市场的股票组合以及全球市场的组合。

2. 有限注意

近年来的研究文献表明，人们开始关注有限注意，即认知疲劳的投资者只能关注到公共可得消息中的某一小部分，而难以关注到全部的有效信息。实际操作中，有限注意和逐步信息流有些类似，但此时，投资者较少关心信息扩散的动态机制。同样的，只靠有限注意难以产生价格或者成交量的一些模式。

在有限注意机制中，还需假设投资者不会采用复杂的更新信念的方法：当与其他投资者交易的时候，他们本身不作调整，因为他们只根据一小部分相关信息得出自己的估值。尽管看上去，有限信息和逐步信息流的差别只是字面上的，有限信息机制却给出了一些潜在的细微差别。当投资者主要表现出有限注意时，这意味着，对同样的消息内容，当它以"吸引注意力"的方式发布的时候，价格和成交量的反应要比以不太引人注意的方式发布下的反应大很多。这也意味着，媒体在股票市场价格形成过程中起到的作用是潜在的，而且是巨大的。在 EntreMed 公司的案例中，《纽约时报》的头版无疑起到了这种"吸引注意力"的作用。而这也会造成相反的情形，即当投资者的有限注意力被分散而不能集中到发布的信息时，那么该信息的影响将会大打折扣。

德拉维尼亚(Dellavigna)和伯里特(Pollet)在 2006 年给出了一些证据来支持这个假设。他们的研究表明，当公司在星期五发布消息时，由此导致的成交量要小于在其他时间发布消息导致的成交量，而且，价格更易于表现出反应不足。他们给出的解释是，投资者在周末注意力容易被分散，当在随后的星期一的早上交易的时候，他们会忘记一部分这条消息所产生的影响，这导致成交量不足，价格反应也不足。

3. 异质先验

在现实交易中，即使一条信息面向所有投资者同时发布，并且所有投资者都注意到了这条消息，投资者关于该股票的基本面价值还是会形成分歧，甚至该消息还会加大他们的分歧。哈里斯(Harris)和拉维夫(Raviv)在 1993 年的研究以及康德尔(Kandel)和皮尔逊(Pearson)

[①] 这种现象似乎可以用锚定效应来解释，因投资者心目中已经形成关于 EntreMed 公司的利好印象，这使得他们在决策的时候会以此为参考。但是，大部分的普通投资者没有得到这条利好消息，从而关于 EntreMed 公司的心理锚定无法形成，因此，用锚定效应并不能完全解释价格逐步响应的现象。

第六章 金融市场中的异质信念

在1995年的研究发现,当投资者用不同的经济模型来解读消息时,就会产生上述这种分歧。

假设某公司发布公告称它的收入比上一季度增长10%。假设市场上存在几类投资者。第一类投资者原本预期该公司收入没有增长,并且认为收入报告产生的影响是长时间的,那么该消息将导致未来预期收入的现值增长10%左右。第二类投资者原本也预期该公司收入没有增长,但是他们认为收入报告产生的影响是暂时的。对他们来说,该消息也是利好的,尽管它产生的影响不像对第一类投资者产生的影响那么大。第三类投资者原本预期该公司收入将增长20%,那么该消息不再是利好,而且会导致他们下调对该公司未来预期收入的现值。

这个例子表明,即使三类投资者面对同样的信息,因他们对该公司的先验预期不同,也会引起他们彼此间的差异。但为了得到关于成交量的预测,我们还需要假设,投资者不会根据交易对手的交易决策来完全更新自身的信念。因此,在均衡中,投资者之间的确存在分歧。

三、异象与异质信念模型解释

异质信念对资产定价的影响,国内外已有大量研究,诸如巴萨克(Basak)在2005年的研究、安德森(Anderson)等人在2005年的研究、张维和张永杰在2006年的研究、史金艳等人在2009年的研究、孟卫东等人在2010年的研究等。这些文献研究了在出现异质信念的假设下资产价格模型受到的影响。另外,大量的文献对于前面所描述的一些具体的金融异象,比如动量效应、量价的特殊联动模式,借助于投资者信念而建立了不同模型,并给出了一些解释,我们选取了其中一些经典的异象及相应的模型进行说明。

1. 动量效应

关于动量效应(momentum effect),洪和施泰因在2007年的研究中使用了杰格迪什(Jegadeesh)和提特曼(Titman)在1993年研究中的简单模型来给出解释。在此,我们也使用他们的简单模型来说明如何在均衡股票市场中产生动量效应。

假设某股票会在时期2清算红利,数量为

$$D = A + B$$

式中,A、B为独立零均值随机变量,A、B可以看作两条不同公共消息的实现。

在时期0,A、B是未知的,因此,0时期D的期望为0,即

$$E^0(D) = 0$$

为方便起见,我们假设利率为0,并假设持股没有风险溢价(若该股票的供应量相比于投资者总体的风险承受能力而言是很小的,则该假设是成立的)。

由此可得

$$P^0(D) = 0$$

假设在时刻1,A、B实现(即两条不同的消息公开可见),而且全体投资者中有一部分只能观察到A,我们将他们记为f,则其余的$(1-f)$只能观察到B。而且,观察到A的投资者相信A就是D的最准确的预测(即他们错误地相信$D=A$)。同样的,观察到B的投资者相信B就是D的最准确的预测(他们错误地相信$D=B$)。这些假设可以用简化的方式包含逐步信息流和有限注意的本质特征。

如果投资者可以自由持有多头及空头头寸，并且股票供应量很小，则由上述假设可以得到

$$P^1 = fA + (1-f)B$$

即价格是当期投资者关于 D 预期的加权平均。

从 0 期到 1 期的股票收益为

$$R^1 = P^1 - P^0 = fA + (1-f)B$$

从 1 期到 2 期的股票收益为

$$R^2 = P^2 - P^1 = (1-f)A + fB$$

下面碰到两个问题：从时期 1 到时期 2 是否存在动量以及动量与成交量之间的关系。这里，我们用时期 1 与时期 2 的收益之间的协方差(或协方差系数)来定义动量，即

$$M = \mathrm{cov}(R^1, R^2)$$

当时期 1 收益为正(负)、时期 2 收益也为正(负)时，存在动量效应，因此，当 $M \geq 0$ 时，即存在动量效应。

在本模型中，可以证明，股票收益间存在正的动量效应。

证明：

$$\begin{aligned}M &= \mathrm{cov}(R^1, R^2) \\ &= \mathrm{cov}(fA + (1-f)B, (1-f)A + fB) \\ &= f(1-f)(\sigma_A^2 + \sigma_B^2) \geq 0\end{aligned}$$

并且，当 $f = (1-f) = \dfrac{1}{2}$ 时，M 取得最大值 $M_{\max} = \dfrac{1}{4}(\sigma_A^2 + \sigma_B^2)$，也即，当获得两种信息的投资者比例相等的时候，动量最大。

上述性质直观的解释如下。若没有投资者观察到 $A(f=0)$，则在时期 1，市场对于信息 A 完全反应不足，价格对于信息 A 的反应完全延迟到时期 2。因为时期 1 的收益不包含 A 的成分，则根据延迟反应无法对时期 2 的收益作出预测。相反，若有一半投资者观察到 $A\left(f=\dfrac{1}{2}\right)$，则关于 A 的一半的信息被包含进时期 1 的价格，另一半信息在时期 2 被包含进价格，这是最大化动量效应。

由模型还可以得到动量效应的测度随平均成交量增加而增加。直观上，若投资者均只关注 $A(f=1)$ 或只关注 $B(f=0)$，则在他们中间没有分歧，也就没有成交量。相反，若一半投资者关注 $A\left(f=\dfrac{1}{2}\right)$，则期望成交量最大。因此，随着观察 A、B 的人数趋于相同，动量与期望成交量同时增加。

这种基于逐步信息流或者有限注意的模型关键之处在于，它不仅能解释动量现象，还给出了一个可检验的假设，即在其他条件相同的情况下，平均成交量越大的股票中，动量效应越明显。

2. 定价过高的绩优股

洪和施泰因在 2007 年给出了绩优股定价过高现象的异质信念模型解释。现实市场中经常出现绩优股定价过高的现象，比如从 1998 年到 2000 年泡沫时期的网络公司股票的定价过高。我们仍然从异质信念模型出发给出解释和预测。在这里，异质信念源于异质先验，

即当面对同样的公共信息的时候，不同的投资者会得出不同的推断。

在建立该模型时，我们需要增加一个元素：卖空限制。我们假设投资者不能卖空股票。这意味着，当投资者认为某只股票定价过高时，他们不能卖空该股票以获利，而只能选择退出市场以等待下一次获利机会。在很多的现实市场中，该假设也是成立的。个体投资者以及很多种机构投资者(比如共同基金、养老基金等)在股票市场中不能持有空头头寸。尽管对冲基金会持有空头头寸，但相比其总的头寸来说，比例非常小。我们的理论预测不需要市场中所有投资者都要受到卖空限制，而只要求那些受限的投资者能代表市场的风险容忍度。

异质信念及卖空限制的模型可以分为动态和静态两类。静态模型源于米勒(Miller)在1977年的研究结果，研究指出，由于卖空限制的存在，看多者的估值将出现在价格中，而看空者的估值将不会出现在价格中。因此，即使投资者平均估值是无偏的，股票价格也会偏高。相比之下，在没有卖空限制的市场中，股票价格会反映价值加权平均的估值。在米勒于1977年的研究结果中，当固定投资者平均估值不变时，定价过高的程度会随着估值差异程度的扩大而变大，即随着信念差异程度的扩大而扩大。

然而，静态模型的弊端在于难以解释成交量的某些行为，因为在静态模型中，投资者会持有初始头寸直到最终清算，而中途不会调整仓位，也就是说，成交量并不是来源于已存在的信念差异，而是源于差异的变化。而信念差异的变化难以在静态模型中得到。带有异质信念及卖空限制的动态模型更加适合于分析成交量及定价过高的联动行为。动态模型最初是由哈里森(Harrison)和克雷普斯(Kreps)于1978年进行了研究，在动态模型中，投资者根据他们对所获信息的私人解读而连续调整他们的估值，当两个投资者估值发生"交叉"时(即当看多的投资者变得更加悲观，而看空的投资者变得更加乐观时)，就会产生交易。动态模型的关键的预测为，在成交量和定价过高的程度之间存在正相关。

假设已有两支类似的股票I和J，它们的差别在于关于I的信息到达的频率更高。造成这种差别的原因可能是，关于股票I基本面的不确定性更大(例如，I拥有更新的技术，但是该技术还没有经过测试)，或者，I更受媒体的欢迎，因而得到媒体更多的关注。当投资者解读消息有差异时，关于I的消息刺激性越强，投资者估值序列的方差就会越大，也就会导致更大的交易量。由于卖空限制，I比J将会更易于出现定价过高，因为消息越刺激，就越会有更加极端乐观的投资者出现，这也就加大了分歧，从而导致更大的交易量。因此从模型可以得出的预测是，定价过高会伴随有更大的成交量。对此进行检验时，要固定股票价格水平(可以用市场价值与账面价值之比(B/M)来衡量)，再观察更大的成交量是否会导致更低的未来收益。

3. 市场崩溃

从金融市场的历史来看，整体市场似乎容易出现崩溃的现象(即所谓 crash)。洪和施泰因在2003年给出了关于市场崩溃的详细描述及模型解释。

我们从一系列的经验事实可以总结出市场崩溃的典型特征。第一，科特勒(Cutler)、波特巴(Poterba)和萨默斯(Summers)在1989年记录了战后S&P500指数多次的最剧烈的价格波动，发现这些剧烈的波动并没有伴有公共信息发布，甚至连1987年10月大崩盘也没有特别大的消息出现。罗尔(Roll)在1988年的研究以及弗伦奇(French)和罗尔在1986年的研究中同样发现难以用公共信息来解释大幅的价格波动。第二，在历史上大幅价格波动中，价格出现下跌的频率比出现上涨的频率大。从历史数据来看，S&P500 指数在 1974 年以后的十个最大单日波动中，有九次是下跌。很多文献也记录了股票收益的负偏度，即收益出现较大的负值概率更大。第三，股票价格崩溃是整体市场的现象，即崩溃在股票之间有"传染性"。达菲(Duffee)在 1995 年的研究结果表明，在下跌的市场中，个股收益之间的相关性会迅速上升。据此得出，所谓市场崩溃包括以下三个要素：第一，价格大幅波动，却并不伴有相应规模的公共消息事件；第二，这种价格波动是下跌；第三，崩溃是会"传染"的，即整体股票下跌有很高的相关性。

在上述模型中，投资者表现为非完全理性，并带有一定的过度自信，即相信自身的消息比其他投资者的更加精确，并且不会从价格中去推断其他投资者所拥有的信息。

假设有两类投资者 A 和 B，他们会得到关于股票最终支付的私有信号 S^A，S^B，信号中会包含一些有用的信息。然而，A 只关注自身的私有信号，即使他可以从价格中观测到部分关于 B 的私有信号；同样，B 也只关注自身的私有信号，即使他也可以从价格中观测到部分关于 A 的私有信号。因此，即使没有外部的噪声交易，对于同样的资产 A，B 也会产生不同的估值。除了 A 和 B 之外，市场还存在一类完全理性、风险中性的套利者。他们清楚，股票价值的最优估计是 A 和 B 私有信号的平均，这是因为 A 和 B 面对卖空限制，他们只能持有多头头寸。直观上，假设在时期 1，B 得到利空信号，则他的估值会低于 A 的估值。因为存在卖空限制，B 不能做空，只能退出观望，则交易只在 A 和套利者之间产生。套利者可以推测出 B 的估值比 A 的低，但具体低多少他们并不清楚。因此，时期 1 的价格包含了 A 的先验信息，但无法完全反映 B 在时期 1 的私有信号。假设在时期 2，A 得到新的利好信号。因为 A 仍是看多的，所以他的新信号仍会被包含进价格，而 B 前期的信号仍然没有被反映出来。但若在时期 2，A 得到的是利空信号，则情况会变得更加复杂，因为 B 前期的利空信号有可能在当期被包含到价格中。若 A 在时期 2 退出市场，则套利者可以通过观察 B 愿意入场的价位而推测出 B 前期的利空信号。例如，若当价格较时期 1 下降 5%时 B 即愿意入场，则套利者可以推断出，B 在时期 1 的信号并不是太坏；若当价格较时期 1 下降 20%时 B 仍不愿意入场，则套利者可以推断出，B 在时期 1 的信号的利空程度将超过预期。也就是说，对套利者而言，B 在面对 A 抛售时没有提供"买盘支撑"，这一事实实际上构成了另一则利空消息。

上述简要的分析可以简单地说明我们关于股票价格崩溃定义的三要素。第一，时期 2 的价格波动并不需要有新的消息在时期 2 出现，因为该时期可能反映的是 B 前期隐含的利空信息，这类似于罗默(Romer)在 1993 年研究中的观点：交易过程可能内生地反映前期隐藏的信息，并在只有很小信息的情况下导致较大的价格波动；第二，由于卖空限制，使得价格波动是下跌的可能性更大，若 A 在时期 2 得到信息是利空的，则不仅 A 的信息可能会反映在价格中，前期 B 的利空消息也可能会反映出来，因此，当市场下行时，总的消息会爆发出来；第三，假设有多只股票，则对一只股票 I 的抛售有可能引发对另外股票 J 的抛售，因为前期隐藏的利空消息可能会同时对 I 和 J 的定价产生影响，所以，J 的价格也有可能出现大幅波动，即使没有出现关于它的基本面的消息。因此，崩溃是"传染"的，即整体股票下跌有很高的相关性。由本模型，我们可以得到可供检验的预测。当投资者信念之间出现明显差异的时候，成交量会明显放大，在这种环境下，收益率容易出现负偏。因此，从

第六章 金融市场中的异质信念

时间序列及横截面数据中都会出现放大的成交量伴有变大的收益率的负偏度的现象。

下面我们将给出具体的模型推导过程。假设股票交易有四个时期，分别为 0,1,2,3。市场中有一种股票 I，它将在时期 3 派发红利 D。市场中存在三类投资者，A、B 及套利者，其中，A 和 B 面对卖空限制，但套利者没有卖空限制。A 和 B 依次获得关于最终分红的私有信号。在时期 1，B 获得 S^B，在时期 2，A 获得 S^A。套利者完全理性，故会推断两种信号包含等可能的信息量，则期末分红可估计为

$$D=\frac{S^A+S^B}{2}+\varepsilon, \quad \varepsilon \sim N(0,1)$$

投资者 A 和 B 只相信自身的私有信号，则 A 相信期末分红量为 S^A，B 相信期末分红量为 S^B，各自的需求函数为：

$$Q^A(p_2)=\max\left[S^A-p_2,0\right]$$
$$Q^B(p_t)=\max\left[S^B-p_t,0\right], \quad t=1,2$$

假设，
$$S^B \sim U(0,2V),$$
$$S^A \sim U(H,H+2V), 0 \leqslant H \leqslant 2V$$

式中，V 可以表示信息的方差，H 可以表示 A 比 B 乐观的程度。

股票价格形成机制如下。

在时期 0，A 和 B 没有获得任何私有信号，套利者只能用均匀分布估计价格。

$$p_0=\frac{2V+H}{2}=V+\frac{H}{2}$$

在时期 1，B 获得私有信号 S^B。此时，我们用拍卖机制形成价格。假设 A、B 及套利者参与拍卖，拍卖者决定价格。拍卖者先给出价格 p_t，参与者相应地给出需求，其中，A 和 B 由于卖空限制，只能给出正的需求，而套利者可以给出任意的需求。此外，套利者可以观察到 A 和 B 所报出的需求量。拍卖者从高往低报价，当报出的价格使得需求量恰好为 0 时，市场出清，该价格就是均衡价格。从该机制中可以看出，拥有利空信号的投资者在均衡中将不持有头寸，因此，他的信号有可能不被价格所反映。(很多证券交易所集合竞价时就是用这种竞价机制。)

在这种拍卖机制下，当 A 和 B 均为完全理性时，时期 1 和 2 的价格为

$$p_1=\frac{V+H+S^B}{2}$$
$$p_2=\frac{S^B+S^A}{2}$$

此时，时期 1 和 2 的收益分布均为对称，且两时期的收益同方差。

以时期 1 的价格为例，直观上，若 B 的信号没有反映在价格中，说明 B 的估计要低于任何报出的价格，这样，任何出清价格只能包含套利者的估计。因此，套利者就能判断出定价偏高，只要 B 的信号不出现在价格中，说明报出的价格偏高，因此市场无法出清，直到 B 的信号出现，也就是前面求出的时期 1 的价格。

然而，当投资者不是完全理性的时候，时期 1 和时期 2 的价格形成就会受到信念差异和卖空限制的显著影响。

在时期 1，若 B 的信号没有显示出，则均衡价格为

$$p_1 = \frac{V+H}{2} + \frac{E_1\left[S^B|NR\right]}{2}, \quad E_1\left[S^B|NR\right] 为在 S^B 不显示下的条件期望$$

当 B 的信号很差的时候，信号不会出现在均衡价格中，当 B 的信号不那么差时，信号就会出现在均衡价格中，因此对于 B 信号是否显示有一个临界值 S_B^*，可以求得

$$S_B^* = \frac{2(V+H)}{3}$$

当 $S^B \leqslant S_B^*$ 时，信号就不会出现在均衡价格中，此时可以化简求得

$$p_1 = \frac{2(V+H)}{3}$$

在时期 2，前期隐藏的 B 的信号可能会出现在均衡价格中。在时期 2，A 得到信号 S^A。若在时期 1，B 的信号已经反映在价格中，则时期 2 的均衡价格和时期 1 的类似，即存在 A 的临界值，当 A 的信号超越临界值时，S^A 就会反映在价格中，当 A 的信号低于临界值时，S^A 就不会出现。此时，A 的临界值为

$$S_A^* = \frac{(2S^B + H)}{3}$$

若在时期 1，B 的信号没有出现在均衡价格中，而 A 的信号利好，则 A 的信号出现，而 B 仍不能在均衡价格中出现。在这种情况下，均衡价格为

$$p_2 = \frac{S^A}{2} + \frac{V+H}{6}$$

若在时期 2，A 也得到利空信号，但不是那么差，则在时期 2 会得到 B 的部分信息，即能更精确地知道 S^B 所在的范围，尽管还不能完全清楚 S^B 取值为何。此时，可以得到

$$S_B^{**} = \frac{2}{3} S^A$$

若 $S^B \leqslant S_B^{**}$，$S^B > H$，则此时 S^B 会完全出现在均衡价格中，即

$$p_2 = \frac{H + 2S^B}{3}$$

可见，A 的信号越差，则 B 的信号越有可能重新出现，则即使没有外部利空消息，价格也可能会内生地下跌。

通过计算收益率，可以观察到，价格出现大幅下跌的可能性比上涨的可能性更大。

$$R_1 = p_1 - p_0$$
$$R_2 = p_2 - p_1$$

从整体时期可计算出，最大单期价格波动方向为下跌。关于收益偏度的结果为

$E(R_1^3) \geqslant 0$，$E(R_2^3)$ 关于 $\frac{H}{V}$ 单调递减，当 $\frac{H}{V} > 0.38$ 时，取负值。

信念差异对成交量的影响是，当信念差异参数 H 偏大时，将导致较大的换手率，同时，H 又影响到收益的偏度，因此可以得到更具体的结果：较大的成交量通常伴有收益率的较大的负偏度。

当市场中不再只有一种股票时，则在市场下行时，容易出现个股之间下跌的"传染"。假设市场中存在多只股票，对股票 I，收益率为

第六章　金融市场中的异质信念

$$R_I = R_M + Z_I$$

式中，R_M 表示市场因子，均值为 0，Z_I 表示个体因子，Z_I 之间独立同分布，均值也为 0，且与市场因子独立。给定市场因子的取值，我们可以计算股票 I 和 J 之间的条件协方差和条件相关系数，即

$$\hat{\sigma}_{IJ} = E[R_I R_J | R_M]$$

$$\hat{p}_{IJ} = \frac{E[R_I R_J | R_M]}{\sqrt{E[R_I^2 | R_M] E[R_J^2 | R_M]}}$$

可以计算得到，当 $E(R_M^3) < 0$ 时，有

$$\text{cov}(\hat{\sigma}_{IJ}, R_M) < 0, \text{cov}(\hat{p}_{IJ}, R_M) < 0$$

直观上，当市场因子(可以看成市场组合)出现大幅度波动时，个股收益将会高度相关。当市场因子负偏时，出现下跌的可能性更大，从而也会导致条件相关系数的上升。因此，根据前面收益出现负偏的条件，只要投资者之间信念差异足够大，市场收益出现负偏，而相关系数为负，就意味着，当市场因子下跌时，个股收益相关性就会上升，从而出现"传染"。

4．投机泡沫

当市场出现泡沫时，股票往往表现出高价格与高成交量，以及更高的波动率。这些现象同样难以由以前的定价理论给出解释。施可曼(Scheinkman)和熊(Xiong)在 2003 年具体讨论了连续时间的异质信念模型(即投资者之间的信念差异随着时间而不断演化，不再是静态的)，并对投机泡沫作了具体的解释。他们求解了新的股票均衡价格公式，在均衡中，投资者自信程度的增加会导致泡沫加剧，成交量放大，波动率放大等现象出现。

在建模过程中，我们认识到，股票为其持有者提供了一个从其他高估者手中获利的机会。文中研究了简化市场，在这个市场中仅有有限供应的单一风险资产，并仅有两组投资者，他们是风险中性的，并且股票可无限期持有。

此外，当期的分红是对基本面变量的有噪声的观测值。在每个时期，投资者还可以得到一个信号。信息对投资者是公开的，但是两组投资者在信息解读上存在分歧。每个投资者都对自身所有信号所含信息的真实性有所高估，因此，他们对未来的分红过程有不同的预测。尽管投资者知道他们的预测和其他投资者的预测不同，但是，由于自身行为的限制，使得他们承认这种差异。随着信息传播，两种预测会发生交叉，这意味着前期看多的投资者会变得更加悲观，而前期看空的投资者会变得更加乐观，这导致了交易的发生。

在对自身所持有股票估值时，投资者会考虑自身对基本面的估计，同时，他们也清楚股票持有者拥有将股票卖给其他投资者的权利，这本质上相当于内嵌了一张再售期权(resale option)。持有者可以在任何时刻行使权利，新的持有者即可获得另一张再售期权。因此，该期权是"美式"期权，并具备递归结构。由此可知，对该期权的定价是不动点问题。投资者的需求价减去他对基本面的估值，所得就是该期权的价格，也可以看成"泡沫"。"泡沫"价值的波动也构成了股票本身价格波动的一部分，可以看成超额波动率。在模型中，泡沫是由投资者之间的信念差异引起的，而引起信念差异的原因是投资者对自身所拥有信号产生过度自信。在均衡状态下，当持有者自身关于基本面估值被对手超过一定程度时，

股票就会换手。

假设市场中存在一种股票,分红过程由两部分组成。第一部分是基本面变量,决定未来的分红,第二部分为"噪声"。累积分红过程 D_t 满足:

$$dD_t = f_t dt + \sigma_D dZ_t^D$$

式中:Z^D 是标准布朗运动;σ_D 是常数波动率。

基本面过程 f 不可观测,满足均值回归过程

$$df_t = -\lambda(f_t - \bar{f})dt + \sigma_f dZ_t^f$$

式中:$\lambda \geq 0$ 表示均值回归参数;$\bar{f}$ 是 f 的长期均值;Z_t^f 是标准布朗运动。股票供应有限,标准化为 1。

除了分红过程,投资者还可以观测到信号 S^A,S^B,它们满足:

$$dS_t^A = f_t dt + \sigma_S dZ_t^A$$
$$dS_t^B = f_t dt + \sigma_S dZ_t^B$$

式中:Z_t^A 和 Z_t^B 是标准布朗运动;σ_S 是信号过程的公共波动率。假定,Z_t^A、Z_t^B、Z_t^D、Z_t^f 相互独立。

投资者 A(B) 可以得到 S^A 作为他们的私有信号,他们也可以观察到 S^B。但不同投资者自认为的他们私有信号的真实性超过该信号本身的真实性,这导致信念差异的产生。在连续过程中表现为,A(B) 认为自身信号中的信息过程 $dZ_t^A(dZ_t^B)$ 和基本面过程中的信息过程 dZ_t^f 有相关性,相关系数用 ϕ 表示,其中,$0 < \phi < 1$。因此,在投资者 A 眼中,他的信号过程为

$$dS_t^A = f_t dt + \sigma_S \phi dZ_t^f + \sigma_S \sqrt{1-\phi^2} dZ_t^A$$

从方程中可以看出,A 观察到了正确的无条件波动率,但是与信息过程的相关性使得他们对信号过程产生过度反应。同样,B 也相信自身的信号过程为

$$dS_t^B = f_t dt + \sigma_S \phi dZ_t^f + \sigma_S \sqrt{1-\phi^2} dZ_t^B$$

从方程中可以发现,ϕ 越大,则投资者会感觉自身对基本面水平的预测越准确,因此,ϕ 可以被看成表示过度自信的参数。上述描述给出了投资者之间信念差异演化过程的一种简单结构。可以证明,信念差异过程是波动率正比于 ϕ 的扩散过程。当取高斯初始条件时,投资者的条件信念过程也是高斯的,可以求得其条件期望和条件方差 $\hat{f}^C$,γ^C,$C \in \{A, B\}$。则 A 的条件信念过程为

$$d\hat{f}^A = -\lambda(\hat{f}^A - \bar{f})dt + \frac{\phi\sigma_f\sigma_S + \gamma}{\sigma_S^2}(dS^A - \hat{f}^A dt) + \frac{\gamma}{\sigma_S^2}(dS^B - \hat{f}^A dt) + \frac{\gamma}{\sigma_D^2}(dD - \hat{f}^A dt)$$

其中,γ 为原方程平稳解的方差,即

$$\gamma = \frac{\sqrt{[\lambda+(\phi\sigma_f/\sigma_S)]^2 + (1-\phi^2)\left[2\left(\frac{\sigma_f}{\sigma_S}\right)^2 + \left(\frac{\sigma_f}{\sigma_S}\right)^2\right]} - [\lambda+(\phi\sigma_f/\sigma_S)]}{\left(\frac{1}{\sigma_D^2}\right) + \left(\frac{2}{\sigma_S^2}\right)}$$

可以证明,γ 随着 ϕ 递减。而条件期望中的三个噪声项,可以看成"惊讶"程度,他们是相互独立的布朗运动。因为 ϕ 非负,A 会对 S^A 做出过度反应。

同样，可以求得 B 的条件期望过程

$$d\hat{f}^B = -\lambda(\hat{f}^B - \bar{f})dt + \frac{\phi\sigma_f\sigma_S + \gamma}{\sigma_S^2}(dS^B - \hat{f}^B dt) + \frac{\gamma}{\sigma_S^2}(dS^B - \hat{f}^B dt) + \frac{\gamma}{\sigma_D^2}(dD - \hat{f}^B dt)$$

由此，可以定义信念差异过程 g^A，g^B 为

$$g^A = \hat{f}^B - \hat{f}^A, \quad g^B = \hat{f}^A - \hat{f}^B$$

它们满足

$$dg^A = -\rho g^A dt + \sigma_g dW_g^A$$

$$\rho = \sqrt{\left(\lambda + \frac{\phi\sigma_f}{\sigma_S}\right)^2 + \sigma_f^2(1-\phi^2)\left(\frac{2}{\sigma_S^2} + \frac{2}{\sigma_D^2}\right)}$$

$$\sigma_g = \sqrt{2}\phi\sigma_f$$

从方程中可以看出，差异过程仍服从均值回归扩散，当没有过度自信参数 f 时，波动率变为 0。ϕ 越大，导致波动率越大，均值回归越慢。

同理可得

$$dg^B = -\rho g^B dt + \sigma_g dW_g^B$$

$$\rho = \sqrt{\left(\lambda + \frac{\phi\sigma_f}{\sigma_S}\right)^2 + \sigma_f^2(1-\phi^2)\left(\frac{2}{\sigma_S^2} + \frac{2}{\sigma_D^2}\right)}$$

$$\sigma_g = \sqrt{2}\phi\sigma_f$$

投资者之间信念差异的波动将会促使他们进行交易。看多的投资者会相信该股票未来有更高的收益及分红，他们会挂出更高的买价，如果一直持续下去，他们最终会持有全部头寸。假设每出售单位股票，空头需支付成本 $c(c \geq 0)$。多头愿意支付的保留买价反映了他对该股票的基本面估值以及在未来交易中他可能获得的最大收益。假设 $o \in \{A, B\}$ 表示现在的持有者，$\bar{o}$ 表示另外一组投资者，E_t^o 表示 o 在时刻 t 的条件期望，因此

$$p_t^o = \sup_{t \geq 0} E_t^o\left[\int_t^{t+\tau} e^{-r(s-t)}dD_s + e^{-r\tau}(p_{t+\tau}^{\bar{o}} - c)\right]$$

其中，τ 是停时，$p_{t+\tau}^{\bar{o}}$ 是多头在时刻 $t+\tau$ 的交易中保留价格。

求解上述方程可以得到股票价格公式，其中蕴含着美式期权的价格，还可以求股票交易的等待时间，以及期权部分的超额波动率。在均衡价格公式中，我们可以得到一些有用的性质。

当交易成本很小时(在极限状态下 $c=0$)，在某时间段内若有一次交易，则以后会有无穷多次交易发生。在任意时间段内的交易量均值为无穷大。交易等待时间连续依赖于 c。尽管股票持有者不会期望价格超过自身估值时才出售股票，但是美式期权价值已为正。我们可以给出一种简单的说明。假设当价格仅超过估值一个很小的量 ε 时，交易发生。则当 $g^A = \varepsilon$ 时，股票持有者 A 愿意卖出股票。随着 $\varepsilon \to 0$，交易会以更高的频率发生，等待时间减小为 0，则交易会发生无穷多次，每次微小的收益会产生显著的泡沫。因此，当投资者卖出价格不超过自身估值时，也会产生显著的泡沫。当 ρ 变大或者 σ_g 变大时，泡沫的程度都会加剧。在均衡中，当 ϕ 变大时，即投资者更加自信，差异过程中的波动率变大，回归参数变小，则期权价值变大，泡沫及超额波动率都变大，交易间隔会缩短。

第三节 模型检验

基于上述不同的异质信念模型，我们可以推导出异质信念与金融异象的关系，并且通过异质信念的代理变量的选取可以设计不同的实证检验方案。目前，衡量异质信念的主要指标有资产成交量、换手率和收益波动率等。借助于这些代理变量，已经有大量的实证检验方面的文献。

一、异质信念与动量效应

李(Lee)和斯瓦米纳坦(Swaminathan)在 2000 年采用经典动量策略，即杰格迪什(Jegadeesh)和提特曼(Titman)在 1993 年指出的动量交易策略，亦即买入前期盈利股票并卖出前期亏损股票。结果表明，当对一些高换手率的股票采取动量交易策略时，表现显著优于策略在其他股票上的盈利。

韦拉尔多(Verardo)在 2009 年基于 1984—2000 年间在 NYSE、AMEX 及 NASDAQ 挂牌的股票的月度交易数据，研究异质信念对动量效应的影响。用分析师盈利预测的离差(dispersion)度量异质信念，并采用经典动量策略。研究发现，高异质的股票组合的动量利润显著高于低异质的股票组合，月收益相差 55bps(每股净资产)，并且该差异是统计和经济显著的。在之后的横截面回归中，在控制股票的可见性、信息扩散速度、关于基本面、信息精确度、波动率的不确定性后，发现异质信念对动量收益有正向的影响。

崔(Chui)等人于 2010 年研究了文化差异对动量效应的影响。研究用个人主义指数(individualism index)度量文化差异。因个人主义与过度自信、自我归因相关，所以相对于集体主义文化，生活在个人主义文化中的投资者更容易对自己拥有的信息表现出过度自信，及更容易出现自我归因偏差。由于过度自信及自我归因偏差都会导致异质信念，并引起动量效应，因此文化差异会影响动量效应。采用的个人主义指数来自霍夫斯泰德(Hofstede)在 2001 年的研究结果，股票数据则选取了 55 个国家主要交易所普通股在 1980 年 2 月至 2003 年 6 月间的月度数据。研究发现个人主义指数与交易量、价格波动率及动量收益正相关。研究表明，在依个人主义指数排序的位于前 30%的国家中，动量组合的月平均收益比排名后 30%的国家中的动量组合的月平均收益高 0.6%。

陈国进等人于 2008 年以 2003—2005 年沪深两市上市公司为样本，以意外成交量作为异质信念的代理变量，通过检验异质信念与盈利动量的关系，发现盈利公告后续的长期收益随着投资者对年报信息意见分歧的增大而减小。这一研究结果也支持了米勒(Miller)在 1977 年的研究结论。

陆静在 2011 年从 A-H 股双重上市公司这一分割市场的角度研究基于盈利公告的异质信念对股票定价的影响。因为双重上市公司发行的股票对应的公司基本面是相同的，双重上市公司为研究不同市场异质信念的作用提供了基础。采用 2002—2006 年 A-H 股市场季度盈利公告披露前后股票超额收益的面板数据分析，并采用与成交量相关的异常换手率和标准化未预期成交量作为异质信念变量，研究了投资者异质信念对股票定价的影响。研究发现，投资者的异质信念显著影响股票定价。此外，经回归分析还发现，异质信念的变化对 H

股股票收益的影响大于A股市场,考虑到H股市场存在卖空机制而A股市场缺乏卖空机制,这表明交易机制的差异会反映到异质信念的定价作用中。

二、异质信念与资产收益率

迪思尔(Diether)等人于2002年研究了异质信念对股票未来收益的影响。用分析师盈利预测离差(dispersion)代表信念差异的程度,预测离差用预测标准差与预测均值的绝对值之比表示。选取NYSE、AMEX和NASDAQ交易的股票的月度数据作为股票交易数据,而分析师盈利预测数据取自Institutional Brokers Estimate System (I\B\E\S)。为了数据的完整性,选取1983年1月至2000年11月的数据进行组合检验。研究表明分析师盈利预测离差大的股票的未来收益更低,这在小规模股票上更加明显。这成为对米勒(Miller)于1977年预测结果的支持,即市场价格反映了看多者的乐观态度。分析师的激励结构使得他们不轻易发出利空的预测,这相当于提供了卖空机制,因此,即使市场不允许卖空,诸多的市场摩擦也会阻止价格对利空消息的反应。此外,离差与收益的负相关性也表明它并不是一种风险因子。

陈(Chen)等人在2002年用共同基金所有者的宽度度量投资者之间信念的异质程度。选取1979—1998年间共同基金持股的季度数据进行实证检验。研究表明所有者宽度的下降会导致更低的收益,这也支持了米勒于1977年的研究预测,因为所有者宽度下降,意味着股票集中在更少的投资者手中,卖空限制增强。这使得股票价格会高于其基本面价值,所以在未来会产生更低的收益。

伯梅(Boehme)等人于2006年研究了异质信念和卖空限制的交互作用对股票收益率的影响。选用卖空股票的费用、相对空头头寸(空头头寸比流通股本)及有无对应期权作为卖空限制的代理变量,用分析师预测离差、异质波动率及换手率表示信念差异。研究发现高异质信念及卖空限制强的股票未来收益更低,但高异质信念和卖空限制是股票定价过高的必要条件,仅有其一并不能得到股票被高估的结果。

伯克曼(Berkman)等人于2009年用盈利公告作为信念差异下降的标志事件,研究异质信念与卖空限制对股票被高估的影响。因为许多研究都假定信念差异会在未来几个月内下降,但没有采用具体的事件研究这个假定,这使得他们难以将信念差异与其他影响因素相分离。用盈利波动率、股票收益波动率、分析师季度盈利预测标准差、公司年限、股票换手率五种不同代理变量分别表示信念差异程度;用机构持股表示卖空的难易程度,因主要卖空者来自机构,若股票的机构持有者下降,则股票更难以卖空。结果发现,信念差异大的股票在盈利公告发布时收益显著低于差异小的股票。在难以卖空的子样本上,信念差异大的股票更多出现负的收益。在控制了规模效应、市值账面比或者在检验金融杠杆、盈利公告溢价、盈利公告漂移及分析师预测的潜在偏差后,结果依然稳健。

霍金(Houge)等人于2001年以美国市场1993—1996年间的IPO为样本,以开盘价差率、首笔交易开始的时间和抛售比率衡量投资者之间的信念差异程度。研究发现,投资者之间的信念差异能够很好地解释IPO首日溢价现象。在SEC规定的锁定期内的供给限制和卖空限制使IPO首日交易价格反映的是看多投资者的信念,这导致了IPO溢价。

洛克伦(Loughran)等人于2005年以美国市场1983—1998年间的IPO为样本,以换手率衡量投资者信念的差异程度,他们发现,IPO公司的换手率远远高于同类的非IPO公司的换手率。换手率较高的IPO投资组合在股票大涨(日上涨超15%)或大跌(日下跌超-15%)之后的短期内的表现很差，而这一现象在非 IPO 公司中并不明显。这表明投资者之间的信念差异是影响 IPO 溢价的一个重要原因。

张峥、刘力在 2006 年对中国股票市场股票换手率与横截面股票收益的负相关关系进行研究后发现，换手率作为投资者异质性信念波动程度的代理变量，在市场卖空约束的条件下，导致了股价高估。选取 1994 年 7 月至 2003 年 12 月间全部沪深股市的 A 股上市公司为研究样本。选取买卖价差、非流动性比率、零收益率比例、换手率作为衡量流动性的指标，并发现换手率与其他流动性指标的相关关系较弱，而且相对于买卖价差等流动性指标，换手率对于流动性的度量处于间接的地位。但换手率与账面市值比负相关(-0.154)，且统计显著，表明换手率与股票价格的投机性呈分正相关。

汪宜霞、张辉在 2009 年以 A 股市场 2001—2007 年间 IPO 公司为样本，以分析师对 IPO 上市首日价格预测的离散程度和上市首日换手率衡量投资者之间的信念差异，研究在严格卖空限制下，信念差异程度的大小是否影响 IPO 溢价。研究结果表明，分析师对上市首日价格预测的离散程度越大，上市首日换手率越高，IPO 溢价程度越高。

三、异质信念与股市崩溃

2009 年，陈国进、张贻军基于洪(Hong)和施泰因(Stein)在 2003 年的研究模型，用固定效应 Logit 模型(CLFE)检验了异质信念与股市崩溃之间的关系。选取 1997 年 1 月—2008 年 8 月之间 A 股上市公司的月度交易数据，用去趋势化的换手率衡量异质信念。研究表明，经过稳健性检验后，投资者异质信念程度对股市崩溃概率存在显著性影响。

四、异质信念与资产泡沫

陈(Chen)等人于 2009 年检验了货币幻觉假设和再售期权假设对股票错误定价的解释力。研究表明，对股票未来分红增长率预期的差异和卖空限制的再售期权，能更好地解释股票错误定价的水平和错误定价的波动率，并能解释股价泡沫中的高价格和高波动率及高换手率的相伴行为。

陈国进等人于 2009 年的实证研究发现，异质信念和通货幻觉对于中国股市泡沫的形成具有重要解释能力。选取 1997—2007 年我国 A 股上市公司为样本，利用动态剩余收益估价模型估计我国股市的基本价值，进而估计股市泡沫水平和波动性；并使用换手率衡量异质信念。分别对泡沫、换手率、通货膨胀率以及泡沫波动率建立向量误差修正模型(VECM)。在 VECM 的基础上，研究了协整方程、格兰杰(Granger)因果检验、脉冲响应分析和方差分解的结果检验。经检验发现，再售期权和通胀幻觉都是影响我国股市泡沫的重要因素，但是再售期权具有更强解释作用。

陈国进、刘金娥在 2011 年从投资者对房地产未来现金流分布的信念差异和对贴现率的估计偏差两方面解释了房地产价格泡沫的形成机制。基于 1994—2010 年间中国房地产市场季度数据，利用时变值模型估计中国房地产市场的基本价值，进而给出房地产价格泡沫；选取房地产市场换手率，即商品房销售面积/商品房竣工面积，衡量购房者的信念差异的程度。研究发现，异质信念和通胀幻觉都对中国房地产价格泡沫的形成有影响，但相对于通胀幻觉，异质信念更重要。在回归分析中，换手率对泡沫的回归系数为正，且统计显著。

这说明了中国房地产价格泡沫由购房者的异质信念构成，随着购房者的异质信念程度的增加，泡沫也增大。

复习思考题

1. 什么是异质信念？它产生的心理学原因有哪些？
2. 简述异质信念的三种形成机制。
3. 动量效应的数学模型是什么？如何用异质信念给予解释？
4. 如何用异质信念解释绩优股定价过高的现象？这其中，卖空限制如何起作用？
5. 市场崩溃的定义是什么？试简述基于异质信念的解释。
6. 在股市泡沫的建模解释中，泡沫如何定义？过度自信的水平如何影响异质信念及泡沫水平？
7. 在实证检验中，衡量异质信念的变量有哪些？

第七章　行为金融与公司治理

【本章精粹】

- ◆ 现代公司金融理论存在的缺陷。
- ◆ "优序融资定律"的内涵。
- ◆ 净现值的含义。
- ◆ IPO 的含义以及在 IPO 过程中存在的异象。
- ◆ MM 定理的假设条件及其隐含意义。
- ◆ "红利之谜"的含义。
- ◆ 并购的主要分类方法和美国掀起的五次并购浪潮。
- ◆ "赢者诅咒"的含义以及行为金融学对其所作的解释。

【章前导读】

传统的公司金融理论是在规范经济学的框架之下发展起来的，是在一些极端的假设前提条件下推导出来的，目的是为了对各种财务现象及其相互关系进行本质的分析。正是由于有了严格的假设和定义，才使它们具有准确的概念和完整的框架，具备了深远的理论价值和可拓展的研究前景。然而，严格的假设也使得它们出现了很多的局限性，致使后继者必须不断放弃原有的不切实际的假设，在新的基础上开展研究，进而得出更符合现实、更具应用价值的理论。

传统的公司金融理论是建立在"管理者理性"和"投资者理性"(也即资本市场有效性)的基础之上，但行为金融理论表明，人们的决策会受到其认知偏差、情绪和情感等心理因素的影响，从而违反理性决策理论的预测和逻辑，表现出系统性的非理性行为。

20世纪80年代以后，行为金融学的兴起对传统金融理论的基本假设提出了挑战，它的兴起也为解释这些异常现象提供了新的理论依据，并为公司金融理论的研究带来了一些新的启示。行为金融向公司金融延伸，并与传统公司金融学相融合，逐渐引出了"行为公司金融理论"(Behavior Corporate Finance)。

【核心概念】

优序融资定律　净现值　IPO　MM定理　红利之谜　并购　赢者诅咒

第一节　行为公司金融理论的发展

一、现代公司金融理论的缺陷

任何经济理论的出现都有它的历史必然性，行为公司金融理论也不例外。现代公司金融理论沿袭了经济学的分析方法和技术，其研究方式和模型均置于理性框架之内，对公司的经济决策起着巨大的作用。但是现代公司金融理论严格的假设和定义也为其带来了一些缺陷，根据2006年陈昆玉和王跃堂的研究，现代公司金融理论主要存在以下缺陷。

1. 预期效用理论不完备

一直以来，预期效用理论是现代公司金融的重要理论基础，它给出了不确定条件下的理性行为的简洁描述。如果投资者对于不同条件下的投资具有合理的偏好，那么就可以用效用函数来描述这些偏好。预期效用理论的不完备主要产生于对预期偏好的数学建模十分困难，为此，学者们必须进行严格的前提假设，如独立性假设、概率线性效用等。这就使由此发展起来的一套体系十分脆弱，存在预期效用理论无力解释的一些现象，如"阿莱悖论""戈斯伯格悖论"等。另外，为保证效用函数的凹性以使最大效用均衡存在，要求经济主体在任何情况下都是厌恶风险的，这一假定忽略了现实生活中不同经济主体风险偏好的多样性，以及同一经济主体在不同条件下风险偏好变化的复杂性，因此，其构建的理论模型存在无力解释一些经济主体的决策行为的缺陷。

第七章 行为金融与公司治理

2. 贝叶斯规则的局限

贝叶斯规则是现代公司金融理论中解释经济主体最优决策模型的基础，是最为重要的分析工具。它包含的一个重要推理思想是用新的信息不断更新过去的已有看法。将贝叶斯规则运用于现代公司金融理论中，意味着人们的决策行为是依据贝叶斯规则进行的。特别地，在投资决策中，理性的投资者对公司价值的预测遵循贝叶斯规则，即以获得的有关公司价值的新信息不断对原有的预期值进行调整。而现实的情况是，人们在决策中很难真正遵循如此"完美"的贝叶斯规则，并往往表现出"有限理性"，或者其决策过多地受到近期事件的影响等。贝叶斯规则在实际运用中存在的这一局限使其由此构建的公司金融理论模型也很难经得起实际经验的推敲。

3. 套利均衡的实现受到限制

套利均衡是现代公司金融理论的基石。套利均衡的存在保证了市场上的竞争会推动股票价格回归于公司价值。而现实中，较普遍的现象则是股票价格往往偏离了公司价值，而且在某些情况下，这种非理性的偏离是长期存在的。

4. 公司融资活动对市场均衡的扭曲

公司融资活动对市场均衡的扭曲主要表现为以下几点。第一，上市公司会有意识地利用资本市场的非理性定价进行有利于自己的融资活动，从而扭曲了市场的均衡。其情形可以分为两类，其一是理性的管理者会利用非理性的市场调整公司融资的时机、结构和投资方向；其二是管理者的非理性决策对市场均衡的扰动。第二，上市公司分配红利的行为不能得到合意的解释。按照现代公司金融"MM"套利定价理论，在不考虑税收和交易费用的情况下，分红能够由资本利得所代替。可现实的情况却是，上市公司如果取消对股东的分红，会受到众多股东的反对，而如果增加对股东的分红，股东们乐于接受而且股价也往往上涨。第三，公司有时会通过调整会计报表虚报盈利水平以便以偏高的价格进行 IPO(首次公开发行)和 SEO(增发股份)。

基于以上缺陷，学者们受西蒙和威廉姆森等学者提出的"有限理性"的启发，尝试着放宽"理性"假设前提，通过引入心理学的知识，重构了现代公司金融的"有限理性"假说，形成了"广义"的有限理性分析框架，它不仅涵盖了西蒙和威廉姆森的有限理论内容，而且还涉及包括社会心理学、认知心理学等学科在内的更广泛和复杂的领域，包含了有限理性所反映的不同心理特征，如过分自信、有偏自我归因、保守性偏差以及从众心理等。在这里，有限理性不再是一个外生的限制性条件，而是作为一个内生的变量出现在理论模型中，参与描述不同的实际决策过程及其结果。

二、行为公司金融理论的心理学基础

通过上面的介绍可以知道，行为公司金融理论主要是以心理学为支撑在传统公司金融理论的基础上发展起来的，它从人性的弱点为分析依据，从人性的视角来分析和解释一些用传统公司金融理论无法解释的问题和现象，它所包括的心理学理论主要有以下几个方面。

1. 启发式偏差理论

特维茨基(Tversky)和卡尼曼(Kahneman)于 1974 年研究发现，人们在不确定条件下运用直觉进行判断的过程中,会走一些思维的捷径,这些捷径有时会帮助人们快速地作出准确的判断,但有时也会导致判断的偏差,这种因走思维捷径而导致的判断偏差,就称为启发式偏差(heuristic bias)。它描述的是智力正常、教养良好的人却经常作出错误的判断和决策。最典型的启发式偏差主要有三种:代表性偏差、可得性偏差和锚定效应。

(1) 代表性偏差。卡尼曼、斯洛维克和特维茨基在1982年研究认为,人们在不确定的条件下,会关注一个事物和一个事物的相似性,以推断第一个事物与第二个事物的类似之处。人们会假定将来的模式与过去的相似,并寻求熟悉的模式来作判断,并不考虑这种模式的原因或者重复的概率,认知心理学将这种推理过程称之为代表性启发法,即简单地用类比的方法去判断,通过看某个事件或事物在多大程度上代表这一类事件或事物而作出概率判断,或者称为"根据样本是否代表总体来判断其出现的概率"。

(2) 可得性偏差。可得性启发法是指人们倾向于根据一个客体或事件在知觉或记忆中的易得程度来评估其出现的相对频率,容易感知到的或容易想起来的则被判断为出现的频率高。可得性启发法在评估频率时是有效的方法,因为大集合(更容易得到的事件)的例子通常比小集合(不容易得到的事件)的例子能更快地获得。然而,依靠可得性启发法进行预测时可能会出现"可得性偏差"。

(3) 锚定效应。锚定效应是指当人们需要对某个事件作定量估测时,会将某些特定的数值作为起始值,这些起始值就像"锚"一样使估测值落于某一区域中。如果这些"锚"定的方向有误,那么估测就会产生偏差,虽然人们尽量根据新的信息来调整自己的判断,但是这种调整往往是不充分的,最后的判断仍然很难逃出"锚定"的影响。

2. 过度自信

心理学家通过实证研究发现,人们常常对自己的判断比事实证明的更自信,高估自己的判断能力,高估自身拥有的信息质量,高估自己成功的机会,把成功归功于自己的能力,而低估运气和机会在其中的作用,这种认知偏差称为"过度自信"。格里芬(Griffin)和特维茨基(1992)研究分析得知,影响人们自信程度的因素有样本规模、概率、辨别力、难度、专业知识与信息,具体表现如下。①根据小样本的直觉判断表现出过度自信,而根据大样本的直觉判断却表现出缺乏自信。②在低概率的情况下过度自信,高概率的情况下却缺乏自信。③当假设之间辨别力低时,显示出过度自信;当假设之间辨别力高时,则缺乏自信。④人的自信程度随着任务难度的变化而变化:非常容易的项目,表现轻微的缺乏自信;对于困难的项目,表现出一贯的过度自信;对"不可能的"项目,表现出特别显著的过度自信。⑤当任务难度小、可测性高时,专家比一般人校准得更好;而当任务难度加大,可预测性非常低时,专家比新手更加过度自信。⑥当信息收集达到某一点时,预测精确度就达到了最高限度,不会随着信息的增加而增加,但信息的增加会使得决策者的信心继续稳定上扬。这表明,自信程度增加并不表明精确性增加。

从总体上说,过度自信可能带来一些好处,例如,自信能增加个体的经济生存能力,自信的人可能比那些总是理性的人更容易成功。但过度自信具有一些不利的影响,会使人们高估成功的机会,做一些不应该做的事情。

3. 框架效应

框架效应是指决策情景和问题的不同描述方式对决策者判断备选方案有影响,人们会因为情景和问题的表述方式的不同而作出不同的选择。其中框架就是描述和看待决策问题的角度或形式，同一个决策问题，如果依据的框架不同，作出的选择很可能完全相反。

卡尼曼和特维茨基在 1984 年研究认为，要想消除框架的影响，保证不变性，可以采用一个程序，将任何问题的等价版本转换成同样规范的表达。例如，应该根据整个资产而不是"获得"和"损失"考虑每个决策问题。

4．心理账户

泰勒于 1999 年阐述了心理账户及其作用，说明了人们把实际上客观等价的支出或者收益在心理上划分到不同的账户中，从而作出不同的决策和行为，即心理账户。例如，正常人通常倾向于把偶然得到的钱消费掉，而把辛辛苦苦赚来的钱存起来。

在上述心理学理论的基础上，谢夫林于 2001 年主要从两个角度来对行为公司金融学进行研究：管理者的理性与非理性，投资者和分析师的理性与非理性(即市场理性与非理性)，从而衍生出四种可能的情况。而对于这四种情况的分布，国内学者有不同观点。朱武祥于 2003 年提出了股票市场与上市公司管理者的理性组合，如表 7-1 所示。①

表 7-1　股票市场与上市公司管理者的理性组合

组　合	股票市场理性	股票市场非理性
公司管理者理性	Ⅰ（理想状态）	Ⅲ
公司管理者非理性	Ⅱ（代理模型，信息不对称模型）	Ⅳ

实际上，理论界主要是以两种方式来导入源于范式的公司金融。第一种是假设投资者是非理性的，市场是一个非效率市场，但公司管理者是理性的(即表 7-1 中Ⅲ所示)，第二种是假设投资者是理性的，市场是一个效率市场，但公司管理者却是非理性的(即表 7-1 中Ⅱ所示)。本章也将按这一思路来展开，首先介绍行为金融下的公司投融资及公司股利政策，这部分将更多地涉及理性的公司管理者如何利用投资者的非理性进行套利，接着将涉及非理性管理者对于投融资、股利分配的影响。然后探讨行为金融下的公司并购，而这一部分上的背景是非理性公司管理者、理性的投资者及效率市场。

第二节　基于行为金融视角的公司投融资

一、传统公司融资

公司的融资方式决定了公司的资本结构和资本成本。一般来说，公司的融资方式包括内源融资和外源融资。

内源融资，是指利用企业的自有资金和生产经营过程中的资金积累部分进行融资，例如留存收益和固定资产折旧。

外源融资，是指利用企业外部的资金来源进行筹资，主要分为权益融资和债务融资两种方式。其中权益融资是指企业通过发行股票向公众募集资金；而债务融资是指企业通过向银行或非银行机构以贷款等方式来筹集资金。

---

① 朱武祥. 行为公司金融：理论研究发展与实践意义[J]. 证券市场导报，2003(5)：53-58.

各种融资方式之间的关系就是资本结构,能使得资金成本和资金风险都达到最低的融资方式的组合就是企业最优的资本结构。

根据传统公司金融学的融资优序定律(pecking order theory of finance),结合传统公司金融有效市场的假设前提,当公司需要筹资时,会根据资金成本的高低顺序,首先选择内源融资,其次是债务融资,最后才是权益融资。

融资优序定律在一些西方发达国家得到了一定验证,如表 7-2 所示。

表 7-2　1970—1985 年美、英、德、加四国公司融资方式比较

国家	美国	英国	德国	加拿大
留存收益占比	66.9%	72%	55.2%	54.2%
负债占比	41.2%	25%	4%	27.5%
股权占比	0.8%	4.9%	2.1%	11.9%

(资料来源:陈收. 行为金融理论与实证[M]. 长沙:湖南大学出版社,2004.)

通过表 7-2 的数据可以看出,1970—1985 年间,上述四个发达国家内的公司均以留存收益作为第一位的融资方式,且这一比例高达一半以上,其次是债务融资,而股权融资的比例均为最小。

根据传统公司金融理论的假设,市场是有效的,投资者是理性的,他们能够对公司前景及公司股票的内在价值进行更好的预测和评估,因此公司在发行股票时能够获得一个公平且合理的价格,这一价格不会因为发行量的巨大而受到影响,而且不管公司选择在何时发行股票,也都不会使股票的内在价值产生变化。由此,传统公司金融理论为我们提供了两条结论:一是公司没有必要选择上市时机,公司的财富不会因为上市时机的变化而遭到破坏;二是公司不可能以高于股票内在价值的价格发行股票以向投资者套利。

然而,实际中我们看到更多的是公司大都热心于通过发行股票来进行融资,待发行公司及承销商们都费尽心机寻找最佳的上市时机和发行价格。

二、基于行为金融视角的公司融资

1. 非理性投资者对公司融资决策的影响

市场时机假说是投资者非理性假设下企业融资和投资决策理论研究的基础和核心,1996 年施泰因(Stein)在研究非理性市场条件下企业理性资本预算问题时,首先提出了这一概念。他认为,当公司股价因投资者错误定价而被市场高估时,理性的经理人应利用股权融资的低成本优势,通过发行更多的股票进行融资;相反,当公司股价被市场低估时,理性的经理人应通过回购被低估的股票来使公司价值最大化。事实上,对这一假说最有力的佐证来自于对上市公司经理人真实决策依据的调查。2001 年格拉汉姆(Graham)和哈维(Harvey)对美国公司财务决策者的问卷调查结果显示,2/3 的受访者认为投资者对公司价值的错误估计是他们进行股权融资与否的依据。2005 年布雷沃(Brav)、格拉汉姆和哈维对企业回购决策的调查结果进一步显示,超过 80%的财务决策者认为在条件允许的情况下,公司股票价格低估会明显提高公司进行股票回购的动力。同时,关注股票短期价格的经理人也可以利用回购公告对投资者进行有利的信号传递。另外,相关的实证检验结果也都证明了公司的股权融资决策和市场估值(或者错误定价的替代指标)之间存在着明显的正向关系。

实证研究也很好地证明了以上结论：从宏观来看，股票市场整体价格偏高通常也伴随着新股发行数目的增加；从微观来看，公司的账面价值与市值的比例是新股发行的良好预测指标。这一比例高的公司将发行新股，而这一比例低的公司将回购股票。

另外，还有研究表明，市场存在短期惯性和长期反转现象，即收益较高的股票在短期内会继续保持高收益，但是长期来看会发生反转的现象。事实上，新股上市后短期存在高额回报和长期表现不佳正是投资者非理性行为的结果，关于这一点，在本节最后部分对IPO异象进行了详细的分析。

2. 非理性管理者对公司融资决策的影响

传统公司治理理论主要是基于代理成本理论，通过激励相容的设计，促使公司管理人员按照股东利益最大化原则行事。但实际上，公司管理者并不总是理性的，由于管理者自身的心理因素和决策行为特质的影响，有些行为是管理者非理性的结果。目前对管理者非理性的研究主要集中在对管理者两方面的非理性行为上：公司管理者的过度乐观与过度自信。

2002年希顿(Heaton)研究认为，过度乐观与过度自信可能导致管理者高估投资项目的投资收益，低估投资项目的风险，同时他们会认为自己公司的价值被市场低估，认为股权融资成本过高而在融资方面遵循融资优序规则。过度乐观和自信的管理者容易采取两种非理性的融资决策：①管理者选择风险高而实际收益低的投资项目，同时采取利用债务融资等激进的融资政策，从而大大增加了公司的财务风险；②过度乐观和自信的管理者在认为股权融资成本过高的同时会更依赖公司的现金流，所以公司的投资规模与自身现金流状况高度相关，这不仅会迫使公司放弃一些真正有价值的投资，而且会损害公司的长期利益。汉克巴斯(Hackbarth)于2002年提出的以税前利润(EBIT)为基础的资本结构模型表明，过度乐观和自信的管理者更倾向于使用债权资本，并在决定公司资本结构时遵循融资优序规则。兰迪(Landier)和塞斯马(Thesmar)在2004年的研究认为，乐观是企业家的一种特质资产，当公司债务融资受限时，乐观的管理者会选择短期债务融资，而现实的管理者则选择长期债务融资。

另外，在中国市场上，上市公司的融资行为也与融资优序规则相反，从表7-3的数据中可以看出，我国上市公司明显偏好于股权融资。

表7-3 我国上市公司股票筹资额与债券筹资额对比

单位：亿元

筹资方式\年份	1991	1992	1993	1994	1995	1996	1997	1998	1999	2000	2001
股票筹资	5.00	94.09	375.47	326.78	150.32	425.08	1293.82	841.52	944.56	2103.08	1252.34
企业债券发行	249.96	683.71	235.84	161.75	300.80	268.92	255.23	147.89	158.00	83.00	147.00

筹资方式\年份	2002	2003	2004	2005	2006	2007	2008	2009	2010	2011	2012
股票筹资	961.75	1357.75	1510.94	1882.51	5594.29	8680.17	3852.21	6124.69	11971.93	5814.19	4134.38
企业债券发行	325.00	358.00	327.00	2046.50	3938.50	5058.50	8435.40	15864.40	10043.38	20143.00	37366.00

(资料来源：《中国统计年鉴》、《中国证券期货统计年鉴》。)

2004年，陈收在研究中国上市公司融资结构的相关数据后发现，中国上市公司对于股权融资的偏好显然大于对于债务融资的偏好。他认为造成这种现象的原因包括：中国证券市场发展的不平衡，相关制度和政策法规的不合理、不健全，特殊的股权结构和不完善的公司治理模式以及股权融资成本明显低于债务融资成本等。

然而，从2005年开始，我国上市公司的融资行为开始逐渐与融资优序规则相一致，从表7-3的数据中可以看出，这些年我国上市公司明显更偏好于债券融资。尤其近些年，随着中国证券市场发展的逐渐平衡，相关制度和政策法规的逐步健全，股权结构和公司治理模式的逐步完善，中国上市公司的债券发行规模逐渐扩大，上市公司对于债务融资的偏好开始逐渐大于对于股权融资的偏好。

王凌燕除了从非理性管理者角度解释我国上市公司融资偏好外，还从信息不对称的角度进行了解释。[①]首先，从信息不对称的角度看，融资者或者上市公司处于优势地位，他们掌握着公司的真正价值的第一手资料，而且我国上市公司普遍存在的股权分置的情况，使得信息不对称的状况更加明显，从而致使股价被操纵、高估的可能性加大。其次，从机构投资者的角度看，相对于小投资者或者散户，他们是信息优势的占有者，本身就对市场有很大的影响力，他们投资公司并不想从公司的业绩中获得利润，其通过分仓对倒、制造虚假成交量等手法，故意抬高股价，诱惑小投资者跟风，在很大程度上也推动了股价被高估的形势。由于股票价格存在高估的条件，致使上市公司在利益的驱使下疯狂地进行股权融资，而非因为公司发展需要，又加上中国上市公司没有主动进行股利分配的习惯，公司内部常常出现资金闲置，或者资金滥用的问题。

三、传统公司投资

以上讨论了融资问题，而公司筹资的目的就是投资，筹资的规模和时间都是为投资活动而服务的。

公司金融中的投资管理主要是指直接投资管理，管理者通过对几个备选方案进行比较分析，最终选出一个最优的方案，这是对公司长期资本的投放进行规划和决策的过程，又被称为资本预算。可以说，投资管理对企业的生存和发展起着至关重要的作用。对投资项目效益的评估及对项目风险的控制则是投资管理过程中的重要环节。常见的效益评估方法有净现值法、内部收益率法、回收期法、盈利能力指数法等；常见的风险分析与控制方法有临界分析法、或然分析法等。在这里，我们只考虑最广泛的投资效益评估方法——净现值法。

净现值(net present value，NPV)是指一项投资未来全部净现金流入量的现值与投资成本现值之间的差额。它是测度一项投资的价值增值部分的指标。运用净现值法的基本法则是：如果一项投资方案的净现值为正，则可以接受；如果为负或为0，则予以否决；如果有多项净现值为正的方案可供选择，而取净现值最大的那个方案。

采用净现值法也是对企业的投资收益与投资成本的比较，如果企业的投资收益超过投资成本，必然会吸引新的投资者购买该公司的股票，这将引起股价的上升；相反，则会引起股东对公司的不满，从而出售所持有的股票，使得股价下跌。股价不仅代表了股东的财富，也代表了市场对公司价值的估计。

传统公司金融理论中，对于市场作出的是完全有效的假设，因此它认为，管理者是理

---

① 王凌燕. 浅议中国上市公司的融资次序问题[J]. 甘肃农业，2006(7)：74.

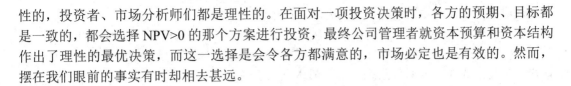

性的，投资者、市场分析师们都是理性的。在面对一项投资决策时，各方的预期、目标都是一致的，都会选择NPV>0的那个方案进行投资，最终公司管理者就资本预算和资本结构作出了理性的最优决策，而这一选择是会令各方都满意的，市场必定也是有效的。然而，摆在我们眼前的事实有时却相去甚远。

四、基于行为金融视角的公司投资

1. 非理性投资者对公司投资决策的影响

传统的企业投资理论建立在市场完全竞争、投资者和融资决策者都是理性的假设基础上，它们认为企业的投资决策仅仅与投资项目本身的性质相关，而与企业的融资方式无关。迈尔斯(Myers)和梅吉拉夫(Majluf)于1984年放松了关于经理人和外部投资者在企业资产价格方面信息对称的假设，指出理性的外部投资者会对经理人的融资决策有逆向选择的预期，并分析了企业对外融资引起投资不足和投资过度的可能性。但建立在投资者非理性假设基础之上的行为金融理论认为，市场价格对价值的偏离是一种常态，投资者情绪变化导致的市场错误定价的大幅度波动会影响企业的投资决策。

大量的实证研究也证明了企业股票的市场价格和实际投资水平之间存在着显著的正向关系。巴罗(Barro)于1990年、嘉里奥迪(Galeotti)和斯切特日里(Schiantarelli)于1994年分别研究指出，上市公司当年的估值水平和投资水平之间存在显著的正向关系。之后的不少学者通过对替代指标的优化，在排除企业成长性等基本面信息的影响后，也得出了类似的实证结果。拉蒙脱(Lamont)于2000年通过对事后的超额收益进行统计，从行业层面得到了企业投资决策受到投资者市场情绪影响的证据。

对于非理性投资者情绪的变化如何影响理性经理人的投资决策，行为公司金融理论从两个不同的角度进行了解释。首先，贝克(Baker)、施泰因(Stein)和乌尔格勒(Wurgler)于2003年在市场时机假说的基础上提出了股权融资渠道。他们认为，投资者非理性情绪导致的市场错误定价会通过股权融资水平的波动来影响企业的投资决策；随后，波尔克(Polk)和萨皮恩扎(Sapienza)于2004年提出了迎合渠道，指出理性的经理人会关注股票短期内的价格带来的外部公司治理压力，从而在进行投资决策时会迎合投资者的非理性情绪，作出不符合传统投资决策理论预期的投资行为。在股权融资渠道和迎合渠道理论被提出后，多数学者围绕这两种渠道的存在性及影响因素进行了广泛的理论和实证研究，得到了一系列研究成果，推动了投资者非理性假设下的企业投资理论的发展。

2. 非理性管理者对公司投资决策的影响

现代公司理论认为，股份制公司所有权和经营的分离引起了股东和管理者之间的目标不一致和利益冲突。股东们的目的就在于利润最大化、股东财富最大化；而管理者的目标是多样的：根据经理主义的观点，管理者们旨在实现经理效用最大化，即以销售最大化或是企业最优增长率为目标，行为主义的观点则认为管理者们追求的是利润满意化目标，只要寻求让社会和股东基本认可的利润即可，无须最优决策，次优决策即可。

现代公司治理结构下产生了代理问题。行为公司金融理论认为，公司管理者认知上的偏差也可以通过代理机制来影响公司的投资决策，代理问题的存在对公司投资决策又增加了来自内部的行为障碍。而此时，管理者们并未意识到自己行为的错误，所以也导致为降低代理成本而设置的激励和约束机制无法发挥作用。

非理性管理者过度自信对公司投资决策的影响在现实中是如何体现的呢？2001 年，迈尔门第(Malmendier)和塔特(Tate)通过研究后得出一个假说：过度自信的公司管理人员会高估投资项目的收益，并对外部融资的高成本耿耿于怀。于是，当公司的内部资金充裕时，他们将倾向于过度投资；而当内部资金不足而必须得依靠外部资金时，又会减少投资。他们使用福布斯 500 强公司的数据对这一假说进行了检验，研究发现，公司的投资决策对现金流的敏感程度与管理人员的过度自信有极高的正相关性，而且在主要依靠权益融资的公司，过度自信的影响更为显著。2002 年，希顿(Heaton)也表达了相同的观点。他认为，当公司的现金流很低时，经理层不愿意从外部市场获得资金，因此不得不放弃许多投资项目，于是出现公司的投资水平随现金流的减少而下降的情况。这也为管理者以过度自信的非理性行为来解释公司的投资和现金流之间的高度相关提供了更多的证据。

非理性管理者在处理沉没成本上的非理性行为对公司投资决策造成了影响。一些研究表明，公司管理者可能出于过度自信而盲目投资了一些并未经过充分论证的项目，而后这些项目出现亏损，而管理者出于维护自身威望的目的，仍让这些项目继续，以期能扭亏为盈。由于管理者过分关注与自身利益相关的其他目标，其行为因素造成的偏差，偏离了实现公司价值最大化的所有者目标，自然是对股东的利益构成了威胁。艾迪沃德·克伦(Edward Conlon)在研究中发现，管理者们投资在自己负有重大责任的失败项目上的资金，超过那些相对成功的项目，这被称为"升级因素"(Escalation Factor)。[①] 克伦(Conlon)还认为，管理人员不愿放弃失败项目是希望能够扭转困境，以证明自己决策的英明性和正确性，这就是心理学中所学的"确认偏见"(Confirmation Bias)。而且从研究中，克伦(Conlon)还发现管理者对失败项目增加投资的数目是与其责任的重要程度相关的，而与沉没成本本身的大小无关。

再联系前面所说的非理性投资者和非理性市场分析师对管理者造成的压力。如果在那些情形下，管理者本身也是非理性的，那么，管理者的非理性情绪会驱使他们利用非理性投资者的过度乐观和分析师的非理性预期，盲目扩大投资规模，而且大笔投资于 NPV 可能为负的项目，在短期内谋取个人利益的最大化，而损害公司的长远发展和真实价值。

3. 小结

作为新兴市场，我国的股票市场中存在大量的非理性投资者。投资者偏好从短期投机交易中获得资本收益，他们的投机行为一方面为管理者择机在二级市场上募集资金提供机会，但另一方面也加大了市场风险，给公司管理者造成压力，使得管理者为迎合投资者的投机偏好而做出不利于公司的长期发展的投融资策略。我国在限制股票市场投资者的非理性行为方面已经形成了一些制度，比如：设置涨跌停板；三日累计涨跌幅超过 20%，公司必须发布公告等。但仍然存在的问题是：我国的散户投资者比例大(90%左右)，投机者数量

---

① 有关 Conlon 的"升级因素"，可以参考以下两篇文章：

Edward J. Conlon, Judi McLean Parks. 1987.Information Requests in the Context of Escalation,Journal of Applied Psychology, Volume 72, Issue 3: 344-350.

Edward J. Conlon, Gerrit Wolf. 1980.The moderating effects of strategy, visibility, and involvement on allocation behavior: An extension of staw's escalation paradigm, Organizational Behavior and Human Performance, Volume 26, Issue 2: 172-192.

多，市场不成熟。所以，要引导市场向更健康的方向发展，今后必须大力发展机构投资者。

从我国的上市公司来看，不少管理层在公司上市后出于投资者的压力，侧重于短期投机性的资本运作，轻率投资市场青睐的热点行业，却忽视了公司主营业务的发展，结果导致业绩滑坡，有的甚至面临退市风险。要改善管理层的非理性投资情况，必须增加上市公司信息披露的透明度，让投资者了解公司投资项目的真正价值，这一方面有利于维持投资者对公司未来前景的信心，保护中小股东的利益；另一方面，也是让投资者能够清晰地了解管理者经营效率，对公司的整体价值有客观的评价，进而做出正确的决策。对于非理性因素而无法解决的委托代理问题，有效降低管理者道德风险的途径是提高我国人力资源市场的活跃度和流动性。在活跃的人力资源市场中，不负责的或低能的管理者得到的不仅是低工资，更多的是个人声誉的损失。由于人力市场信息的不断流动，他们经营能力的水平会影响他们在同行业的声誉，所以管理者会有动力尽自己所能来提高公司的经营业绩。

总之，要促进上市公司和资本市场的健康发展，必须不断加强各方面的制度建设，发挥市场约束的作用，更好地引导投资者和公司管理者的理性行为。

五、关于 IPO 的行为金融学分析

首次公开发行(IPO)，是指公司初次公开发售股票的行为。在新股上市过程中，有三个主要参与者：发行公司、承销商和投资者。由于公司是第一次发行，之前并没有发行经历，也没有相关的股票交易价格作为发行参考，因此 IPO 的发行价格主要依赖的是发行公司及承销商对市场的预测以及投资者的评价和判断。投资者的心理在很大程度上影响着 IPO、定价甚至会影响到股票的长期走势。

IPO 定价是指在新股进入市场之前的定价，是对即将进入市场的股票价值的事前判断，是一种不完全信息条件下的博弈行为，这就决定了要十分精确地确定新股发行价格是相当困难的，也是不太现实的。然而，新股发行价格的确定是新股发行中最基本和最重要的环节和内容，新股发行价格的高低决定着新股发行的成功与否，也关系到各参与主体的根本利益，并影响到股票上市后的具体表现。

对发行人而言，发行价格的高低直接决定其筹集资金计划的完成情况和发行的成本，而且也影响公司的未来发展；对承销商而言，发行价格的高低决定了它的成本效益水平；对投资者而言，发行价格既是投资欲望转化为现实的决定因素，同时又是投资人未来收益水平的决定性因素。

发行价较低时，新股发行较容易、顺利，然而若发行价过低，则可能损害原有股东的利益，而且募集资金量少，发行公司的筹资需求难以满足，不利于公司的长期发展；若发行价过高，则增大承销商的发行风险和发行难度，并且也会增大投资者的成本，抑制投资者的认购热情，从而最终影响到发行公司的筹资需求。

如果能以投资者可以容忍的最高价格来发行，那么 IPO 就是最成功的。这是显而易见的，如果定价过低，意味着上市公司通过股市筹集到的资金量过少。可以毫不夸张地说，IPO 定价是金融市场中最大的谜团之一。

对 IPO 的研究是行为金融学的一个重要组成部分，其中主要涉及以下三个现象：①新股发行抑价，②长期表现不佳，③热卖市场。以上三种现象主要强调新股上市过程中三方主要参与者中的投资者，主要研究投资者的心理因素对 IPO 的影响。

新股发行抑价是指新股的发行价定得过低，在上市后首个交易日表现为价格大幅上涨的现象。由于价格的上涨幅度过大，远远高过该股票的基础价值，在发行之后的相当长的时期内，该股票又表现出价格的大幅回落，也就是长期表现不佳。IPO 活动同样也存在冷热循环，即投资者对 IPO 的需求呈波动性，当投资者对新股发行过度乐观、需求特别高涨时，IPO 的交易价格大幅度上涨，由此也吸引了大量公司进行 IPO，从而出现热卖市场。

IPO 所涉及的现象是对市场有效性的否定，从本质上看都与投资者的非理性有关。比如说，投资者的过度乐观情绪会使得他们在新股上市的首个交易日将股票的价格推向一个高位，以致超过其实际价值，并且维持一段相当长的时间。这种过度乐观是直觉驱动偏差的表现。本章将具体通过两个典型的案例，对新股发行中的行为金融学现象加以解释。

1. 案例评析：奔迈公司的首次公开发行股票

在 1997 年 1 月和 1998 年 8 月间，在市场总体呈现快速上升的时候，3Com 公司的股票价格出现了下跌。1999 年 8 月，对 3Com 公司进行跟踪分析的分析师中有大约一半人都对公司股票持看跌态度并对公司的混合业务表示了广泛的看法上的分歧。

当时，3Com 公司有三种业务：调制解调器和适配器、网络设备、个人数码助理(PDA)。公司首席执行官埃里克·本哈默和首席财务官克里斯·佩斯利已经考虑他们的企业是否变得业务松散。1999 年 9 月，3Com 公司宣布了将个人数码助理部门奔迈分离出去的意图，使得奔迈成为一家独立公开交易的公司，并使 3Com 重新专注于网络设备的制造。

2000 年 3 月，3Com 公司开始通过出售奔迈公司 6%的流通股来分离公司的手提电脑业务。作为首次公开发行的一部分，3Com 公司将股票出售给了一家投资银行辛迪加，后者将股票以二者间达成的价格出售给了机构投资者。

在 1999 年 8 月到 2000 年 3 月 10 日间，纳斯达克综合指数实现了翻番，并在 2000 年 3 月 10 日达到 5132 点的顶峰。

奔迈公司在 2000 年 3 月 2 日上市。奔迈公司的发行价为每股 38 美元，在确定发行价的定价会上，3Com 公司的管理人员意识到将会出现严重的初始定价低估的现象。然而，高于 38 美元的发行价必须在美国证券交易委员会重新登记，这将带来上市的推迟。

3 月 2 日，奔迈公司的股票以 165 美元开盘，当天收盘于 95 美元。当奔迈公司公开上市的时候，公司员工还不到 700 人。在每股 165 美元的价格上，奔迈公司的价值为 927 亿美元，这将公司放在了大企业的位置上，比如迪士尼公司和波音公司，这两家上市公司的市值在那一天分别为 714 亿美元和 335 亿美元。

在结束第一天的交易时，奔迈公司的市场价值为 534 亿美元，比 3Com 公司 280 亿美元的市场价值高得多。而 3Com 公司依然持有奔迈公司 96%的股份。为何市场允许奔迈公司的股票以与分离前一样高的价格交易，尤其是在 2000 年的 3 月？难道没有一个明晰的套利机会吗？确实，当时有明晰的套利机会。但是，当时那些认为奔迈公司市值被高估的投资者没能找到用来买空股票所需要借入的股份。因此，过分乐观的投资者的信念使得奔迈公司的股票设定在这一价格上。①

---

① Owen Lamont, Richard Thaler. 2003. Can the market add and subtract? Mispricing in tech stock carve-outs.Journal of Political Economy,111,227-268.

第七章　行为金融与公司治理

2000年10月,《华尔街日报》刊登了一篇描述对奔迈公司PDA市场需求增长状况的文章。当时,奔迈公司的股票在预期市盈率为350和价格-销售比为20的水平上交易。保罗·佐川,桑福德琥珀公司的一位通信行业分析师,将奔迈公司的股票列为"优秀"级别,称该股票是他最中意的股票,并称这只股票具有巨大的升值潜力。《华尔街日报》的文章提到,佐川对这只股票的热情在为他的妻子购买了一款掌上电脑并使用它记录她的电话号码和社交活动后得到高涨。

在奔迈公司首次公开发行股票的11个月后,公司股票的交易价格下降到了21美元。在那个时候,3Com公司的管理人员下结论说,奔迈公司的股票价值被高估了。奔迈公司的管理层承认他们对于如何计算公司的公平价值并不确定。他们依赖于市盈率和价格-销售比率来评估奔迈公司的内在价值,将奔迈公司的比率与其他可比公司的比率进行比较。但是,他们很清楚地知道一级市场的冷热情况。在奔迈公司首次公开招股的11个月后,公司首席财务官指出,奔迈公司在当时的条件下应该不需要进行股权融资,当时奔迈公司的股票比发行价格低了45个百分点,而纳斯达克指数也下降了同样的数量。

奔迈公司股票价格从2000年3月2日的165美元高价,下降到了2002年8月每股0.6美元的水平。

与基础价值相关的事实表明,许多网络公司的管理层不相信他们的公司在首次公开发行的时候价值被高估了。在奔迈公司首次公开发行招股的若干年后,3Com公司的前管理人员被问到如果从那时看,3Com公司是否将价值被高估的股票出售给了公众。他们回答说,他们认为奔迈公司的股票与公司基础价值相比被高估了,但与随后的市场意愿支付的价格相比,38美元的发行价是一个被低估的价格。

关于与基础价值相比的价值高估,3Com公司的管理人员称他们有责任将当时的股东价值最大化,并且如果不这样做的话,会被认为对公司不负责任,尽管在当时奔迈公司股票的长期收益率有可能会很低。

2. 来自美国市场和中国市场的一般性证据

上面的案例是IPO现象的典型例子,但这绝非特殊个案,研究表明,IPO现象具有普遍性。

1998年,杰·李特(Jay R.Ritte)统计了1990—1996年间2866个IPO的最初收益率,得出平均的最初收益率高达14%。① 美国在1999—2000年间,可以说是以网络、通信业为代表的股票的繁荣时期:1999年美国股市IPO平均首日股价上升幅度达66%,到该年年末,股价平均上涨幅度达到194%,有46%的IPO股票在年底翻了一倍。2001年,迈切勒·洛瑞(Michelle Lowry)和威廉姆斯·施威特(G.William Schwert)的研究也表明,美国证券市场IPO股票平均首日回报率约为15%。② 以上这些研究都揭示了IPO定价普遍偏低的现象。

再来看IPO长期表现不佳的证据。1995年,堤姆·鲁格哈日(Tim Loughra)和杰·李特

---

① Ritter,J.1987.Initial Public Offerings. In Contemporary Finance Digest, FMA International / CIBC World Markets 2, No.1:5-30.

② Michelle Lowry, G. William Schwert. 2002.IPO Market Cycles: Bubbles or Sequential Learning?, The Journal of Finance, Volume 57, Issue 3: 1171-1200.

(Jay R.Ritter)对 IPO 股票的长期表现作了相关实证研究,[①]从 1970—1990 年之间首次公开发行的股票的长期表现来看,自发行后的五年中年平均收益仅为 5%,而如果用同量的资金以相同的时期持有在这一期间没有新股发行的公司的股票,其获得的收益率为 12%,这也就是说投资者在 IPO 股票上的长期投资所获得的报酬率要低于没有新股发行的股票约 7%。

我们将目光转向中国市场,2000 年陈工孟和高宁利用上交所和深交所成立至 1995 年 8 月上市的 273 只 A 股的数据,对新股的长期收益进行了实证研究,发现三年的长期收益平均为-11.63%。[②]2003 年杜俊涛、周孝华、杨秀苔对 1996 年在上交所上市的 71 只新股的长期表现进行了研究,认为我国存在长期弱势现象,但弱势程度在逐渐减弱。[③]2004 年石莹以 2000 年上市的 118 只新股为样本对我国新股的长期表现进行了实证研究,结果发现样本股票平均首日超额收益率为 151.94%,三年的累积超常收益率为-12.63%且统计结果显著,说明在我国同样也存在新股短期超额收益、长期表现欠佳的现象。[④]

3. 关于 IPO 异象的行为金融学解释

研究表明,IPO 的异常现象与人们的心理特点有关。对首发定价过低现象存在三个方面的解释,即"赢者诅咒"、"时尚效应"及"市场反馈假说"。IPO 股票长期表现不良与最初的定价过低相关,而热卖市场的产生在于普遍存在的过度乐观的心理。

杰·李特提供的关于首发定价过低的三种解释中,首先是赢者诅咒假说。假设一个投资者在股票公开发行前没有任何内幕消息,他希望能以发行价来获取自己想要的份额。当股票公开发行时,这名投资者以低于招股说明书中拟订的发行价的价格购买到了自己想要的份额,他会有何感受?通常对于投资者来说,能以较低的价位买到了想要购买的股票,应该是件好事。可此时,他会开始担忧为什么价格会下降,自己能拿到意愿中的份额是不是因为某些掌握了内幕信息的投资者退出竞购促成的呢?会不会是因为内幕消息显示这家公司前景不理想呢?投资者这种以低价买到股票反而疑虑丛生的心理被称为赢家诅咒。上市公司和承销商将投资者的这种心理纳入考虑范围,而有意地将 IPO 的发行价定得低一些,以使得股票在刚入市交易时能出现大幅上涨,以消除投资者的担忧。

第二种解释是时尚效应。当投资者看到其他投资者都对某一新股感兴趣时,他也会想要去凑凑热闹。于是为了制造时尚效应,上市公司和承销商就会有意将股票发行价格定得低一些来吸引投资者的目光。时尚效应主要有两个方面:一是当一群人去做同一件事时,人们通常会认为他们一定是知道什么消息,于是为了避免遗憾,就采取了随波逐流的安全之策,二是如果判断失误,并造成损失,只要实施同一行动的人多,那么痛苦会相对减轻一些。

第三种解释是市场反馈假说。这一假说认为,投资银行和投资者之间在发行前的市场宣传中进行了预订谈判。如果投资者在市场宣传阶段真实地反映了他们对于 IPO 的评价,那么投资银行就会通过制定较低的发行价来回报投资者,投资者对 IPO 的估计越适宜、评价越高,定价低估程度就越大。

---

① Tim Loughran, Jay Ritter. 1995. The New Issues Puzzle. Journal of Finance, 50:23-51.
② 陈工孟,高宁. 中国股票一级市场长期投资回报的实证研究. 经济科学,2001(1):29-41.
③ 杜俊涛,周孝华,杨秀苔. 中国证券市场 IPO 长期表现的实证研究. 中国软科学,2003(11):46-51.
④ 石莹. 我国首次公开发行股票长期表现的实证研究. 武汉大学硕士学位论文,2004.

对于 IPO 股票长期表现不佳现象的解释，与最初的发行定价过低有关。希勒在 1989 年指出，在时尚效应冲击着 IPO 市场时，投资者像是组织一场摇滚晚会一样，收取较低的门票即低的发行价格，来吸引人们入场，这种策略收到了预期的效果，使得投资者在交易初期高估了新发行的股票。[①]但是随着时间推移，市场的过度乐观情绪会逐渐得到修正，因此，在发行初期表现越好的股票在长期中表现就越差。

同样，热卖市场也是由于人们过度乐观的情绪造成的。对于发行公司来说，一般都会选择一个投资者表现得极度乐观的时候来发行，以获得一个很高的价位，而且在这个时机发行也很容易被投资者所接受，股价在首个交易日大幅上涨的可能性也就越大。

从以上的分析中可以看出，IPO 的三种异象都与人们的心理因素有关。根据堤姆·鲁格哈日(Tim Loughra)和杰·李特(Jay R. Ritter)所进行的心理实验的结果，表明人们一般倾向于过度乐观，而这种心理倾向是会稳定地、习惯性地存在的，因此，IPO 的异象在将来的股票市场上还会不断重演。

第三节 基于行为金融视角的公司股利政策

股利政策(dividend policy)，是指公司股东大会或董事会对一切与股利有关的事项，所采取的较具原则性的做法，是关于公司是否发放股利、发放多少股利以及何时发放股利等方面的方针和策略，所涉及的主要是公司对其收益进行分配还是留存以用于再投资的策略问题。股份公司的股利分配方案通常由公司董事会决定并宣布，必要时要经股东大会或股东代表大会批准后才能实施。

股利政策是公司融资政策和投资政策的延续，是利润用于再投资与回报投资者之间的权衡。1956 年，哈佛大学教授约翰·林纳(John Linther)开创股利研究的先河，提出了公司股利分配的理论模型；1961 年，美国经济学家米勒(M. Miller)和莫迪利安尼(F. Modigliani)提出著名的"股利无关假说"，成为现代股利政策理论的基石；20 世纪 80 年代行为金融学的兴起，又成为股利政策理论新的发展。

一、股利无关论与红利之谜

1961 年，米勒和莫迪利安尼在《股利政策、增长和股票价值》一文中提出了股利无关理论，又被称为 MM 定理(Miller-Modigliani Dividend Theorem)。在给定了一系列严格的假设条件后，他们得出结论，当存在完善的资本市场和完全理性的投资者时，公司的价值仅与其资产的获利能力相关，而与公司收益分配的形式无关，无论选择何种股利政策，都不会对股东的财富产生影响，各种股利政策的效果是等价的。MM 定理给定的假定条件包括：

(1) 自由的资本市场。市场交易成本为零，对融资活动无限制。
(2) 股票价格在资本市场上是充分合理的，其价格波动也是迅速合理的。
(3) 股利政策不影响公司的资本成本，公司能随时从资本市场筹集到所需资金。

---

① Shiller, Robert, John Pound. 1989. Survey Evidence on Diffusion of Interest and Information Among Investors. Journal of Economic Behavior and Organization, 12:47-66.

(4) 信息充分自由。
(5) 公司或个人所得税为零。
(6) 无破产风险。
(7) 资产任意分割。
(8) 投资决策独立假设,即公司的股利政策不会影响公司的投资决策。
(9) 股东同质假设,即公司内部股东和外部股东同质而并无差异性。

MM 定理所给出的苛刻条件,是实际情况中不可能达到的完美境界。因此,MM 定理的隐含意义就在于,只要有市场不完善因素的存在,股利政策就会对公司价值产生影响,即股利政策与公司价值是相关的。

继米勒和莫迪利安尼之后,有研究者将税收政策的影响纳入考虑范围,对 MM 定理进行了修正。一般来讲,支付股利和股票回购是公司向股东分配现金的两种基本途径。其中股利的支付方式又分为现金股利、财产股利、送股和配股的股票股利等,在此就不再冗述。根据美国税收体系的规定,对股利所得的所得税率要高于对资本利得的税率,所以,负有纳税义务的股东应该更倾向于公司的股票回购而不是股利支付。对于那些享受税收减免的股东来说,这两种方式之间就没有什么差别了。因此,综合以上两种股东的情况,股票回购应该是最优的选择。

但是现实是否真的如此呢?大量实际证据表明,投资者们喜欢分红高的公司。投资者总是为能够接受股利支付形式的回报而欢欣鼓舞,他们常要求公司进行分红,并相信分红可以使股票价格得到提高,公司也常常选择将收益的一部分以股利的形式支付给投资者,大多数情况下,在派发股利或提高股利时,公司的股票价格也会上涨。而每当公司宣布削减分红时,公司的股票价格通常会大幅下跌,似乎削减分红在向市场传递公司前景堪忧的信号。

这种在现实中,许多公司更愿意选择股利支付而不是股票回购的现象,被布莱克(Black)在 1976 年称为"红利之谜"(dividend puzzle)。所谓红利之谜,就是指股份公司不理性地发放红利,或股东不理性地要求公司发放红利。现有以下两个突出的案例。

(1) 1973—1974 年能源危机期,纽约城市电力公司(Consolidated Edison Company, CEC)准备取消股利支付。在 1974 年的股东大会上,许多中小股东为此而闹事,公司董事会也受到暴力威胁。

(2) 1994 年 5 月 9 日,美国佛罗里达电力电气公司(Florida Power & Light Company)的母公司 FPL 宣布公司的季度分红将削减 32%,将从原来的每股分红 62 美分降至 42 美分,并就削减分红的原因进行了详细说明。FPL 公司称,在对公司情况进行了全面研究后,公司认为此前连续 4 年的 90% 的分红率不再符合股东的最大利益,因此决定将分红率降到 60%。同时宣布,公司将在未来 3 年中回购 1000 万美元的公司普通股票,而结合美国的税收法的有关规定,以回购股票的方式比直接支付股利对股东更有利,而回购股票也是为了使公司的财务具有更大的灵活性。所有这些都表明,FPL 公司的决定是出于长远战略考虑,对股东进行的说明也降低了信息不对称的影响,FPL 公司以回购股票的方式为股东谋求了最大利益。按理说,公司的股票价格是不会大幅下跌的。但事实上,在 FPL 公司宣布削减分红的当天,该公司的股票价格还是下跌了将近 14%。

二、传统金融学对红利之谜的解释

1. 代理理论

罗泽夫(Rozeff)也是研究股利政策和代理问题的最早学者之一,他在 1982 年的文章中指出,股利政策的影响因素包括:投资决策、经营和财务杠杆,当然还有最后一个非常重要的,即代理成本。2000 年拉波尔塔(Laporta)等人强调如果用代理的观点来解释"红利之谜",首先要放松 MM 股利无关理论的两个假设,即"投资决策独立假设"和"股东同质假设"。考虑到股利发放会限制公司投资于效益低下的项目,所以投资决策不再独立于股利政策。另外,内部股东可能运用留存收益投资于无效或低效项目,所以相对于留存收益来讲,外部股东更偏好股利。按照拉波尔塔等的解释,内部股东可以通过资产置换、转移定价、投资策略甚至直接窃取等手段侵占外部股东利益,所以"股东同质假说"不再成立。

2000 年,拉波尔塔等人运用 33 个国家 4000 个公司的横截面样本,检验了解释股利支付的两种代理模型:即结果效应模型和替代效应模型,结论表明股利支付可以理解为保护中小投资者的一种结果。其实,这一结论的精神实质与杰森(Jensen)于 1986 年的研究结果是一致的,按照杰森的解释,当公司产生自由现金流时,股东与管理者政策上的利益冲突会变得特别严重。管理者倾向于不发股利或少发股利,将自由现金流留在公司内部使用,并自由支配这些资金用于私人利益,或是进行过度投资,从而降低资金的使用效率,由此产生代理成本。这种情况下,只有通过分配较高的股利,将管理层自由控制的现金限制到最低限度,才能最大限度地避免管理层投资于净现值为负的项目。从这个角度讲,高股利政策起到了减少代理成本的作用。法乔(Faccio)、郎(Lang)和杨(Young)在 2001 年的研究结果与此一致,认为作为限制内部人攫取外部人利益的手段在欧洲和亚洲都适用,他们发现欧洲公司支付的股利要比亚洲公司的高,并解释为欧洲强有力的立法保护是这一现象的主要原因。

1984 年,伊斯特布鲁克(Easterbrook)从另外一个角度阐述了股利在降低代理成本过程中的作用:公司股东为了降低代理成本,会促使管理者增发股利。股利发放会导致公司对外进行新的融资,例如,向银行借款、发行商业本票、公司债券或发行新股。在资金募集过程中,公司财务状况与经营成果均须接受金融中介机构的审核通过,才可募集所需要的资金。若是向银行举债,则银行只有在肯定公司经营绩效及管理者行为的基础上,才会同意借款;若是在股票市场发行新股,亦须通过监管当局的审核。因此,在募集资金的过程中,可使公司受到更多来自第三方的监督与评估,故股利的发放有助于降低投资者的监督成本。

2. 信号理论

另外一条研究"股利之谜"的线索是沿着"逆向选择"展开的。在 MM 股利无关论的框架里,市场参与者拥有关于股票价值变量的全部信息。但是在现实的生活中,这显然不能成立,公司内部人知道很多外部人无法获悉的事情。

日雷(Riley)于 1979 年提出了市场中信号存在的可能性,并认为发送信号是存在成本和收益的。股利能够成为信号的一个重要条件,实际上也是必要条件,就是因为股价会因股利发放而变化。

哈日尼(Aharony)和斯沃尼(Swarny)于1980年，阿斯奎施(Asquish)和穆林斯(Mullins)于1983年的实证检验结果都表明，公司首次发放现金股利或者提高现金股利水平时，股票价格都上涨，而当公司停止发放现金股利或降低现金股利的水平时，股票价格都下跌。希尔里(Healy)和帕勒普(Palepu)于1988年研究了首次发放现金股利与中断发放现金股利的公司，发现现金股利的发放与中断分别意味着未来盈余的增加和减少。巴恰塔亚(Bhattacharya)于1979年、约翰(John)和威廉莫斯(Williams)、米勒和洛克(Rock)于1985年研究认为股利可以作为信号。他们认为发放股利的成本是指相对较高的税赋，或为获得新的融资而暂时提升的外部融资成本，而收益则为公司价值的提升。而且拥有黯淡前景的公司将无法发出这样的信号，因为他们的现金并不充裕。

伯尼黑姆(Bernheim)于1991年、伯尼黑姆和沃特兹(Wantz)于1995年研究认为，税收政策使得"发放股利"比"股票回购"更适合作信号。股利的高税赋使得发放股利成为将收益分配给股东的成本最高的方式。正如前文所提到的，也正是这种高成本的信号，才使得那些质量差的公司无法模仿。一些文献将发放股利戏称为"烧钱"。当然，"烧钱"还有许多种方式，比如慈善捐赠或广告。但是发放股利始终是最好的信号，例如公司赞助一场歌剧，但是市场很可能认为这是因为公司的管理者喜欢歌剧的结果。

三、行为金融学对红利之谜的解释

以谢夫林和斯塔德曼(Statman)、贝克(Baker)和乌尔格勒(Wurgler)为代表的行为金融学家们从心理学和行为学的角度出发，对于"红利之谜"的股利政策异象作出了多种解释。

1. 账户理论的解释

心理账户(Mental Accounting)，是指投资者在潜意识中倾向于把不同的投资放在不同的心理账户中，而且不同心理账户中的风险偏好是不同的。在此，介绍一个由谢夫林和斯塔德曼于1984年给出的具体例子，从心理账户理论的视角来解释红利之谜。他们认为，公司通过支付股利，可以帮助投资者在心理上将收益和损失隔离开来，以增加他们的效用，为此，他们给出了以下的例子。

如一家公司的股票在一年中上涨了10美元/股。在进行收益分配时，公司面临以下两种方案。

第一种，将10美元完全作为资本利得回报给投资者而不发放股利。

第二种，每股向投资者分配红利2美元，而将其余的8美元作为资本利得留在公司里。

根据前景理论，投资者在面临收益和损失时，对待风险的态度是不同的。换句话说，投资者在面对收益时，往往表现出风险回避的心理特征，对应的效用函数是凹函数；而投资者在面对缺失时，往往表现出风险偏好的心理特征，对应的效用函数则是凸函数。

因此，在公司股票上涨后进行收益分配时，若选择第一种方案，投资者的效用可以表示为$V(10)$。若选择第二种方案，公司为投资者将股利所得与资本利得分开了，投资者获得的效用是$V(2)+V(8)$。根据前景理论，面对收益时效用呈凹函数，即风险规避，就可知，此时有$V(2)+V(8)>V(10)$，显然投资者更倾向于第二种方案，也就是偏好有红利可分的方案。

再来看相反的情况。如果这家公司发生亏损，其股票在一年中下跌了10美元/股，那么公司也面临以下两种方案。

第一种，让投资者损失 10 美元/股的资本损失。

第二种，让投资者损失 12 美元/股的资本损失，同时向投资者发放 2 美元/股的股利。

可以看出，第一种方案中投资者的效用为 $V(-10)$，第二种方案下投资者的效用则为 $V(-12)+V(2)$。根据前景理论，面对损失时效用呈凸函数，即风险偏好，也就有 $V(-12)+V(2)>V(-10)$，显然投资者倾向于第二种方案，还是偏好有股利分配的方案。

对比以上两种情况，可以看出，不管公司的股票价格是上涨还是下跌，分红都可以为投资者带来效用的增加。股利政策之所以增加了投资者的效用，是因为投资者在心理上将收益或损失分成了不同的组成部分。在上例中，投资者就在心理上设立了两个独立的账户——红利意识账户和资本意识账户。公司支付股利的做法也在无形中引导和助长了投资者的这种心理账户的分立。

2．自我控制理论的解释

谢夫林和斯塔德曼认为，现实生活中受非理性行为影响的投资者存在自制力薄弱的问题。一方面，他们想要极力克服一些不良习惯；另一方面，他们又往往难以抵制诱惑。为了克服这些缺点，人们通常会为自己制定一些规则，以达到自我控制的目的。比如沉迷烟酒的人会在开始戒除烟瘾酒瘾时，为自己制定一个强制性目标，每天只接触少量的烟酒，再慢慢减少直至完全戒除。

从投资的角度来看，大多数人会对未来设定长期的投资计划，同时又要满足当前的消费需求。某种程度上，过度消费也可以看作一种不良习惯，如果过度消费的习惯得不到控制，就会影响长期投资计划的实现。为了克服过度消费，人们会为自己制定相应的规则来对自身行为加以约束。比如，投资者可能只消费投资所得的股利，而将投资本金看作放在股市的储蓄，不去动用。也就是说，投资者偏好分红可能是因为分红可以帮助他们抵制过度消费。结合前面提到的心理账户，投资者自我控制的过程也是在将资产划入了不同的心理账户——消费账户和储蓄账户。

1976 年，里斯(Lease)等人对随机抽样的部分投资者所做的一项问卷调查为自我控制理论提供了经验支持。[①] 调查结果显示，年龄越大的投资者越重视股利收入，能够产生股利收入的股票在其投资组合中所占的比例也就越大，支付股利的股票投资在其投资组合中所占的比例超过了 50%。这是因为，退休的投资者需要定期的现金收益来维持生活，所以他们更偏好有高额红利的公司；而年轻的投资者为了控制消费，强制自己进行储蓄，则会选择股利收益较低的投资组合。

3．后悔回避理论的解释

谢夫林和斯塔德曼对红利之谜的第三种解释是，公司支付股利、人们偏好股利有助于投资者避免后悔。后悔是人们错过采取本该导致更好结果的行动时所感受到的挫败感。人们既可能因为自己做错了某事而后悔，也可能因为没有做某事而后悔。心理学的研究表明，当人们因为自己做错了某事而感到后悔时，其后悔程度往往要比因为没有做某事而感到的

[①] Lease, R. C., W. Lewellen, G. Schlarbaum. 1976. Market Segmentation: Evidence on the Individual Investor. Financial Analysts Journal, 32:53-60.

后悔程度更深。将这一原理用于公司金融领域，也能很好地解释红利之谜现象。

如果投资者购买了一家公司的股票，而这家公司是不支付股利的，那么，投资者要进行消费时，就要将手中的股票出售。若在此之后，公司股票价格上涨，那么将会因为自己所采取的这一错误行为而后悔不已。而假如这家公司是支付股利的，那么投资者可以将所分配到的股利用于消费，这样一来，即使随后股价上涨仍然会使消费者感到后悔——因为他没有将股利所得用于购买更多的股票，但这种后悔程度相对来说就要轻得多了。

4. 在手之鸟和红利迎合理论的解释

贝克和乌尔格勒认为，对于一些投资者来说，支付股利的公司和不支付股利的公司代表着不同的风险水平，而出于某种认知偏差，投资者往往认为支付股利的公司风险会更小一些，其股票相对来说是安全的。一般来说，投资者对于风险都是有抵触情绪的，正如谚语所说："双鸟在林不如一鸟在手"。在投资者看来，现实的股利是"在手之鸟"，而留在公司的资本利得则是"在林之鸟"，即使在将来能带来更大的收益，但总归不是实际掌握在手中的，总是不安全的，相比之下，投资者宁愿现在分享较少的股利，也好过承担"在林之鸟"随时飞走的风险。

投资者对风险的厌恶程度也是经常变化的，当投资者比较乐观时，他们倾向于投资不分红或者分红低的股票；而当他们比较悲观时，更倾向投资于分红较高的股票。而且，投资者对于支付股利的股票的追捧，会不理性地不断买入，从而使得股票价格有较大的上升。

于是，公司管理者为了获得股票溢价，就可以根据以上所提到的投资者的偏好，利用股利政策来实现公司短期价值的最大化，而公司短期业绩也是与管理者自身的报酬相关的。这也就是贝克和乌尔格勒于 2003 年提出的红利迎合理论(catering theory of dividends)[①]。

贝克和乌尔格勒为他们的这一理论进行了实证研究，并找到了支持性的证据。他们在实证检验中对支付股利的公司和不支付股利公司的市场价值与账面价值之比分别取对数，然后用两者之差来度量投资者对支付股利的公司的偏好程度。结果发现，在时间序列中，当某一年这一差额数值较高时，则在接下来的一年中，那些原本不支付股利的公司转为开始支付股利的比例明显提高，并且新上市公司中选择股利支付政策的公司比例也显著提高。

另外，行为金融学认为，在选择了支付股利的政策后，公司的管理者在股利支付达到适当规模时，也会受到心理因素和行为因素的影响。早在 1956 年，林特勒(Lintner)对美国 28 家上市公司的 CFO 就如何制定红利政策进行了调查，总结了这些公司在制定红利政策时所遵循的行为模型，并提出了红利行为模型。他发现，公司根据公平的观点，或者说把盈利中的多少返还给投资者是公平的，设定了一个股利支付的目标比率。随着公司收益的增加，若股利数额保持不变，则股利在收益分配中所占的比率就会下降，从而低于所设定的目标比率。此时，除非公司管理者有足够的信心保证将来的股利不会减少，否则管理者们一般是不会增加股利支付的数额的。林特勒认为，由于公司管理者认为稳定支付现金红利的公司将受投资者欢迎，公司的股票价格存在现金红利溢价，投资者也偏好红利分配政策。因此，大多数公司应该经过深思熟虑后再采取红利分配政策，而且股利分配办法的调整也

[①] Malcolm Baker, Jeffrey Wurgler. 2004. A Catering Theory of Dividends. The Journal of Finance, Vol. 59, Issue 3: 1125-1165.

要谨慎，尤其是分红减少时要特别小心，应尽可能地稳定现金红利支付水平。

从林特勒的红利行为模型中，可以看出至少以下两点行为因素的影响：首先，在制定目标股利分配率时，管理者需要在主观上对分配比例是否"公平"作出判断；其次，公司管理者对于增加或削减股利的考虑是不对称的，一般来说，他们更希望只出现股利增长，而避免削减股利的行为。许多学者通过研究发现，对于那些支付股利的公司来说，林特勒的行为模型在今天都还是有效的。

5. 红利信号理论的解释

在讲到 MM 定理时，提到关于公司的价值与股利政策无关的关键假设之一是：信息充分自由。当信息完全对称时，所有的市场参与者都拥有相同的信息，然而，现实中，信息不对称却是常见的现象。于是，在信息不对称的情况下，公司管理者拥有关于公司前景的信息，那么很有可能将这一信息体现在公司的股利政策上，投资者也就可能对这一股利政策做出反应，从而使这些信号反映在公司股票价格上。1961 年，米勒已经注意到，红利可能是向投资者传递公司发展前景的信号。

1997 年，巴恰塔亚应用博弈论方法建立了一个红利信号模型，随后米勒等人对模型进行了修正。巴恰塔亚认为，公司的管理者对公司的投资项目的前景拥有相比普通投资者而言无法比拟的信息优势，管理者通过较高的分红给投资者传递信息，也就是说，如果公司红利水平高则意味着公司投资项目的前景乐观，若投资者通过红利水平的提高对公司前景看好的话，就会大量购买股票，从而使得公司股价上涨。

一般来说，高质量的公司往往愿意通过支付相对较高的股利把自己同低质量的公司区分开来，以吸引更多的投资者。而对于投资者来说，股利政策的差异或许是反映公司质量差异的极有价值的信号。

不过，公司以红利信号向市场传递信息，往往也要付出较高的代价。比如，首先较高的所得税负担；其次，若公司因增加现金股利派发而造成现金流量短缺，就有可能不得不发行新股，而发行新股是需要交易成本的，而且发行新股造成股本的扩大，会将每股的税后赢利摊薄，对公司的市场价值产生不利影响；最后，若公司因增加现金股利派发而造成投资不足，并错过有利的投资机会，还会产生一定的机会成本。

第四节 基于行为金融视角的公司并购

纵观世界公司并购史，自 19 世纪与 20 世纪之交以来，公司并购在世界各地风起云涌，并购的金额不断扩大，并且公司并购从一国内部走向跨国并购。到 20 世纪末为止，美国已经发生了五次公司并购浪潮，西欧发生了四次，日本发生了三次。进入 21 世纪最初几年，世界并购市场似乎多了些许沉寂，但是，在 2004 年底至 2005 年初，并购市场又开始活跃起来了。

根据 MM 定理，如果在两个公司合并后，现金流并没有改变，那么通过并购方式将两个公司重新组合既不会创造财富，也不会破坏财富。学者们在对公司并购进行了大量的实证研究后得出的基本结论是：被收购的公司的股东常常能够获得超额回报，而收购一方的公司却很少获利；此外，合并后的公司的长远业绩也只是平淡无奇而已。对于总体上来说并购能否创造财富这一问题，学者们一直争论不休，至今仍无定论。但是，公司管理者们对于这一问题的答案历来都是明确的，那就是并购是能创造财富的。最好的证明就是不断涌现的并购潮。而布雷利(R. Brealey)和迈尔斯在2003年将如何解释并购潮列为尚未解决的十大公司财务问题之一。

一、并购的概念

并购通常包含两层含义，分为狭义和广义上的。狭义上的并购是指公司的合并、兼并或收购，西方国家普遍使用"Merger & Acquisition"来表代，即已经被人们所熟知的"M&A"。其中，合并指由两个或两个以上企业合并形在一个新的企业，其特点是伴有产权关系的转移，由多个法人变成一个法人。兼并相当于我国《公司法》中所说的"吸收合并"，如甲公司兼并乙公司，兼并完成后以甲公司的名义继续经营，而乙公司解散并丧失法人地位。收购方甲公司通过出资或出股的方式，达到对目标公司乙公司的控制。从经济意义上而非法律意义上讲，合并、兼并、收购这三者通常并无多大差别。我们通常提到的并购(M&A)是指这一个概念的全部或部分含义。公司并购的实质是在公司控制权运动过程中，各权利主体依据公司产权规定的制度安排而进行的一种权利让渡行为。公司并购的过程实质上是公司权利主体不断变换的过程。

广义的并购是指通过公司资源的重新配置或组合，以实现某种经营或财务目标，其中包括改善公司的经营效率、实现存量资产的优化配置和增量资产的现代化。广义的并购(或称重组)包含的活动范围非常广泛，其中既包括公司的扩张、收缩，又包括公司中的资产重组以及所有权结构的变动等。从本质上讲，并购与重组是一种金融交易，旨在通过公司产权、控制权的转移和重新组合，来达到整合资源、增加或转移财富的目的。

二、并购的分类

按照不同的标准，可以对并购进行不同的分类，下面介绍几种主要的分类方法。

(1) 按照一般性分类，可以将并购分为出资购买资产式并购、出资购买股票式并购、以股票换取资产式并购、以股票换取股票式并购。

(2) 按照行业相互关系，可以将公司并购分为横向并购、纵向并购及混合并购。

横向并购(horizontal merger)：指并购方与被并购方处于同一行业，生产或经营相同、相似产品，并购使资本在同一市场领域或部门集中。要采用横向并购，要求收购公司有需要并且有能力扩大自己产品的生产和销售，兼并双方公司的产品及产品的生产和销售有相同或相似之处。横向兼并是早期兼并的主要形式，也是公司并购中的常见方式，但这种并购方式易导致高度垄断的出现，在许多国家都受到了密切关注及严格限制。

纵向并购(vertical merger)：指处在生产同一产品的不同生产阶段的企业之间进行的，是生产经营过程中互为上下游关系的公司之间的并购，以形成纵向生产一体化。纵向并购可以分为为获取原材料供应来源的向后兼并和为扩大消费者市场的向前兼并。纵向并购在20世纪上半期逐渐成为公司并购的主要形式，较少受到各国有关反垄断法律或政策的限制。

混合并购(conglomerate merger)：指处于不同产业领域、产品属于不同市场，且与产业部门之间不存在特别的生产技术联系的公司进行并购。它有三种形态,产品扩展型并购,是相关产品市场上公司间的并购;市场扩展型并购,是一个公司为扩大其竞争地盘而对它未渗透的地区生产同类产品的公司进行并购;混合型并购,是生产和经营彼此间毫无联系的产品或服务的企业间的并购。

(3) 按照并购双方是否直接进行并购活动,可以分为直接并购和间接并购。

直接并购:也被称为协议收购(acquisition based on an agreement),指收购公司直接向目标公司提出并购要求,双方通过一定程序进行磋商,共同商定完成收购的各项条件,进而在协议的条件下达到并购目的。

间接并购:也被称为要约收购或标购(tender offer),指收购公司并不直接向目标公司提出兼并要求,而是在证券市场上以高于目标公司股票市场的价格大量收购其股票,从而达到控制该公司的目的。

(4) 按照是否取得目标公司的同意与合作,可以划分为善意并购和敌意并购。

善意并购:又被称为"白衣骑士",指并购公司事先与目标公司协商,征得其同意并通过谈判达成收购条件的一致意见而完成收购活动的并购方式。

敌意并购:又被称为"黑衣骑士",指并购公司在收购目标公司股权时虽遭到目标公司的抗拒,但仍然强行收购,或者并购公司事先并不与目标公司协商,而直接向目标公司股东开出价格或收购要约的并购行为。

(5) 按照是否利用目标公司本身资产来支付并购资金,可以将公司并购划分为杠杆收购和非杠杆收购。

杠杆收购(leveraged buy-out):是指收购方按照财务杠杆原理,以少量自有资金通过负债融资购买目标公司的全部或部分股权,获得经营控制权,以达到重组该目标公司并从中获得较高预期收益的一种财务型收购方式。杠杆收购的实质在于举债,即以债务资本为主要融资工具,而这些债务资本大多以被并购公司的资产为担保而获得。收购方以较少的股本投入(占 10%~20%)融得数倍的资金,对公司进行收购、重组,使其产生较高盈利能力后,再择机出售或重新上市,以便牟利。这种方法自 20 世纪 80 年代开始在美国迅速流行。

当杠杆收购的实施主体是目标公司内部的管理层时,一般意义上的杠杆收购就成了管理层收购(management buy-out),又被称为"经理层融资收购",是杠杆收购的一种特殊形式。当收购主体是目标公司的员工时,称为员工收购(employee buy-out),其核心内容为员工持股计划(employee stock ownership plans)。现实中往往是管理层与员工共同进行收购(management and employee buy-out)。管理层和核心员工可通过银行、债券市场、保险公司甚至基金公司获得融资支持,借助杠杆收购的手段取得目标公司的所有权和经营控制权,从而完成从单纯的管理人员或工作人员到股东的转变,以所有者和经营者的双重身份提升公司价值,使公司变为管理层和核心员工控股的公司。

非杠杆收购:指不用目标公司自有资金及营运所得来支付或担保支付并购资金的收购。

三、并购浪潮

目前,比较公认的说法是,从 19 世纪末至今,美国已先后掀起了五次大规模的并购浪潮。

第一次并购浪潮发生在 19 世纪末的最后 10 年到 20 世纪的头 10 年之间。这一时期，美国工农业处于南北战争后的迅速增长时期，竞争激烈。这一并购浪潮的主要特征是横向并购，目的是扩大企业规模，提高市场占有率，实现规模效益和追求垄断势力，抵御经济危机的风险。这期间，通过并购导致的企业形式首先是托拉斯，其最直接的结果是企业数量的急剧减少和单个企业规模的迅速膨胀，同时产生了一大批垄断性的企业集团。例如，美国第一家价值超过 10 亿美元的公司，创建于 1901 年的美国钢铁公司，就是合并了 785 家小公司的产物。另外一些著名的巨头公司如杜邦、美国烟草、通用电气、美孚石油、柯达等也都是诞生于这次并购浪潮。

第二次并购浪潮发生在 20 世纪 20 年代，这一时期美国处于第一次世界大战后的经济繁荣期。在这一次并购浪潮中，虽然横向并购仍占较大比重，但同时出现了相当规模的纵向并购，追求寡头垄断及规模经济效益、通过与上游或下游企业的纵向合并来垄断与行业相关的各种资源是此次并购浪潮的重要动机。此次并购浪潮的一个相关副产品是，并购后的公司虽然在形式上仍是公司控股为主，但并购所导致的产权结构却发生了微妙的变化，即并购并未导致企业产权的绝对集中，而是单个股东的持股率越来越低，由此导致了美国企业制度中所有权与经营权的最后分离。之后，1929 年经济危机的来临及新的反垄断法——《克莱登法》(*Clayton Act*)的通过，才促使这次浪潮停止。

第三次并购浪潮发生在 20 世纪 50 年代至 60 年代。此次浪潮呈现两个明显特点：一是以混合并购为主要形式，涉及范围非常广泛，这一时期，美国出现了大量的混合型集团公司；二是随着全球经济一体化的萌芽，跨国并购异军突起。并购的动机主要在于以多元化经营来分散风险，以提高企业经营及收益的稳定性。大企业经营的空间分布开始出现多样化发展的趋势，同时也给专业化的中小企业发展留下一定的空间。至 70 年代初，美国企业的总数较之 50 年代初增长了 80%以上。石油危机的出现，为本次并购浪潮画上了句号。

第四次并购浪潮发生在 20 世纪 80 年代。这次并购浪潮的特点是恶意收购、混合型集团公司被拆散、杠杆收购策略的运用和垃圾债券融资手段的出现，出现了"小鱼吃大鱼"的案例。这一时期，首次出现美国公司被外国公司收购的数量与价值超过外国公司被美国公司收购的数量与价值的情况。到 1990 年，经济的再次衰退，证券市场大幅下挫，这次并购浪潮也结束了。

第五次并购浪潮，也是美国历史上最大规模的并购浪潮，发生在 20 世纪 90 年代中期至 21 世纪初，这一时期美国经济出现了持续性的繁荣。这次并购浪潮在广度和深度上都有新的特征：一是在总规模上刷新了历史纪录，且连续八年呈递增态势；二是相当一部分并购发生在巨型的跨国公司之间，强强联合的势头显而易见；三是金融业的并购明显加剧；四是大多数企业放弃了杠杆收购式的风险投机行为，以加强核心业务能力的横向兼并为主要形式，旨在扩大企业规模和国际竞争力。但从 2000 年下半年开始，因为股市动荡、IT 行业缩水，尤其是 2001 年"9·11"事件的打击，严重影响了美国经济的进程，第五次浪潮开始趋缓。

然而，在 2004 年底至 2005 年初，并购市场又开始活跃起来了。2004 年中，美国股市的并购量为 8330 亿美元。2005 年 1 月，美国市场宣布的并购交易总价值超过 1000 亿美元。其中规模最大的宝洁以570亿美元收购吉列,这一并购交易是美国历史上第十三大并购交易。

当前,全球正进入第六次并购浪潮,与此前五次并购浪潮不同,第六次并购浪潮的重心在中国,核心是技术转移,带动资本、品牌、渠道、管理、人才的全球转移。

有经济学家认为,一个发展中经济体,如果懂得利用其和发达国家的技术差距,作为技术创新和产业升级的来源,创新的成本和风险会比发达国家低,创新的速度、产业升级的速度则比发达国家高得多。从各国的历史实践来看,这种经济增长速度甚至可以两倍、三倍于发达国家。日本、新加坡、韩国是第二次世界大战以后少数几个懂得利用和发达国家的技术差距加速技术创新和产业升级,从而取得高速增长的经济体。

在过去的三十年,中国通过改革开放抓住全球产业转移的机遇,经济保持了30年高速增长,一跃而成为全球第二大经济体。未来,中国需要抓住全球技术转移的新机遇,实现转型升级和可持续发展。而要抓住新一轮的技术转移机遇,对于产业基础、合作方式以及操作手段则提出了更高的要求。地方政府不能只是简单地招商引资,而要采取并购、融资等多种形式手段来吸引先进技术与原有产业进行基础合作。中小企业也不能只满足于成为产业链的低端,而要通过新的创新与国际合作往高端走。

世界经济的潮汐有着自己的规律,不以人的意志为转移。及时认清潮流并顺势而为,可成就世界级的商业帝国,并立于不败之地。很多企业家虽表面上可以风光无限,却懒于或无能力观潮并顺流而动,结果导致企业(甚至巨型商业帝国)的灭亡。而在今天这样一个历史节点,世界经济的大趋势呈现出"中国经济的全球化和全球经济中国化"的发展格局,中国的产能和市场已越来越与世界经济密不可分。这是一个竞争激烈的市场,而中国产业的价格优势已经开始丧失,所以若想保有和扩大世界市场的份额,中国企业要有掌控产业关键技术的能力。

需要正视的是,关键技术能力迄今为止不是中国的强项,去发展此能力也不是朝夕可达的事。但是,在全球经济一体化程度越来越深的今天,任何企业资产包括技术能力,都可以通过并购或企业战略合作进行跨国整合,所以并购成为中国获得关键技术能力的捷径。

如果说现在正是第六次并购浪潮来袭之时,那么中国企业家们的战略课题将是:如何通过国际并购实现世界关键技术向中国产业的转移,以及中国企业品牌和管理的国际化,在欧美经济复苏初期以最低的成本完成"播种",同时大规模提升在中国市场本身的竞争力,在欧美经济复苏过程中完成从中国企业的此岸跨向国际商业帝国的彼岸。

四、传统金融学对并购浪潮的解释

在风云变幻的并购史中,传统金融学领域的学者们从各个角度对并购进行了理论分析,提出了林林总总的理论假说,有关学者将这些理论假说做了如图7-1所示的总结。

关于为什么会出现一波又一波的并购风潮,传统金融学理论认为:首先,并购是工业界对各种各样的冲击的反应,这些冲击包括反垄断政策的改变以及政府对行业管制的解除等;其次,并购可以使效率得到改善。发生在20世纪80年代的第四次并购浪潮,被认为是当时里根政府对并购持宽容态度的结果,加之当时美国企业遭受来自国外特别是日本对本国工业的竞争冲击,以及美国政府对交通、通信以及金融服务业管制的放松。20世纪90年代初美国政府对电信业以及银行业管制的放松导致这两个行业内部出现大规模的并购潮,同时美国政府在国防开支方面的削减促成了美国军事工业内部的并购。

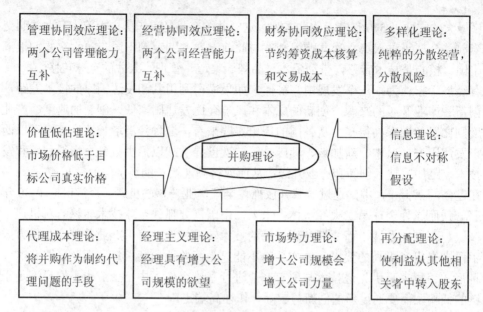

图 7-1 并购理论总结

(资料来源:全球并购研究中心,全国工商联经济技术委员会. 并购手册. 中国时代经济出版社, 2002)

传统金融学主要从协同效应、信息传递、市场势力及代理理论方面考虑,认为并购可以使效率得到改善,由此来解释并购及并购浪潮。

1. 协同效应理论

协同效应可以简化表示为"1+1>2",它是指并购后的公司,其总效益要大于两个分开的公司效益的算术和,包括经营协同效应、管理协同效应、财务协同效应。经营协同效应主要指的是并购给公司的生产经营活动在效率方面带来的变化及效率的提高所产生的效益,两家公司存在经营能力上的互补;获得经营协同效应,一个重要前提是产业中存在规模经济,且在并购前尚未达到规模经济。管理协同效应主要指的是两家公司管理能力上的互补,更大程度上指的是由管理效率较高的团队通过并购那些管理效率低下的公司,以达到其管理能力的充分发挥而从中获利,例如第四次并购浪潮中的并购常常被看作对没有效率的管理者进行的"市场惩罚"。马丁(K. Martin)和迈康奈尔(J. Maconnell)于 1991 年对公司业绩、收购以及公司管理人员的变动之间的关系进行了研究,结果表明,在并购一年后,被收购公司的管理者被解雇的概率是该公司被收购之前的四倍,而在被收购前,这些公司的业绩都不佳。财务协同效应体现在可以节约筹资成本、核算成本和交易成本,可以提高合并后企业的偿债能力;此外,公司可以利用税法的有关规定进行合理避税。一般来说,按照税法的规定,如果某公司在一年中出现了亏损,可以免交当年所得税,其亏损可以向后递延以抵消以后的年度盈余,公司根据抵消后的盈余交纳所得税。这样一来,那些出现严重亏损的公司很容易被列为并购对象,或者该公司可以利用自身在纳税方面的优势去并购一家盈利的公司。

2. 信息传递理论

在信息不对称的背景下,信息传递理论认为:第一,股票收购传递了目标公司被低估的信息,这样一来目标公司无须采取任何行动就会有市值重估的产生;第二,收购要约的公布或关于收购的谈判将传达某种信息,让目标公司的管理者认识到应更有效率地管理公司。

3. 市场势力理论

一般来说,人们普遍认为通过并购,增大公司规模可以增强公司实力,提高公司的市场占有率。市场份额体现公司对市场的控制力,随着市场份额的扩大,可以使公司实现某种形式的垄断,以此带来垄断利润和竞争优势。因此,无论是横向并购、纵向并购还是混合并购,都能提高公司的市场势力,于是并购活动也就广受追捧。也有学者认为,市场份额的提高并不代表规模经济或协同效应的实现,只有当市场份额上升的同时又能实现规模经济或协同效应,并购才会带来正效应。

4. 代理理论

当公司的经营权与所有权分离时,决策的拟定和执行与决策的评估和控制就应加以分离。前者是经营者即代理人的职权,后者归委托人即所有者管理。代理出现故障时,并购亦即代理权的竞争,并购也就提供了一种控制代理问题的外部机制,从而可以通过并购降低代理成本。

五、行为金融学对并购浪潮的解释

行为金融学在解释并购时,主要提出了两种理论:管理者过度自信理论和市场驱动理论。其中,过度自信理论的设定管理者是非理性的,而市场是理性的效率市场;市场驱动理论的背景是管理者理性,而市场却是非理性的非效率市场,投资者是非理性的。

1. 非理性管理者的过度自信

根据过度自信假说,人们的行为中常常存在过度自信,那么过度自信心理是否在公司并购的管理者中存在,其表现程度又如何呢?在公司并购中高管人员的过度自信主要表现在两个方面:一方面是"好于一般水平"的心理现象,即收购公司的管理人员认为他们管理企业的能力比目标公司要强,因此,这就导致了他们能控制结果的错觉而过低估计并购失败的概率;另一方面在于成功的并购事件能够提升 CEO 的专业水平,并使他的职业生涯获得良好的声誉,这与管理者的机会主义是结合在一起的,从而使得公司管理者有过度自信的内在驱动力。并购活动中,公司高管是否存在过度自信特征,国外作了大量研究。近年来的研究表明,市场普遍存在公司高管过度自信倾向和公司高管在公司并购活动中过低估计了公司并购中的文化整合的难度。

乌尔力克(Ulrike)等人在 2004 年研究发现,在对公司高管实行股票期权激励的公司中,普遍存在公司管理人员直到离岗,甚至离岗以后仍然普遍不行权的现象。而根据经典金融理论认为,管理者是风险厌恶的,在管理者离休前最好执行公司赋予的期权权利,否则管理人员所持有的股票期权无法规避所在企业的特质风险。这就意味着传统金融 Black-Scholes 的套利定价模型是不适用的,经典金融理论无法解释这一现象。心理学家发现,人们在拿自己跟寻常标准或者他们的先辈们进行比较时,普遍存在高估他们自己能力的倾向,因而,乌尔力克和塔特(Geoffrey Tate)认为公司并购活动中,公司管理者也经常存在过度自信倾向,从而提出了公司高管过度自信推动公司并购的理论模型和检验方法。

2. 市场驱动理论

在股票市场普遍存在投资者的非理性投资行为时，这种非理性的一致行动可能导致股票价格高估或者低估，股票的市场价格不能正常反映公司真实价值，从而导致市场价格影响公司管理者的资本配置行为，在股票价格存在高估的前提下，公司的管理者可以充分利用高估了的股票去并购其他公司，这就是说投资者的非理性投资行为所产生的公司股票价格误定对公司并购行为可能产生影响。

施莱弗和维斯尼(Vishny)于2001年提出了股票市场驱动并购的理论模型。该理论假定了市场是非有效的，管理者则是理性的，且充分掌握了信息，他们能从自己企业和从合并对象的管理者角度准确把握如下估价：有效状态下的企业价值、合并后的增大效应和长期价值。该理论模型认为公司并购活动是被股票市场驱动的，并购本身不产生价值，并购效应只是市场一致认为并购带来的"想象好处"；公司并购采取何种方式作为支付手段主要取决于公司股票价值的市场定价效率，如果主动并购公司的价值比目标公司更加被高估，主动公司通常会采用股票作为支付手段。但问题是如果公司的管理者是理性的，那么目标公司的管理者也将知道主动并购公司的股价被高估了，那么他们为什么愿意被兼并呢？施莱弗和维斯尼认为目标公司的管理者或者股东存在短视行为，或者目标公司股东存在短期变现动机，在目标公司股东和高管存在短视行为时，可能因为意识到并购能带来投资者想象好处的收益，从而同意被兼并。如果目标公司股东有希望财富变现，以实现退休的动机，那么接受股价被高估的股票就更容易变现，因为股价被高估的股票具有更好的流动性。

詹姆斯·安格(James S.Ang)和程银梅在2003年采用并购前 B/P (其中 B 是公司净资产的账面价值，P 是公司股票的市场价格)和 V/P (其中 V 表示通过留存收益计算的公司价值)两个比率指标作为误定价衡量指标，对公司并购影响进行了实证检验。结论表明股票价值被高估的公司更有可能成为主动并购者，即主动并购公司的股价一般都比并购目标公司的股价被高估；同时得出主动并购公司的股价越被高估越有可能采用股票作为并购支付方式。

六、公司并购与赢家诅咒

赢家诅咒的现象最早是石油业工程师 Capen 等人在1971年发现的。假定有多家石油公司打算以竞标的方式买下某块地面下的石油开采权，并假定这一开采权对所有石油公司的价值都是相等的。另外还假定各公司投标的根据是本公司的专家们对地下油田价值进行的估计。最后还假定专家们的总体平均估价等于该地下油田的真正价值。

对地下油田价值的估计是十分困难的，各公司的专家们的估价会各不相同，有的估得高，有的估得低。竞标的结果是：第一，由于人们一般厌恶风险，所有报价的平均值会低于该地下油田的实际价值；第二，中标者的报价有可能远超过地下油田的真实价值，或者该地下油田的实际价值比这家公司的专家们估计的要低，由此中标者很有可能反而是真正的输家。这一现象就是"赢家诅咒"。

众多实验表明，赢家诅咒的现象在公司金融中也同样存在。

假定 A 公司现打算以现金方式收购 B 公司的所有现有股权，事先得对 B 公司进行一个估价，而此时 B 公司的价值由它目前正在开发的一个油田的开发结果所决定。在现有管理

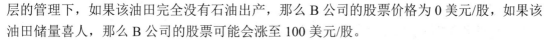

层的管理下,如果该油田完全没有石油出产,那么 B 公司的股票价格为 0 美元/股,如果该油田储量喜人,那么 B 公司的股票可能会涨至 100 美元/股。

现在假定,不论油田的开发结果如果,若由 A 公司来接管 B 公司,B 公司的价值都能比它在现有管理层管理下的价值高出 50%。

在 A 公司向 B 公司的股东报出收购价格前,A 公司是不知道油田的开发结果的,而此时 B 公司却是知道的,而且 B 公司决定,只要 A 公司提出的收购价格高于或等于其在现有管理者管理下的股票价格,B 公司就接受收购。

报价的可能范围在 0~150 美元之间,在确定合适的报价时,一般人会按照 50%×0+50%×100=50(美元/股)的思路确定它的预期价格。因此,如果由 A 公司接管 B 公司,那么 B 公司的股票价格为 50+50×50%=75(美元/股)。所以如果 A 公司的报价在 50~75 美元/股之间,A 公司就能在收购交易中获利。但是这一思路却没有考虑信息不对称这一关键问题。应该要考虑报价被接受的情况下 B 公司股票的预期价值。假如 B 公司接受了 Y 美元/股的报价,那么时下 B 公司的股票价格并没有达到 Y 美元/股,由此它的预期价格为 $Y/2$ 美元/股。如果 A 公司接管 B 公司,那么届时 B 公司的股票价格将会达到 $Y/2×(1+50\%)=3Y/4$(美元/股),这一价格是低于 Y 美元/股的。因此,不论 Y 为多大,收购交易都会对 A 公司造成 $(Y-3Y/4)=Y/4$(美元/股)的损失,也就是说,A 公司以任何高于 0 美元/股的价格收购 B 公司都会亏损。这是一个赢家诅咒的极端例子。

1985 年,巴泽曼(M. Bazerman)和萨缪尔森以两种方法进行了以上的实验。一种是提供利益刺激以鼓励实验参与者尽量作出一个正确的报价;另一种则没有提供利益刺激。实验结果显示,两种方式下的结果基本相同,只是在利益刺激下的报价略低一点。在两种方式下,90%的人提出的报价都大于零,大部分人的报价在 50~70 美元/股之间。

考虑到人们会从失败中吸取教训,不可能反复陷入赢家诅咒,维勒(S. Weiner)、巴泽曼和卡罗尔(J. Carroll)于 1987 年对美国西北大学的 69 名 MBA 学生进行了收购公司的实验,并将实验重复进行了 20 次,每次都提供了利益刺激,并将公司的真正价值、报价是否被接受以及收购方的盈亏情况都进行了反馈。结果显示,69 名实验参与者中,仅有 5 人在第 8 次实验中报出 1 美元或更低的价格,其他人没有任何变化。而且在最后几次实验中,平均报价还出现越来越高的情况。从这一实验可以发现,即使人们可能学会避免陷入赢家诅咒,这种学习过程也是缓慢和困难的。

七、案例分析:阿里巴巴收购雅虎中国

(一) 并购过程

2005 年 8 月 17 日,雅虎向 SEC 提交了收购阿里巴巴股份文件。文件显示,雅虎计划用总计 6.4 亿美元现金、雅虎中国业务以及从软银购得的淘宝股份,交换阿里巴巴 40%普通股(完全摊薄)。

其中,雅虎首次支付现金 2.5 亿美元收购阿里巴巴 2.016 亿股普通股,另外 3.9 亿美元将在交易完成末期有条件支付。

根据双方达成的协议,雅虎斥 3.6 亿美元从软银子公司手中收购其所持有的淘宝网股

份，并把这部分股份转让给阿里巴巴，从而淘宝网将成为阿里巴巴的全资子公司。该收购计划将在雅虎收购阿里巴巴交易完成末期执行。

雅虎实行两次购股计划，首次支付 2.5 亿美元，第二次为 3.9 亿美元，再加上斥 3.6 亿美元从软银购得的淘宝网股份，在购股计划完成后，雅虎持有阿里巴巴 40%股份。以此计算，雅虎共斥资 10 亿美元收购阿里巴巴股份。

(二) 并购动因

一般而言，企业并购的动因主要有三方面，一是为了获得更高的投资回报，二是实现企业特定的发展战略，三是分散企业的经营风险。就阿里巴巴而言，我们认为，其收购雅虎中国的动因有两方面。

(1) 站在集团战略发展角度，构建一个综合性的网络大国，使其在国内网络市场上处于领先地位。收购雅虎中国后，阿里巴巴的业务范围将拓展到除了无线、游戏外的所有互联网领域。在中国互联网市场上，阿里巴巴的 B2B、C2C 已经成为市场领导者，即时通信工具有雅虎通和淘宝网，搜索是第 2 名，这时，挤进四大门户的行列也非难事；同时，以阿里巴巴积累的商务用户为基础，加上淘宝网用户群和雅虎中国以白领为主的受众群，若要发展广告业务，其竞争力已与很多门户网站不相上下；另外，有了流量基础，定位可以不再局限于电子商务。

(2) 以综合性的互联网集团形态出现，走一条有核心技术的另类寡头之路。目前，美国互联网业的情况是 eBay、Google 与亚马逊等网站在各自领域独领风骚，而门户呈雅虎和 MSN 角逐的格局。而阿里巴巴收购雅虎中国后，中国互联网业将形成由八大寡头组成的第一集团：阿里巴巴、百度、盛大、新浪、TOM、网易、腾讯、搜狐。也就是说，中国互联网在经历并购、重组后将进入寡头垄断时代。按照我国的市场形态看，八大寡头都以综合性互联网集团的形态出现，在多个领域展开全方位对决，与美国的竞争方式有极大的不同。然而，寡头太多、战线太长的结果很可能是寡头之间的整合，比如盛大与新浪。

曾有业内人士指出，中国互联网行业普遍缺乏核心技术，不容易像 Google 那样依靠核心技术取得难以效仿和超越的领先优势，这也是我国互联网行业的竞争要以集团综合性竞争方式展开的主要原因。2005 年 8 月 11 日，在阿里巴巴宣布收购雅虎中国的新闻发布会上，阿里巴巴创始人、现任 CEO 马云在说明并购意图时称："合作的主要目的是为了电子商务和搜索引擎，未来的电子商务离不开搜索引擎，今天获得的整个权利使我们把雅虎作为一个强大的后方研发中心。"可见，核心技术也是阿里巴巴收购雅虎中国的一种考量因素。

(三) 并购结果及分析

并购雅虎中国后，阿里巴巴将集目前互联网领域所有当红的概念与业务于一身，包括电子商务、门户、搜索和即时通信。虽然拥有了众多互联网的功能，但马云再三强调，阿里巴巴过去做的是电子商务，现在做的是电子商务，将来做的还是电子商务。而诚信、市场、支付和搜索是电子商务的四大基础，如今这四大基础阿里巴巴都具备了。注意：阿里巴巴收购雅虎中国全部资产；同时获雅虎 10 亿美元投资；并享有雅虎品牌及技术在中国的独家使用权；雅虎获阿里巴巴 40%的经济利益和 35%的投票权。

(四) 对企业并购的启示

从阿里巴巴并购雅虎中国案例，可以得到以下三方面启示。

(1) 正确选择目标企业，关系到并购成本的高低、并购企业发展战略以及并购后的整合与预期协同效应。任何交易总是希望以最小的成本取得最大的收益，所以对目标企业的评估是企业并购过程中的核心问题。阿里巴巴并购的主要目的是获得搜索引擎的核心技术，而在国内现有市场上，有搜索引擎的是 Google、Baidu 和 Yahoo；与 Google、Baidu 相比，雅虎中国在搜索引擎市场的竞争地位和市场策略符合阿里巴巴并购要求。阿里巴巴需要搜索引擎，雅虎力图摆脱在中国搜索引擎市场的"千年老二"地位，两者在市场定位和策略成功方面一拍即合，促成了这次收购。

(2) 在选择并购形式时，要综合考虑并购动因、目标企业状况、并购整合后企业集团的发展方向等因素，并放在并购前、并购中和并购后的整个过程中来考查。阿里巴巴换股方式的成功运用，为其他企业并购提供了一个借鉴。

(3) 并购中要强化风险意识，正视并购活动不能达到预先设定的目标的可能性，以及因此对企业正常经营管理所带来的影响。

其实，阿里巴巴并购案并非无忧。一方面，阿里巴巴换出股份的比例过大，在换股过程中，雅虎得到了相对的控股权。尽管阿里巴巴称不会有任何控股，但雅虎所持有的阿里巴巴股票的比例还是让人担忧，甚至有人说，两年后雅虎会全面收购阿里巴巴。另一方面，并购后的整合风险不容小觑。阿里巴巴和雅虎中国是两个独立的品牌，有着各自的品牌形象；同时，雅虎中国体内的 3721 在收购前与雅虎中国仍处于相对独立的地位。这样，如何准确区分品牌的不同定位，是对雅虎中国进行整合时面临的主要问题，也是这次收购后面临整合风险的症结所在。

复习思考题

1. 现代公司金融理论存在哪些缺陷？行为公司金融的心理学基础主要有哪些？
2. 理论界主要是以两种范式来导入行为公司金融理论的，试分析公司金融中出现的一系列异象分别属于哪一种范式。
3. 查找你所感兴趣的几家上市公司的年报，观察其融资情况，看其是否符合优序融资定律。
4. 什么是净现值？根据传统理论，应该如何作出投资决策？非理性投资者的情绪和非理性管理者的情绪是如何影响投资决策的？
5. 什么是 IPO？IPO 过程中存在哪些异象？选取几家于今年进行 IPO 的公司，对其作一个长期观察，看是否存在 IPO 的这些异象。
6. 简述 MM 定理的假设条件及隐含意义。
7. 什么是"红利之谜"？传统公司金融理论是作何解释的？行为金融的理论是如何对红利之谜作出解释的？
8. 简述并购的主要分类方法和美国的五次并购浪潮。
9. 什么是"赢者诅咒"？行为金融学又是怎样解释它的？

10. 新疆德隆曾一度是我国民营企业发展之楷模，其所做的实业部分效益也是非常良好的，许多产品在国际上都享有盛誉。产业整合一直是德隆引以为傲的企业理念，在短短数年内进入了10个产业，创造出一个又一个并购神话，然而一系列的资本运作并未带来良性的财务绩效，以致后来陷入困境，在整个中国引起了广泛的关注。试查找相关资料，从行为公司金融角度分析德隆案例。

第八章　神经科学与行为金融

【本章精粹】

◆ 神经科学与经济学及金融学的渊源。

◆ 神经科学在经济学和金融学领域的研究主题。

◆ 神经金融的内涵及其与行为金融的关系。

◆ 人脑结构与脑部兴奋追踪技术。

◆ 神经科学在行为金融领域的主要发现。

【章前导读】

经济学学科在过去的半个世纪中所获得的进步很大程度上要归功于形式科学及自然科学在经济分析中的运用,这些学科主要有数学(及统计学)、物理学和进化生物学等。金融作为经济学的一个重要分支也经历了和经济学类似的发展,产生了诸多重要的理论,而这些标准理论又被新的科学力量不断修改甚至推翻。

行为金融学的产生可以追溯到其在 20 世纪 80 年代对"有效市场假说"(efficient market hypothesis,EMH)这一标准金融理论的质疑,并在之后的三十年中渐渐发展,产生了许多有关人类经济和金融决策的重要理论。而随着行为金融学研究的深入,许多学者希望能够进一步探索个体决策背后的心理机制,而神经科学(neuroscience)的科学研究手段发展使得这种更深层次的探索成为了可能。

近十年以来,神经经济学家和经济学家开始相互涉足对方所熟知的领域,研究决策背后的神经机制(neural mechanism),提出新的经济学以及金融学决策模型,这一跨领域的学科也被正式命名为"神经经济学"(neuroeconomics)。

【核心概念】

神经科学　神经经济学　人脑结构　脑部兴奋追踪技术

第一节　神经科学在经济学与金融学领域的应用

一、神经科学与经济学及金融学的渊源

1. 经济学、金融学和神经科学

根据被普遍认同的说法,"经济学"(economics)是研究如何最优地配置有限资源的科学,而"金融"(finance)是附属于经济学下的一个在当代较为重要的研究主体,主要研究资金管理(包括融通、营销、商务管理等主题)。这种说法非常容易使人产生联想,认为经济学和金融学是有关"钱"的学科,可是这是一个误解。萨克(Zak)[①]于 2004 年指出,当代经济学其实对"钱"或者说货币本身的研究并不深刻。更加具体及直白地说,经济学和金融学其实是"模型科学",即通过建立模型的方法解释和预测个体(包括人、群体和机构)决策(decision-making)的科学,其中决策指个体衡量不同的会带来不同经济后果的选择项的优越程度并做出最后选择的过程。如我们所熟知的经济学中的均衡(equilibrium)理论,就是主要研究在面对给定的限制条件时,单个个体或多个个体如何在各个可选项下抉择,最终做出最优(optimal)的决策。

经济和金融决策可以进一步被细分为以下三个过程。

(1) 信息获取。个体必须获得有关每个可选项的各个方面的相关(relevant)信息,用以作

---

① Zak P J. (2004). Neuroeconomics. *Philosophical Transaction of the Royal Society London*. B, 359:1737-1748.

为最后决策的参考因素。

(2) 评价可选项。在获得有关可选项的信息后，个体必须对这些信息进行处理，从而对每一个可选项做出价值判断。

(3) 在可选项中进行选择。严谨地说，在经济学和金融学模型里，评价可选项和做出最终选择并不是同一件事情。要充分理解这其中的含义需要读者查阅相关经济学模型的创建过程，其巨细不在本节讨论范围之内，但是可以想象：当我们在做出"要不要打开那包薯片"的决策中，首先要对"打开吃"和"不开打它"两个选项进行价值评判，其中涉及诸如"现实能够得到的快乐"、"将来可能带来的增胖后果"、"将要背负罪恶的感觉"等因素的考量；而做出选择是指我们最终执行某一选择，这个行动过程又要受到其他因素影响，诸如进行决策后是否会失望、后悔等，这些心理与选项本身的价值评判的相干程度较弱。

对于神经科学(neuroscience)而言，上述这三个过程都是可以通过大脑探测技术较为有效地度量的，这便使神经科学涉足经济学成为可能。事实上，神经科学家进而将这三个步骤进一步细分为细小的简单决策，考察每一个简单决策下的神经机制。

2. 神经经济学的生物经济学和行为经济学溯源

根据赫什雷弗(Hirshleifer)[1]于1985年的提法，神经经济学(neuroeconomics)是生物经济学(bioeconomics)的自然延伸，正如神经科学是生物学的延展。生物经济学试图用进化生物学(evolutionary biology)成果预测人们的经济行为，并提出人们做出某项行为的根本(ultimate)原因。我们知道经济学研究个体的最优决策，而优化决策也是生物进化过程中的重要议题之一，大体来说这便是生物学和经济学的共通之处。

卡梅勒尔(Camerer)[2]认为神经科学在经济和金融学领域应用的另一学科溯源是行为经济学(behavioral economics)。行为经济学首先将认知心理学的研究介入到经济学研究中，提出更贴近实际的个体选择模型。不过，虽然行为经济学回答了许多标准经济学理论无法解释的行为异象，它依旧还有许多尚未回答的部分。例如，由丹尼尔·卡尼曼等人建立的"启发法和偏差"(heuristics and biases)行为分析框架似乎能够提供令人信服的行为异象解释，也是行为经济学和行为金融学中里程碑式的成果，但是它们依旧没有解释一个根本的问题，即启发法和偏差究竟从何而来？其实，启发法和认知偏差究其本质还是一种人为命名的认知现象，其背后的心理和神经机制(mechanism)并没有得到充分探索。认知神经科学(cognitive neuroscience)便是从这个角度切入到行为经济学和行为金融学中，试图将认知心理学还未界定清晰的概念加以更为科学和具体的阐释。

二、神经科学在经济学和金融学领域的研究主题

在现阶段，神经科学在经济与金融领域的研究主题主要可以被分为以下两大类。

1. 经济学理论预测下的神经科学研究主题

对于标准经济学理论可以较为准确预测人们行为，神经科学尝试回答在这种人类行为

---

[1] Hirshleifer J. 1985. The expanding domain of economics. *American Economic Review*, 75: 53-68.

[2] Camerer C F. 2003. Strategizing in the brain. *Science*, 300: 1673-1675.

表象下的具体神经活动是什么。标准的经济学理论通常预测在一定的约束条件下，一个或多个决策者会做出怎样的决策，但是却不能具体回答决策者为什么做出这样的决策，神经科学则通过科学探测的方法试图较为精确地回答这些问题，发现经济理论中的不足，或者证实经济理论的猜想。在这类研究中神经科学家往往起到更大的作用。

2. 经济学行为异象下的神经科学研究主题

对于标准经济学理论预测人们行为失败，从而发现了行为"异象"(anomaly)，经济学就要借鉴神经科学的研究成果，提出新的经济学模型，采用更加符合实际的模型假设。在这类研究中经济学家往往起到更大的作用。

当代许多神经经济学的研究团队开始同时包含经济学家和神经科学学家，他们需要相互借鉴对方熟知领域中的知识来建立更加完备的经济学理论。事实上近年来有许多神经科学学家在尖端的经济学期刊上发表研究成果[①]，经济学家也尝试涉足神经科学实验室，使得两个学科领域融汇深度逐渐加深。

三、神经金融的内涵及其与行为金融的关系

神经金融(neurofinance)是一个还没有被学界广泛使用的术语，相对来说，神经经济学(neuroeconomics)则已经是一门正式的学问。不过正如金融学与经济学的关系，神经金融作为神经经济学的附属学科也越来越受到学界的关注。

1. 神经金融的研究含义和目的

简略地说，神经金融通过神经科学的研究手段(如造影、脑成像等)研究金融市场参与者交易行为背后的神经机制，主要集中在对于参与者脑部兴奋(brain activation)的研究，也包含对于交易者生理学特征(如心率、汗液分泌、血压、眼球转动等)的研究。通过联系这些生理学变量和金融变量，神经金融可以找出影响和决定市场参与者行为的生理学甚至生物学因素，以此提出相关的理论，并帮助学界和实务界更好地理解金融市场的运作机理。

2. 神经金融与行为金融的差异

行为金融学和神经金融存在着十分紧密的理论联系，但是这两者在研究哲学上也具有一定区别。行为金融学是以现有的心理学理论为基础，用心理学的理论去解释和预测人们的金融决策；而神经金融则是从人们的金融决策行为出发，通过神经学研究手段解释为什么这些行为会发生。我们可以这样理解：行为金融学是认知心理学在金融中的应用；而神经金融实验研究其本质依旧是神经科学研究，只不过研究的对象是金融决策问题[②]。

---

① *Journal of Economic Perspective*(国内普译《经济学展望》)于 2011 年秋(第 25 卷第 4 号)特别提供了"神经经济学"主题的特别刊(special issue)，其中的文章署名皆为神经科学家、M. D.(Medicinae Doctor，即"医学博士")以及涉足神经科学试验的经济学家。

② 需要注意的是，神经金融研究不局限于实验研究。就神经金融理论研究层面来说，神经金融是将神经金融的实验研究结果用金融学的方法进行模型建立。

第二节　人脑结构与脑部兴奋追踪技术

一、人脑结构简介

1. 人类大脑的基本组成

人类神经系统的一个重要和基本的组成部分被称为神经元细胞(neuron，如图 8-1)，而一个成年人的大脑中含有约 1000 亿个神经元，而每个神经元会与 1000 至 10000 个其他神经元直接连接，通过神经放电(firing)和其他神经元产生交流。人类大脑细胞的组成可以被分为以下两类。

(1) 灰质(grey matter)。大部分灰质由神经元组成。灰质大约占整个人类大脑体积的40%，不过却要消耗大脑供氧量的 94%，这是因为神经元之间的交流需要通过神经冲动(action potential)时的神经放电来实施，而这个放电过程需要消耗氧气。

(2) 白质(white matter)。白质主要包含起到连接神经元作用的组织，如轴突(axons)和树突(dendrites)。白质由大量的髓磷质(myelin)组成，肉眼看上去呈白色。

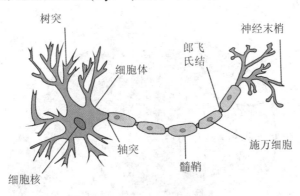

图 8-1　神经元细胞模型

神经经济学和神经金融学的研究领域主要集中在大脑皮层(cortex)兴奋和人类决策行为的关系。皮层像是包裹在大脑最外层的"表皮"，事实上，"cortex"也来自于拉丁文，意义为"树的皮"(bark)。大脑皮层主要负责人类大脑的信息处理和执行较为高等的思维功能。或许是由于进化，人类的大脑已经发展为一个极其复杂的系统，大脑似乎为了能够被有限的头颅空间所容纳，进化为层层重叠的组织，这也就是为什么人类(以及其他一些近邻或者进化时间久远的种类)大脑会呈现出"沟回"的视觉特征。所有大脑组织则处于突起的脑回(gyrus)或者凹陷的脑沟(sulcus)上。

2. 大脑的解剖学分析

解剖学按照区域位置特征大致将大脑分为四个部分，称为四个脑叶(lobes，如图 8-2)：额叶(frontal lobe)、颞叶(temporal lobe)、顶叶(parietal lobe)和枕叶(occipital lobe)。每个脑叶都执行各自的功能，并各自包含负责具体任务的下级组织。大脑在脑干(brainstem)之上并与其相连接，而脑干又与脊髓(spinal column)相连接。图 8-2 中还显示了一个位于枕叶之下并与脑干相连接的脑组织，即小脑(cerebellum)，其形状与花菜类似。

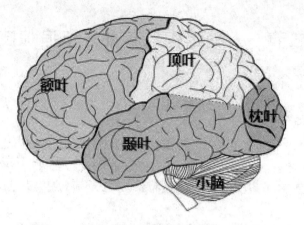

图 8-2 人脑脑叶分割

人脑结构复杂难辨,学界通常使用一种被称为"Brodmann's Area"的方法来较为清晰地指明大脑区域,这种方法由一位叫作科尔毕尼恩·布罗德曼(Korbinian Brodmann,1868—1918)的德国解剖学家发明。这种方法是将人脑分作 47 个基本区域,并用"BA1~BA47"来分别指代所指区域(如图 8-3 所示)。

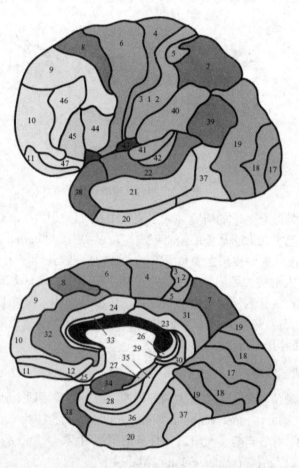

图 8-3 布罗德曼区域(Brodmann's Area)脑区域指代图鉴

3. 人脑区域命名中常用的词缀及其含义

英文中的人脑区域的命名大都引用拉丁文形式，当要命名一个脑部区域时，通常按照该组织所处的绝对或者相对位置来进行定名，例如许多形如"orbitalfrontal cortex"、"basal ganglia"等的术语，为了便于理解，在表8-1中列举了各个常用词缀所表达的意义。

其中神经科学中有一则比较普遍的规律，即带有"ventral"(在底部的)和"inferior"(朝下的)脑区域相对其他来说比较"古老"，即经过了长期的进化依然存在于脑中。类似区域往往也存在于其他较低等动物的脑中。

表8-1 人脑区域术语常用的英文词缀及含义

词 前 缀	含 义
dorsal	在顶部
ventral/basal	在底部
rostral/anterior	在前部
caudal/posterior	在后部
superior	朝上的
inferor	朝下的
medial/mesial	中间的
lateral	侧边的
orbital	在眼球上方的

二、人脑兴奋的衡量技术

不同的脑部区域负责不同的任务处理，而当某一区域开始执行任务时，该区域就会较其他脑区域更加"兴奋"，这种现象即神经性兴奋(neural activation)。神经科学研究则利用这一特点研究被试者在做出经济和金融决策时的脑部兴奋状态。神经性兴奋有电波、热量等多种表现方式，神经科学家普遍采用以下四种技术对神经性兴奋度进行测量。

1. 正电子放射断层造影术

正电子放射断层造影术(positron emission tomography，PET)于20世纪70年代首次被应用于人体。在PET试验中，被试者首先接受放射性同位素追踪剂注射，接下来躺下并被送入环形的造影设备中(如图8-4所示)。

当放射性同位素经历β衰变时，会释放出一个正电子。正电子运动若干毫米后，将遭遇体内的一个电子并湮灭，同时产生一对光子射向几乎背对背的两个相反方向。当它们遇见造影设备中的晶体物质的时候，便会产生一点光亮，这种光亮会被设备中敏锐的光电倍增管(photomultiplier)所察觉并记录。当人脑的某一部分处于兴奋的状态时，该区域会发生更多的神经元放电，这个过程中需要消耗大量的葡萄糖和氧气，于是需要更多的血液向该脑部区域流动。神经科学进而发现，脑部区域的血流量和其神经放电率呈正比例关系。PET也正是利用了脑兴奋过程中的这个特点，即当脑部某一区域需要更快代谢葡萄糖时，便会经历更强的血流量，这个过程中便会引起注射入体内的放射性追踪剂放射更多光子。

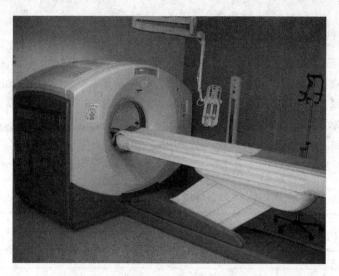

图 8-4 正电子放射断层造影术设备

PET 不具有侵入性，但是却要使被试者暴露在放射性同位素下，于是放射性追踪剂的注射量就要受到限制。在试验中，注射入的同位素只能支持 1 个小时的实验，每个被试者一年中至多接受两次 PET 实验。

2. 功能性磁共振成像

功能性磁共振成像(functional magnetic resonance imaging，FMRI)可以产生立体的神经性兴奋图示，这种技术自 1992 年起被用于人类实验中。和 PET 扫描仪类似，FMRI 扫描仪也呈环形，被试者平躺并将头部固定，然后送入扫描仪中(如图 8-5 所示)。非同于 PET，接受 FMRI 的被试者不需要进行放射性同位素注射。

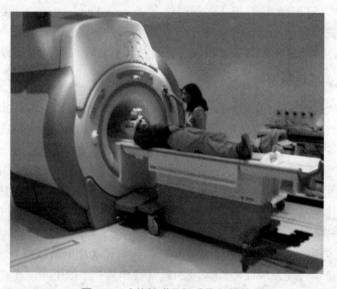

图 8-5 功能性磁共振成像扫描仪

FMRI 所获得的数据称为 BOLD(blood oxygen-level dependent)信号，它是通过测量带氧和缺氧血量比率来间接测量神经性兴奋程度。大脑的活动需要葡萄糖和氧气作为能量来源，可是大脑本身却不存储这些物质,所以当神经元兴奋过后,其所消耗的能量就需要从通过血液流动带来的带氧血红蛋白(oxyhaemoglobin,即带氧状态下的血红蛋白)快速补充。血红蛋白在带氧时呈抗磁性,而在缺氧状态下呈顺磁性,在短电波脉冲干预下,缺氧血红蛋白较带氧血红蛋白产生略高的磁共振信号,这种细微的差别会被成像设备中的强力磁石所观测到,进而表现为 BOLD 信号随着血液中带氧血红蛋白浓度上升而增强。

根据康格尔卢(Kangarlu)等人于 1999 年[①]的报告,人体暴露于磁力场中不会产生任何危害健康的副作用。一般来说,作用于人体的磁共振成像(MRI)使用 1~8T(tesla)磁通量密度的磁石进行实验[②],而只有 4T 以上的极强的强度才会使被试者产生暂时性的眩晕以及感受到口腔内泛出金属味。FMRI 可以在同一个被试者身上不断进行。

3. 脑电图

脑电图(electro encephalo graphy,EEG)是通过脑电图描记仪将人体内微弱的生物电进行放大从而侦测神经元群(一般大于 100 万个神经元)兴奋的曲线图。这些电信号通过贴在被试者头皮上的 16 至 256 个电极(electrode)所侦测(如图 8-6 所示)。在临床上,EEG 主要被用于侦测癫痫等神经疾病,患者正坐或者平躺,由 EEG 纪录一段时间内患者脑波的振幅、频率及同步性(synchronicity)来进行疾病诊断。

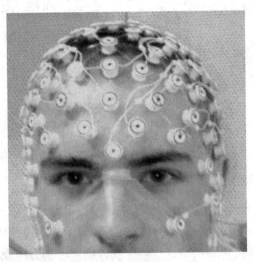

图 8-6　脑电图被试者

4. 细胞内/细胞外单神经元电兴奋纪录

单神经元电兴奋纪录(single neuron electrical activity recording)是指对单个或若干神经元的放电率进行测量的研究方法。这种技术需要将微型电极附着在(细胞外)或者嵌入到(细胞内)神经元细胞体。相对其他扫描技术而言,单神经元电兴奋纪录所得出的脑兴奋区域结果

---

① Kangarlu A, Burgess R E, Zhu H, Nakayama T, Hamlin R L, Abduljalil A M, Robitaille P M. 1999. Cognitive, cardiac, and physiological safety studies in ultra high field magnetic resonance imaging. *Magnetic Resonance Imaging*, 17: 1407-1416.

② 1T 相当于地球表面磁场的约 20000 倍。

最精确,但是神经元细胞体的大小大约只有 4 至 100 微米,而附着或者嵌入微型电极往往会使神经元受伤或者损毁,所以单神经元电兴奋纪录极少被用于人类试验,而大多被用于进行动物试验。

在神经科学在经济学和金融学领域的应用中,大多数的实验采用 FMRI 和 PET 扫描方法。这两种技术主要解决的问题是,在被试者执行某项经济和金融决策时,其脑部的哪些区域正在经历兴奋,是"空间"(space)上的研究方法。根据巴克纳尔(Buckner)于 2003 年[①]的研究结果,FMRI 和 PET 所提供的"时间"(time)上的信息十分微弱,即几乎不能产生序列数据,其中 PET 提供 30s 左右的数据追踪,而 FMRI 只能提供 100 毫秒至 2 秒内的数据追踪。而相对来说 EEG 提供的脑电图是序列数据,可以用来研究脑部兴奋在一段时间内所经历的变化。

FMRI 和 PET 的数据分析方法采用一种类似"减法"(subtraction)的形式。粗略地说,为了判别某一脑部区域在一项决策中的兴奋程度,实验者首先获得处于决策中的被试者的该脑部区域兴奋信号(voxel,或称为体素单位),并减去对照组(一般是没有进行任何决策时的被试者)的该区域兴奋信号,得出的差别便是被试者由于决策事件引起的脑兴奋。

第三节 神经科学在行为金融领域的主要发现

一、模糊性和风险决策的神经科学研究

我们在之前的章节中介绍了行为金融学对于"确定效应"(certainty effect)、"模糊厌恶"(ambiguity aversion)的概念。行为金融学研究发现,当进行风险决策时,投资者普遍希望寻求确定的回报(即确定效应),而当回报都具有风险时,投资者希望风险因素中的概率因素是已知的(即模糊厌恶)。

1. 对于模糊性和风险性决策的实验研究

一项具有模糊性(ambiguity)的决策是指,决策可选项中有一项或者多项的发生概率没有清楚的定义。例如,史密斯(Smith)等人于 2002 年[②]对于模糊性和风险性下的决策行为进行了神经科学研究。实验者在实验中设计了四个实验组,分别为风险收益(risk gain,RG)、风险损失(risk loss,RL)、模糊收益(ambiguity gain,AG)和模糊损失(ambiguity loss,AL),代表风险性和模糊性决策下的收益和损失情况。决策以赌博(lottery)的形式进行,通过从一个瓮中抓球实现。已知瓮中装有红、蓝、黄共 90 个球,抓到不同颜色的球则获得不同的收益。每组实验的球色分布及抓到每种颜色的球所对应的收益如表 8-2 所示。

---

① Buckner R L. 2003. The hemodynamic inverse problem: Making inferences about neural activity from MRI signals. *Proceedings of Natural Academic Science*. USA 100:2177-2179.

② Smith K, Dickhaut J, McCabe K, Pardo J. 2002. Neuronal substrates for choice under ambiguity, risk, certainty, gains, and losses. *Management Science*, 48:711-718.

表 8-2　各实验组瓮中球色分布及回报分布

实验组	选项一	选项二
RG	30 红($30), 30 蓝($30), 30 黄($0)	30 红($50), 30 蓝($6), 30 黄($4)
RL	30 红(-$30), 30 蓝(-$30), 30 黄($0)	30 红(-$50), 30 蓝(-$6), 30 黄(-$4)
AG	30 红($30),蓝($30); 黄($0). 蓝黄共 60 枚	30 红($50), 30 蓝($6), 30 黄($4)
AL	30 红(-$30),蓝(-$30); 黄($0). 蓝黄共 60 枚	30 红(-$50), 30 蓝(-$6), 30 黄(-$4)

由表 8-2 可知，在风险性决策(RG 和 RL)下，由于瓮中球的颜色分布已知，所以所有的可能结果都有一个确定的出现概率；但是在模糊性决策(AG 和 AL)下，瓮中蓝黄两球的具体比例未知，只知道两色球相加共 60 枚。从 RG 和 RL 的实验中，实验者试图发现被试者在风险损失和收益下的偏好(选项二的风险高于选项一)；从 AG 和 AL 的实验中，实验者则试图发现在损失和收益情景下，被试者对于模糊性的偏好(选项一为模糊性选项)。

2. 数据分析及实验结果

如果被试者在 RG/RL 下选择选项一，则被认为是规避风险的，若选择选项二，则认为其是追求风险的；若被试者在 AG/AL 下选择选项一，则被认为是追求模糊性的，若选择选项二，则认为其是规避模糊性的。之后，被试者用在 RG/RL 下选择选项一的人数分别减去选择选项二的人数，得到"风险规避指数"；并用 AG/AL 下选择选项二的人数分别减去选择选项一的人数，得到"模糊性规避指数"，规避指数值越高，说明规避倾向更强烈，如图 8-7 所示。

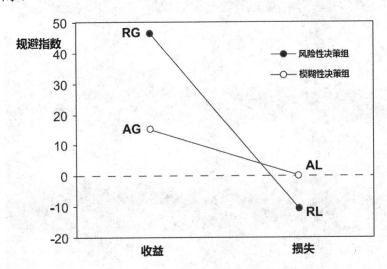

图 8-7　各试验组下的风险/模糊性回避指数

从图 8-7 可见，在风险性决策组中，收益状态下被试者们普遍呈现出规避风险的倾向，但在损失状态下规避指数变为负，表示大多数被试者开始呈现风险追寻的倾向，这种现象与之前所提到的"损失厌恶"(loss aversion)相吻合。在模糊性决策组中，收益状态和损失状态下，大多数决策者都显示出规避模糊性的倾向，与行为金融学中"模糊厌恶"(ambiguity aversion)的提法相吻合。接下来，Smith 等人便通过 PET 来进一步研究这些行为背后的神经学机制。如图 8-8 展现了不同计算形式(收益－损失情况及损失－收益情况)下的脑部体素图,可以粗略地理解为在决策下的脑部兴奋区域。

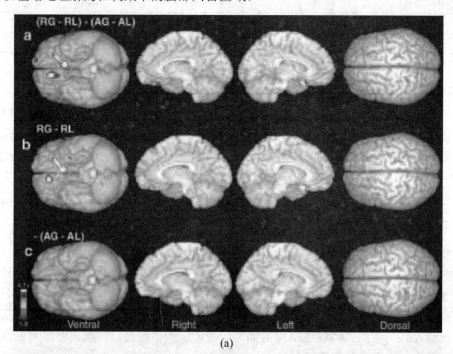

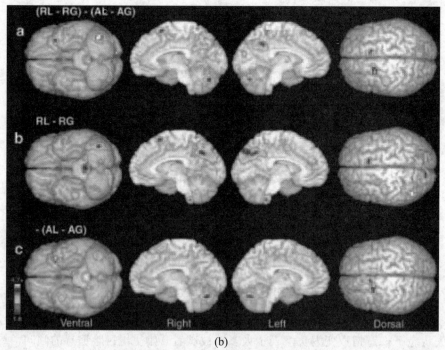

图 8-8 不同数据处理下的脑部体素图

图 8-8(a)的 a 行展现了排除了模糊性因素后的脑腹(ventromedial)结构与收益－损失差异有关的兴奋;而图 8-8(b)a 行展现了排除了模糊性因素后的脑背内侧(dorsomedial)结构与损

失—收益差异有关的兴奋。图 8-8 的 b 行展现了和风险因素有关的兴奋，而图 8-8 的 c 行则展现了和模糊性因素有关的兴奋。通过上下视图和截面视图，便可以清晰定位具体的脑部兴奋位置。

根据之前的数据分析，AG 和 AL 下人们对于模糊性的规避程度相差较小，而 RG 和 RL 下人们对于风险的规避程度相差较大，这点在脑成像结果中得以映射：从图 8-8(a)的 b 行和 c 行来看，大部分的脑腹部兴奋来自于风险性因素，少量来自于模糊性因素。同样地，从图 8-8(b)的 b 行和 c 行来看，大部分的脑背内侧部兴奋同样来自于风险性因素，而较少归于模糊性因素。史密斯等人还发现，去除模糊性因素的收益和损失差异似乎可以激发强烈的眼窝前皮层(orbitofrontal cortex，OFC)及顶间沟(intraparietal sulcus)的强烈兴奋。而去除模糊性因素的损失和收益差异似乎激发了小脑及背内侧皮层(dorsomedial cortex)兴奋。根据各个脑区域所负责的任务，这些脑成像结果说明，损失所引起的皮层兴奋联系的是人脑的"计算"功能，而收益联系的是脑中较为古老的部分，即脑腹系统。而模糊性本身激发了较为微弱的脑腹兴奋及边缘系统(limbic system，被认为控制情绪和长期记忆的大脑结构)。

3. 基于风险性和模糊性决策研究的决策系统理论

史密斯等人于 2002 年基于其研究发现，提出了"双决策系统"的假说。假说认为，人脑中有两个互补的决策系统，一个是脑背内侧结构，用来处理风险情景下对于损失的衡量，另一个则是相对更加原始的脑腹结构，用来处理其他刺激因素。苏、巴特和阿道夫斯(Hsu, Bhatt 和 Adolphs)于 2005 年[①]对于风险和模糊性决策的试验部分肯定了史密斯等人的结果，他们同样发现，收益和损失差异使得眼窝前皮层发生兴奋，不过苏、巴特和阿道夫斯对于这个脑腹结构在决策中的功能作出了更加细致的界定，将其分作两个有交互影响的系统：一个负责警戒(vigilance)和评价不确定性的系统，包括杏仁体(amygdala)和眼窝前皮层；一个负责对于回报进行预期的系统，包括纹状体(striatum)。

二、短视损失厌恶的神经科学研究

1. 短视损失厌恶的基本含义

在经济和金融理论中，个体总是被认为是风险厌恶的。可是普利斯考特和梅拉(Prescott and Mehra)于 1985 年[②]有关"股权溢价之谜"(equity risk premium)的理论研究却发现，如果股权溢价被认为是投资者风险厌恶导致的，那么投资者的风险厌恶系数会达到一个不合理的超高水平，是理论所无法解释的。伯尔纳兹和塞勒(Bernatzi 和 Thaler)于 1995 年[③]对股权溢价之谜作出了一种解释，称为短视损失厌恶(myopic loss aversion)。短视损失厌恶的概念主要借用了 Kahneman 和 Tversky 的前景理论(prospect theory)的两个核心论点：

[①] Hsu Ming, Bhatt, Meghana, Adolphs, Ralph. 2005. Neural systems responding to degrees of uncertainty in human decision-making. *Science*, 310：1680-1683.

[②] Prescott E, Mehra R. 1985. The Equity Premium: A Puzzle. *Journal of Monetary Economics*, 15：145-161.

[③] Benartzi S, Thaler, R. 1995. Myopic Loss Aversion and the Equity Premium Puzzle. *Quarterly Journal of Economics*, CX：73-92.

(1) 投资者在决策过程中对损失的价值评判要高于同等数目的收益。所以人们的决策往往表现出规避损失的倾向。

(2) 投资者对于风险选项的评判是相对于参照点(reference point)进行的，所以决策呈现出"参照点依赖"(reference dependencen)的特征。所有的收益和损失的评判都是相对参照点而言，而不是绝对的。

短视损失厌恶理论据此认为，由于投资者具有损失厌恶的行为特征，他们会倾向于过量投资于风险较小的固定收益证券，于是使得风险较高的股票等证券收益率提高。

2. 神经科学探究：谁才是"理性人"

希弗(Shiv)等人于 2005 年[①]对于短视损失厌恶的神经机制进行了研究。他们的实验对象是 15 名患有部分脑区域瘫痪(brain lesions)的病人，让他们做出投资决策，其中 8 名病人患有眼窝前皮层瘫痪，4 名患有右侧岛叶(right insular cortex)瘫痪，3 名患有杏仁体(amygdala)瘫痪，这些脑部区域被神经科学界普遍认为与人类情绪处理有关。希弗等人的实验假设是，这些患有脑区域瘫痪的病人要相对于对照组被试者(健康的被试者)表现出更少的风险厌恶偏好，由于他们脑部处理恐惧情绪的区域损坏，他们对于损失的恐惧应该小于正常人。

实验结果发现，在期望收益为正的投资情景下，患有脑部瘫痪的病人较对照组显现出更加强烈的赌博欲望，这最后使得这些患者所获得的收益高于普通人。更为有趣的发现是，随着实验的进行，无论是遭遇损失还是获得收益，几乎所有的普通被试者都开始表现出越来越强的风险厌恶，可是患者被试者却没有展现出这种倾向，他们的投资行为并不为投资的历史结果而显著影响。

这一实验的意义十分耐人寻味。首先，由于在实验中患者和普通被试者的风险决策行为显著不同，证明了人们的风险决策背后受到神经机制的影响。其次，几乎所有正常的被试者的投资行为都展现出了"损失厌恶"的特征，违背了标准经济学里期望效用理论(expected utility theory, EU)的结果；但是患有脑部分区域瘫痪的病人却没有展现出这种特征，事实上，他们的行为更加符合 EU 理论。换句话说，从逻辑上来讲，那些患有脑部分区域瘫痪的病人才是所谓的"理性人"。

三、羊群效应的神经科学研究

1. 羊群效应基本含义

羊群效应(herd behavior，又称从众行为)是少数被金融经济学家(financial economists)所关心的行为金融学问题。无论是 17 世纪的郁金香狂热到 20 世纪 90 年代对于网络股票的追捧，历史上几乎所有的金融泡沫以及金融体系崩溃都是由于市场参与者的从众心理所导致。事实上，从众行为是人类学习和发展的有效途径，当我们缺乏经验时，看看有经验的人怎么做是快速学习的有效方法，但是我们也容易盲目地相信别人。如同其他商品一样，金融市场中证券的价格是由其需求和供给所决定的，当许多人盲目追求一种证券，就会推高这

[①] Shiv B, Loewenstein G, Bechara A, Damasio A, Damasio, H. 2005. Investment Behavior and the Dark Side of Emotion. *Psychological Science*, 16: 435-439.

种证券的价格，以至于到达一个不理智的高度(即该价格已经远远超出其未来可能的回报所带来的价值)。

2. 羊群效应背后的神经机制

与经济学、金融学不同，神经金融研究所关心的并不是羊群效应会给社会带来怎样的经济影响或者怎样扭曲了价格，它所关心的是羊群行为背后的神经学原理，即"羊群效应从何而来"。

在当今复杂的社会环境下，人们被许许多多的信息所轰炸，对于投资者决策来说，这些信息有些是有用的，有些则是毫无用处的，如果被一些看似吸引人但是其实没有用处的信息所吸引，就容易产生不理智的从众行为。但是要在这些信息中筛选出有用信息从生物学角度来说是一个成本很高的过程。在认知心理学和神经科学中，这个筛选的过程叫做"认知内省"(cognitive introspection)。神经科学研究发现，这种认知内省的过程很大程度上依赖人类大脑的前额叶皮层(prefrontal cortex，PFC)，该皮层被认为在处理情绪、计划、决策等许多重要人类行为中都起到很大作用。认知内省也要依赖 PFC，当需要处理和筛选的信息过多，就要招致大量生物资源耗用。较为不幸的是，神经科学研究发现，如果我们接收到的信息带有过多的情感因素(尤其是涉及金钱利益)，中脑(midbrain)中的组织会首先处理这些情感信号，甚至会压过前额叶皮层的处理结果，使我们被情绪所掌控。例如，艾瑞艾里和罗文斯坦(Ariely 和 Loewenstein)于 2006 年[①]的实验发现，给异性恋男性被试者呈现带有情色意味的女性图片会显著改变这些被试者的时间偏好(time preference)和风险偏好，被试者变得没有耐性，希望立即获得回报而不愿等待，并且风险喜好加强。

希弗和费多里卿(Shiv 和 Fedorikhin)于 1999 年[②]发现，人们的行为呈现出一种"超社会"(hyper-social)的特征，即人们希望做出决策时有他人在场，并且相对于自己掌握的信息更加偏好于使用他人的信息。萨克于 2007 年[③]则进一步指出，这种依赖他人的社会行为是脑部进化过程的后果之一，整个过程需要触发许多大脑中负责情感处理的区域兴奋。

四、投资者对于市场波动的生理反应研究

当代金融学者已经逐渐意识到，人们的经济和金融决策与情绪波动有着很强的关系，而且这种关系时常出现自我加强(self-reinforcement)的趋势，即市场波动导致情绪波动，情绪波动导致决策失误，进而导致更加强烈的市场波动，并在一定时间内反复循环。许多金融学和投资学的教科书中也已经将"心理因素"纳入影响市场表现的主要原因之一。在神经金融领域，洛和莱彭(Lo 和 Repin)于 2002 年[④]对于 10 名外汇交易员的对于市场波动的生

---

① Ariely D, Loewenstein G. 2006. The Heat of the Moment: The Effect of Sexual Arousal on Decision Making. *Journal of Behavioral Decision Making*, 19：87-98.

② Shiv B, Fedorikhin A. 1999. Heart and Mind in Conflict: The Interplay of Affect and Cognition in Consumer Decision Making. *Journal of Consumer Research*, 26：278-292.

③ Zak P, Stanton A, Ahmadi S. 2007. Oxytocin Increases Generosity in Humans. PLoS ONE, 2：1-5.

④ Lo A W, Repin D V. 2002. The psychology of real-time financial risk processing. *Journal of Cognitive Science*, 14：323-339.

理反应的研究受到学界广泛关注,本部分简要介绍该研究的方法和突出结论。

1. 实验组织和基本假设

洛和莱彭认为,如果行为金融学中"市场波动与市场参与者情绪相关"的理论可以成立,那么就意味着市场波动会导致市场参与者发生显著的生理学变化,而这些生理学变化可以被有关仪器定量记录。如果生理数据和市场数据产生显著关联,那么行为金融学的理论就可以被神经金融所证实。在实验中,被试者是 10 名从业年限各不相同的专业外汇交易员,每个人都管理着价值 100 万美元的外汇投资,实验者同时记录 60 分钟以内外汇市场的波动情况与这些交易员的生理变量波动。

2. 生理变量和情绪度量

为了衡量被试者的情绪反应,实验者一共度量 6 种生理变量:皮肤导电反应(skin conductance,与汗液分泌有关)、容积血流脉搏(blood volume pulse,BVP)、心率(heart rate,HR)、肌电图信号(electromyographical signal,EMG)、呼吸(respiration)和体温(body temperature)。这 6 个变量被归为以下 5 组生理表现:

(1) 皮肤导电反应(skin conductance response,SCR)。根据波塞恩(Bouscein)于 1992 年[①]的实验证据,以杏仁体(amygdala)为主要组成部分的情感唤起系统(affect arousal system)在经历情感刺激,如执行高度新鲜或者刺激的任务时,会产生数秒内的显著 SCR 信号;对于将要发生的重要事件的预期也会产生明显 SCR 信号;此外,从较长的时间层面上看,SCR 水平和个体情绪亢奋状态相关。于是,皮肤导电反应是对个体情绪兴奋程度的一种较为有效的认知层面的度量。

(2) 心血管系统(cardiovascular system)变量。心血管系统包括心脏及所有血管,而心血管系统变量则包括容积血流脉搏(BVP)和心率(HR)。容积血流脉搏可以理解为某一根血管某截面处血流通过率,它与个体血压以及血管径有关。根据帕皮罗和夏佩罗(Papillo 和 Shapiro)于 1990 年[②]的研究,血管的扩张和收缩与个体信息处理及决策过程密切相关。心率则指心肌的收缩频率。和 SCR 信号不同的是,BVP 和 HR 记录更多的躯体上的反应,它们可以作为对 SCR 信号的信息补充:如果 SCR 增强伴随着 BVP 和 HR 增强,那么这种生理反应可以被认为是由于个体外部任务(在本例中即为外汇投资)刺激所导致;而当 SCR 变化与 BVP 和 HR 记录变化不显著相关,可以认为这是和外部任务无关的正常生理过程。

(3) 肌电图信号数据。肌电图信号是由于肌肉收缩而导致的电信号。肌肉电势随着肌肉运动,在这个过程中,部分的电兴奋会逃逸到皮肤表层,这些电兴奋信号就会被贴在被试者皮肤表层的电极收集起来。实验证据表示,一些肌肉组的运动和个体情绪状态有着显著的关联。卡其奥普、塔西纳里和贝恩特(Cacioppo、Tassinary 和 Bernt)于 2000 年[③]发现,前

---

① Boucsein W. 1992. Electrodermal activity. New York: Plenum.

② Papillo J F, Shapiro D. 1990. The cardiovascular system. In J. T. Cacioppo & L. G. Tassinary(Eds.), *Principles of psychophysiology: Physical, social, and inferential elements*(pp. 456-512). Cambridge, UK: Cambridge University Press.

③ Cacioppo J T, Tassinary L G, Bernt G. (Eds.)2000. *Handbook of psychophysiology*. Cambridge, UK: Cambridge University Press.

额附近的 EMG 兴奋和个体焦虑、紧张等情绪存在紧密联系，而伴随着面部 EMG 兴奋减弱的眉梢 EMG 兴奋增强往往代表个体正在经历令其不快的外界刺激。

(4) 呼吸。呼吸和心率有很强的相关关系，不过在测量心率的同时测量呼吸有助于排除咳嗽、喷嚏等因素引起的和目标事件无关的心率变化。

(5) 体温。有研究表明，个体体温是衡量其情绪和情感状况的有效指标之一。例如，里姆-考夫曼和凯根(Rimm-Kaufman 和 Kagan)于 1996 年[①]的研究发现，双手皮肤温度会因为个体经历正面情绪而升高，因为个体经历负面情绪而降低。

如图 8-9 所示，度量六个变量的感应装置被附着在外汇交易员被试者的身体上，所有数据将会被悬挂在腰部的控制设备接受，并被实时传送至计算机。与此同时，这些交易员开始进行真实的外汇交易。

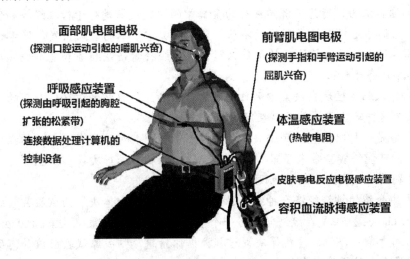

图 8-9　外汇交易员被试者及试验设备佩戴

3. 交易员对于市场波动的生理反应

实验最终发现，在市场价格波动、趋势延续以及趋势反转这三种市场事件发生期间，所有被试者的皮肤导电反应、心血管系统变量值和肌电图信号都显著增大，表示这些比较常见的市场时间普遍都会使得被试者产生情绪波动，其中市场波动造成生理反应尤为明显。

不过更为有趣的发现是，这种生理反应的强烈程度和被试者的从业年限呈负相关关系，即"老手交易员"对于同样程度的市场波动所产生的情绪反应比"新手交易员"产生的反应要来得显著轻微，虽然他们依旧无法消除对于波动的情绪反应。对这则实验结果有两种逻辑上的解读：一是老手交易员在其长久的工作时间内逐渐学会了抑制自己对于价格波动产生的情绪；二是容易对于价格波动产生剧烈反应的交易员会在工作若干时间后主动或被迫离开交易岗位从事别的职业。为了知道这两种假设哪种更为可靠，实验者必须再记录这些交易员各自的交易业绩，不过可惜的是由于商业界的一些信息保密规则，实验者并没有能够得到相关数据。

---

① Rimm-Kaufman S E, Kagan J 1996. The psychological significance of changes in skin temperature. *Motivation and Emotion*, 20：63-78.

洛和莱彭的实验结果至少有两层含义。首先，实验部分验证了行为金融学对于市场参与者情绪影响市场表现的假想，发现市场表现可以切实影响参与者情绪，不过要验证这种情绪变化是不是会进而影响投资表现还需要进一步考证。其次，实验证明了在现实中进行神经金融试验的可行性。在当今学界，由于实验成本以及各方利益问题，许多决策试验还停留在实验室内，但是由于经济和金融决策往往是十分复杂的过程，所以在现实情景下进行试验是一种更为可靠的做法，以上实验中虽然没有涉及直接脑区域兴奋探测，却也为相关研究开辟了实验理念。

复习思考题

1. 人们通常认为，行为经济学和行为金融学的研究成果是对于标准经济和金融理论的挑战，因为它们总是指出标准理论的不足。试从经济学基本的含义出发，思考行为经济学和行为金融学指出错误的最终目的是什么？当代神经科学研究经济和金融决策背后的神经机制，最后要服务于什么？

2. 在研究人脑某区域在决策中的作用时，试验者为何要招募该区域瘫痪的病人作为被试者？你认为这种实验逻辑是否存在问题？

3. 脑成像是一种比较直观的脑兴奋侦测技术，但是其对被试者头部的扫描方式存在许多硬性要求，可能给实验带来了限制。例如，你认为躺着进行决策和正坐进行决策其结果会有明显区别吗？试提出你的其他设想。

4. 本书中介绍的神经经济和神经金融试验都是以单个个体决策为试验背景的，即独立决策(solitary choice)。但是在经济学中另一个重要的研究问题是策略决策(strategic choice)，即多个个体间竞争、合作、复仇等决策过程。据你猜想，脑成像试验应该如何反映多个个体博弈期间多个大脑间的兴奋状态？[①]

[①] 有兴趣的读者可以参考 Montague, P. R., Berns, G. S., Cohen, J. D., McClure, S. M., Pagnoni, G., Dhamala, M., Wiest, M. C., Karpov, I., King, R. D., Apple, N. & Fisher, R. E. 2002. Hyperscanning: Simultaneous FMRI during linked social interactions. *Neuro Image*, 16, 1159-1164.

第九章　行为金融学的新视角

【本章精粹】

- 基金的分类。
- 封闭式基金与开放式基金的定义及其各自的特点。
- B/S 模型的基本原理，并分析影响期权定价的因素。
- 外汇市场上的非理性行为表现。

行为金融学（第 2 版）

【章前导读】

出乎大多数人的意料，2002 年诺贝尔经济学奖授予了美国普林斯顿大学的丹尼尔·卡尼曼，以表彰他"把心理学成果与经济学的研究有效结合，从而解释了人类在不确定条件下如何作出判断"。这可视为行为金融学发展的一个里程碑，预示着新金融时代的到来。

行为金融学以心理学对人类的研究成果为依据，以人们的实际决策心理为出发点，讨论投资者的投资决策对市场价格的影响。该理论对原有的理性框架进行了深刻的反思，从人性的角度来解释市场行为，突破了传统金融理论只关注最优决策模型的研究盲区，充分考虑了市场参与者心理因素的作用，较为系统地对传统金融理论提出挑战，并能有效地解释金融市场的诸多异象，致使其研究结果更接近于客观现实，从而为人们理解金融市场的运行机制提供了一个全新的视角。

本章着眼于将行为金融学的分析视角延伸至更为广阔的研究领域，以开放式的论述结构为广大读者呈现诸多前沿热点，从而进一步拓展行为金融的思维空间。

【核心概念】

封闭式基金　开放式基金　B/S 模型　外汇市场

第一节　基于行为金融视角的开放式基金

一、开放式基金的概念

作为证券投资方式的一种，证券投资基金一般是在股票和债券经济发展到一定阶段后形成和发展的。它是一种集合投资方式，是通过发行投资基金证券将投资者分散的资金集中起来，交由专家管理，从事于股票、债券等金融工具投资，投资者按投资比例享有收益并承担风险的一种投资制度，以资产的保值增值为最终目的。

由于证券投资基金具有集合投资、专家管理、风险分散、利益共享等特点，因此自 1924 年成立首个投资基金——"马萨诸塞投资信托基金"以来，投资基金发展迅猛，成为金融领域中重要的机构投资力量。

根据一定的标准对投资基金可以进行不同的分类。

(1) 按照组织形态的不同，可以把投资基金分为契约型基金和公司型基金。

契约型基金是最古老、最传统的一种基金，又叫单位信托(unit trust)基金。它是委托人同受托人通过签订信托契约的形式发行收益凭证来筹集资金的一种代理投资行为。由委托人、受托人、收益人三方签订信托投资契约。

公司型基金又被称为互助基金(mutual fund)，是指依据公司法组建的以赢利为目的，通过发行股票的方式来筹集资金而成立的股份有限公司。投资者购买了该公司的股票后成为公司的股东，凭股票得到股息和红利，分享公司的投资收益。公司型投资基金的形态是股份公司，但又不同于一般股份公司，是专门从事证券投资的信托投资公司。

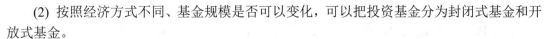

(2) 按照经济方式不同、基金规模是否可以变化，可以把投资基金分为封闭式基金和开放式基金。

封闭式基金(closed-end fund)是指在设立基金时，事先确定基金发行规模、规定基金的运作期限，由金融中介机构组成的承销团以包销或代销的方式代为发行。发行成功后，基金便采取封闭方式管理运作，未经过主管部门的批准，基金总额不再增加，有效期也不得延长。封闭式基金的所有者或者说其合法认购者是不能退基金的，如不愿再继续持有，可以到二级市场上将基金卖掉。未上市的基金，可以在市场找证券经纪人将基金转让出去。

开放式基金(opened-end fund)是指基金管理公司在设立基金时，发行的基金总额并不设上限。开放式基金允许股份持有者与基金管理公司进行交换，从而可以以基金的净资产退出基金，即开放式基金赎回。基金管理公司随时要准备按招股说明书中的规定，以净资产值向投资者出售或者赎回基金券。同时，投资者完全有权利随时自行决定是否购买或卖出基金。

为了确保能随时满足投资者撤资的要求，开放式基金要持有一定比例的流动资产，也即不能将开放式基金全部进行投资，不能将较大的部分都转到长期项目中去，以避免可能发生的赎回风险。

与封闭式基金相比较而言，开放式基金有以下几点好处。首先，开放式基金要比封闭式基金的财务透明度更高。其次，可以按基金的净资产价值来购买或卖出基金，使开放式基金具有更高的安全性和更低的风险水平。再次，基金管理在基金赎回与销售中，可以赚取一定的差价。最后，对于投资者而言，基金买卖的手续费通常要比通过二级市场上付给经纪人的手续费低一些。

二、开放式基金管理

下面我们将通过典型案例来看行为金融理论在开放式基金管理中的体现，并结合我国开放式基金赎回的实证研究，看看行为金融对于开放式基金赎回异象的解释。

说到开放式基金管理者，人们自然会想到颇具传奇色彩的彼得·林奇(Peter Lynch)。以下我们就从林奇管理富达麦哲伦(Fidelity's Magellan)基金的过程中，体会将错误框架方式和直觉驱动偏差结合起来使投资者对技术操作和运气在基金表现中的相对影响产生迷惑的方法。

1. 案例评析：林奇的传奇

从1977年到1990年的13年时间里，在林奇管理下，富达麦哲伦基金的表现惊人。1977年投资于富达麦哲伦基金的1000美元，到了1990年增长到了28 000美元，年回报率高达29.9%。在13年的时间里，除了两年以外，它的收益率都超过了标准普尔500指数的收益率，表现不仅惊人而且持续一致。富达麦哲伦基金最强的竞争对手在这一时期内的年盈利率也只有23.2%。

先不假定林奇相信市场是有效的。他在接管富达麦哲伦基金时，定下了每年要超过其他不收费基金3%~5%的目标。结果他不仅达到了目标，还取得了在市场竞争中的胜利。

林奇曾说："投资从来就不复杂。如果它变得太复杂了，就转向投资另外一种股票。

我把某公司的资产负债表拿给我 14 岁的女儿看,如果她弄不明白的话我就不会买这种股票。"在林奇于1989年出版的一本名为《只身独闯华尔街》的书中,他描述了促使他选择股票的过程。他常常喜欢投资于那些生活中最为熟悉的公司的股票。此外,他还做了许多额外的调查,并把所得的信息予以组织分类,在这些信息中,关注的主要是一些关键性的变量,比如说净值、股票价格、销售量以及利润图。

如果真如林奇说得这般简单,那么互助基金管理者就能轻松取得胜利,然而事实上并不如此。Vanguard 公司提供了一个以标准普尔 500 的股票为组合的指数基金,其走势紧跟着标准普尔 500。据 Vanguard 指出,这一指数基金在1977年到1997年的20年时间内的表现,比83%以上的互助基金都要好。事实上,在 1997 年,这一指数基金击败了将近 90%的各种美国股票互助基金。同年,标准普尔 500 的回报率是 32.61%,而互助基金当年的回报率仅为 24.36%。

因此,投资绝非林奇说得那般简单。市场瞬息万变,今天我们所熟悉的公司也许到明天就不再熟悉。因为市场中的信息浩瀚如海,而真正起决定作用的我们往往难以抓住;公众的心理我们难以把握,公司的股价与其实际价值可能严重偏离,这些都告诫我们投资并非易事。事实上,林奇说过如果业余投资者坚持投资他们熟悉的公司,利用一些常识及少许基础性研究,是能够战胜专业投资者的。林奇告诫业余投资者远离他们不熟悉的公司,不要去依靠分析报告,他认为投资者应该相信因熟悉所产生的偏好。

2. 机会规则

机会规则在开放式基金中的表现显得非常重要,下面我们就来看看谢夫林针对机会规则所进行的三项实验。

一枚硬币,一面是人像,一面是背面,将它向上抛十次,如果每抛一次都是人像朝上,那么你会对第十次也是人像朝上的结果做何反应?会觉得不可思议吗?实际上,在机会均等的情况下,连续抛出十次人像朝上的概率大概是千分之一,但这种结果是否真的让人感觉不可思议要取决于这一实验所发生的环境。如果抛硬币人面对的仅仅是一个观众,那么这位观众有权利怀疑这并不仅仅是运气所致。而这种形势对于互助基金管理者来说也许极为相似,这也就是说,基金管理者需要既有运气也有技术。

第二项实验是这样的。有三种硬币,分别为金币、银币和铜币,每一种硬币都是一面为人像,一面为背面。1998 年《华尔街日报》互助基金行情的板块中有名的互助基金有 5000 只。假设三分之一的基金管理者接受金币,三分之一的接受银币,另外三分之一则接受铜币,那么现在让基金管理者们开始抛手中的硬币。每抛一次若得到人像面朝上的结果,就奖励其 1 美元。

通过一个系统来全程记录并公布每一位基金管理者所获得的美元数量,但是却并不记录他们使用的是什么类型的硬币。另外,管理者们抛硬币能力的简要统计数据也会被公布。在此设定一个基准数额:如果每个硬币都是均质的,那么处于平均水平的管理者应该是抛出 5 个人像面和 5 个背面,盈利 5 美元。报告指出在 5000 名参与抛硬币的基金管理者中,有 1905 人超过了基准数额,占总人数的 38.1%。其中有 6 名管理者得到连续十次都是人像面的成绩。

现在根据这 5000 份实验表现记录和抛币能力简要数据,从中选出赢家进行下一轮的 10 次抛硬币比赛。至此,我们已经知道了经理人过去的表现,并且知道他们抛的是三种不同的硬币。暂时先假定三种硬币都是均质的。这样一来我们可以预期出，有 1885 个经理人获得的收益超过基准数额，而 1885 是少于 1905 的，也就是说，有 37.7%的人可以超过基准数额。接下来，我们又可以用过去的记录来选择哪位经理人最有希望胜出。而如果基金管理者们使用的都是均质的硬币，那么过去的业绩记录就变得没有意义了。因为上一次的业绩只是一种概率的结果，和他是否能在后一次得到相同结果是没有必然联系的。而在现实中，一个基金管理者过去的表现是非常重要的。可想而知，在林奇长达 13 年的任期里，富达麦哲伦基金成为世界上最大的互助基金，资产总额从 2000 万美元增至 140 亿美元，这些也不惊奇。

　　实验开始时，我们假设存在三种不同质的硬币，进一步假设其中只有银币是均质的，而金硬币的人像面较其背面重，铜币的背面则比其人像面重。在将不同类型硬币分别抛 100 次的情况下，金币人像面与背面朝上的比率为 55∶45，铜币的这一比率为 45∶55，均质的银币的这一比率为 50∶50。

　　现在观察一下系统记录的数据，找出一个连续 7 次抛出人像面朝上的基金管理者，此经理人获得了超出基准数额 2 个单位的收益。如果已知这位基金管理者抛的是金币，那么在下一轮抛硬币中支持他是很有意义的。事实上，选择那些抛金币的经理人是你的最优选择。

　　然而问题在于，人们并不知道到底是谁拿到了金币，这样一来，也就只能依靠过去的业绩报告了。由于有 1/3 的基金管理者拿到的是金币，那么能猜中的概率范围为 33.3%～100%。但是那些抛铜币的经理人也有可能连续抛出 7 次人像面朝上。通过计算，得出这一概率为 46.5%，介于 33.3%和 100%之间。刚才那位抛出 7 次人像面朝上的经理人，在下一轮的比赛中仍能获得超额收益的概率为 41%，比 38%高一点，但高得并不多。基金管理者们在第二轮中能够表现得像第一轮中一样好的概率仅为 20%。

　　以过去的业绩纪录为根据来选择未来可以获胜的基金管理者的做法显然是很危险的，这是因为存在着"机会规则"。抛三种不同类型硬币的经理人混在一起，同时那些抛银币和铜币的经理人也有可能超过基准数额。所以，从三种硬币中挑出金币是一门艺术，而不是科学。这就是问题的实质所在。

　　许多投资者在选择基金管理者时，并不认为这是一门艺术。首先，他们并没有把对问题的估计放到正确的框架中去考虑。在上述进行的两个实验中，第一个实验中估计了连续抛出 10 次人像面朝上的机会到底有多少，而在第二个实验中，5000 个基金管理者中至少其中一个人(但并非特定的一人)连续抛出 10 次人像面朝上的机会会是多少。第一个实验中看似很不可思议的现象却在第二个实验中显得极为可能。投资者需要利用第二个实验来框定评估的问题，但是他们却利用直观推断偏差对有着业绩记录的基金管理者分别进行考虑，这样一来，投资者将经理人的业绩表现更多地归功于技术，而没有充分考虑运气的存在。

　　再来看第三个实验。假设一个基金管理者在过去 2/3 的时间里获得了超额收益，那么找出他所管理的基金在近期的三个可能的短期业绩记录。用 B 代表获得超额收益(包括超额收益为 0)，M 代表没有获得超额收益。这三个可能的短期记录如下：①BMBBB；②MBMBBB；③MBBBBB。

　　约有 65%的人认为第二个记录是最有可能的，而实际上最有可能的是第一条记录。大多数人选择第二条记录为正确答案是依据代表性估计得来的。可以看出，在第二条记录中，有 2/3 的情况下出现了符号 B，这与这位基金管理者在过去获得超额收益的比率是一致的。第二条记录在很大程度上代表了经理人的长期业绩表现。但是代表性和概率并非同一概念,用代表性去对概率进行估计是错误的。在第一条记录中,经理人有 80%的可能获得了不小于零的超额收益。代表性导致了投资者错误地判断了偏离平均业绩表现的事情发生的概率,于是得出选择第二条的结果,并且他们将第一条记录归因于技术操作而非运气。由此可见,代表性和错误框定一起导致了投资者将基金的业绩表现过多地归因于技术操作而不是运气。

前面所述的三个实验,旨在说明基金管理者拥有良好业绩会有一部分原因是来自于好运气,但是,林奇的传奇仅仅只是他的好运气吗?答案是否定的。如果一味地只注重于运气,而忽视技术的作用也是错误的。面对林奇管理富达麦哲伦基金 13 年的纪录,或许我们可以认为他拿到手的是金硬币,但是自从 1990 年林奇从富达麦哲伦基金退休后,从 1993 年到 1998 年,另外三位基金管理者操作这个基金的业绩,却没有一次超过了标准普尔 500 的组合收益。

3. 迷惑游戏

开放式基金管理者利用框架依赖来迷惑投资者。1986 年,心理学家特维茨基和卡尼曼将决策框架分为透明和不透明两个类别。[①]迷惑游戏的目的就是要让投资者的决策框架变得不透明。

迷惑游戏能发挥作用,一是因为开放式基金的投资者容易受到标准认知的限制。投资公司协会(ICI)的一项研究显示:大部分投资者依靠的是顾问的建议,而不是自己的判断来选择基金;有将近 60%的投资者仅仅是通过经纪人、保险代理商、理财策划师或是银行代表来购买基金,22%的投资者是自己通过直接市场的渠道,直接从基金公司或是贴现经纪公司购买基金。二是因为开放式基金的投资者们具有选择性的记忆,1994 年戈兹曼(Goetzmann)和佩莱斯(Peles)研究发现投资者对于开放式基金过去的优秀表现存在偏见的记忆,而且他们相信基金比实际中的表现要好得多。[②]戈兹曼和佩莱斯将这一倾向归因为认知不调和的心理现象,投资者宁愿重组过去的选择,也不会对过去他们的选择的不佳表现感到不满。下面来看看开放式基金在管理中经常采用的一些迷惑投资者的做法。

(1) 孵卵器基金游戏规则。基金公司保留着一组孵化基金,这些基金游离在投资的外围,只有那些成功的基金才能进入市场。这种方式利用错误框架现象,投资者倾向于通过关注各自独立的基金而不是整个的基金孵卵器来设立他们的估值评价体系。当有许多基金在孵化中时,它们当中的一些在偶然的情况下表现优秀的概率是很高的。而投资者倾向于把优秀的表现归因于技术层面而不是运气,这样一来,投资者们也就不会认识到这些基金在将来可能会表现平平。

(2) 隐藏失败者游戏规则。假设有一家公司管理着许多基金,其中一些表现得非常差,那么公司就有可能将表现差的基金合并到其他的基金中去,从而将失败者隐藏起来。

(3) 不透明费用游戏规则。Gaspariono 在《华尔街日报》发表的文章里描述了证券交易委员会主席 Levitt 在投资公司协会(ICI)举办的一次会议中的讲话:尽管费用在互助基金计划书里有所讨论,但它们对于投资者来说仍是不明确的。原因之一在于费用是用百分比的形

[①] Tversky, Amos, Daniel Kahneman. 1986. Rational Choice and the Framing of Decisions. Journal of Business 59. No.4, part2:251-278.

[②] Goetzmann, William N., Nadav Peles. 1994. Cognitive Dissonance and Mutual Fund Investors. *Working Paper*.

式而非美元的形式。与以百分比形式表示的基金平均业绩相比，费用看起来很少，但是若用美元表示，费用就应与常规支出项目作比较，这样一来就显得很高了。投资者很少注意以百分比表现的费用所带来的长期影响。

(4) 掩饰规则。基金管理者在管理基金时，所选取的投资组合中包含了能够影响风险的衍生工具，而投资者却无法理解。另外，当基金管理者在发现他们所经营的基金没有达到基准收益时，会增加组合风险，他们希望能够至少实现收支平衡。

(5) 集中风险规则。这一点要涉及新基金的管理者。新基金倾向于有更大风险的投资组合，如果基金表现不错并因此得到关注和确认后，又会倾向于降低它们的风险。以由 Firsthand Funds 经营的 Technology Value Fund 为例，这个基金集中于技术股票，它是唯一以硅谷为基础的基金，它所投资的大多数公司也位于硅谷。Firsthand Funds 开始于 1994 年，起步时只有少量资金，但在 1995 和 1996 年都获得了 61%的不俗的回报率。Technology Value Fund 在头三年中的累积回报率达 216%，是所有基金中最高的，被《投资者事业日报》评为 A+级。1994 年 11 月，该基金面向公众发行，一年后，有 90 万美元在其管理之下，1996 年这个数额则达到了 900 万美元，到 1997 年该基金的资产总额为 1.95 亿美元。从这里又可以看出投资者偏好基于过去业绩来进行投资。实际上，该基金所持有的股票资产都集中在小部分的高科技股上，这使得它的风险比其他基金的风险要高。之后不久，亚洲金融危机冲击股票市场，严重打击了 Technology Value Fund 所持有的股票组合，使得该基金的表现较同等级的基金要差，下降了 18.72%。这一基金的管理者们看重的不是股票的风险，他们关注的更多的是怎样把科技与竞争优势联合起来以便对将来的增长产生影响。

三、开放式基金赎回异象

相对封闭式基金而言，开放式基金的退出方式较为灵活，投资者可以随时按照开放式基金的单位净资产值，从基金管理者或代管人那里进行赎回，这样一来避免了二级市场供求状况对基金价格的影响，从而使得开放式基金不存在所谓的折价交易。

从理论上说，开放式基金相对于封闭式基金的一个重要的优越机制，就是通过申购赎回产生的"优胜劣汰"机制，从本质上促进了基金业整体的健康发展，从而也从根本上对整个证券市场起了重要的稳定作用，然而现实中，投资者的申购赎回行为却并没有表现为"优胜劣汰"机制。在整体基金净值上升的时候，发生大面积赎回；投资者为了不失去获利的机会而争相赎回，由于其规模巨大，这样就必然加剧证券市场的波动性和风险性，在具体各基金上，绩效更好的基金面临的赎回压力更大。投资者的交易行为反而促进了"劣胜优汰"，很可能会给基金经理的进取精神以及开放式基金的竞争机制的发挥带来负面影响。这样就会从根本上影响开放式基金的健康发展，背离了开放式基金设立的本质，基金经理为避免赎回而普遍缺乏动力提高基金收益率，从而采取雷同的投资风格，保持相近收益率水平，甚至甘愿中庸。这不禁让人想到，难道是"劣币驱逐良币"的古老而著名的"格雷欣法则"在新兴的开放式基金中重现了？如何看待这种现实与理论的相悖呢？

1. 我国开放式基金赎回的实证研究

2000 年 10 月 8 日，我国发布了《开放式证券投资基金试点办法》，自此我国开放式基金进入了迅猛发展的时期，我国的资本市场迎来了新鲜的力量，我国投资者开始拥有一种更加先进和适应性更强的投资工具，极大地促进了我国资本市场的发展。

我国首只开放式基金是于 2001 年 9 月 21 日成立的华安创新证券投资基金，其操作原则是主要投资于创新类上市公司，以实现基金的投资收益，通过建立科学合理的投资组合，为投资者降低和分散投资风险，提高基金资产的安全性。

2006 年，田穗在其发表的文章中选取了 2001 年至 2005 年 7 月 15 日上市的 141 家开放式基金，对我国开放式基金赎回现状进行了实证分析。[①] 其中有 47 只股票型基金、13 只债券型基金、57 只混合型和 24 只货币型基金。通过对 2001 年至 2005 年 9 月 30 日期间的数据的统计和归纳，可以发现在我国开放式基金赎回市场中存在如下现状。

(1) 各类基金发展不均衡，货币型基金"一枝独秀"。样本基金被分成股票型、债券型、混合型以及货币型四类，分别统计其规模变化，结果显示，发展最迅速的是货币型基金，短短两年的时间就发行了 24 只，截至 2005 年第三季度，货币型基金总规模达到 2015.06 亿份，而按其成立时的规模统计才为 802.73 亿份，增幅高达 151.03%。而其他基金都表现净赎回状态：其中债券型基金的减幅最大，高达 86.53%；其次是混合型基金，减幅达 41.09%；股票型基金的减幅也达 33.54%。由此可见，我国基金市场呈现了不平衡的发展形势。从长远来看，这种局面不利于基金的发展。基金管理公司最核心的竞争力应该是股票投资管理能力，基金业在社会化分工和金融体系大格局中的分工，也应是以专业的股票投资管理技术见长。

(2) 开放式基金规模与动作时间成反比。将总样本中的 117 只非货币基金挑选出来，将其按成立时间分别统计其各会计年度的规模变化，数据显示，样本基金的平均份额随着基金动作时间的加长呈现不断下降的趋势。从样本基金各自的份额变化中可以看出，各只基金普遍在运作 12~18 个月时遇到一次圈套规模的赎回。这是由于在开放式基金发行过程中存在某些不规范行为，即"捧场基金"较多，由于该类认购本身具有非自愿性，因此一旦过了"封闭期"，在逻辑上赎回是必然的。同时，由于我国开放式基金诞生时间还不长，新基金正处于加速发行的阶段，也必然会对老基金形成分流资金的影响，造成基金份额的不断降低。

(3) 基金规模与业绩之间存在负相关。自 2003 年以来，在我国基金赎回市场上就一直表现出基金规模与业绩之间存在负相关性，即"赎回悖论"。2004 年 9 月 30 日至 2005 年 9 月 30 日这一年内，我国开放式基金业绩最好的十只基金，其涨跌幅如表 9-1 所示。

表 9-1 我国开放式基金的涨跌幅

单位：%

富国天益价值	广发稳健增长	银河收益	易方达策略成长	华安宝利配置	嘉实理财债券	嘉实理财增长	湘财合丰成长	上投摩根中国优势	诺安平衡
-66.85	-24.83	-60.59	-15.74	-28.07	45.84	39.25	-1.10	-27.44	-11.86

统计表明，基金业绩越好，被赎回的可能性越大，10 只基金中的 8 只基金是净赎回，业绩最好的富国天益价值，其规模缩水也最大(-66.85%)。

[①] 田穗. 中国开放式基金赎回现象的实证分析及成因探讨[J]. 金融与经济，2006(7)：72-73.

2. 行为金融对赎回异象的解释

2006 年，田穗对于我国开放式基金赎回现象成因的行为金融学分析主要集中在"羊群效应"、"处置效应"以及机构投资者套利行为所引发的赎回压力。

2005 年，周爱民研究认为，根据行为金融的理论，开放式基金赎回异象的原因与封闭式基金的折价类似，都是由投资者情绪这一因素所决定的，关于对投资者情绪产生影响的诸多因素，周爱民将其总结为以下两点。①

(1) 我国资本市场所存在的固有制度性缺陷，使得广大的投资者被不合理地安排在资本市场的底层，其投资利益无法得到保证，在资本市场每一次短暂的牛市后漫长的熊市，就是机构投资者掠夺中小投资者的最好时期。这一情况的不断反复，使得投资者对我国资本市场极度缺乏信心，从而严重影响了我国开放式基金的申购行为。

(2) 我国开放式基金的投资结构雷同与投资的集中度高。根据 2004 年基金二季度投资组合，基金的投资集中度达到了前所未有的高度，各个基金的投资基本上集中于各只质优蓝筹股行列。据有关统计数据显示，近 300 亿元的资金集中在仅仅 20 只左右的股票上，占基金持股总市值的 49.02%。投资结构的同构化使基金隐含着巨大的风险，因为我们知道，持股集中度越高，顺利出货、成功套现的可能性则越低。在这种巨大的风险下，投资者逐渐趋向于选择赎回退出。

周爱民还认为，对于我国开放式基金所面临的赎回异象，最主要的解决办法是必须首先在本质上解决好我国资本市场的制度安排，保护好广大投资者的利益，提高投资者对我国资本市场的信心，从而从根本上为我国开放式基金的未来发展打好基础。

第二节 基于行为金融视角的期权与商品期货

一、期权：使用、定价与反映情绪

(一) 期权的基本内涵

1. 期权的概念

期权又叫作选择权。它是一种权利合约，给予其持有者在约定的时间内，或在此时间之前的任何交易时刻，按约定价格买进或卖出一定数量某种资产的权利。交易是买卖权利的交易。期权的买方行使权利时，卖方必须按期权合约规定的内容履行义务。相反，买方可以放弃行使权利，此时买方只是损失权利金，卖方则赚取权利金。总之，期权的买方拥有执行期权的权利、无执行的义务；而期权的卖方只有履行期权的义务。

期权合约主要有如下几个构成因素：执行价格(又称履约价格)，即期权的买方行使权利时事先规定的标的物买卖价格；权利金，期权的买方支付的期权价格，即买方为获得期权而付给期权卖方的费用；履约保证金，期权卖方必须存入交易所用于履约的财力担保。

---

① 周爱民，张荣亮. 行为金融学[M]. 北京：经济管理出版社，2005.

按照不同的分类标准，期权有着不同的分类。

按执行时间的不同，期权可以分为欧式期权(European-style-option)和美式期权(American-style-option)。欧式期权是指其持有者只能在到期日才能被允许执行；美式期权是指持有者在到期日之前任何时间均可执行。

按涨跌方向的不同，期权又可以分为看涨期权(call option)和看跌期权(put option)。看涨期权是指在期权合约有效期内按执行价格买进一定数量标的物的权利；看跌期权是指卖出标的物的权利。当期权买方预期标的物价格会超出执行价格时，他就会买进看涨期权，相反就会买进看跌期权。

正是由于其所具备的优点，期权才发展成为当代企业有效规避风险、增加收益和降低兼并重组成本的重要手段。例如，企业可以把经营中闲置的资金投入期权市场，或同时投资于股票和期权，在投资时即可预知风险，最大损失也就是损失金的交付，从而成倍获取回报。如果行情不好，还可以反向操作以补偿损失，工具效果较为理想。再比如，当兼并公司购买了目标公司足够的股票买权且拥有的股票数额已达到必须向证券交易委员会声明时，就会执行这些期权，从而取得目标公司的股票。这一策略降低了兼并公司的接管成本。此外，在一些西方国家，由于收益税和资本利得税的负担沉重，一些投资者倾向于连续不断地持有期权，直到其短期收益转化为长期的资本利得为止，这样就能起到避税的作用。实际上，不管是有形资产还是无形资产，都能成为期权的标的物，甚至期权本身也可以成为标的物，从而形成复工期权。期权的不断创新使交易更加灵活、功能更全面，从而能满足企业投资者多种多样的避险和投资需求。

2．期权定价理论

早在 20 世纪初，就出现了现代期权定价理论的早期思想，法国数学家波切利(L. Bachelier)在题为《投机理论》的文章中提出了一个方程式，试图估计出衍生品的预期价值，但这一思想在很长一段时间里都未受到重视。一直到 60 年代，才有斯普瑞恩科勒(Sprenkle)、尼斯(Boness)、卡索夫(Kassouf)、萨缪尔森等人在波切利模型的基础上提出了一些新的衍生品定价模型。但这些定价模型仍然不能令人满意。直到 1973 年，布莱克(Black)和斯科尔斯(Scholes)根据股价波动符合几何运动的假定，发表了具有划时代意义的 Black-Schole 定价模型(B/S 模型)，推导出了新的期权定价公式。[①]

B/S 模型具备一系列的基本假定：①市场不存在交易成本和税收，所有证券均完全可分割；②期权是欧式期权，在期权有效期内不存在现金股利的支付；③市场不存在无风险套利机会；④允许证券卖空，且没有罚金，卖空所得收入可以支用；⑤市场提供了连续交易的机会；⑥无风险利率 r 是一已知常数，投资者可以按这一无风险利率借入资本；⑦标的证券价格的运动符合几何布朗运动，在连续期内是随机的，标的证券未来收益呈标准正态分布。

基于以上假设条件，B/S 期权定价公式为

[①] Black, Fischer, Myron Scholes. 1973. The Pricing of Options and Corporate Liabilities. Journal of Political Economy, 81(May-June): 637-659.

其中，
$$C = SN(d_1) - Xe^{-rt}N(d_2)$$
$$d_1 = \frac{\ln(S/X) + (r + 0.5\sigma_S^2)t}{\sigma_S\sqrt{t}}$$
$$d_2 = d_1 - \sigma_S\sqrt{t}$$

式中：$N(d_1)$ 和 $N(d_2)$ 分别表示标准正态分布变量的累积概率；C 是指该期权的价值；S 表示股票价格；X 表示期权执行价格；r 是无风险利率；t 是从现在开始到该期权到期的时间；σ 是股票收益率的平方差。

来看一个简单的例子。假设某股票的现行价格为 50 美元，期权的执行价格为 45 美元，年无风险利率为 6%，期权到期为 3 个月，股票收益率的方差估计为 20%，设该股票不支付股息，那么利用上面的 B/S 公式，可以有

$$d_1 = \frac{\ln(50/45) + (0.06 + 0.5 \times 0.2) \times 0.25}{\sqrt{0.2} \times \sqrt{0.25}} = 0.65$$

$$d_2 = 0.65 - \sqrt{0.2} \times \sqrt{0.25} = 0.4264$$

$$N(d_1) = \int_{-\infty}^{0} f(Z)dZ + \int_{0}^{d_1} f(Z)dZ = 0.5 + 0.242 = 0.742$$

$$N(d_2) = \int_{-\infty}^{0} f(Z)dZ + \int_{0}^{d_2} f(Z)dZ = 0.5 + 0.1651 = 0.6651$$

$$C = 50 \times 0.742 - 45 \times e^{-0.06 \times 0.25} \times 0.6651 = 37.1 - 29.48 = 7.62 \text{ (美元)}$$

借助这一著名的公式，在一系列合理的假设下，可以将期权的价值通过某些变量精确地解出来。这些变量就是影响期权定价的五个因素：标的资产的同期价格、标的资产回报的波动性、期权的执行价格、到期日和无风险利率水平。而且，与以往期权定价公式不同的是，B/S 模型主要依赖于可以观察到的变量，这就可以避免对于未来股票价格概率分布和投资者风险偏好的主观估计产生的偏差，从而能完整地表述有关期权与期权所依赖的各变量之间的关系，使得模型的应用价值大大增强。包括布莱克和斯科尔斯在内，一批学者对这一模型进行了实证检验，结果显示实际市场上的期权价格确实是按照模型所表述的规律在变动。

(二) 基于行为金融视角的期权

在简要介绍完有关期权的一些基本知识后，让我们开始以行为金融学的角度来看待期权。行为金融学的三个主题都能在期权市场得到验证。

第一，个体投资者进行有保护看涨期权的交易，是出于框架依赖，期权费和现金分红之间的联系对投资者是很重要的。

第二，在定价方面，由于直觉驱动偏差，导致总将过去的状况作为预测未来的最佳指标，从而引起过度反应。

第三，市场是无效的，投资者的情绪会受到影响，买卖权比率(CPR)抓住了情绪的一个关键方面。

1. 框架依赖：有保护看涨期权的交易

一个投资者就其资产组合中的一种股票出售一份看涨期权，这种行为就被称为签发有

保护看涨期权。1993年，谢夫林和斯塔德曼曾经指出，许多个人投资者都喜欢进行这样一种抵补交易。[①]通常来说，个人投资者面对一只股票时，他们对这只股票的乐观情绪总不如专业的经纪人或技术分析师，于是有的个人投资者仿效经纪人做抵补交易的方式，在买入某只股票时，同时卖出一份看涨期权，这样的投资操作在大多数情况下，所得的收益都是会高于投资者最初买入此只股票的价格。绝大多数的期权最终以无价值的状态到期，投资者卖出有保护看涨期权所得的期权费相当于一笔"保险费红利"。

一般而言，买一只股票可以为投资者提供三种收益。第一种是当投资者在较之自己买价更高的价位上出售手中的股票时，可以得到现金；第二种是持有股票而享有的现金红利；第三种是所持股票价格上涨带来的收益。个人投资者可以选择在较高价位出售所持股票，但可能会失去股票未来升值带来的潜在收益，然而升值的可能性是未知的。个人投资者也可以选择放弃这一潜在收益，从出售股票中得到一笔现金，用以消费或再投资。

这三种收益对于个人投资者来说都是极具吸引力的，同时，这也为我们呈现了一种清晰的框架依赖。从心理学上来说，许多个人投资者着眼于三种收益来源比着眼于整体总收益要更强烈一些。在行为金融学中，红利和有保护看涨期权是联系在一起的。

对于那些为自己的股票确定了目标，并且准备在股价达到目标价位时出售的投资者来说，有保护看涨期权的出售是很有吸引力的。从这一点上看，当看涨期权的执行价格与他们的目标价位一致时，个人投资者们就会更倾向于使用看涨期权。因此，有保护看涨期权的出售者们总是倾向让股票市场远离于看涨的情况，以免在到期日股票市场价格远远高于期权执行价格之上。若出现股票价格远高于期权执行价格的情况，那么有保护看涨期权的出售者们就会倾向于将手中的股票脱手；如果他们还想继续持有那些股票，那么可以在亏损的价位上将期权买回来。事实上，大多数投资者都没有将期权买回来。

2. 直觉驱动偏差：期权定价

我们已经简要介绍了著名的 B/S 模型，在一系列假定条件的基础上，这一模型揭示了影响期权定价的五个因素：标的资产的同期价格、标的资产回报的波动性、期权的执行价格、到期日和无风险利率水平。然而，谢尔登·纳腾伯格(Sheldon Natenberg)认为，期权的交易人被这一模型所奴役，而忽视了这一模型带来的风险。Natenberg 将风险分为三类。[②③]

第一类风险是由执行期权价格带来的注入风险。第二类风险是假设风险，来自于模型的精巧假设，比如说标的物价格可能不是符合标准正态分布的。第三类风险是实际风险，比如期权到期日正好位于平价时，交易者可能无法提供足够的标的物，或者交易者无法充实保证金等。其中，第二类风险与行为金融学是密切相关的。

请回想一下 B/S 模型的一系列假设条件，其中关于"标的证券未来收益呈标准正态分

[①] Shefrin, Hersh, Meir Statman. 1993. Behavior Aspects of the Design and Marketing of Financial Products, Financial management 22, no. 2:123-134.

[②] Sheldon, Natenberg. 1988. Option Volatility and Pricing Strategies: Advanced Trading Techniques for Professionals. Chicago: Probus Publishing.

[③] Sheldon, Natenberg. 1997. Option Trading-Theory and Practice, Presented at the 32nd annual conference of the Western Finance Association, San Diego, Calif.

布"是一个不可观察因素。通过 B/S 公式,可以得出期权的价值。那么若用当前的期权价格,再结合标的资产的同期价格、期权的执行价格、到期日和无风险利率水平,就可以利用 B/S 公式倒推出标的资产回报的波动性,这个波动性就是所谓的期权隐含波动性。

假设某天市场上进行了一系列的期权交易,这些期权交易都有着相同的标的物,但它们中有买权也有卖权,各自的到期日的执行价格也都是不同的,这些资产未来收益的分布都有一个波动性。从理论上来讲,如果不考虑执行价格,也不考虑是否买进或卖出期权,所有这些基于同一标的物的期权隐含的波动性应该是一样的。下面用一个基于实际情况(标准普尔 500 指数为标的物的系列期权)建立的简化示意图(如图 9-1)来帮助理解。

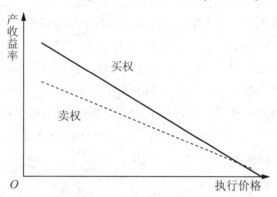

图 9-1　隐含的波动性(基于现实的简化模型)

如前所述,基于同一标的物的期权从理论上来说其隐含波动性应该是一样的,也就是说,图中所示的两条线应该是平行的,呈扁平状的。但是实际情况却是,看涨期权曲线向右下方倾斜,对低的执行价格水平上,波动性高,随着执行价格的增加(执行价格趋向当前价格),波动性是不断下降的。

简·杰克沃斯(Jens Jackwerth)和马克·罗宾斯坦(Mark Rubinstein)于 1996 年指出,标准普尔 500 指数的历史波动率约为 20%。[①]2000 年谢夫林通过观察 1986—1993 年每年 4 月的标准普尔 500 指数的波动率,发现若用三年平均数去衡量,波幅为 11.8%~23.8%,12 个月平均数显示的波幅为 10%~34.8%,28 天和 91 天平均数的情况类似于 12 个月的平均数情况。[②]值得注意的是,这一时期包括了 1987 年美国股灾。实际数据显示的波动幅度与杰克沃斯和罗宾斯坦报告的 20%左右的波动率是很接近的。

在 1987 年 10 月 19 日,也就是美国崩盘的那天,两个月的标准普尔期货价格下跌了 29%。杰克沃斯和罗宾斯坦在 1996 年研究表示,1987 年股灾改变了很多东西。在股灾之前,不同执行价格的隐含价格是很相似的;但在股灾之后,隐含的波动性出现了,前面介绍的简化模型反映的正是股灾后的情况。隐含的波动性的出现,说明期权交易者并不接受 B/S 模型中标的物价格符合标准正态分布的假设,或者可以说,期权交易者严重低估了股市崩盘发

---

① Jackwerth, Jens Carsten, Mark Rubinstein. 1996. Recovering Probability Distributions from Contemporaneous Security Prices. *Journal of Finance* 51, No.5:161-163.
② Shefrin, Hersh. 2000. Beyond Greed and Fear. Boston: Harvard Business School Press.

生的可能性。解决的办法是用一个厚尾和左右不对称的分布来代替对数正态分布。与低执行价格相关的高隐含波动率占据着厚尾。

那么1987年的股灾是由什么造成的呢？希勒于1993年在对1987年股灾进行的调查中发现，并没有来自基本面的消息(例如突发的新闻事件)引发崩盘。[1]投资者最常见的回答是"市场被高估了"。

1993年，琳达·彩琳娜(Linda Canina)和斯蒂芬·菲格乐斯基(Stephen Figlewski)研究认为，隐含波动性既不是一个好的关于将来期权波动性的指标，也不是一个好的关于过去期权波动性的指标，[2]这就意味着投资者不能很好地预测市场的波动性。

谢尔登·纳腾伯格认为，从总体上看，市场倾向于过度反应。1989年，杰里米·斯坦(Jeremy Stein)研究了指数期权市场是否倾向于过度反应，他提出了长期期权过度反应是否形成短期冲击。[3]一个突发的、未预期到的市场波动可能会导致一个即将在一个月左右到期的期权的隐含波动性增加，但是多个月后到期的期权所受到的冲击就会小得多。事实上，到期时间越长，隐含波动性越接近于20%的长期历史水平，长期期权的波动性模式比即将到期的短期期权模式更为扁平。Diz和费奴凯恩(Finucane)在1993年用一种不同时期的方法检验后并未找到过度反应的证据。[4]

3. 无效市场：反映情绪

关于期权交易中的情绪影响，纳腾伯格在1988年研究认为它是不同于期货的情况的。在期货交易中，期货交易人要满意于出价报价的价差，而"期权交易人应该尽量创造满足他们意见的头寸"。

买卖权比率(call-put ratio, CPR)或称涨跌比率，被定义为每天看涨期权的未平仓成交量与看跌期权成交量之比。这一指标大都为技术分析家所使用，他们相信当投资者变得更乐观时，相对于看跌期权而言，期权交易者会增加看涨期权的持有量。因此他们相信，极高的CPR值是市场普遍非常乐观的信号。

迈尔斯(Mayers)、[5]比林斯乃利(Billingsley)和查斯(Chance)[6]的研究表明，CPR还是一个与期权标的物的价格相反转的指标，而且也能通过CPR对于过去进行较好的测量。

---

[1] Robert, Shiller. 1993. Speculative Prices and Popular Models. In Advances in Behavior Finance, edited by Richard H. Thaler, 493-506. New York: Russel Sage Foundation.

[2] Canina, Linda, Stephen Figlewski. 1993. The Informational Content of Implied Volatility. Review of Financial Studies 6, No.3:659-681.

[3] Stein, Jeremy. 1989. Overreactions in the Options Market. Journal of Finance 44, No.4:1011-1023.

[4] Diz, Fernando, Thomas J. Finucane. 1993. Do the Options Markets Really Overreact? Journal of Futures Markets 13:298-312.

[5] Mayers, Thomas A. 1989. The Technical Analysis Course. Chicago: Irwin.

[6] Randall S. Billingsley, Donald Chance. 1988. Put-Call Ratios and Market Timing Effectiveness. Journal of Portfolio Management (fall) 15. No.1:25-28.

二、商品期货：过度反应和无效市场

(一) 商品期货的基本内涵

期货合约是规定卖者在未来某个时期的某个约定地点提交规定数额和等级的某种商品的协议。这种买卖的参与者是为转移价格波动风险的生产经营者和承受价格风险的风险投资者。期货交易在交易所内依法公平竞争，并以保证金制度为保障。这种交易的目的一般不是获得实物，而是回避价格波动的风险或套利，很少进行实物交割。

每一张期货合约应具备交易商品的标准数量和数量单位、标准质量等级、合约期限、交易时间、交割时间、交收地点、交收等级、最小变动单位、每日价格最大波动限制、保证金交易手续费等要素。

商品期货是指标的物为实物商品的期货合约。目前，世界期货市场上的商品期货主要有农副产品、金属产品、能源产品等几大类。现代有组织的商品期货交易，以美国芝加哥期货交易所(CBOT)和英国伦敦金属交易所(LME)的成立为开端，除此之外，世界上影响较大的期货交易所还有芝加哥商业交易所(CME)、伦敦国际金融期货期权交易所(LIFFE)等。从世界范围看，商品期货的交易主要集中在美国、英国、日本等国家和中国香港地区的期货交易所。

用变幻莫测来形容期货市场的价格波动是再合适不过了。从整体上来看，期货市场的价格变动有以下几个方面的特点。

(1) 影响期货价格的因素众多。最基本的影响因素有现货市场的供给和需求，这里涉及价格的季节性、周期性变动等；其次有宏观和微观经济环境，包括政府价格补贴、政策变化、汇率利率变动、经济总体形势、消费者信心等；另外还有国际关系、战争等政治性因素。任何一个因素发生变化，哪怕只是细微的变化都会导致期货市场价格的波动。

(2) 期货市场参与者众多，交易策略众多。期货投资者分为套期保值者和投机者，套期保值者又可分为买入套期保值者和卖出套期保值者，投机者因资金实力的不同又可分为大资金机构和小资金散户。这样一来，就无法避免信息不对称、资金不对称、技术不对称，从而进一步构成了一个错综复杂的博弈局面。如此复杂的博弈局面直接导致期货价格波动的复杂性。

(3) 期货价格的突变性。除了前面所说的影响期货价格的因素外，还有一系列因素会引起期货价格的突变，从而会加剧期货市场的波动。比如突发的自然灾害、恐怖袭击、大资金悄然掀起的风浪、市场信息和情绪积累导致的行情突变等。

(4) 期货价格的难以预测性和趋势性。自期货市场产生至今，仍然未出现一个公认的可以预测期货行情的有效方法。期货市场中存在着太多的变数，是难以捉摸的。有人认为，某种预测方法可能在某个时间段上有一定的意义，实际上，稍长一点时间的预测都不太可信。电脑辅助交易系统的引进只是增加了分析和操作能力，但却无法消除市场的难以预测性。

传统商品期货投资理论的核心内容是"有效市场假说"。这一假说认为投资者是完全理性的，市场上信息是充分对称的。然而，大量的实证研究却表明，期货市场与有效市场假说是相悖的，比如唐衍伟、陈刚、张晨宏在2004年通过对中国三大期货市场的铜、黄豆和小麦三种主要期货品收益率的分布与波动性的实证分析，运用GARCH模型对这三种期货品种进行了分析的统计检验，结果表明这三个期货品种的波动性均具有很高的持续性，但通过 GARCH(1,1)的市场有效性检验，论证了中国期货市场尚未达到弱式有效。①

(二) 行为金融视角下的商品期货

行为金融学将行为科学的理论引入金融学，否定了传统金融学完全理性人的假设，这一点也被运用于期货市场中，投资者可以利用这一点，采取针对非理性市场行为的投资策略来实现投资目标。

在期货市场中，"锚定"经常导致期货价格的暂时性失真。让我们来回顾一下以前讲到的"锚定"。"锚定"是指人的大脑在解决复杂问题时往往选择一个初始参考点，然后根据获得的附加信息逐步修正正确答案的特性。"锚定"往往会导致投资者对新的、正面的信息反应不足。例如，期货市场上突然宣布基本面有实质性的变化，但是价格并没有上涨，或者上涨并没有利好所应该带来的上涨多。此时，投资者认为这种利好是暂时的，并不能影响大局。实际上，投资者把价格"锚定"在了一个较低的水平，投资者将利好消息对期货价格的影响"抛锚"了。但是，投资者的观点跟事件的典型性一样，会随着时间的延长而得到修正。所谓事件的典型性，是指人们通常将事情快速地分类处理。人的大脑通常将某些表面上具有相同特征而实质内容不同的东西归为一类，当事件的典型性帮助人组织和处理大量的数据、信息时，就会引起投资者对旧的信息的过度反应。反应过度和反应不足是投资者对市场信息反应的两种情况。"锚定"将引起反应不足，事件的典型性将导致反应过度。投资者在投资决策过程中，当涉及与统计有关的投资行为时，人的心理就会出现扭曲推理的过程。2000年，谢夫林在其著作《超越恐惧和贪婪》中详细介绍了一个橘子汁市场，为我们提供了一个极好的例证。

在期货投资中的策略就是在大多数投资者意识到自己的错误之前，投资那些价格有偏差的期货品种，并在期货价格正确定位后抛出以获利。

人们通常认为牛市起点的第一个买方是老手或专业人员，他们在很低的价位买入期货。当价格上涨时，公众开始感到存在从价格上涨中获得的良机，于是开始买入，而且在多数情况下，公众都是从那些从低价买入并以更高价来获利的职业买方那里买入。在牛市中公众不断买入，这是因为收益的积聚强化了他们的行为。由于更多的潜在投资者开始意识到牛市的存在，他们做出反应(买入)并引起了交易量的快速增加。行为继续被强化且强化作用非常可观，恰在高峰到来之前市场经历了一场典型的"买入高潮"，它因大量利多消息、高交易量、高交易价格和公众普遍的利多观念的产生而出现。而这时，内行已经识别到清晰的市场反转信号而退出了市场。然而，在市场中被强化的公众却忽略了反转的可能性。他们的行为习惯化了并一直保持到强化作用消失。价格继续以巨大的速度上升，直到突然发现不再有卖方而只有买方时，价格竞争才停下来。

强化作用已经消失，大量买方决定离开市场。突然卖方多于买方，于是价格开始下跌。当然，这种大量的卖出行为与开始狂热的买入行为一样缺乏理性，这时卖出的促成因素看上去仅仅是恐慌，看到亏损已经不可避免的投资者只想退出市场，而不在乎价格，但由于

---

① 唐衍伟，陈刚，张晨宏. 我国期货市场的波动性与有效性——基于三大交易市场的实证分析. 财贸研究，2004(5): 16-22.

市场上的买方变得更少，价格也就进一步下跌。或许当价格跌到一个很低的程度，又有一些投资者开始买入，阻止了价格下跌并且使之重新上升，这样就进入一个新的周期。可是在一段时期内，许多投资者难以克服他们对市场的恐惧，害怕再次遭到市场支配下的惩罚，于是选择逃避，这样一来当价格下跌至低位的一段时期内仍有投资者不断退出。因此，新一轮牛市的出现就需要很长一段时间。

近几十年来技术的发展，使得商品期货投资存在着一种反论。这一反论指的是，尽管大多数交易者掌握着先进的技术知识，享受着科技发展带来的好处，但他们仍然在期货市场中亏损。当然，我们前面也提到过计算机技术的发展仅仅是增强了人们分析和处理数据、信息的能力，并不能帮助我们完全消除期货市场变化的难以预测性。对自己行为的认识和把握是成功进行期货交易的关键。

第三节　基于行为金融视角的外汇交易

一、外汇交易的基本内涵

外汇交易(foreign exchange)是指外汇买卖的主体为了满足某种经济活动或其他活动需要时，按一定的汇率和特定交割日而进行的不同货币之间的兑换行为。

外汇交易包括交易日、交易对手、货币、汇率、交易数额、交割日、支付指令等要素。

关于外汇交易的分类，按照不同的标准有不同的分类方法。

按照交易双方性质不同，可以分为零售性外汇交易和批发性外汇交易。零售性外汇交易是银行与客户间的外汇交易，比如商品和劳务进出口、对外投资、居民个人用汇等。批发性外汇交易是银行同业间外汇交易，是银行在当日零售业务结算后，在银行同业外汇市场上做外汇即期或远期的抛补交易，以保持本行资产负债的合理配置，保持外汇头寸平衡，以降低风险。

按照进行交易的动机不同，又可以分为为贸易结算而进行的外汇交易，为对外投资而进行的外汇交易，为外汇保值而进行的外汇交易，外汇筹资、借贷和还贷带来的外汇交易，金融投机性外汇交易，因外币存款的需要而进行的外汇交易等。

影响外汇供求的因素是多方面的，总的来说，可以归纳为基本经济因素、心理预期因素、政治因素、新闻因素、中央银行干预和市场投机因素等。

外汇交易市场是进行外汇交易的场所，其参与者一般包括企业、个人、外汇银行、经纪人和中央银行。根据外汇业务的特征和交割期限的长短，外汇市场可以分为即期外汇交易和远期外汇交易、外汇期货交易和外汇期权交易四类。目前世界上主要的外汇交易市场有伦敦外汇市场、纽约外汇市场、东京外汇市场、新加坡外汇市场、香港外汇交易市场等。

二、外汇交易者的心理弱点

心理预期因素是影响外汇供求的重要因素之一。情绪、态度、预期都属于心理预期因素，但三者的不同点在于：态度反映了外汇交易者对当前条件的感受，预期是对未来情况的态度，而情绪是外汇交易者对外汇汇率走势是否符合自己的需要而产生的体验。市场心理是指当市场上大多数人在某一特定时间、特定形势下,对某种汇率走势的看法,市场心理是会产生偏差的。

从心理学角度来讲,外汇交易者的心理和策略总是存在着较大的片面性和内在缺陷,这就构成了外汇交易者的最大弱点。王稳(2003)认为,投资者在外汇交易中的心理弱点主要体现在以下几个方面。[①]

(1) 赌博心理。有的投资者抱着一种赌徒心态进行外汇交易,不顾行情变化规律,投资毫无理智而言。最常见的是投资者在赔钱时带有侥幸心理,不断加码,从而带来更大的损失,或是在小赚一笔后妄自得意,贪婪心理不断战胜理性,却不知收益是与风险并存的。

(2) 恐惧心理。有的投资者顾虑重重,决策时拖泥带水,往往会延误获利时机。有的投资者面对不断变化的行情,无法冷静地分析,只是跟风而动,显然这是危险的。

(3) 抱怨心理。有的投资者往往把交易失败的原因完全归于外部原因,比如运气太差、经纪人和技术分析人员专业水准低、政府政策变化无常等。从心理学角度来看,这类投资者是出于一种自我保护心理,并不从自身找原因。这种心理会导致投资者看不到自己的问题,从而有可能不断重复同样的错误。

(4) 从众心理。盲目从众是外汇交易者一个致命的心理弱点。有的投资者由于没有掌握充分的信息,或自身承受风险的能力较小,或是盲目想要从交易中淘金,或是仅仅受一则突发新闻事件、一份新的经济报告影响就争先恐后地进入市场交易,他们总担心会因失去赚取收益的机会而后悔等。

外汇市场变幻莫测,投资者进行外汇投资是盈利还是亏本以及盈利多少,与投资者个人所付出的精力并不是完全成比例的,在进行外汇投资中,投资者要保持良好的心态。对于投资者如何进行心理调适和准备,王稳提出了以下几方面的建议:第一,暂时停止外汇交易活动,增加自己对外汇投资的认识,培养成熟的投资心理,做好准备后再重新回到市场。第二,若一定要继续留在市场上,应该参加一些投资小组或讲习班,通过了解具体的买卖细节和与别人的讨论商量,以认识和克服自己的不足。第三,先处理好其他让你苦恼的事,再以平和的心态进行外汇投资。第四,有意识地运用一些心理学的方法来改变自己的心理行为模式,以适应外汇投资的要求。第五,要充分理解"资金处理"的概念,投资者保持良好心态的前提是,投资者应该是利用生活中节余的、暂时无急用的闲置资金来进行外汇交易,这样一来可以把投资风险控制在可以接受的范围之内,而不要抱着孤注一掷的心态。第六,抗拒技术陷阱和散户陷阱的诱惑。前者是指由于技术分析失误或过于相信技术分析而带来的,后者是指散户的买卖往往集中在一起,从而掉进陷阱。

三、外汇交易中的过度投机

据有关资料显示,外汇市场上的交易活动,有 82%的交易活动为投机的套汇机会所激励,仅有 3%是由商业交易需要所激励,大多数非银行外汇市场参与者,其活动的本质都是投机。由此可见,投机活动在外汇市场上占有相当大的比重,它之所以与外汇市场并存,当然有其存在的充分理由,著名经济学家萨缪尔森认为,投机者具有发现利润机会和适当

---

① 王稳. 外汇交易与管理[M]. 北京:对外经济贸易大学出版社,2003.

行动的能力；正常的投机有助于汇率趋向稳定，还可使汇率迅速、准确地反映各种货币的内在价值；投机者使市场活跃，增加市场流动性，抑制外汇市场的垄断行为。

外汇市场上的适度投机可以促进社会经济发展，但过度投机也可能造成一国国民经济的泡沫，甚至造成金融体系的崩溃。正是汇率的大幅波动性，使得外汇市场容易发生过度投机。既然过度投机有如此严重的后果，为什么外汇交易人员还是这么热衷于投机呢？证据显示，外汇交易者从事过度投机，与心理因素有密切关系，他们是源于直觉驱动偏差，特别是，投机者常常表现出过度反应、趋势赌博和过度自信。

(一) 案例背景：开始于 1997 年的亚洲危机

对于亚洲金融危机的发生、发展和演变，袁木(1999)将其概括为"一个浪潮、四个波澜"。[①] "一个浪潮"是指金融危机的整体冲击，"四个波澜"是指金融危机的不同表现场合和形式。这是一场在世界范围内具有地区特征又颇具国际性影响的金融危机。

1997 年 2 月初，国际投机家大量抛空泰铢，引起泰国金融体系不稳；5 月份，又大肆炒作泰铢，使泰铢兑美元汇率跌至十年来最低点。经受数度猛烈攻击后，7 月 2 日，泰国政府宣布终止实行 14 年之久的联系汇率制，改为实行浮动汇率，当天兑美元汇率急转直下，跌幅达到近 20%。起源于泰国的金融危机，先是对印度尼西亚、菲律宾和马来西亚等国造成冲击，后又涉及新加坡，甚至延伸到印度、巴基斯坦。东南亚各国纷纷放弃联系汇率制，实行浮动汇率制。截至 1998 年 1 月 6 日，泰国、印度尼西亚、马来西亚和菲律宾的本国货币兑美元汇率较上年 7 月 1 日分别下跌了 52.9%、67.1%、41.7%和 42.8%，股市也大幅下跌。

国际投机势力在东南亚金融市场的攻击告一段落后，便转向台湾。此前，台湾为捍卫新台币汇率，已耗费 50 亿美元。1997 年 10 月 17 日，台湾放弃对汇市的干预，宣布将由市场供需决定新台币价格，新台币兑美元的汇率迅速跌破 1 美元兑 30 新台币的大关，创下十年来最低水平。在新台币放弃同美元的固定汇率制后，市场普遍预期香港将最终放弃联系汇率制，国际投机势力加强了对港元的攻击。他们趁东南亚各国货币和新台币大幅贬值之机，在外汇市场抛售港元，威胁已实施 14 年的联系汇率制，但其真正对象却是在股市，因而在炒作港币之前，已买入大量恒生指数的看跌期权。香港特区政府为稳定港元汇率，动用了大量外汇储备，港元因此短缺，致使银行同业拆借利率一度高达 300%，直接打击了股市。美国摩根·斯坦利公司声称亚洲资金市场在其全球投资组合中的投资比重将由 2%减为零，这对香港股市动荡起了推波助澜的作用。1997 年 10 月 28 日，香港恒生指数下跌 1438 点，较之当年最高峰下跌 6679 点，跌幅达 42%。这样，投机商在股市上的获利，足以弥补其在汇市上的损失。据估计，国际投机家利用这种手段在香港获利已超过 35 亿港币，并使香港社会资产损失达数千亿港元。

从 1997 年 10 月份开始，韩国金融市场出现动荡，韩元下跌，股市急挫，利率猛升。从 10 月 20 日起，以韩元 920 元兑 1 美元的价格一跌再跌，连创新低。11 月 19 日，韩元兑美元突破 1000 大关。由于汇率下跌，韩国企业蒙受 3 万亿韩元的兑换差额损失。11 月 21 日韩国宣布向 IMF 求援，不惜接受他们相当苛刻的援助条件。1998 年 1 月 6 日，韩元进一步贬至 1840 韩元兑 1 美元，较上年 7 月 1 日，韩元已贬值 49.1%。从 1997 年 11 月份开始，

[①] 袁木. 震撼世界的亚洲金融危机[M]. 北京：当代中国出版社，1999.

日本接连发生多起银行和证券公司倒闭事件，引发了新一轮货币危机，致使日元贬值，12月5日日元兑美元汇价跌破130日元大关，1998年1月6日跌至134日元，达到五年多来的最低点。日本股市发生动荡，特别是日本四大证券商之一的山一证券公司破产。

1997年香港股市暴跌，引发全球股市动荡。美国道·琼斯指数10月27日大跌554点，创历史纪录，随即引起全球股市暴跌。伦敦、巴黎、法兰克福及新西兰、澳大利亚等股市都曾跌至上年以来的新低点。1998年1月9日，受东南亚各国股市大跌的影响，美国道·琼斯30种工业股票平均价格指数下跌220点，成为1997年10月27日以来以点数计算下跌幅度最大的一天；就在同一天，欧洲三大股市也出现大幅度下跌，伦敦、法兰克福和巴黎股市分别下跌了99点、110点和35点；当天拉美股市也出现1997年10月底以来最严重的下降。

(二) 直觉驱动偏差：过度反应、趋势赌博和过度自信

在30年的时间里，亚洲四小龙——新加坡、韩国和中国的香港、台湾，达到了美国花了一个世纪时间才达到的水平。从1994年到1997年的上半年，亚洲经济占据世界经济增长量的一半。同时，人们也对即将成为新四小龙的泰国、印度尼西亚、马来西亚和菲律宾的经济前景看好。但是，谁也没想到，1997年下半年的金融危机会给亚洲带来如此大的冲击。

发表在1997年12月30日《华尔街日报》上的一篇文章很好地反映了印度尼西亚借款人所面临的问题，从中可以看出，人们总是表现得过分自信，引用德朋特(DeBondt)的话，就是"在趋势上赌博"①，这些是由直觉驱动偏差造成的。

上面的这篇文章提到，凭借持续增长和可预测的货币，标准调查显示，印尼非金融公司在1995年底至1997年中期，其外债增加了2倍多。到9月30日，印尼对外公布的外债达到了1333亿美元，其中656亿美元外债是由私人公司所借的。印度尼西亚的借款人面临着一个简单的选择。他们能够以18%或20%的利率借入卢比亚并且不用担心汇率。或者他们能在一年内以9%或10%的利率借入美元并且随后将美元兑换成卢比亚。一年后，他们发现虽然这将会多花费4%或5%的卢比亚去购买需要偿还贷款的美元，但是成本仍然较少。

败笔在于，没有几个印度尼西亚的公司认真考虑过印度尼西亚银行将会使卢比亚迅速贬值的可能性。而且，更少有人愿意进行套期保值，而这是可以使公司不受货币贬值影响的保险手段。1997年7月末8月初，高盛公司调查了印度尼西亚34个首席财务官后发现，其中2/3的公司都有超过40%的债务是外币，而在这其中，有一半是完全没有进行对冲操作的，剩下的大多数公司只有不到一半进行了套期保值。于是，当不久后的亚洲金融危机来临时，面对急转直下的汇率，损失也就无法挽回了。

印度尼西亚商人基于亚洲经济的高增长率，将趋势进行了外推，据此进行了投机。当他们损失惨重时多数都感到非常意外，换句话说，这些投资者过度自信了。

1994年，经济学家保罗·克鲁格曼(Paul Krugman)在其文章中总结了劳伦斯·刘(Lawrence Lau)和阿尔文·杨(Alwyn Young)的工作。②文章认为，投资者过度自信，而忽视了不断恶化

---

① DeBondt, Werner. 1993. Betting on Trends: Intuitive Forecasts of Financial Risk and Return. International Journal of Forecasting 9: 355-371.

① Paul, Krugman. 1994. The Myth of Asia's Miracle, Foreign Affairs Journal 73: 62-74.

的亚洲经济环境，投资者们是从一个模糊框架来看待亚洲经济，而不是透过一个清晰框架。他们认为，亚洲经济奇迹不是有远见的亚洲政府支持特殊工业和科技所形成的"亚洲体系"产生的，而是一些一般性变化的结果，比如高储蓄率、良好的教育、农村剩余劳动力向现代部门的转移。如果这些结论是正确的，那么一旦出现上述问题，例如进入到现代部门的农村剩余劳动力减少时，经济增长就会放慢。

一般来看，投资者是随着基本面信息的变化来逐步调整他们对亚洲经济增长的预期的。但是1997年的调整却是艰难的。克鲁格曼于1997年发表在《财富》杂志上的一篇文章中分析了投资者突然意识到忽略了诸如贸易赤字这样重要的数据，对于可获得的经济数据反应不足；投资者对亚洲特别是在新兴市场上的投资过多了；投资者们仅仅简单地将过去的增长率外推并受制于乐观主义偏差，正是这种过度乐观使得他们乐此不疲地在整个亚洲市场内广泛投资于净现值为负的项目。

另外，1993年，经济学家弗鲁特(Froot)和弗兰克尔(Frankel)将目光聚焦在外汇市场远期贴水的决定因素上，从而证明了投资者的过度反应、过度投机发生在正常时期与发生在非正常时期是一样的。[①]

至此，外汇市场上汇率受经济基本面和投资者情绪的影响，又为我们提供了一个由直觉驱动偏差导致市场无效的例子。

第四节 基于行为金融视角的人民币产品中心建设

行为金融学同时将理性趋利性和投资者情绪等价值感受作为自变量纳入分析，其研究更为接近实际，在传统金融理论依然是对市场价格的最好描述下，行为金融的研究日益凸显其意义。

人民币产品中心建设正是在这样一种背景下进行的。2006年，贺瑛、华蓉晖研究认为无论是在人民币产品研发过程中，人民币产品定价过程中，还是在人民币产品交易过程中，都必须充分重视行为者的非理性行为；充分认同投资者对资产组合不同"心理账户"的设置；充分关注"噪声交易者"对金融市场的影响。[②]对于行为金融学的理论框架予以足够的重视，能有助于我们设计出"可新的金融产品"，锻造出"可亲的金融机构"，构建起"可爱的金融市场"，才能"做多金融产品""做强金融机构""做大金融市场"。

金融产品设计要考虑许多因素。传统金融学使得投资者对现金流的构架漠不关心，而行为金融理论在设计金融产品时最看重的是不同形式的现金流构成会影响不同期望行为投资者的选择，若能刻意地构造有差异的金融产品，就能吸引更多的投资者。

---

② Froot, Kenneth, Jeffrey A. Frankel. 1993. Forward Risk Bias: Is it an Exchange Risk Premium? In Advances in Behavioral Finance, edited by Richard H. Thaler, 359-382.
③ 贺瑛，华蓉晖. 行为金融视角的人民币产品中心建设. 浙江金融，2006(5): 11-13.

一、人民币产品研发中的行为金融要素

在人民币金融创新产品设计过程中通常需要考虑下列四个行为要素。

(1) 期望理论。人们选择不同的投资组合是为了最大化客观效用。在期望理论中，投资者对投资组合的选择是与一个参照点相比较的潜在收益或损失，而不是净现金流的多少。期望理论发现投资人对待输赢的态度与传统经济理论中投资者总是持风险厌恶的态度是相反的。在面对赢时，他们表现为风险规避，而在面对输时，则表现为风险寻求。在期望理论的基础上，建立起了以下两个连续的认知过程：一是心理账户的创立，二是根据不同的心理账户运用不同的决策原则。而在这里，不同心理账户的设定过程是一个框定过程，相当于设定不同的参照点。

(2) 乐观框定。乐观框定是用来解释人们计算心理账户的损失和收益的心理原因。这一点在本书中已被多次提到。

(3) 行为生命周期理论。这一理论能解释人们"不动用本金"的行为原则，把这一行为准则用于金融产品的设计中，设计者有意识地区分本金、利息和各种收入的现金流账户设计，满足人们留足资本养老的心理愿望。

(4) 认知错误。行为人的认知偏差是有限理性所造成的。在金融产品的设计过程中，要考虑各种认知念头的影响并善于利用人们的认知偏差来构造产品，以达到顺利筹集资金的目的。

二、行为金融理论在人民币金融产品设计中的实例分析

如将行为金融理论运用到人民币金融产品设计中，可以设计出许多具有一定市场潜力的产品，具体包括以下内容。

保本债券：债券的息票采用彩票的形式，中彩的债券持有人将得到一大笔资金，未中彩的债券持有人到期只能兑付债券的本金。这一设计兼顾了投资者安全性心理账户和追求潜在盈利的心理账户的双重需求，能占据一定的市场份额。

明确分红的企业股票：一般企业在发行证券时，总是从发行者的角度来考虑红利政策和资本结构。不同的资本结构体现了不同的代理成本，而红利政策一般是根据企业当年的经营状况而定。设计畅销的企业证券需要从投资者的角度来考虑资本结构的设定和红利政策。红利政策要从多时期的角度进行综合平衡，资本结构的设定要建立在对投资者心理账户研究的基础上。分红股票的设计迎合了投资者对不同现金流的需求，兼顾了安全性心理账户和追求潜在盈利的心理账户。

升息债券：垃圾债券的一种。其利率设计与其他债券不同的是在初始期利率较低，而后利率会按照双方预先商量好的水平提高。利率由低到高的设计就是为了给投资者一个好的心理预期，即投资时间越长，收益越高。但这一设计的不足在于，会使投资者面临利率风险，即此后通货膨胀率上升，债券的收益会被通货膨胀的增长所抵消。但由于框定依赖、过度自信等认知错误，升息债券一度成为市场的抢手产品。

复习思考题

1. 基金是如何分类的？简述封闭式基金与开放式基金的定义，比较封闭式基金与开放式基金各自的特点。尝试在实际金融市场上找出一只封闭式基金和一只开放式基金进行观察，并留意你所观察的开放式基金的业绩与赎回情况。

2. 简述 B/S 模型的基本原理，并结合 B/S 模型，分析影响期权定价的因素。行为金融学的观点是如何在期权市场上得以体现的？

3. 外汇市场上的非理性行为表现在哪些方面？你认为这些非理性行为可以避免吗？如果可以，请提供你的建议。

参 考 文 献

[1] Hong, Harrison, Jeremy C. Stein. Disagreement and the Stock Market[J]. Journal of Economic Perspectives, 2007, 21(2): 109-128.

[2] Rabin, M. Inference by believers in the law of small numbers[J]. Quarterly Journal of Economics, 2002(117): 775-816.

[3] Chen, Joseph, Harrison Hong, et al. Breadth of ownership and stock returns[J]. Journal of Financial Economics, 2002(66): 171-205.

[4] Diether, Karl, Christopher Malloy, Anna Scherbina, Differences of opinion and the cross section of stock returns[J]. Journal of Finance, 2002(52): 2113-2141.

[5] Hong, Harrison, Jose Scheinkman, et al. Asset Float and Speculative Bubbles[J]. Journal of Finance, 2006(61): 1073-1117.

[6] Scheinkman, Jose, Wei Xiong. Overconfidence and speculative bubbles[J]. Journal of Political Economy, 2003(111): 1183-1219.

[7] Hong H., Stein J. Differences of Opinion, Short-Sales Constraints and Market Crashes[J]. Review of Financial Studies, 2003(16): 487-525.

[8] Huberman, G., T. Regev. Contagious speculation and a cure for cancer[J]. Journal of Finance, 2001(56): 387-396.

[9] David Hirshleifer, Siew Hong Teoh. Limited attention, information disclosure, and financial reporting[J]. Journal of Accounting and Economics, 2003(36): 337-386.

[10] Lin Peng, Wei Xiong. Investor Attention, Overconfidence and Category Learning[J]. Journal of Financial Economics, 2006(80): 563-602.

[11] Stefano Dellavigna, Joshua M. Pollet. Investor Inattention and Friday Earnings Announcementss[J]. The Journal of Finance, 2009(64): 709-749.

[12] 陆剑清. 行为金融学[M]. 上海：立信会计出版社，2009.

[13] 陆剑清. 投资心理学[M]. 大连：东北财经大学出版社，2000.

[14] 陆剑清. 投资心理学[M]. 台北：台湾扬智文化出版公司，2002.

[15] 高鸿桢. 实验经济学导论[M]. 北京：中国统计出版社，2003.

[16] 周战强. 行为金融：理论与应用[M]. 北京：清华大学出版社，2004.

[17] 陈收. 行为金融理论与实证[M]. 长沙：湖南大学出版社，2004.

[18] 周爱民，张荣亮. 行为金融学[M]. 北京：经济管理出版社，2005.

[19] 王稳. 外汇交易与管理[M]. 北京：对外经济贸易大学出版社，2003.

[20] 袁木. 震撼世界的亚洲金融危机[M]. 北京：当代中国出版社，1999.

[21] 易宪容，赵春明. 行为金融学[M]. 北京：社会科学文献出版社，2004.

[22] 赫什·舍夫林. 超越恐惧和贪婪：行为金融学与投资心理诠释[M]. 上海：上海财经大学出版社，2005.

[23] 饶育蕾，刘达锋. 行为金融学[M]. 上海：上海财经大学出版社，2003.

[24] 饶育蕾，张轮. 行为金融学[M]. 第2版. 上海：复旦大学出版社，2005.

[25] 陈野华. 行为金融学[M]. 成都：西南财经大学出版社，2006.

[26] 董志勇. 行为经济学[M]. 北京：北京大学出版社，2005.

[27] 王稳. 行为金融学[M]. 北京：对外经济贸易大学出版社，2004.

[28] 赵新顺. 行为金融与投资行为[M]. 北京：社会科学文献出版社，2005.

[29] 苏同华. 行为金融学教程[M]. 北京：中国金融出版社，2006.

[30] 李国平. 行为金融学[M]. 北京：北京大学出版社，2006.

[31] 易阳平. 行为金融论[M]. 上海：上海财经大学出版社，2005.

[32] 胡昌生. 金融异象与投资者心理[M]. 武汉：武汉大学出版社，2005.

[33] 林国春，段文斌. 行为金融学及博弈论应用[M]. 天津：南开大学出版社，2006.

[34] 李诗林. 行为金融与证券投资行为分析[M]. 北京：社会科学文献出版社，2005.

[35] 何基报. 现代金融学前沿问题研究[M]. 北京：经济科学出版社，2006.

[36] 孙培源，施东晖. 关于CAPM的中国股市羊群行为研究[J]. 经济研究，2002(2).

[37] 宋军，吴冲锋. 中国股评家的羊群行为研究[J]. 管理科学学报，2003(2).

[38] 施东晖. 证券投资基金的交易行为及其市场影响[J]. 世界经济，2001(10).

[39] 袁艺，苏宁. 从经济理性到有限理性：经济学研究理性假设的演变[J]. 经济学家，2007(2).

[40] 刘玉珍，谢政能. 台湾股票市场过度反应研究[J]. 发展月刊，1990, 19(1).

[41] 王擎. 中国封闭式基金折价的实证研究——理性预期还是噪声交易[M]. 重庆：西南财经大学出版社，2005.

[42] 王永宏，赵学军. 中国股市"惯性策略"和"反转策略"的实证分析[J]. 经济研究，2001(6).

[43] 张俊喜，张华. 解析我国封闭式基金折价之谜[J]. 金融研究，2002(12).

[44] 袁晓初. 从行为金融视角看企业的投融资决策[J]. 吉林财税高等专科学校学报，2003(4).

[45] 林立，张菡. 公司并购决策研究综述[J]. 现代商贸工业，2009(15).

[46] 蔡地，万迪昉. 管理者过度自信研究综述[J]. 华东经济管理，2010(8).

[47] 史永东，朱广印. 管理者过度自信与企业并购行为的实证研究[J]. 金融评论，2010(2).

[48] 崔巍. 投资者非理性下的公司投资决策[J]. 专题研究，2010(2).

[49] 陈昆玉，王跃堂. 行为公司金融理论发展评介[J]. 学术动态研究，2007(12).

[50] 李国平. 行为公司金融研究综述[J]. 上海立信会计学院学报，2007(7).

[51] 金秀，贡立欣. 行为金融投融资决策[J]. 中国经济评论，2004(7).

[52] 吕长江. 百家争鸣难结论：股利之谜[J]. 21世纪会计问题专论，2007(12).

[53] 罗宏. 解析股利之谜：研究进展及其启示[J]. 商业时代·理论，2005(9).

[54] 袁天容. 并购中的管理层行为偏好与动机分析[J]. 财会月刊(会计)，2005(5).

[55] 邹振松，夏新平，余明桂. 基于"非理性管理层假说"的行为公司金融研究综述[J]. 华东经济管理，2006(9).

[56] 陈国进，张贻军，王景. 异质信念与盈余惯性——基于中国股票市场的实证分析[J]. 当代财经，2008(284)：43-48.

[57] 陈国进，张贻军. 异质信念、卖空限制与我国股市的暴跌现象研究[J]. 金融研究，2009 (346)：80-91.

[58] 陈国进，张贻军，王景. 再售期权、通胀幻觉和我国股市泡沫的影响因素分析[J]. 经济研究，2009(5)：106-117.

[59] 陈国进，刘金娥. 异质信念、通货幻觉和我国房地产价格泡沫[J]. 经济管理，2011(33)：46-53.

[60] 陆静. 投资者异质信念与上市公司盈余信息的甄别——基于A-H股分割市场的实证分析[J]. 中国管理科学，2011(19)：129-137.

[61] 史金艳，赵江山，张茂. 基于投资者异质信念的均衡资产定价模型研究[J]. 管理科学，2009(22)：95-100.
[62] 汪宜霞，张辉. 卖空限制、意见分歧与 IPO 溢价[J]. 管理学报，2009(9)：1204-1225.
[63] 张维，张永杰. 异质信念、卖空限制与风险资产价格[J]. 管理科学学报，2006(4)：58-62.
[64] 张峥，刘力. 换手率与股票收益：流动性溢价还是投机性泡沫[J]. 经济学(季刊)，2006(5)：871-892.